KB151410

학교폭력 예방 및 학생의 이해

김희대 저

박영story

아동·청소년의 학교폭력 문제가 다양화, 흉포화, 집단화, 저 연령화 등 날로 심각해지면서 한국 학교교육의 최우선 과제는 '안전한 학교'safety school를 통한 '행복한 학교happy school' 만들기에 있다. 학교폭력은 학교교육의 비정상화뿐 아니라 교육의 본질적 가치인 인간 존엄성을 훼손시킨다. Maslow의 인간 욕구 5단계설에서 학교폭력은 아동·청소년의 신체적 안전과 심리적 안정의 기본적 욕구를 훼손할 뿐 아니라 따돌림, 왕따 등으로 소속감과 자기존경의 사회적 욕구를 떨어뜨리고 나아가 개인의 꿈과 재능을 앗아가 자아실현의 욕구 등도 해친다.

그간 정부의 학교폭력근절 종합 대책에도 불구하고 학교폭력은 여전히 근절되지 않고 지능화, 은밀화, 장기화하는 경향을 보이고 있다. 아직도 다수의 학교는 학교폭력 예방 교육이 효과적이지 못하고, 학교폭력이 발생하면 학교의 이미지를 고려하여 노출을 최소화하고, 사안처리에 급급하며, 땜질식 지도의 형태를 가지는 것이 현실이다. 학부모와 사회는 학교에 다니는 아동·청소년의 대다수가 학령기의 의무교육을 받는 학생이기에 학교폭력에 대해 학교와 교사에게 지도 소홀의 책임을 묻고, 학교폭력 문제 해결사의 역할을 해주기를 요구한다.

이러한 상황에서 학교폭력 문제는 교과지도 못지않게 교사의 생활지도 역량 평가에서 중요한 요소로 작용한다. 학교폭력은 개인, 가정, 학교, 사회 환경, 문화 등 다양한 요인들이 유기적으로 얽혀있는 구조에서 발생하고 있다. 따라서 학교폭력이 개인과 개인을 둘러싼 여러 환경적 요인의 상호작용에서 발생한다는 생태학적 관점에서 종합적이고 유기적인 학교폭력근절 대책이 정부와 지역사회 차원, 가정 차원, 전 학교whole-school 차원의 접근 방법으로 요구된다. 또한 학교폭력의 문제가 발생한 후 개입하는 '반응적 접근reactive approach'보다는 문제 발생 이전에 예방적으로 개입하는 '선제적 접근proactive approach'이 중요시된다.

필자는 그간 학교와 교육청에 근무하면서 학교폭력 교육과 상담을 전담하였고,

중·고등학교의 학교폭력자치위원회 위원으로 활동을 해왔다. 또한 교육부 학교폭력전문위원과 서울시교육청 학교폭력네트워크 위원, 한국교육개발원과 지역교육청의 생활지도컨설턴트 등을 경험하면서 학교폭력 및 생활지도 관련 국내 및 외국사례에 대한 연수 경험도 하였고, 대학에서 '생활지도와 상담', '학교폭력' 과목을 강의해 왔다. 이러한 경험들이 생활지도와 학교폭력의 제반 문제에 대한 진단과 처치, 예방과 상담, 컨설팅과 교육 등에서 전문가로서 역할을 할 수 있게 해주었고, 본서 집필의 용기를 가지게 해주었다.

본서는 종전 교직소양과목인 '학교폭력 예방의 이론과 실제'가 교육부의 교원자격검정령 시행규칙교육부령 제112호이 개정됨에 따라 '학교폭력 예방 및 학생의 이해'로 변경되고, 일부 교수내용이 추가되었다. 이에 따라 본서의 내용에는 시행규칙이 권고한 '학교폭력 예방 및 대처', '인성교육', '학생생활문화', '학생 생활지도', '학생정서행동발달' 등 학생의 특성을 이해하여 교사가 교육활동 중 발생할 수 있는 다양한 문제 상황을 관리하고 대처할 수 있는 실제적인 내용을 중심으로 구성하였다. 교직에 입문하려는 예비생들과 교육현장에서 학생들의 생활지도를 담당하는 수강생들이 '학교폭력 예방 및 학생의 이해' 교과를 통하여 생활지도와 학교폭력 예방과 지도에 대한 종합적 역량knowledge, skill & attitude을 함양할 목적으로 교과 내용을 구상하였다.

제1장은 '학교폭력의 이해'로 학교폭력에 대한 전반적 이해를 돕기 위해 학교폭력의 개념, 실태, 양상, 접근법 등의 내용이며, 제2장은 '학교폭력의 이론과 구조'로 학교폭력을 유발하는 요인으로 심리적 원인, 사회적 원인과 관련한 다양한 이론들과 학교폭력의 구조, 심리적 기제 등을 고찰하였다. 제3장은 '외국의 학교폭력'으로 학교폭력 선진국인 미국, 일본, 영국, 독일, 노르웨이 등의 학교폭력 정책과 사례를 통해 한국 학교폭력의 예방과 해결에 대한 유용한 시사점을 얻으려 했다. 제4장은 '학교폭력 대책'으로 학교폭력 법규, 정부의 학교폭력 정책과 조직 등을 살펴보았다. 제5장은 '학교폭력 사안 처리'로 학교에서 학교폭력이 발생했을 때 합리적으로 대응하는 조치를 안내하고, 학교현장에서 사안 처리 시 제기되는 문제에 대한 처리방안을 제시하였다. 제6장은 '학교폭력 예방 교육'으로 학교폭력 문제 발생 이전에 예방적으로 개입하는 방법으로 학교폭력 예방 관련 활동과 수업, 프로그램을 소개하였다. 제7장은 '학교폭력 상담의 이해'로 학교폭력 문제에 대한 예방과 처치를 위한 인권친화적인 방법인 학교 상담을 이해하기 위하여 학교 상담의 기초적

내용을 기술하였다. 제8장은 '학교폭력 상담의 실제'로 학교현장에서 학교폭력 문제와 관련된 피해자, 가해자를 대상으로 실시한 개인 상담 사례와 학교폭력 집단 상담 프로그램을 소개하여 학교폭력 상담과 지도에 참고하도록 하였다. 제9장은 '학교폭력 관련 검사'로 학교폭력과 관련하여 교사의 '생활지도와 상담'이 주먹구구식이 아닌 객관적이고 과학적인 자료에 기반하여 지도될 수 있도록 교육현장에서 많이 사용되는 심리검사 도구를 소개하고 특히 학생정서·행동특성검사와 관련된 내용을 소개하였다. 제10장은 '학교폭력 네트워크'로 학교의 한정된 자원으로 인한 현실적 문제해결을 위해 지역사회와 주변의 인적·물적 네트워크를 통해 효과적으로 해결할 수 있는 방안을 제시하였다. 제11장은 '학생의 이해'로 생활지도와 학교폭력의 대상인 학생들의 다양한 과제와 문제들을 이해하기 위해 '인간의 발달', '아동·청소년의 발달', '학생의 이해' 등의 내용으로 구성하였다. 제12장은 '생활지도'로 교사에게 요구되는 필수적 능력인 생활지도의 전문적 역량을 함양하기 위해 생활지도의 개념, 내용, 활동, 문제 접근법 등을 제시하였다. 제13장은 '인성교육'으로 학생들의 바람직한 인성 함양에 필요한 내용, 법규, 실천 방법 등을 제시하였다.

본서는 학교폭력과 학생 이해에 대한 연구나 학술의 목적으로 기술한 것이 아니고, 그동안 국내·외에서 일반적이고 공통적으로 수용되는 연구와 출판된 내용들로 구성하였다. 관련 교육부 및 정부 자료, 업무처리 가이드북, 외국의 사례, 연구보고서나 여러 저서에 나타난 내용들을 학교현장의 관점에서 적용이 가능하다고 판단되는 이론과 실제의 내용들을 발췌하고 인용하였다. 즉, 현장적합성이란 교재 내용 선정의 기준을 가지고, 관련된 이론과 실제의 내용을 종합적 측면에서 유기적으로 통합할 수 있는 내용들로 구성하였다. 본서를 가지고 공부한 예비생이나 교사들이 학교폭력과 생활지도의 전문가 수준의 역량과 자질을 갖추어 전문가로서 '안전한 학교', '행복한 학교' 만들기에 첨병의 역할을 해주기를 기대한다.

이 책의 출간에 아이디어와 내용을 제공해준 중앙대 김동민, 고려대 이상민, 한국체육대 박호근 교수께 감사드리고 출판을 허락해준 박영사 안상준 상무님께도 감사드린다.

2017년 7월
저 자

차 례

학교폭력의 이해

School Violence **Prevention** &
Understanding of Student

학교폭력의 이해

아동·청소년의 학교폭력 문제가 다양화, 흉포화, 집단화, 저연령화 등 날로 심각해지면서 한국 학교교육의 최우선 과제가 '안전한 학교'safety school를 통한 '행복한 학교'happy school 만들기에 있다. 학교폭력의 심각성에 대한 인식을 높이고 학교폭력에 대한 이해를 위해 학교폭력의 개념, 유형, 양상, 접근법을 살펴본다.

1 학교폭력의 개념

오늘날 학교폭력은 우리나라만의 문제가 아닌 전 세계적 문제로 인식되고 있어 학교폭력 문제의 예방과 해결이 교사의 역량 평가에서 중요한 영역이 되고 있다. 학교폭력은 국가와 사회에 따라서 다양한 형태로 학생을 괴롭히는 모습으로 나타나고 있다. 학교폭력에 대해 학자들 모두가 공통적으로 인정하는 통일된 개념은 없으나 그 강조점에 따라 학교폭력이 다르게 정의되고 있다. 학교폭력의 예방과 대책을 마련하기 위해서는 학교폭력의 개념을 조작적으로 정의할 필요가 있다.

학교폭력은 '학교'와 '폭력'이라는 두 단어의 합성어로, 단순하게 학교라는 장소와 폭력이 결합한 형태의 학교폭력이 아니라 학교라는 교육기관의 특성과 교사, 학생, 학부모 등 교육 구성원들의 특성, 교육적 상호작용과 역동성을 고려하여 학교폭력을 이해하여야 한다. 즉, 학교폭력이 학교 밖에서 발생하는 성인들의 폭력사안 처리와는 달리 예방과 처치, 성장·발달이라는 교육적 측면에서 다루어져야 함에

그림 1-1　괴롭힘(bullying)의 특징

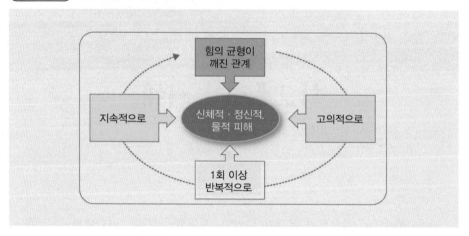

유의하여야 한다.

현재 우리나라에서 사용하고 있는 학교폭력은 서구의 괴롭힘bullying에 해당하며, 서구에서 폭력violence으로 다루는 문제도 포함된다. 그러나 서구의 폭력 개념에는 우리나라에서 보기 드문 총기사건이나 마약, 살인 등 흉악 범죄 등도 포함하여 우리의 학교폭력 개념과는 다르게 해석될 수도 있다.

괴롭힘의 용어는 노르웨이의 Olweus 교수가 최초 사용하여 오늘날 대다수의 국가들에서 학교폭력의 개념으로 준용하여 사용하고 있는데 "한 학생이 한 명의 학생이나 여러 명의 학생에 의한 부정적인 행위에 반복적이고 지속적으로 노출되었을 때 이는 괴롭힘을 당하거나 피해를 겪고 있는 것"으로 정의했다. 괴롭힘의 정의에는 다음의 공통적 요소가 포함되어 있다이규미 외, 18.

- 일정 기간 지속적이며 반복적으로 행해지는, 피해자에게 유해한 광범위한 부정적 행동이다.
- 개인 또는 집단에 의해 가해지며, 피해 대상은 보통 한 명이지만, 그 이상의 개인이 될 수 있다.
- 가해자의 의도적인 목표행동으로 피해자와 가해자 간에 힘의 불균형 상태에서 이루어진다.

그러나 최근 학교폭력은 흉포하고 잔인한 심각한 폭력사건이 많이 발생하여 단순히 또래 간의 괴롭힘으로만 보기 어려운 면이 있어 괴롭힘과 폭력을 구분하기가 쉽지는 않다. 학교폭력 예방 및 대책에 관한 법률[1]에서는 학교폭력을 괴롭힘을 포함하는 보다 폭넓은 개념으로 정의하고 있다.

"학교폭력은 학교 내·외에서 학생을 대상으로 발생한 상해, 폭행, 감금, 협박, 약취·유인, 명예훼손·모욕, 공갈, 강요·강제적 심부름 및 성폭력, 따돌림, 사이버 따돌림, 정보통신망을 이용한 음란·폭력 정보 등에 의하여 신체·정신 또는 재산상의 피해를 수반하는 행위를 말한다학교폭력법 제2조 1."

"따돌림이란 학교 내외에서 2명 이상의 학생들이 특정인이나 특정집단의 학생들을 대상으로 지속적이거나 반복적으로 신체적 또는 심리적 공격을 가하여 상대방이 고통을 느끼도록 하는 일체의 행위를 말한다학교폭력법 제2조 1의 2."

"사이버 따돌림이란 인터넷, 휴대전화 등 정보통신기기를 이용하여 학생들이 특정 학생들을 대상으로 지속적, 반복적으로 심리적 공격을 가하거나, 특정 학생과 관련된 개인정보 또는 허위사실을 유포하여 상대방이 고통을 느끼도록 하는 일체의 행위를 말한다학교폭력법 제2조 1의 3."

2 학교폭력의 유형

학교폭력법에는 학교폭력의 유형을 크게 신체폭력, 언어폭력, 금품갈취, 강요, 따돌림, 성폭력, 사이버 폭력 등으로 구분하고 있다. 유형별 폭력 행위를 구체적으로 제시하면 다음과 같다교육부 가이드북, 2014.

1) 신체폭력

- 신체를 손, 발로 때리는 등 고통을 가하는 행위상해, 폭행
- 일정한 장소에서 쉽게 나오지 못하도록 하는 행위감금
- 강제로폭행, 협박 일정한 장소로 데리고 가는 행위약취

---

1 이하 '학교폭력법'으로 통일하여 사용한다.

- 상대방을 속이거나 유혹해서 일정한 장소로 데리고 가는 행위유인
- 장난을 빙자한 꼬집기, 때리기, 힘껏 밀치기 등 상대 학생이 폭력으로 인식하는 행위

2) 언어폭력

- 여러 사람 앞에서 상대방의 명예를 훼손하는 구체적인 말성격, 능력, 배경 등을 하거나 그런 내용의 글을 인터넷, SNS 등으로 퍼뜨리는 행위명예훼손
- 여러 사람 앞에서 모욕적인 용어생김새에 대한 놀림, 병신, 바보 등 상대방을 비하하는 내용 지속적으로 말하거나 그런 내용의 글을 인터넷, SNS 등으로 퍼뜨리는 행위모욕
- 신체 등에 해를 끼칠듯한 언행죽을래 등과 문자메시지 등으로 겁을 주는 행위협박

3) 따돌림

- 집단적으로 상대방을 의도적이고 반복적으로 피하는 행위
- 지속적으로 싫어하는 말로 바보취급 등 놀리기, 빈정거림, 면박주기, 겁주는 행동, 골탕 먹이기, 비웃기
- 다른 학생들과 어울리지 못하도록 하는 행위

4) 금품갈취

- 돌려줄 생각이 없으면서 돈을 요구하는 행위
- 옷, 문구류 등을 빌린다며 되돌려주지 않는 행위
- 일부러 물품을 망가뜨리는 행위
- 돈을 걷어오라고 하는 행위

5) 강요

- 속칭 빵 셔틀, 와이파이 셔틀, 과제 대행 게임, 심부름 강요 등 의사에 반하는 행동을 강요하는 행위강제적 심부름
- 폭행 또는 협박으로 상대방의 권리행사를 방해하거나 해야

할 의무가 없는 일을 하게 하는 행위_{강요}

6) 성폭력

- 폭행·협박을 하여 성행위를 강제하거나 유사 성행위, 성기에 이물질을 삽입하는 등의 행위
- 상대방에게 폭행과 협박을 하면서 성적 모멸감을 느끼도록 신체적 접촉을 하는 행위
- 성적인 말과 행동을 함으로써 상대방의 성적 굴욕감, 수치감을 느끼도록 하는 행위

7) 사이버 폭력

- 특정인에 대해 모욕적 언사나 욕설 등을 인터넷 게시판, 채팅, 카페 등에 올리는 행위, 특정인에 대한 저급한 글을 올리는 행위
- 특정인에 대한 허위 글이나 개인의 사생활에 관한 사실을 인터넷, SNS 등을 통해 불특정 다수에 공개하는 행위
- 성적 수치심을 주거나, 위협하는 내용, 조롱하는 글, 그림, 동영상 등을 정보통신망을 통해 유포하는 행위
- 공포심이나 불안감을 유발하는 문자, 음향, 영상 등을 휴대폰 등 정보통신망을 통해 반복적으로 보내는 행위

2010년 이후 학생들의 스마트폰, 인터넷 등 정보통신기기의 사용이 일상화되면서 사이버 따돌림이 학교폭력의 새로운 문제 유형으로 심각하게 인식되어 학교폭력법에 사이버 따돌림 조항을 추가하였다.

학교폭력법에서 제시한 학교폭력의 유형을 도식화하면 [그림 1-2]와 같다.

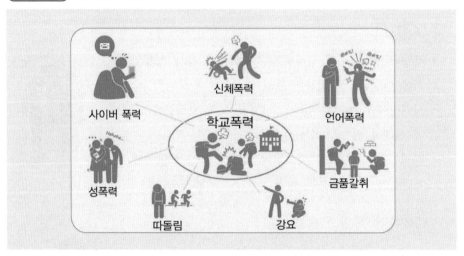

그림 1-2 학교폭력의 유형

　　[그림 1-2]의 학교폭력 유형에 제시된 행동들은 단일의 요소로 각각 독립적으로 행위로 나타나는 것이 아니며, 대개의 경우 몇 가지의 행동이 상호 결합된 복합적 형태로 나타나는 특징이 있다. 예를 들면 신체폭력을 하는 학생이 언어폭력이나 따돌림, 강요 등 다른 행동들을 함께 수반하기도 한다.

3 학교폭력의 양상

　　학교폭력법에서 "교육감은 학교폭력의 실태를 파악하고 학교폭력에 대한 효율적인 예방대책을 수립하기 위하여 학교폭력 실태조사를 연 2회 이상 실시하여야 한다제11조 제8항."는 규정을 신설2012.3.21하였다. 2012년부터 의무적으로 매년 두 차례 학교폭력 실태조사를 실시하게 하고 있다. 2016년 후반기 학교폭력 실태조사에서 나타난 주요 내용을 살펴본다.[2]

---

2 교육부의 전국차원에서 실시된 학교폭력 실태조사 자료를 인용(교육부 보도자료 2016.12.5.)하되, 없는 항목은 이전 실태조사 자료를 활용하고 조사년도를 표시하였다.

1) 학교폭력의 실태

(1) 학교폭력 피해 응답

학교폭력 피해를 당했다고 응답한 학생의 비율이 2012년 2차 조사에서 8.5%인 32만 1천명이었으나, 2016년 2차에서는 0.8%인 2만 8천명으로 나타났다. [그림 1-3]에서 보듯이 학교 급별로는 초등학교가 11.1%에서 1.3%, 중학교 10.0%에서 0.5%, 고등학교 4.2%에서 0.4%로 크게 감소하고 있다.

그림 1-3 학교폭력 피해 응답(2012년-2차 ~ 2016년-2차)

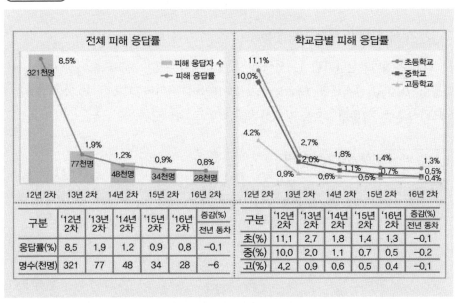

초등학교 4~6학년을 대상으로 피해 응답을 조사한 결과를 보면 [그림 1-4]에서 보듯이 초 4학년의 경우 1차 조사 응답 시 피해 응답률이 다소 높은 편이나 2차 조사에서 감소하는 경향을 반복하였다.

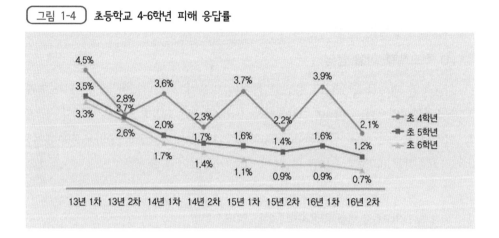

그림 1-4 │ 초등학교 4-6학년 피해 응답률

(2) 피해 유형별 학교폭력 현황

피해 유형별로는 [그림 1−5]에서 보듯이 언어폭력이 34.8%로 가장 높고, 집단 따돌림 16.9%, 신체폭행 12.2%, 스토킹 10.9%, 사이버 괴롭힘 10.0%, 금품갈취 6.5%, 성추행·성폭행 4.9%, 강제심부름 3.9%로 나타났다.

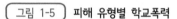

그림 1-5 │ 피해 유형별 학교폭력

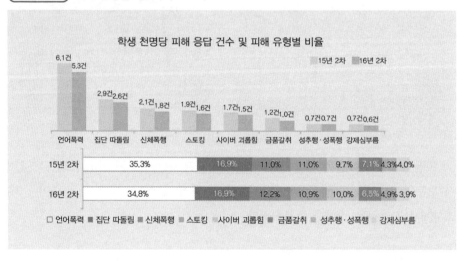

2013년에 비해 전체적으로 학교폭력의 피해는 줄었으나 그 유형의 비율은 <표 1−1>에서 보듯이 크게 달라지지 않았다.

표 1-1   학생 천명당 피해 유형별 응답 건수

구분	'13년 2차	'14년 2차	'15년 2차	'16년 2차	증감(건) 전년 동차
언어폭력	12.6	8.2	6.1	5.3	−0.8
집단따돌림	5.9	3.9	2.9	2.6	−0.3
신체폭행	4.1	2.7	2.1	1.8	−0.3
스토킹	3.2	2.3	1.9	1.6	−0.3
사이버 괴롭힘	3.4	2.3	1.7	1.5	−0.2
금품갈취	3.3	1.8	1.2	1.0	−0.2
강제심부름	1.9	1.0	0.7	0.6	−0.1
성추행·성폭행	1.2	0.9	0.7	0.7	0.0

(3) 성별에 따른 학교폭력 유형 차이

성별에 따라 학교폭력 유형에 차이가 있다. [그림 1−6]에서 보듯이 남학생의 경우 언어폭력 33.5%로 가장 높았고, 폭행 15.3%, 집단따돌림 13.6%, 스토킹 12.5%,

그림 1-6   성별에 따른 학교폭력 유형

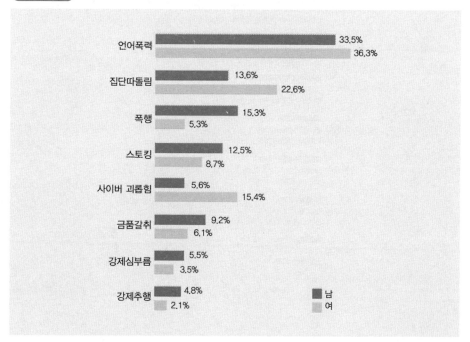

금품갈취 9.2%, 사이버 괴롭힘 5.6%, 강제심부름 5.5%, 강제추행 4.8%로 나타났다.
여학생의 경우 언어폭력이 36.3%로 가장 높았고 집단따돌림 22.6%, 사이버 괴롭힘
15.4%, 스토킹 8.7%, 금품갈취 6.1%, 폭행 5.3%, 강제심부름 3.5%, 강제추행 2.1%
였다2014년 전반기 실태조사.

(4) 학교 급별에 따른 학교폭력 유형

학교 급별에 따른 학교폭력 유형은 [그림 1-7]에서 보듯이 초등학교의 경우
언어폭력 35.1%, 집단따돌림 17.2%, 스토킹 12.7%, 폭행 12.5% 순이었고, 중학교
의 경우 언어폭력 33.7%, 집단따돌림 17.6%, 사이버 괴롭힘 11.7%, 폭행 10.4% 순
이었고, 고등학교의 경우 언어폭력 34.8%, 집단따돌림 17.6%, 폭행 10.9%, 사이버
괴롭힘 10.8% 순으로 나타났다2014년 전반기 실태조사.

그림 1-7 학교 급에 따른 학교폭력 유형

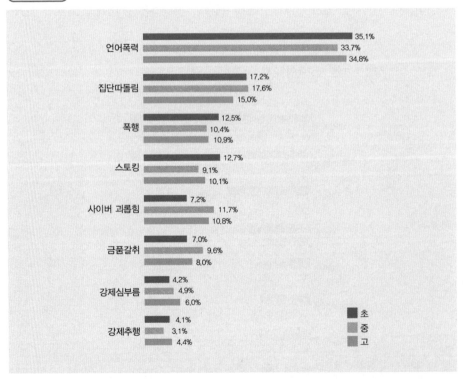

(5) 학교폭력 발생장소

학교폭력 발생장소는 [그림 1-8]에서 보듯이 학교 안 67.2%, 학교 밖 24.8%로 대부분의 학교폭력이 학교 안에서 발생하고 있다. 학교 안에서 발생한 67.2% 중에서는 교실 안 35.3%로 가장 높고, 복도 16.5%, 운동장 8.1%, 특별실, 방과후 교실 3.0%, 기숙사 0.8% 순이었다. 학교 밖에서 발생한 24.8% 중에서는 사이버공간 6.8%, 놀이터 5.5%, 학원·학원주변 4.2%, 집 2.3%, pc방·노래방 1.8%순이었다.

그림 1-8 학교폭력 발생장소

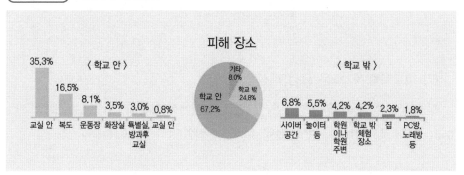

(6) 학교폭력 발생시간

학교폭력 발생시간은 [그림 1-9]에서 보듯이 학교의 쉬는 시간 41.3%로 가장 높고, 하교 이후 15.8%, 점심시간 9.6%, 하교시간 6.3% 순으로 나타났다2014년 전반기 실태조사.

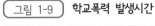 학교폭력 발생시간

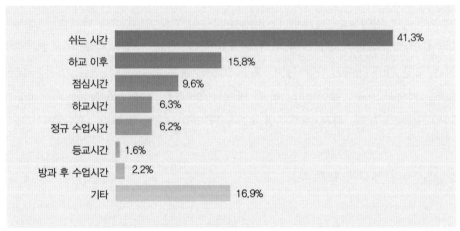

(7) 학교폭력 후 도움 요청 대상

학교폭력 후 도움 요청 대상은 [그림 1-10]에서 보듯이 가족이 36.3%로 가장 높고, 학교·교사 21.9%, 친구·선배 16.5% 순이었다2014년 전반기 실태조사.

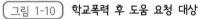 학교폭력 후 도움 요청 대상

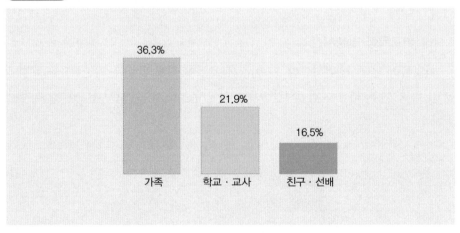

(8) 학교폭력 가해 이유

학교폭력 피해학생이 응답한 가해자 유형은 '같은 학교 같은 학년'이 75.3%로 대다수이며, '같은 학교 다른 학년'이 8.8% '다른 학교 학생'의 비율은 3.3%로 나타났다.

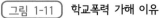

그림 1-11 학교폭력 가해 이유

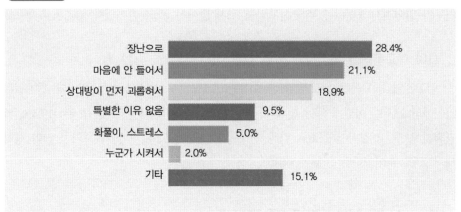

학교폭력 가해 이유는 [그림 1-11]에서 보듯이 장난으로 28.4%로 가장 높고, 마음에 안 들어서 21.1%, 상대방이 먼저 괴롭혀서 18.9%, 특별한 이유없음 9.5%, 화풀이 스트레스 5.0%, 누군가 시켜서 2.0% 순이었다2014년 전반기 실태조사.

(9) 학교폭력 가해 행위 중단 이유

학교폭력 가해 행위를 중단한 이유는 [그림 1-12]에서 보듯이 스스로 나쁜 행동임을 알게 되어서 40.8%, 처분을 받거나 혼나서 20.7%, 피해학생이 싫어해서 10.9%, 예방

그림 1-12 학교폭력 가해 행위 중단 이유

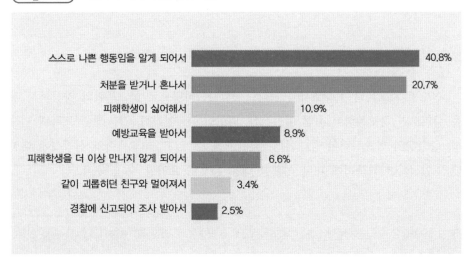

교육을 받아서 8.9%, 피해학생을 더 이상 만나지 않게 되어서 6.6%, 같이 괴롭히던 친구와 멀어져서 3.4%, 경찰에 신고되어 조사 받아서 2.5% 순이었다2014년 전반기 실태조사.

(10) 학교폭력을 목격하고 모른 척한 이유

학교폭력을 목격하고 모른 척한 이유는 [그림 1-13]에서 보듯이 나와 관계없는 일이어서 23.6%, 어떻게 해야 할지 몰라서 22.5%, 같이 피해당할 것 같아서 19.3%, 해결되지 않을 것 같아서 15.8%, 다른 친구들도 그래서 5.5%, 누군가 도와줄 거라 생각해서 2.6% 순이었다2014년 전반기 실태조사.

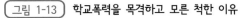 그림 1-13 학교폭력을 목격하고 모른 척한 이유

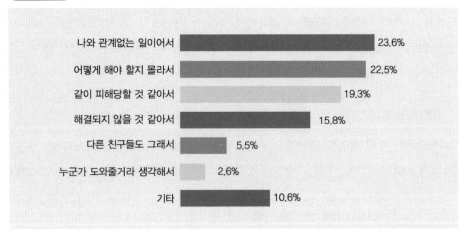

2) 학교폭력의 양상

연도별 학교폭력 실태조사에 나타난 결과를 바탕으로 학교폭력의 양상과 특징을 살펴보면 학교폭력이 점점 비인간화, 다양화, 저 연령화, 집단화, 학교폭력 이중성, 중학생의 학교폭력이 증대되는 추세를 볼 수 있고, 학교폭력의 심각성에 대한 낮은 인식과 학교폭력에 대한 미흡한 대응 등으로 요약할 수 있다.[3]

---

3 관계부처합동(2012.2.6.)에서 발표한 '학교폭력근절 종합대책'의 '최근 학교폭력의 특징'을 일부 인용하였다.

(1) 비인간화

학교폭력이 단순히 또래들의 싸움이나, 일시적 갈등 수준을 넘어서 상습적인 구타, 성추행, 극도의 굴욕감을 유발하거나 엽기적 가혹행위 등 잔인한 가해사례로 증가하고 있다. "흉기로 손을 찌르고, 신체 중요 부위의 털을 뽑고, 볼펜으로 몸에 낙서하고…". 포항의 중학교 교실에서 남학생 2명이 이런 식으로 같은 반 남학생을 6개월 동안 괴롭힌 것으로 드러났다한겨레 2015.1.29. 학교폭력은 폭력행사나 금품갈취의 수준을 넘어 육체적 폭력과 정신적 폭력을 동시에 수반하고 집요한 정신적 폭력으로 인한 자살사태 유발 등 점차 비인간화의 정도가 심해지고 잔인해지고 있다. 학생들의 폭력이 성인의 폭력을 닮아 있을 뿐 아니라 의도적이고 계획적인 폭력으로 변화되고 있다. 납치하고 감금하고 성추행하는 일들이 성인들의 범죄를 모방하고 빈번하게 발생하고 있다.

(2) 다양화

학교폭력의 유형이 과거에는 주로 신체적 폭력, 금품 갈취 등으로 주를 이루었으나 최근에는 학교폭력법의 학교폭력에 대한 정의에서 보듯이 신체폭력, 언어폭력, 금품갈취, 강요, 따돌림, 성폭력, 사이버 폭력 등으로 학교폭력의 범위가 넓고 다양화되고 있다. 학교폭력의 세부 유형에서도 인터넷, 스마트 폰, 카카오톡이나 SNS 메시지를 통한 정보통신망을 통한 사이버 괴롭힘 명예훼손, 빵 셔틀, 와이파이 셔틀과 같은 강요나 강제적 심부름 등 다양한 형태로 나타나고 있다.

(3) 저 연령화

학교폭력의 가해자와 피해자의 연령이 점차 낮아지고 있다. 청소년의 발달 과정이 전체적으로 빨라지면서 초등학교 고학년부터 중학교 단계에서 사춘기의 신체적·심리적 단계가 오게 되고, 이러한 조숙화 경향으로 학교폭력을 경험하는 시기가 앞당겨져 최근에는 학교폭력의 중심축이 종전 고등학교에서 중학교로, 중학교에서 다시 초등학교 고학년으로 저 연령화하는 추세에 있다. 학교폭력근절종합대책 2012.2.6.에서 제시한 자료에 따르면 피해학생 중 53.6%가 초등학교 때 최초로 학교폭력 피해를 경험하였는데 초 4-6학년의 36.0%, 초 1-3학년 17.6%가 경험한 것으로 나타났다. 가해학생 중 58.0%가 초등학교 때 최초로 학교폭력 가해를 하였는데 초 4-6학년 43.1%, 초 1-3학년 14.9%였다.

(4) 집단화

학교폭력이 단독에 의한 것이기보다 2명 이상의 집단에 의해 이루어지고 있다. 학교폭력 가해학생이 2인 이상인 경우 동조현상으로 인하여 가해학생이 자신의 행동에 대해 반성하기보다는 정당한 행동으로 인식하며, 죄책감 또한 감소되어 이들에 대한 선도와 치료가 더욱 어렵게 된다. "친구들 의리 지키려고".... 놀이삼아 '집단 성폭행'을 저지르는 10대들에 대한 기사가 보도되었다노컷뉴스 2010.9.15. '일진' 등 학교 내에서 폭력조직의 영향력이 증가하여 학생들이 피해를 입지 않기 위해 폭력집단에 가입하고, 학교별 폭력집단이 정보를 공유하여 피해자를 지속적으로 괴롭히는 문제가 발생한다.

(5) 정서적 폭력의 증대

2016년 후반기 실태조사에서 단순한 신체적 폭력이 아닌 언어폭력 34.8%, 집단따돌림 16.9%, 사이버 괴롭힘 10.0% 등으로 나타나 전체 학교폭력 중 언어적·정신적 폭력이 61.7%를 차지하고 있다. 특히, 언어적·정신적 폭력의 경우 휴대폰 문자 등 SNS 등을 통해 교실내·외에서도 손쉽게 반복적으로 이루어지고 있어 문제가 되며, 정서적으로 불안정하여 질풍노도의 시기라 불리는 청소년 시기에 또래관계를 통해 정서적·심리적 안정을 추구해 청소년의 건전한 성장과 발달을 하는 것이 매우 중요하다.

(6) 학교폭력의 이중성

학교폭력의 피해와 가해를 중복 경험하거나 순환적으로 경험하고 있다. 학교폭력의 피해자들이 종종 자신의 피해를 만회하기 위해 또 다른 약자에게 가해자로 바뀌는 이중적 현상이 나타나고 있다. 학교폭력의 피해자가 제3자에게 폭력으로 보복하는 사례는 피해자이며 동시에 가해자가 되는 폭력의 이중적 피해자가 되는 경우로 폭력의 보복 심리와 폭력성이 심화되고 있다. 따라서 가해자와 피해자 구별이 불분명하고 피해와 가해의 악순환이 되풀이 되고 있다. 피해와 가해를 모두 경험한 학생이 10.3%에 이르고 있다.

(7) 중학교 학교폭력 비율 높음

중학생의 학교폭력 발생 비율이 가장 높게 나타나고 있다. 2016년 후반기 실태조사에서 2015년 학교폭력대책자치위원회 총 심의건수 중 중학교가 차지하는 비율이 전체의 53.0% 수준이었다. 2015년 자치위원회 심의건수 총 19,968건 중에서 초등학교 3,239건16.2%, 중학교 10,585건53.0%, 고등학교 6,006건30.1%이었다. 중학교의 학교폭력 비율은 2012년의 62.5%15,449건에 비해 많이 감소했으나 2015년 53.0%로 여전히 높게 나타났다.

(8) 학교폭력의 심각성 인식 부족과 미흡한 대처

학교폭력을 사소한 장난으로 인식하거나 위장하고, 학교폭력을 목격하는 경우에도 방관하는 경향이 있다. 학교폭력에 대한 온정주의적 시각으로 인해 처벌보다는 교육적 차원의 계도 조치에 치우쳐 있다. 학생의 경우 피해학생은 신고를 해도 문제 해결이 되지 않고, 보복을 우려하고 있고, 가해학생은 학교폭력을 단순한 '장난'으로 인식하거나 위장하며, 목격자는 학교폭력을 목격해도 보복이 두려워 방관하는 경우가 다수이다. 학부모의 경우 아이들은 싸우면서 자라는 것이 당연하다는 인식으로 학교폭력에 관대하고, 학교폭력의 원인을 피해학생으로 돌려 학교폭력을 정당화하려는 경향이 있다. 교사의 경우 온정주의적 시각에서 처벌보다는 교육적 차원의 계도에 치우쳐 있고 학교의 부정적 이미지 유발 및 신상의 불이익 등을 우려해 학교폭력을 은폐하는 경향이 있다.

 학교폭력 문제의 접근법

학교폭력을 예방하고 폭력사안에 효과적으로 대처하기 위해서는 우선적으로 학교폭력이 발생하는 원인에 대한 이해가 필요하며 이를 바탕으로 사전예방과 사후대책이 강구되어야 한다.

1) 학교폭력의 발생원인

미국의 심리학자인 Lewin은 인간의 행동은 개인과 환경 간의 상호작용의 결과 B=f(P·E)라고 보았다. 각 개인Person을 둘러싸고 있는 환경Environment 역시 [그림 1−14]에서 보듯이 미시체계, 중간체계, 외체계, 거시체계 등 다차원적이다.

그림 1-14 생태학적 체계(Ecological systems)

미시체계	아동이 직접 접촉하는 부모, 형제, 또래, 학교
중간체계	아동의 가족, 또래, 학교, 놀이터 등과 같이 미시체계들 간의 상호 연계
외 체계	아동이 친척, 이웃, 교육단체, 대중매체, 종교기관, 직장, 지역사회 등 체계들로부터 영향
거시체계	아동에게 영향을 미치는 사회문화적 영향력, 가치, 문화, 관습, 법 등

아동·청소년 문제행동인 학교폭력의 원인과 학교폭력을 유발하는 위험요인과 억제하는 보호요인도 다양하며, 이들 요인들은 서로 밀접하게 관련되어 있다. 따라서 문제행동의 원인을 각각의 단편적이고 독립적인 요인에 국한하지 않고 생태학적 관점에서 종합적이고 유기적 차원에서 이해하도록 한다.

(1) 개인적 요인

학교폭력 행동과 관련된 개인적 요인은 생물학적 요인과 정신적 요인이 작용하는데 생물학적 요인으로는 '기질'과 '회복탄력성'으로, 정신적 요인으로 '두뇌기능의 손상'으로 설명할 수 있다.

기질temperament은 정서적 강도와 행동수준, 주의, 정서 조절의 개인차를 의미하며, 비교적 인생 초기에 나타나는 성격적 측면으로 유전, 임신 및 출산 과정 등 생물학적 배경이 작용했을 것으로 가정된다이규미 외, 32. 기질적으로 예민한 아이들은 과민하고, 쉽게 좌절하고, 화를 잘 내고, 진정시키기 어려운 특징을 가진다. 대개의 경우 학교폭력의 가해 학생은 냉담하며, 동정심이 부족하고, 자아 존중감, 자기 통제력과 문제해결능력이 낮다. 반면에, 공격성과 충동성이 높고, 실패를 추구하는 동기가 높게 나타난다. 낮은 자아 존중감이 자신에 대해 부정적 자아상을 갖고, 열등감을 호소하거나 위장하기 위해 폭력 행동을 하는 경우가 많다. 자존심의 손상, 또는 수치심을 느낄 때, 격분에 의해 폭력을 동반할 수 있고, 자아가 약한 사람들은 자신의 자아를 지지해 주는 불량 또래 집단을 통한 유대감과 소속감을 갖기 쉽고, 비행에 가담하게 되기 쉽다. 공격성은 통제의 정도에 따라 보이는 문제행동 양상이 다르게 나타난다. 과소 통제형은 행동 억제의 힘이 약하고, 충동성이 강한 사람으로 이런 성격이 반사회적 경향성과 결부되면 반사회적 성격장애자가 될 수 있다. 과잉 통제형은 지나치게 자제력이 강한 사람으로 평소에는 폭력적으로 행동하는 것을 지나치게 억제하는 경향이 있으나, 만약 자신의 억제 수준을 넘어서는 극단적 촉발자극이 주어지면 매우 심한 극단적 공격적인 행동을 하게 될 수 있다. 특히, 폭력의 대상이 자신인 경우, 자살까지 하게 될 수도 있다. 충동성은 문제해결 의지보다 자기규제적인 사고 없이 즉각적으로 문제를 해치움으로써 불안한 상태에서 벗어나려는 경향에서 비롯된다.

회복탄력성resilience은 개인이 겪는 부정적 경험, 상처, 스트레스, 위협 등의 트라우마trauma로부터 벗어날 수 있는 능력을 말한다. 회복탄력성은 크고 작은 다양한 역경, 시련과 실패를 오히려 도약의 발판으로 삼아 더 높이 튀어 오르는 비인지 능력 혹은 마음의 근력을 의미한다. 물체마다 탄성이 다르듯이 사람에 따라 회복탄력성이 다르다. 각종의 트라우마 등으로 인해 시련을 겪은 사람도 강한 회복탄력성으로 도로 튀어 올라 원래 있었던 위치보다 더 높은 곳까지 올라간다. 지속적인 발전을 이루거나 커다란 성취를 이뤄낸 개인이나 조직은 현재의 역경을 '전화위복의 계기'로 삼아 실패나 역경을 딛고 일어섰다는 공통점이 있다. 어떤 불행한 사건이나 역경에 대해 어떤 의미를 부여하느냐에 따라 불행해지기도 하고 행복해지기도 한다.

두뇌기능의 손상은 두뇌의 전두엽 실행 기능이 폭력적인 성격 및 행동의 원인이 된다. 전두엽은 동기부여, 주의집중, 목표지향적인 행동 및 정서 조절 등 고등정신기능을 관장하는 두뇌 부위로, 이 부위에 이상이 있거나 실행 기능에 문제가 있는 사람은 계획성의 부족, 둔화된 정서, 충동성, 인지적 결함, 공격성과 같은 문제를 보이고 반사회적 행동을 하는 경향이 있다.

문용린 외[52-55]는 학교폭력 발생의 개인적 원인을 다차원에서 접근하고 있다. 유전적 요인으로 선천적으로 공격성이 발달하였을 가능성이 있고, 발달적 요인으로 또래보다 여러 가지 면에서 느리고 미숙하다. 인지적 요인으로 문제해결기술능력과 상황판단능력이 저하되어 있으며, 성격적 요인으로 지나친 내향성이나 공격적 성향, 자기중심적 성격을 들 수 있다. 정신 병리로 인해 성격적 결함과 도덕성과 사회성, 법의식이 부족할 수 있고, 신경심리학적 요인으로 자아기능이 약화되어 있다. 사회적 요인으로 사회적 기술과 대인관계능력이 미숙함 등을 제시하였다.

(2) 가정적 요인

가정환경 중 가족의 사회경제적 지위, 결손 여부 등 구조적 측면과 부모 자녀 간의 심리적 거리, 양육태도, 의사소통 등 기능적 측면은 폭력행동에 영향을 미치는 중요한 요인이다. 특히, 부모의 부적절한 훈육, 감독 소홀 등은 자녀로 하여금 초기의 반사회적 또래와의 접촉 정도에도 영향을 미친다. 부모의 훈육이 지나치게 엄격하거나 무관심할 때, 적대적 거부적 태도를 보일 때, 합리적인 도덕적 차원에서 일관성이 없을 때, 부모의 언행과 훈육이 불일치할 때, 부모가 자녀를 편애할 때, 학교폭력 등 문제행동을 유발한다.

학교폭력의 피해와 가해를 예측하는 부모의 양육태도에 관한 연구들에서 자녀에 대한 부정적 태도, 체벌과 같은 공격적인 양육, 부모의 감독과 방임, 부모의 애정과 관심의 결여, 피해를 경시하는 태도, 부모의 권위적 태도 등은 학교폭력 가해·피해아동 모두와 관련된 것으로 나타났다이규미 외, 327. 부부 간 불화, 가족 간 폭력이 자행되는 가족의 갈등적 분위기, 주거환경 및 경제적으로 불만족스러운 경우, 폭력행동을 하게 되는 경향이 있다. 문제행동 유발 상황 속에서 폭력을 억제할 수 있는 보호요인은 자녀가 부모입장에 대해 이해하고, 부모의 자녀 사랑에 대해 인지하고, 내면화하는 경우, 부모와 자녀의 애착관계가 형성되어 있는 경우 등이다.

문용린 외55-57는 학교폭력의 가정적 원인을 가정훈육의 규칙과 형태의 문제로 보았다. 부모의 양육태도가 지나치게 억압되고 과잉통제적인 경우 자녀는 오히려 반항적이고 공격적인 성향을 가지게 되며, 반면 지나치게 과잉수용적인 경우 이기적이고 자기중심적 경향으로 양육된다 하였다. 부모의 일관성 없는 양육태도와 자녀에 대한 이해 부족과 무관심, 가정의 해체 및 불화가정 내의 부모의 이혼이나 불화, 경제적 빈곤으로 인한 자녀방치, 지원체제의 부족, 가정폭력 경험의 후유증으로 인해 학교 적응장애, 행동장애, 정신장애 문제를 나타낸다고 하였다.

(3) 또래 관계 요인

인간의 발달 과정에서 아동·청소년기는 배움을 필요로 하는 시기로 대부분의 시간을 학교에서 또래들과 함께 생활하며 보낸다. 바람직한 또래관계는 인간 발달에 중요한 역할을 한다. 또래관계는 상하관계가 아닌 자유롭고 동등한 관계로 새로운 탐색이 가능하고 인간관계와 사회성 기술을 향상시키는 데 기초 역할을 한다. 또래와 상호작용을 통해 사회에서 통용되는 가치관을 공유하게 되고 서로를 지지하는 소속감, 자신감을 느끼게 된다. 학교를 다니면서 아동·청소년은 가족보다 또래들에 대해 보다 높은 관심을 기울이기 시작한다. 또래들로부터 인정을 받는 것이 중요하며 다양한 방면에서 또래들로부터 영향을 받는다. 따라서 또래들과의 관계에서 어려움이 있거나 또래들로부터 배척을 당하는 것은 무엇보다 큰 스트레스 요인이 된다. 또래 집단으로부터의 수용과 배척 여부는 폭력행동 유발에 영향을 미친다. 청소년의 건전한 인간관계는 그가 속한 또래 집단의 성격 또는 또래 집단 중 비행 친구의 수, 처벌받은 친구의 수, 비행 또는 문제행동에 대한 친구의 동의 정도 등의 관계로 파악할 수 있다. 이는 문제행동을 설명하는 주요 지표가 된다. 즉, 비행 또래 집단과 자주 어울리고, 친한 친구 중 비행을 저지르는 경우가 많으면, 비행 가치에 내면화되거나 동조적 성향을 보여 비행에 가담하기 쉽다고 본다. 특히 관심과 사랑을 충분히 받지 못하는 청소년은 나름대로 자신의 자아를 지지해 줄 타인을 찾게 되고, 불량 또래 집단을 통한 유대감과 소속감이 비행 가치를 쉽게 받아들이게 하여 행위화 시킨다고 본다.

(4) 학교 요인

학교는 다양한 학생들이 학교라는 공간에서 장시간 함께 생활하면서 상호영향을 주기 때문에 많은 관계적 역동이 일어나게 되는데, 이러한 관계 속에서 나타나는 부정적 행동양식의 하나가 학교폭력이다. 낮은 학업수행, 학교규범 불이행, 친구관계의 어려움, 교사에 대한 불신과 반항, 교사의 공부압력 등은 학교 또는 학교생활에 대한 거부감으로 나타나 학교폭력을 유발하는 요인으로 작용한다.

문용린 외[37]는 학교폭력을 유발하는 학교요인으로 입시위주의 경쟁교육으로 인한 시험 스트레스, 인성교육의 부재, 교사폭력, 비합리적 학교조직 및 운영, 여가활동과 자기개발에 대한 기회 및 시설 부족, 학교폭력에 대한 교사의 인식 부족, 수업시간 이외의 학생 생활지도 부족, 폭력행동에 대한 지나친 감정적 대응, 학교폭력 발생에 대한 소극적 대응, 학교폭력 예방 및 치료에 대한 대처방법 및 프로그램 부족, 학교폭력 문제를 해결하는 데 소극적인 지역사회 및 공공기관의 네트워크 형성, 학교폭력 가해학생에 대한 교육적 선도를 원칙적으로 하지 않는 처벌적 조치 강화 등을 제시하였다.

(5) 사회 문화적 요인

사회적 환경 요인으로는 유해환경의 노출과 매스미디어의 무분별한 정보 등이다. 유해업소의 퇴폐성, 선정성과 유해매체의 자극성, 폭력성, 유해약물에의 습관성 요인은 청소년들로 하여금 이와 관련된 문제행동을 하도록 유인하도록 한다. 또한, 대중매체의 폭력성, 선정성, 상업성 등은 청소년 자신이 문제행동을 하는 것에 대해 합리화시키거나, 때로는 무감각하게 하는 요인이 되고 있다.

문용린 외60-61, 373는 사회 문화적 요인으로 정보통신 및 매스미디어의 발달속도에 비해 가치관의 지체, 대중매체의 폭력묘사에 대한 학습, 물질만능주의 풍토, 유해환경의 급증, 청소년 건전한 여가활동시설의 부족, 청소년에 대한 사회적 이해수준의 미흡, 건강한 청소년 문화 육성을 위한 국민적 관심과 참여도 부족, 갈등해결 수단으로 폭력을 허용하는 분위기, 향락산업의 증가로 청소년 놀이 문화의 성인화, 사회적 소외 계층을 위한 미흡한 사회 복지적 서비스, 청소년 문제에 대한 지역사회의 미온적 개입, 학교탈락 학생을 위한 대안 학교적 장치 부족 등을 제시하였다.

2) 학교폭력 행동의 접근법

아동·청소년 폭력 행동 문제에 대한 대응으로 예방적 접근은 매우 중요하며 효과적이다. "호미로 막을 일도 방치하면 두레로 못 막는다."는 격언처럼 예방 대책은 아무리 강조해도 지나치지 않다. 왜냐하면, 학교폭력은 다른 사람에게 피해를 줄 뿐만 아니라, 가해학생 인생에도 오점을 남기기 때문이다. 학교폭력 피해학생에게는 정서적, 심리적 큰 상처를 주고, 가해학생은 비행 청소년 혹은 범죄 소년으로 낙인찍힌다. 최근에는 학교폭력 발생이 예견되는 상황이나 환경을 개선하고, 징후를 발견하면 선제적으로 접근하여 해결하는 대응방안이 모색되고 있다. 학교폭력 문제행동을 예방하고자 할 때, 가정-학교-사회가 삼위일체가 되어서 체계적으로 접근하여야 하고, 학교폭력 행동에 대한 종합 대책을 세우고자 할 때도, 가정-학교-사회가 삼위일체가 되어서 사전 예방과 사후 대응 전략을 세워야 한다.

(1) 가정의 역할

"문제 청소년 뒤에 문제부모가 있다."는 말이 있다. 청소년은 부모에게 전적으로 의존하는 아동기에서 독립된 인격체가 되는 성인기의 중간에 있는 과도적 시기로 청소년기의 과제를 안전하게 이행하는데 부모의 경제적 지원과 정서적 지지가 필요하다. 부모가 경제적으로 어렵거나, 부모의 사망 혹은 이혼 등으로 가정의 보호를 적절히 받지 못할 때 폭력행동이 일어나기 쉽다. 폭력행동 예방을 위한 가정의 우선적 역할은 가정의 구조적 요인과 기능적 요인을 점검하여 가정의 빈곤과 기능 상실과 같은 가족문제를 줄여야 한다. 이러한 문제의 해결이 어려울 때에는 적절한 대안을 찾기 위해 전문가상담가, 사회복지사 등의 조력을 받아야 한다. 자녀의 폭력관련 행동은 가족문제의 한 표현일 수 있기 때문에, 그 문제행동을 계기로 하여 가족 구조와 기능을 점검하고, 가정의 공동체 기능을 회복시켜야 한다. "소 잃고 외양간 고친다."는 옛말이 있지만, 소를 잃고도 외양간을 고치지 않으면 소가 집으로 돌아와도 또 다시 소를 잃는 우를 범하게 된다. 비록 청소년 자녀가 문제행동을 했더라도 용서하고 따뜻하게 감싸주어야 할 가정과 부모가 있어야 문제행동의 재발을 막을 수 있을 것이다.

(2) 학교의 역할

학교는 가정 다음으로 학생들이 각자의 발달단계에서 인간적 성장과 발달을 할 수 있도록 지적인 발달과 심리적·정서적 발달, 신체적 발달을 제공하는 교육의 장이다. 학교에서는 다양한 학생들이 생활한다. 정상적 발달 과정을 겪는 학생과 문제가 발생할 가능성이 높은 학생, 그리고 이미 문제가 발생한 학생들이 함께 생활하는 복합적 인적 구성의 특징이 있다. 학교는 이처럼 다양한 학생들이 모두 함께 생활하기 때문에 위기적 요소를 많이 가지고 있다. 그러나 한편에서 모든 수준의 예방적 개입을 적용할 수 있는 최적의 장소이다. 학교에 학생들의 예방에 도움을 줄 수 있는 다양한 자원이 존재한다. 학교에는 다양한 과목과 분야를 담당하는 교사와 교직원이 있으며, 다양한 배경과 직업을 가진 학부모와 지역사회 내의 인적, 물적 자원이 있다. 따라서 학교는 모든 수준의 학생들을 위해 존재할 뿐 아니라 예방을 위한 다양한 자원을 가지고 있기 때문에, 문제가 발생 후의 사후조치보다는 문제 발생 이전에 예방하고 이전에 미리 예측하여 개입하는 선제적 조치도 필요하다이규미 외, 207. 이런 측면에서 학교는 예방교육을 실시하기에 가장 적합한 장소이며, 한정된 전문 인력으로 많은 학생을 감당하기에는 예방적 관점의 교육과 상담을 실시하는 것이 효율적일 수 있다. 학교폭력의 문제행동을 예방하기 위해서는 청소년이 하루 중 가장 많은 시간을 보내고 또래관계를 형성하는 학교와 학급의 환경을 개선하여야 한다. 학교가 입시와 성적위주의 교육에서 탈피하여 인간화 교육을 지향하고, 진로지도와 상담을 통해 학생 각자의 소질에 따라서 꿈과 끼를 발휘할 수 있도록 여건과 환경을 마련하여야 한다. 학교에 진로진학상담교사와 전문상담교사의 배치, 그리고 자유학기제의 실시가 그 일환으로 시행되는 것이다. 인권친화적 생활지도와 수준별 교육과정을 통하여 학생 각자가 인정과 존중을 받으며 생활할 수 있는 장이 되어야 한다. 학교는 다른 사람들과 공존할 수 있는 시민교육을 적극적으로 전개해야 한다. 이를 지원하기 위해 2015년 올바른 인성을 갖춘 시민육성을 위해 '인성교육진흥법'이 제정되었다. 학교폭력의 예방을 위해 학생들에게 평화적 문제해결을 위한 대화법, 자기주장훈련, 다양한 인간관계 훈련 등은 학교에서 실천할 수 있는 대표적 방법이다. 다양한 진로지도, 민주적이고 합리적인 학생자치회 운영, 다양한 동아리 활동 등을 활성화하여야 한다. 자유학기제의 운영에 따라 학교는 지역사회의 자원을 활용하여 다양한 진로를 체험하고 청소년 문화의 특성에 맞는 활동의 장이 되도록 네트워크를 구축하여야 한다.

(3) 교사의 역할

대부분의 교사는 학교현장에서 교과를 가르치는 교사로서 주된 역할을 수행하면서 생활지도상의 어려움을 겪고 있는 학생들을 지도한 경험을 가지고 있다. 교과지도를 교사의 주된 임무로 생활지도는 부수적 업무로 간주해왔다. 그러나 교사의 기능이 학습지도에 국한되는 것이 아니고, 학습지도의 기본적 목표가 단지 지식 습득의 차원에서만 머물 것인가 혹은 지식, 기술 습득을 통해 인간형성의 차원이나 단계까지 이끌어 갈 것인가에 대해 고민을 하게 된다. 입시와 경쟁위주의 교육 풍토와 학벌을 중시 여기는 사회풍조 하에서 학생들의 인성에 대한 고민을 소홀히 해온 것이 사실이다. 학교교육의 목표는 전인교육으로 교과지도의 목표는 교과의 지식이나 기능을 가르치는 것뿐만 아니라 학습자 개개인의 인성 형성까지도 지도하는 기능을 가지고 있다. 예컨대, 교과교사는 교과지도자로서의 교사인 동시에 인성 형성까지도 함께 지도하는 생활지도의 담당 교사이기도 하다. 만일 어떤 학생이 교우관계의 어려움이나 학교폭력으로 인해 학교생활에 대한 심각한 좌절과 회의에 빠져 고민하고 있을 때 또는 학교생활 부적응으로 어떤 비행으로 탈선하려고 할 때, 이 문제가 교사 자신이 가르치는 교과와 무관하다고 하여 방관하고, 상담교사

나 생활지도부 교사에게만 일임하려고 한다면 교과교사로서 책임을 다하였다고 할
수 없다. 교직은 인간을 기르는 사업이기에 교사의 생활지도 담당자로서 역할이 중
요하다. 학교 상담과 생활지도에서 학생 문제와 관련한 1차적 상담자는 담임과 교
과교사이기 때문에 그 역할은 매우 중요하다. 담임교사는 학급을 운영하는 과정에
서 학생들의 특성을 잘 알 수 있고, 또 일 대 일의 인간관계를 통해 잠정적인 학급
학생들의 문제를 잘 파악할 수 있어 예방적 상담과 생활지도에서 가장 중요한 위
치에 있기 때문이다. 교사는 자신에게 끊임없는 질문을 던져야 한다.

- 나는 어려움을 겪고 있는 학생을 발견하려고 노력하는가?
- 나는 학생들이 일반적으로 겪고 있는 문제는 어떤 것들이 있고 어떻게 도와
  야 하는가를 알고 있는가?
- 나는 나의 능력으로 도움을 줄 수 없다고 생각되는 학생들을 도울 수 있는
  방안을 가지고 있는가?

최근 교사가 법적으로 학생을 보호 감독할 의무를 지기 때문에 교사에 대한 법
적·윤리적 책임이 강조되고 있다. 학교폭력으로 인해 피해학생 측으로부터 법적
소송이 진행된 경우 교사가 법적 책임을 지는 사례가 종종 발생하기에 교사는 법
적 책임과 의무를 이해하여야 한다. 법원의 판단에 따르면 교사의 의무와 판단 기
준은 다음의 세 가지로 정리될 수 있다김동현 외, 132-133.

첫째, 교사의 보호·감독의무는 법적으로 '학교에서의 교육활동 및 이와 밀접한
생활관계인 경우'이다. 학교 내의 수업시간, 아침시간, 점심시간, 청소시간, 방과후
활동과 학교 밖의 교육활동인 수학여행, 현장체험학습, 수련활동도 포함된다. 둘째,
교육활동과 관련된 생활관계인 경우라 하더라도 교사가 충분히 예견하였거나 예견
할 수 있는 상황에서만 법적 책임을 진다. 그러나 쉬는 시간이나 점심시간에 학생
들 사이에서 우발적 학교폭력 사건이 발생하였다면, 책임을 지지 않는다. 셋째, 교
육활동과 밀접한 생활관계 및 예견가능성의 두 가지 요건을 모두 충족하는 경우에
도 교사가 적절한 예방교육과 같이 사건을 방지하기 위한 충분한 예방조치를 한
것이라면 법적 책임을 지지 않는다.

학교폭력 학생에 대해 생활지도나 상담을 할 때에 교사가 알아야 할 학생의 기본사항은 <표 1-2>와 같다.

표 1-2 문제 학생(학교폭력)의 기본 사항

현재의 문제	가족력
• 주 호소 • 문제의 강도, 빈도, 지속성 • 사건-비합리적 사고-결과(A-B-C) • 전에도 비슷한 문제로 고민해 본적이 있는가의 여부 • 문제 상황을 지속시키는 요인 • 상담을 결심하게 된 동기-확실히 할 것 • 동기부여를 위해서 • 상담과정에 대한 기대(선호) • 상담결과에 대한 기대	• 경제적 상태와 관련된 주 수입원 • 각 가족 구성원의 성격 및 관계 • 직업의 수, 이사의 수 • 어렸을 때 나는: • 나에게 학교는: • 내 어린 시절의 야망은: • 또래들 사이에서 내 역할은: • 가정에서 가장 중요한 가치는: • 어린 시절 내가 했던 가장 중요한 결정은:
현재의 생활	**대인관계**
• 하루 생활 패턴 • 교과 관련 만족도 • 현재 성적 • 현재의 기분	• 동아리 활동, 종교 활동, 학급 활동, 학교 등에서의 관계, 기타 • 주된 의논상대 • 친구
개인력	**자아개념 평가**
• 의학력(과거, 현재) • 친구와의 관계(서로에 대한 생각, 느낌, 행동) • 꿈 • 인생의 목표 • 내가 가장 싫어하는 나의 단점	• 과거, 현재, 미래에 대한 자신의 견해(현상학적 관점) • 심리 검사
타고난 잠재력	**면접 동안 학생의 특징**
• 취미나 특기 • 자타에 의한 장점	• 요약 및 평가 (문제의 본질, 심각도, 의뢰 여부, 상담기간)

출처: 고성혜(2000; 김희대 2015. 134에서 재인용).

(4) 사회의 역할

학교폭력은 사회 환경이 만들어낸 산물로서 사회의 책임이 크다. 학교폭력을 예방하기 위해서는 사회 환경을 개선하여야 한다. 물질주의, 학벌주의, 상업주의 등의 풍토 하에서 폭력적이고 선정적인 대중매체와 사회의 유해환경은 청소년의 가치관 왜곡과 문제행동을 유발하는 요인이다. 학교폭력의 위협요소인 대중매체의 상업성과 폭력성, 지역사회의 유해 환경에 대한 정화는 필요하다. 그러나 이미 존재하고 있는 것을 완전히 없애기는 현실적으로 불가능하기에 학교의 역할은 예방 교육을 통해 학생들이 유해환경으로부터 유혹을 극복할 수 있는 힘을 길러주어야 한다. 또한 무엇이 유해한가에 대한 분별력을 갖게 하는 것이 현실적 대안이 될 수 있다고성혜, 15. 지역사회는 학교와의 연계를 통해 다양한 자원을 제공하고 학교개선에 기여함으로써 학교폭력의 보호요인으로 역할을 할 수 있는 장이 되어야 한다. 학교에서 교육받은 인재들이 고향을 떠나지 않고 지역사회의 일군으로 일할 수 있는 기반을 조성하는 데 노력해야 한다. 학교와 지역사회의 연계 방안으로 현재 학교에서 가르치는 교과의 내용이 이론중심의 강의식이나 평가방식에서 벗어나 지역사회에서 체험할 수 있는 실용적 내용으로 재구성한다. 지역사회는 지역사회의 자원인 조직, 기관과 기업을 활용함으로써 학생들에게 봉사 활동과 진로 체험의 장이 되고, 지역사회의 자원 인사들은 학교교육을 보충하는 자원 인사로 학교교육에 참여하고 때로는 후견인으로서 교사와 멘토의 역할을 수행한다. 학생들에게 모델과 귀감이 되는 지역사회 인사들이 많이 발굴되어 학교의 다양한 교육수요 부응에 일조하는 재능기부자로서 학교에서 역할을 수행한다. 우리 사회의 잇달은 공직자들의 비리와 사회지도층 인사들의 탈선은 보이지 않는 가운데 청소년들의 가치관 형성과 행동에 영향을 준다. 국가의 사회정의와 인성과 도덕성 회복을 위한 법규와 제도, 정책의 수립은 중요하다. 이와 함께 사회가 잠재적 교육과정의 장이 되어 아동·청소년의 건전한 성장과 발달에 기여하는 거시체계의 환경요인으로 작용할 수 있도록 개선되어야 하겠다.

학교폭력의 이론과 구조

School Violence **Prevention** &
Understanding of Student

학교폭력의 이론과 구조

아동·청소년의 학교폭력은 개인의 내적 심리적 요인과 외적 환경적 요인과의 상호작용에 의해 나타난다. 학교폭력만을 설명하는 특정한 이론으로 제시된 것은 없어 학교폭력에 영향을 주는 폭력, 비행 이론 등으로 견주어 설명한다. 또한 학교폭력 행동을 진단하고 대응하는 전략을 모색하기 위하여 학교폭력을 유발하는 학교 구조, 심리적 기제를 살펴본다.

 ## 학교폭력의 이론

폭력에 관한 이론들의 대부분은 폭력의 원인을 인간의 공격성향에서 찾는다. 폭력이 행동이나 언어로 상대방에 대한 공격에서 기인한다는 사실에서 인간의 공격성은 폭력과 밀접한 관계를 가지기 때문이다안숙현, 4. 공격성은 유형에 따라 개인 내적 요인으로 심리학적 원인론과 개인 외적 요인으로 사회학적 원인론으로 구분할 수 있다김난주, 11.

1) 학교폭력의 심리적 원인

심리학적 원인론은 개인의 정신상태나 심리상태를 중심으로 비행을 설명한다. 학교폭력이 정서적, 심리적으로 아직 성숙하지 못한 청소년들 사이에서 발생하고, 그러한 이유로 주변의 영향을 크게 받아 가해자로 나아간다. 따라서 학교폭력이나 비행의 재발 방지를 위해 이들에 대한 개별적인 심리적 치유와 치료의 필요성이 요구된다. 대표적 이론으로 정신분석이론, 잠재적 비행론, 열등감이론, 충동적 성격 이론 등이 있다 박범규, 42.

(1) Freud의 정신분석이론

Freud는 인간은 본래 공격적·파괴적 그리고 반사회적 충동이나 본능을 가지고 있다고 하였다. 공격적 행위는 어린 시절 부모의 그릇된 훈련이나 무관심 또는 아동을 부모가 효과적으로 통제하지 못함으로써 생긴 것으로, 부모의 그릇된 양육태도가 현재의 문제행동을 만든 것이다. 인간의 성격은 원초적 자아id와 자아ego, 그리고 초자아super ego의 관계를 통해서 형성되는데 청소년기의 비행은 자아의 기능이 완전하지 못하고 초자아의 기능 잘못에서 비롯되었다. 도덕성을 의미하는 초자아가 적절하게 발달하지 못하면 선과 악의 구분을 실패하게 만들고 이로 인하여 청소년들은 즉각적인 만족을 추구한다. 타인에 대한 배려가 부족하여 공격적이고 충동적인 행동을 하게 된다. 반면 초자아가 너무 강한 경우는 정신병적인 질환이나 증상을 유도할 수 있다. 학교폭력은 원초적 자아와 자아, 초자아 사이의 상호작용과 형성의 부조화에 의해 발생한다. 초자아는 양심과 자아 이상ego-ideal으로 구성되는데 양심은 자신의 행동에 대한 죄책감이나 수치심을 느끼도록 하면서 행동은 자기통제를 하도록 하고 자아 이상은 사회적으로 승인되는 방향으로 자기완성을 기하도록 해준다. 정신분석이론은 학교폭력과 관련하여 그 원인이 초자아가 적절하게 발달하지 못했고, 자아가 균형된 역할을 하지 못한 것에서 비롯되었는데, 이는 유아기 때 부모의 그릇된 양육태도로 자녀에 대한 적절한 조력이 부족했기 때문이다.

(2) Aichhorn의 잠재적 비행론

Aichhorn은 청소년의 비행원인으로 자아 및 초자아의 발달장애를 들었다. 비행 청소년의 자아는 내적 및 외적 원인에 의해 현실 적응이 곤란하게 된 것으로 유아기의 인간관계에 기인한 것이다. 정당한 동일시가 행해지지 않았기 때문에 발생한 초자아의 발달부전은 본능적 충동의 통제를 불가능하게 하고 현실적응의 기본적인 형의 확립을 저해하고 있다는 것이다김용우 외, 127. 청소년의 잠재적 비행 성격은 가정에서 애정 과잉으로 말미암아 건강을 소홀히 하고 쾌감 자아의 원망을 지속적으로 충족시킴으로써 현실 자아의 형성이 저해되고, 가정의 과도한 엄격한 대우로 말미암아 나이에 상응하는 현실 원리의 정착을 저해하여 쾌감자아에 퇴행을 초래한 결과로 형성된다. 아동이 애정을 교환하지 않으면 본능적 요구를 내버리고 아예 돌보지 않는 것이다. 만약 아동이 보호자로부터 원시적인 욕망을 제어받지 않은 채 애정만을 받거나 또는 전혀 애정을 받지 못할 때 아동은 본능적인 인간이 된다. 청소년 비행은 초자아super ego의 이상 발달보다는 오히려 자아ego가 제대로 발달하지 않았기 때문으로 보았다. 애정을 주는 동시에 순응을 강요하는 균형 잡힌 정상적 가정의 아동은 점차적으로 내면의 통제를 기억하게 되어 자신의 행동을 제어할 수 있다.

(3) Adler의 열등감이론

Adler는 아동은 인생의 출발에서 무력감을 가지며, 이 무력감은 '부적당한 취급을 받은 불행한 환경에서 자란 경우', '신체기관의 열등성', 즉 신체의 이상에 관하여 본인이 열등감을 갖는 경우에 강화된다고 하였다. 그리고 열등감은 아동이 다른 사람보다도 우월하고자 하는 욕구에 의해 극복이 된다. 즉 범죄자는 어린 시절 '응석받이로 버릇없이 자란 아동', '학대받은 아동', '못생긴 아동' 중 어느 것인가에 해당하는 것으로서 범죄는 그들의 우월성을 추구하고자 하는 욕구의 산물이라는 것이다 김용우 외. 130. 원래 그들은 본질적으로 겁쟁이이고, 정신병자, 신경증 환자와 마찬가지로 사회적 관심과 사회화가 결여된 사람들이었다. 비행은 청소년이 열등감을 과도하게 보상받기 위하여 다른 사람의 주의를 자기에게 끌고자 하는 행동이다. 청소년은 비행을 저지름으로써 자신의 존재감을 확인하고 회복할 수 있다고 인식한다.

(4) Reich의 충동적 성격이론

Reich는 애정이 결핍된 일관성이 없는 부모의 양육태도 아래 형성된 충동적 성격에서는 충동 긍정적인 초자아와 충동 부정적인 초자아가 날카롭게 양가감정 ambivalence으로 공존하는데, 이것이 범죄·비행의 요인이 된다고 하였다. 그는 충동억제적인 신경증적 성격에서는 충동의 단념은 자아이상에 대한 동일시와 함께 행해지고, 그러므로 초자아와 자아는 유기적으로 융합하여 있다고 보았다. 이것에 의하면 충동적 성격의 형성과정에서는 애정에 기초하지 않은 부모의 모순된 양육태도에서 비롯되고 아동은 이러한 극단적 양가감정 가운데에 '자아로부터 고립된 초자아'를 형성한다. 여기에서 반사회적인 성격이 형성된다김용우 외 133.

2) 학교폭력의 사회적 원인

사회적 원인론은 인간은 사회적 동물로서 사회의 문화와 환경에 영향을 받는데, 학교폭력 행동을 사회 문화와 환경의 산물이라는 관점을 가진다. 대표적 이론으로 사회학습이론, 하위문화이론, 사회통제이론, 낙인이론, 정체성 유지 이론, 사회정보 처리이론, 생태학적 이론, 지배성 이론, 참여자 역할이론, 깨진 유리창 이론, 상황이론 등이 있다.

(1) 사회학습이론

사회학습이론social learning theory은 인간의 다른 행위와 마찬가지로 범죄행위도 결국 학습된다는 것이다. 즉, 범죄를 '정상적인 사람들의 정상적인 학습행위의 산물'로 본다. 개인의 행동을 규정하는 사회적 규범과 가치관은 유아기 때부터 성장, 발달해감에 따라 사회화 과정을 통하여 형성되고 내면화된다. 이러한 사회화 과정 중에서 가장 중요한 것이 모방과 모델링이며 폭력은 이러한 기제를 통하여 학습된다. 따라서 청소년은 다른 사람의 폭력적 행동을 관찰하고 모방하여 새로운 폭력행동의 기술을 습득하고, 폭력행위에 대한 자제력이 떨어져서 죄의식 없이 폭력을 사용하게 된다. 다시 말해 타인의 공격적 행동을 모방하여 그 수준을 높이게 되면 그 행동은 더욱 가속화되어 폭력적 행동을 문제해결 방법으로 지속적으로 사용하게 된다. 어떤 여론 조사기관에서는 "한 어린이가 평균치의 텔레비전을 시청할 경우에, 고교를 졸업할 때까지 화면을 통해서 무려 1만천건의 살인사건을 경험한다."고 발표하였다교육부 고등학교 윤리, 98. 감수성이 예민한 청소년들이 메스미디어를 접하면 커다란 감정적 충격을 받아 그것을 모방하고 싶은 충동에 휩싸여서 자신도 모르는 사이에 엄청난 사고를 저지르는 경우도 있다. 어린 시절의 폭력에 대한 모방과 관찰의 경험은 기본적 인격형성에 영향을 주어 미래생활에 지대한 영향을 준다.

(2) 하위문화이론

하위문화이론subculture theory은 학교폭력은 특정 하위문화에 대한 순응과 접촉의 결과로 발생한다고 설명한다. 인간행위의 대부분은 그가 속한 집단문화의 산물로 일탈행위는 그가 속한 문화권 속에서 배워 행동한다. 사회에는 각 계층의 모든 구성원들이 공유하는 중심문화가 있으며, 중간계층을 중심으로 형성된 중심문화와 하위층 청소년 문화와는 갈등이 일어난다고 한다. 즉, 하류계층의 문화권 속에 사회화된 소년들이 중류계층의 가치와 규범에 대한 대안으로 그들 특유의 하위문화를 형성한다고 주장한다. 하위문화이론에 의하면 인간은 그가 속한 집단의 문화를 학습하는 것으로 학교폭력 또한 가해자가 속한 문화의 학습에 의해 발생한다는 것이다.

(3) 사회통제이론

사회통제이론social control theory은 인간은 누구나 범죄를 저지를 수 있다는 가설에서 출발한다. 따라서 사회통제이론은 "무엇이 사람들로 하여금 일탈하지 못하도록 하는가?"라는 물음에 답한다. 이 이론은 사회의 결속이 약하고 다른 사람에 대한 관심이 없을 때 일탈행위가 자유롭게 이루어진다고 본다. 청소년 비행이나 학교폭력은 학교나 사회, 또래관계에서 그 유대가 약한 경우에 발생한다고 할 수 있다.

(4) 낙인이론

낙인이론labeling theory은 범죄는 일정한 행위의 속성이 아니고, 귀속 혹은 낙인의 과정에서 생긴 산물이라고 본다. 즉, 범죄자로서 낙인이 범죄의 억제 기대와는 달리 재범의 근거가 된다. 학교폭력 역시 같은 맥락에서 가해자에 대한 비판이나 처벌이 오히려 학교폭력을 양산한다는 것으로 경미한 폭력행위에 대한 처벌은 중대한 학교폭력을 유발하는 원인이 될 수 있는 것이다.

(5) 정체성 유지 이론

정체성 유지 이론identity continuity theory은 사람은 타인이 자신을 어떠한 사람으로 인지하도록 인상을 형상하도록 행동하는 경향이 있다고 본다. 사람들이 자신이 원하는 평가를 얻기 위해 자기를 제시하는 방법을 개발해 나가는데 이 과정에서 폭력이 나타날 수 있다. 대인관계에서 사람들이 추구하는 정체성인상은 타인에 대한 행동에 영향을 미치게 된다. 청소년의 폭력은 자신이 힘이 있는 사람이라는 인상을 갖도록 하기 위해 타인에게 자신의 힘을 과시하기 위한 행위로 자신의 정체성이 타인에 의해 손상되었을 때 보복으로 타인에게 폭력을 행사할 수 있다. 청소년은 폭력을 통해 자신의 인상을 관리하기 위한 수단으로 자신의 자긍심 유지와 우월감 표시, 타인으로부터 인정, 손상된 체면의 회복 등을 하기 위해 폭력을 행사한다. 정체성 유지 이론의 과정은 <표 2-1>과 같다. 청소년 폭력은 폭력에 대한 노출원인변인이 그대로 공격적 행동결과변인으로 나타나는 것이 아니라 여러 과정의 심리적 변인을 거쳐서 최종 행동으로 발전된다김영진, 225.

표 2-1　정체성 유지 이론의 과정

원인변인	과정변인	과정변인	결과변인
폭력에 대한 노출 양육태도의 문제 부정적 정체성 신경증적 문제	충동적 성향 기억자극 부정적 정서 부정적 모델링 공격행위 선호	부정적 자아상 자기통제 능력의 부재	공격적 행위 (폭력행동)

(6) 사회정보처리이론

사회정보처리이론social information processing theory은 폭력적인 사람은 그렇지 않은 사람에 비해 사회적 자극을 좀 더 공격적이고 폭력적인 것으로 지각하고, 그 의미도 공격적인 것으로 해석하는 경향을 지니게 된다고 본다. 결국 동일한 사회적 자극에 대해 반사회적 성향을 지닌 사람과 그렇지 않은 사람은 각기 다르게 지각하고 해석하여 다른 반응, 행동으로 나타낸다. 공격적인 아동은 보통의 아동에 비해 또래의 행동을 적대적인 것으로 해석하는 경향이 강하다. 보통의 아동은 어떠한 상황에 처할 때 그것에 직접적인 반응을 하기보다는 자신의 기억 속에 저장되어 있는 여러 사건이나 정보에 비추어 현 상황을 이해하기도 하고 난 다음 행동을 취하기도 한다. 이때 생각이나 경험 등은 서로 망구조처럼 연결이 되어있어 어느 한쪽에서 방아쇠가 당겨지면 이것이 그 망의 연결을 따라 확산되어 전혀 다른 사고나 감정을 일으키게 된다. 사람들이 공격적인 행동을 많이 하는 것은 그 사람이 혐오스러운 자극을 경험할 때 부정적인 감정을 증폭시키는 사회정보처리 과정의 결함이 있기 때문으로 본다김영진, 224.

(7) 생태학적 이론

생태학적 이론ecological systems theory은 폭력 행동은 개인적 특성과 환경적 특성과의 상호작용을 통해 발생하는 것으로 설명한다. 생태학적 관점은 일반체계이론에 생태학적 관점을 결합시킨 것으로 폭력 행동을 이해하려 할 때 피해자와 가해자의 개인적 특성뿐만 아니라 사회적, 물리적, 제도적, 공동체적 맥락을 함께 고려해야 한다고 본다. 폭력 행동은 개인이나 상황적 맥락 내에 각각 따로 속해 있는 것이 아니라 그 두 가지 요인이 상호작용한 결과로 나타난다. 이러한 생태학적 관점은 한 개인이 가족, 또래집단, 학교, 지역 사회와 상호작용하는 방식에 대한 관점을 제시해 준다.

(8) 지배성 이론

지배성 이론dominance theory은 한 집단 내의 지배관계의 위계성을 중요시한다. 집단 내에 지배관계가 존재하는 것은 그 집단에서 각자가 자신의 위치를 깨닫고, 자기보다 높은 위치에 있는 사람에게 반항하지 않음으로써 집단 내의 갈등이 줄어드는 데 도움이 된다고 본다. 청소년기 초기에 학교에서 나타나는 개인과 맥락의 독특한 상호작용에 의해 특정한 형태의 공격적 행동이 증가한다고 보고 있다. 예를 들면, 남학생들이 중학교에 올라가면서 새로 반이 편성될 때, 새로운 환경에서 먼저 주도권을 잡고 싶어 한다는 것이다. 학급 내의 권력관계에서 더 높은 위치를 차지하기 위해서 때로 공격적인 행동을 하고 남을 괴롭힌다는 것이다. 그 과정을 통해 다른 아이들에게 위협적인 존재가 되고 더 이상 감히 싸움을 걸 만한 사람이 없다고 느낄 때, 그들의 괴롭힘이나 폭력행동은 감소하게 된다는 것이다. 이 관점에서 보면 괴롭힘 행동이 생존적 가치를 지닌 것으로 볼 수 있다. 즉, 새로운 집단에 속하게 될 때 그 집단 안에서 되도록 빨리 주도권을 잡아야 쉽게 새로운 상황에 적응할 수 있고 그것은 이미 위계질서가 잡힌 어떤 집단 안에서 주도권을 되찾는 일에 비해 수월하기 때문이다문용린 외, 104.

(9) 참여자 역할이론

참여자 역할이론participant role theory은 학교폭력 행동과 관련하여 새로운 관점을 제시해주는데 이 이론은 남을 괴롭히는 폭력적 상황에서 모든 학생들이 각각 특정한 역할을 수행한다는 것이다. 살미발리salmivalli, 2001는 폭력적 상황에서 참가학생들의 역할을 각각 남을 괴롭히는 가해자, 가해자를 도와주는 조력자, 가해자의 행동을 강화하는 강화자, 피해자 입장을 옹호해 주는 방어자, 신경을 쓰지 않는 방관자 그리고 피해자 등으로 나누고, 이들이 괴롭힘을 당하는 과정에서 서로 다른 사회적 역할을 한다는 점을 밝히고 있다. 그의 연구에서 방관자들이 실제로 어떤 역할을 하는지가 부각되었고, 학교폭력 예방에서 참여자, 방어자의 역할이 중요함을 인식시켰다. 살미발리의 참여자 역할론에 대한 설명은 <표 2-2>와 같다.

| 표 2-2 | 괴롭힘 행동에 관계하는 참여자의 역할 |

참여자 역할	역할설명	문항의 예
남을 괴롭히는 사람 (가해자)	적극적, 주도적으로 괴롭힘 행동을 이끌어 가는 사람	남을 괴롭히기 시작함, 다른 학생들도 괴롭힘 행동에 참여시킴
가해자의 조력자	가해자의 추종자 가해자를 도와줌	남을 괴롭히는 행동에 참여함, 가해자를 도와줌
가해자의 강화자	가해자 행동을 격려함	가해자 주변에서 괴롭힘, 상황을 지켜봄, 웃음
피해자의 방어자	피해자의 편을 듦	피해자에게 '신경 쓰지 마라'라고 얘기함, 가해자에게 괴롭힘 행동을 그만두라고 말함
방관자	괴롭힘 상황에 대해 반응하지 않고 피함	대체로 괴롭힘 상황에 없거나, 그 상황 자체에 대해 잘 알지 못함
남에게 괴롭힘을 당하는 사람(피해자)	괴롭힘 행동의 체계적인 희생자	

출처: Salmivalli, 2001, 문용린 외, 104에서 재인용.

(10) 깨진 유리창 이론

깨진 유리창 이론broken windows theory은 사회 무질서에 관한 이론으로 깨진 유리창 하나를 방치해 두면, 그 지점을 중심으로 범죄가 확산되기 시작한다는 것이다. 사소한 무질서를 방치하면 큰 문제로 이어질 가능성이 높기 때문에 혹시라도 문제가

| 그림 2-1 | 깨진 유리창 이론과 무관용 원칙

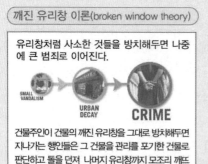

드러났다면 그 원인부터 제거해야 한다. '바늘도둑이 소도둑 된다'는 격언에 적합한 이론이다. 이 이론에 바탕을 두고 사소한 위법행위라도 죄질이 나쁜 경우 규칙·법 등을 엄격히 적용하여 일체의 정상참작이 없이 엄격하게 처벌한다는 '무관용 원칙zero tolerance'이 학교폭력 사안 처리에 적용되고 있다.

(11) 상황이론

상황이론situational theory은 "상황이 인간의 행동을 지배한다."는 이론이다. 인간은 어떤 특정한 상황에 처하면 그 상황에 매몰되어 이성적이지 못하고 다른 사람의 행동에 동참하게 된다. 상황을 판단하는 중요한 기준으로 다른 사람의 행동이 되며 그 상황에 지배받게 된다EBS 다큐프라임(2008.8.11). 2003년 발생한 대구 지하철 화재 참사1에서 보듯이 지하철 차량 객실 안에 연기가 자욱한 위기적 상황이 발생했으면서도, 다른 사람이 그대로 좌석에 앉아 있으니 위급한 상황이 아니라 판단하여 탈출을 하지 않고 있다가 희생당했다. 인간 행동을 움직이게 하는 데 정보가 매우 중요하지만, 연기가 들어오는 정보보다 이 상황을 판단하는데 다른 사람의 행동이 굉장히 중요해진다. 나는 위기일 수 있다고 생각하지만 저 사람은 가만히 있으니 '별거 아닌가 보다. 내가 틀렸구나'라는 생각을 하게 된 것이다. 그래서 사람들이 많이 모여 있으면 있을수록 연기가 나와도 꾹 참고 '별거 아니겠지'라고 위기에 반응하지 않은 역설적인 결과가 나오게 된다. 학교폭력적 상황에서도 다른 학생들의 행동이 중요하게 작용한다. 학교폭력을 방관하는 문화가 학교에 존재하여 다수의 학생들이 방관하는 상황에 놓이게 되면 자신의 선함과 의지도 집단의 상황에 매몰되어 피해자를 돕는 방어자의 행동으로 나타나지 않을 수 있다. 나아가 폭력적 상황에 들어가면 자신도 폭력적 행위에 동참하게 되는 것이다.

상황이론의 관점에서 Lewin의 인간행동방정식을 재정립한다면 $B=f(P*E*S)$로 제시할 수 있다.

즉, 인간의 행동Behavior은 개인적 요소person, 환경적 요소Environment와 함께 상황적 요소Situation가 복합적으로 상호작용하여 나타난다 하겠다.

---

1 2003년 2월 18일 오전 대구 지하철 1호선 중앙로역에서 우울증을 앓던 50대 남성의 방화로 사망자 192명 등 340명의 사상자를 낸 사건이다.

학교폭력의 구조

살미발리의 참여자 역할이론에서 보듯이 학교폭력은 가해학생과 피해학생뿐 아니라 많은 경우 다른 주변학생들이 목격하는 가운데 일어나는 집단현상이다. 학교폭력은 또래와 학교, 또래와 환경 간의 관계 등 상황 체계 내에서 이루어진다. 학교폭력의 참여자에는 가해자와 피해자뿐만 아니라 가해자·피해자, 주변인 등 네 집단이 포함된다.

1) 학교폭력 관련 집단

(1) 가해자

학교폭력 가해자들은 자신의 가해행동에 대해 죄책감을 느끼지 못하고 자신의 비합리적 행동을 합리화하고 자신의 문제를 폭력이라는 수단을 통해 해결하려고 한다. 가해학생의 폭력 참여는 청소년 집단의 인기와 집단의 규준, 그리고 사회적 맥락 등의 영향을 받는다이규미 외, 51. 또래의 인정과 소속감을 중시하는 청소년에게는 불순종이나 비행, 공격성 등을 보이는 또래가 인기가 있다. 폭력을 목격하는 주변 또래들이 가해자에게 인정과 인기 등의 사회적 보상을 제공함으로써 가해자는 자신을 긍정적으로 지각하며, 특권의식이 증가하고, 피해자가 괴롭힘을 당할 만하다는 도덕적 이탈과 약자에 대한 폭력행동을 더욱 촉진시키게 된다. 또한 청소년은 또래집단의 기대나 규준에 따라 행동을 한다. 집단의 규준이 가해행동에 친화적으로 느껴질 때 개인적으로는 폭력행동에 반대하고 피해자에게 동정을 느끼면서도 가해행동에 동조할 수 있지만, 피해자를 돕는 방어행동은 할 수 없게 된다.

(2) 피해자

학교폭력의 피해자들은 폭력 피해를 당하기 쉬운 취약점을 가지고 있다. 신체적, 정서적 발달이 또래에 비해 늦거나, 자기주장이 확실하지 못하고 위축되어 있거나, 친구관계나 학교적응에 어려움을 겪고 자신감이 저하되어 있거나, 단체생활에서 여러 가지 이유로 다른 이들보다 튄다는 느낌을 가지게 되는 경우이다. 피해학생은 정서적으로 학교폭력을 당하여 폭력의 희생자가 되었다는 분노, 불안, 공포, 우울감, 소외감과 자책감을 가진다. 심한 경우 외상후 스트레스 장애, 불안 우울증을 겪는다.

이들은 보복 심리와 스스로의 불안감과 소외감을 줄이고 다시 피해를 당하지 않겠다는 다짐으로 스스로 가해자가 되어 다른 이들을 피해자를 만드는 경우도 있다.

(3) 가해자·피해자

학교폭력의 가해자였던 학생이 과거 피해자였고, 가해자이면서 피해자인 경우도 있다. 학교폭력의 가해자와 피해자를 구분하기가 쉽지 않다. 과거 피해경험을 갖고 있으면서도 더 심한 가해행동을 하는 까닭으로 심리적 기제로 '투사적 동일시'로 설명할 수 있다. 투사적 동일시projective identity는 분리된 자기의 일부가 타인에게 투사되어 그 타인이 자기의 일부에 의해 통제되고 동일시된다는 것이다. 즉, 자신의 욕구를 상대 탓으로 돌리며 상대가 그 욕구를 대신 해결해 줌으로써 자신은 면책감을 가진다. 가해자는 과거에 자신을 괴롭혔던 가해자와 자신을 동일시하여 과거에 자신이 당한 대로 상대를 괴롭힌다. 가해자는 괴롭히면서도 과거의 자신이 투사된 피해자에게 공연히 짜증이 난다. 실컷 괴롭히고 나서야 비로소 피해자가 아니라 가해자인 자신을 확인하고, 과거에 자신에게서 조금 탈피한 듯한 기분을 느낀다이규미 외, 61.

(4) 주변인

학교폭력의 주변인은 괴롭힘 상황에서 피해자와 가해자 외에 존재하는 모든 학생을 말한다. 이들은 주변인으로서 괴롭힘 상황을 지속적으로 목격하고, 괴롭힘 상황 속에서 다른 역할을 수행하며 서로 다른 역할 행동에 따라 괴롭힘 상황을 부추기기도 하고 종료시키기도 하는 중요한 역할을 한다. 괴롭힘 발생 상황에 있는 주변인은 방관자 효과에서 보이는 방관 또는 방어 역할만 하는 존재가 아니라 괴롭힘 가해자를 도와주고 상황을 부추기기도 하며 괴롭힘을 지속시키는 데 영향을 주기도 한다송지연, 10. 주변인은 동조자, 강화자, 방관자, 방어자 등 네 개의 하위집단으로 구성하며 각 집단의 행동 특성은 <표 2-3>과 같다.

학교폭력의 발생과 예방에서 방관자의 역할이 중요한데 '제노비스 신드롬Genovese syndrome'에서 보듯이 사람이 홀로 있을 때보다 타인과 함께 있을 때 도움을 필요로 하는 사람에게 도움을 덜 제공하는 현상으로 '방관자 효과'가 있다.

| 표 2-3 | 주변인의 유형과 행동 특성 |

유형	특징	행동 특성
동조자	가해학생을 직접 돕거나 지지하는 집단	• 괴롭힘 행동을 목격한 후 가해행동에 동참한다. • 괴롭히는 가해학생을 직접 돕는다. • 가해학생이 괴롭힐 때 피해학생을 잡는다.
강화자	가해학생의 괴롭힘 행동을 부추기는 집단	• 괴롭힘을 보며 주변에서 낄낄대며 웃는다. • 괴롭힘을 목격한 후 주변 학생들을 불러 모은다. • 가해학생을 향해 더 괴롭히라고 소리친다.
방관자	상황에 개입하지 않고 쳐다보기만 하는 집단	• 괴롭힘 상황을 보고 모른 체한다. • 괴롭힘을 목격한 후 괴롭힘 상황에서 자리를 뜬다. • 괴롭힘을 보아도 평소처럼 자신의 할 일을 한다.
방어자	피해학생을 보호하고 도움행동을 하는 집단	• 괴롭힘 당하는 학생에게 힘과 용기를 준다. • 괴롭힘 당하는 학생을 돕기 위해 교사에 말한다. • 괴롭히는 가해자에게 그만 괴롭히라고 말한다.

방관자 효과는 1964년 발생한 제노비스 사건에 유래한다. 1964년 미국 뉴욕에서 키티 제노비스(Kitty Genovese)라는 20대 여성이 야근을 하고 귀가하던 중 정신이 상자에게 까닭 없이 칼부림을 당하고 죽은 사건에서 유래한 것으로, 피해자가 살해될 때까지 시간은 무려 45분이나 걸렸고, 38명의 이웃이 도와 달라는 비명 소리를 들었지만 아무도 도와주려고 나오지 않았다. 군중이 되면 용기를 얻게 된다는 통념과는 달리 도리어 군중 속의 한 사람이 되었을 때 책임감이 옅어지는 현상에 이르는 것이다.(유튜브 38명의 목격자)

2) 학급에서 학교폭력의 구조

교실이라는 작은 공간 속에서 생겨나는 학생들 간의 권력관계와, 다수 학생들의 권력에 대한 순응은 단순히 허구가 아닌, 학교 교실에서 볼 수 있는 모습이다. 청소년폭력예방재단이 2007년부터 2010년까지 진행한 학교폭력 실태조사는 이러한 학생들 간의 권력관계가 생각보다 훨씬 막강한 힘을 가진 것을 알 수 있다. '학교폭력 목격 시 어떻게 대응하느냐?'는 질문에 '말리거나 대응한다'라는 응답은 2007년 57.2%에서 31%로 줄어들었다. 반면, '모른 척 한다'라는 대답은 35%에서 62%로 증가했다. 많은 학생들은 교실에 존재하는 일명 '피라미드 구조' 때문에, 학교폭력의 가해자가 되거나 혹은 방관자가 된다고 한다. 학급의 폭력구조 하에서 학생들이 자신이 위치한 권력관계에 따라 어떻게 행동할지에 맞춰 지배자에게는 친구들과 평화로운 관계를 맺는 방법을, 영향력이 있는 실력자에게는 방어자 역할을, 추종자와 은둔자에게는 피해사실을 알리는 방법을 가르치는 등 맞춤식 예방교육이 진행되어야 한다한겨레 신문 2012.1.10.

그림 2-2 **학생들의 교실 내의 권력구조**

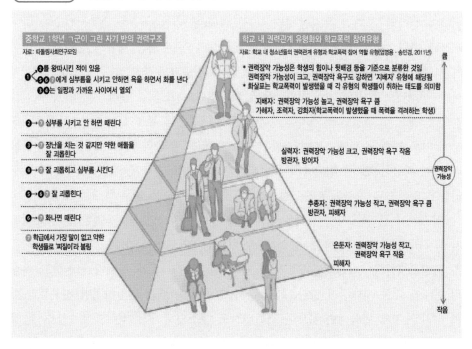

출처: 한겨레 신문(2012.1.12).

3 학교폭력의 심리적 기제

　　학교폭력 상담에서 경험하는 현상 중의 하나는 학교폭력 피해학생이든, 가해학생이든 개인적으로는 착하고 온순하다. 공부를 잘 하는 학생들도 있다. 가정적으로 유복하고 부모의 교육수준도 높고 가족관계도 원만한 가정의 학생들도 있다. 이들의 공통된 특성은 대개의 학교폭력이 개인 차원에서 피·가해 행동이 발생했다기보다 집단 차원에서 구조적으로 이루어졌다는 점이다. 청소년들의 폭력행동은 청소년기의 심리적·사회적 특징인 힘과 인정, 소속에 대한 욕구를 충족시키고자 함이 왜곡된 방법으로 나타난 것으로 해석된다. 청소년들은 집단 내에서 자기보다 힘이 약한 타인에게 폭력을 행사함으로써 집단에서 전능감과 우월성을 가지려 한다. 정서적·심리적으로 불안정한 청소년들이 또래집단의 소속을 통해 자신의 존재감을 찾으려 하고, 또래집단의 가치를 중시하여 집단행동에 동조하려 한다. 성적 및 경쟁에 따른 학업 스트레스를 해소할 분출구가 없는 한국의 특수한 상황 등이 맞물려 상호 작용함으로써 집단폭력이 발생한다. 청소년들은 집단의 무리에 속하면 두려움이 없어지고 과격하고 잔인한 폭력적 행위를 서슴치 않는 형태를 보인다.

　　청소년이 무리를 지어 폭력을 행사하는 이유는 청소년기의 독특한 심리적 기제가 작용하기 때문이다. 화가 나 있다. 무엇엔가 억압되어 화가 나고 답답하다. 이들은 폭력을 가하는 피해학생에게 화가 난 것이 아니고 존재 자체가 불안하고 자신의 미래에 대한 기대감이 없다. 화가 나서 혼자 있을 때는 답답하지만 친구들과 함께 무리를 지어 어울리면 분노나 스트레스도 해소되고 무엇이든 할 수 있을 것 같은 전능감을 가진다. 무리를 지어 어울리면서 막연하게 쌓여있던 내면의 분노를 자기보다 약한 대상을 향해 표출하여 스트레스를 푼다. 집단폭력이 존재론적 불안감에서 오는 심리적, 정서적 불안정에서 벗어나 무엇이든 할 수 있다는 전능감을 경험하게 해준다. 이들은 폭력을 휘두르는데 끝나는 것이 아니고 집단 내에서 폭력행위를 떠벌리고 서로 서로 추켜세우고 승인하며 더욱더 결속을 다지기도 한다이규미 외, 57.

Chapter 03

외국의 학교폭력

School Violence **Prevention** &
Understanding of Student

외국의 학교폭력

학교폭력은 전 세계 모든 국가들의 관심사로 국가가 해결해야 최우선 과제로 인식되고 있다. 미국과 일본, 영국, 독일, 노르웨이 등 이들 국가들은 학교폭력의 역사가 길고 해결 사례가 많이 축적되어 있다. 이들 국가들은 일찍부터 학교폭력에 대한 예방활동을 활발히 전개해왔다. 20~30년 전부터 국가차원에서 주기적인 전국 규모의 실태조사를 시행하고 이를 토대로 다양한 예방 프로그램을 개발하여 현장에 시행하는 등 학교폭력 문제 해결을 위해 꾸준히 노력해왔다 박효정, 2. 이들 나라의 사례를 통해 한국의 학교폭력 예방과 대책을 강구하는데 유용한 시사점을 얻을 수 있다.

 미국

1) 학교폭력 동향

학교폭력은 미국에서 매우 심각한 문제로 떠오르고 있다. 미국의 학교폭력은 우리나라와 달리 총기사건이 연루된 경우가 상당히 많다. 1988년 일리노이주 Winnectka의 초등학교에서 총기난사사건, 1989년 캘리포니아의 Stockon의 총기사건, 1999년 콜롬바인 총기사건 등의 충격으로 대부분의 주 정부는 학교폭력의 예방과 근절 관련 정책을 강화하게 되었다 김효진, 160.

| 표 3-1 | 12~18세 학생들의 학교에서의 따돌림 유형 및 장소, 빈도 |

구분		전체	남자	여자
유형	조롱, 욕하기, 모욕 등	18.8	18.4	19.2
	루머의 대상이 됨	16.5	12.8	20.3
	상해를 입히겠다고 위협받음	5.7	5.6	5.8
	밀침, 넘어뜨림, 침뱉기	9.0	10.1	7.9
	원하지 않는 것을 하게 함	3.6	4.0	3.2
	의도적으로 활동에서 소외	4.7	3.8	5.7
	의도적인 물건 파괴	3.3	3.4	3.2
장소	교실 내	33.6	33.1	34.1
	복도 또는 계단	47.2	43.7	50.5
	화장실 또는 라커룸	9.0	10.1	8.0
	매점	6.4	5.3	7.4
	교내 밖	23.6	26.7	20.8
	스쿨버스	6.3	7.0	5.7
	학교 어딘가	3.2	2.8	3.7
빈도	학년 중 1~2번	67.2	66.8	67.5
	한달에 1~2번	18.7	18.6	18.9
	일주일에 1~2번	7.8	7.9	7.7
	거의 매일	6.3	6.7	6.0

출처: U.S. Department of Education(2011). Student Reports of Bullying and Cyber-Bullying: Results From the 2009 School Crime Supplement to the National Crime Victimization Survey. 김효진, 165에서 재인용.

미국에서 학교폭력으로 인한 사망은 한 해 약 30~60건이 발생하고 있다. 매년 10명 이상의 학생이 사망하고 있으며, 5~10명의 학생이 자살하고 있다. 학교폭력 경험률은 1992년 이후 감소하고 있으나 2008년 12~18세 학생 약 1천 2백만 명의 학생이 학교 내에서 범죄피해를 경험하였고, 이 중에서 62만 명이 절도, 63만 명은 폭력범죄를 경험하였다. 학생 1천 명당 47명이 학교 내 범죄를 경험한 것으로 나타났다. 학교폭력의 발생 장소는 학교 내의 발생률이 학교 밖보다 높은 경향을 보였다. 학교폭력 피해학생은 여학생보다 남학생이, 흑인 학생에게서, 가구소득이 낮은 계층의 학생에게서 높게 나타났다. 따돌림의 경우 2008~2009학기 동안 12~18세 학생의 28.0%가 따돌림을 당한 것으로 나타났다. 집단따돌림은 남학생의 26.6%,

여학생은 29.5%가 경험하였고, 가구소득이 낮은 계층의 학생이 높았다. <표
3-1>에서 보듯이 따돌림의 유형으로 조롱, 욕하기, 모욕 등을 경험한 학생이
18.8%, 루머 대상이 됨 16.5%로 언어적 및 정서적 폭력을 가장 많이 경험하고 있
다. 또한 밀침, 넘어뜨림, 침 뱉기 등 가벼운 상해도 9.0%를 차지하였다. 따돌림 발
생 장소로 교내 복도 또는 계단에서 발생이 47.2%로 가장 높았으며, 시간적으로는
수업이 없는 쉬는 시간이나 점심시간, 등·하교 시간에 많이 발생하였다. 발생빈도
는 학년 중 1~2번이 67.2%로 가장 많고, 거의 매일 발생하는 경우도 6.3%로 나타
나 반복적으로 피해에 노출되는 학생도 있음을 알 수 있다김효진, 164.

2) 학교폭력대책

미국은 현재 연방정부와 주정부 모두 적극적으로 집단따돌림 예방 및 근절에
힘써오고 있다. 주정부는 지속적으로 학교폭력 관련 법률 제·개정과 정책개발에
힘쓰고 있으며, 최근에는 연방정부차원에서도 '국가집단따돌림방지법' 제정을 추진
하는 등 집단따돌림을 예방하기 위해 노력하고 있다. 미국에서는 성적 소수자에 대
한 따돌림 문제, 사이버 따돌림, 가해자에 대한 처벌 강화 등이 학교폭력 및 집단
따돌림 문제에서도 이슈로 떠오르고 있다. 미국의 일부 주정부에서는 가해학생에
대한 형사처벌을 법에 규정하고 있으며, 최근에는 더욱 강화된 법률을 개정하는 움
직임을 보이고 있다김효진, 169.

미국은 학교폭력 예방 대책의 일환으로 '3단계 예방모델'을 만들어 각 학교에서
실시하고 있다. 1단계는 학생들에게 학교폭력의 개념과 예방법을 미리 교육시켜 학
교폭력의 위험을 알리는 것이고, 2단계는 학생들이 소지한 총기류를 회수하는 등
학교폭력과 관련된 위험변수를 조기에 발견하여 제거하는 것이고, 마지막 단계는
가해학생을 학교로부터 격리시켜 폭력의 재발을 방지하는 것이다류영숙, 625. 이외에
'아동낙오방지법No Child Left Behind Act, 2001'을 통해 학교폭력 예방 활동을 실시하는 교
사들과 지역사회기관에서 실시하는 각종 다양한 예방프로그램에 예산을 지원하는
한편 학교폭력 희생자 및 지속적 피해자들을 위험한 학교환경에서 보호하고 대안
을 제시한다. 주 정부는 '무관용 정책'을 채택하고, 각 학교의 안정성 여부를 지도·
감독하여 학부모들과 지역사회에 그 평가 결과를 보고하도록 되어 있다. 또한 모
든 학교 안전 문제에 예방적 차원에서 인성교육에 재정을 투자하고 교사들에게 학

급에서 협동학습, 인성강화 활동을 진행하도록 교육하고 있다정미경, 2008. 미국의 학
교폭력 예방 프로그램은 <표 3-2>와 같다.

표 3-2 학교폭력 예방 프로그램

프로그램	주요 내용
Stop Bullying Now	– 보건복지부의 학교폭력 예방 캠페인(2001)으로 웹사이트를 활용하여 폭력에 대한 민감성을 기를 수 있는 애니메이션, 게임을 제공하고, 부모, 교사, 전문가를 위한 정보 및 연계 기관 링크 기능을 제공하고 있음. – 지역사회의 70개 이상의 조직, 비영리단체, 정부기관 등 다양한 파트너가 함께 하며, 교육·건강·정신건강·법률기관 등이 캠페인 진행에 조언을 하거나 장려하고 있음.
Safe School Initiative (안전한 학교 만들기)	– 1999년 콜로라도의 한 고등학교에서 총기사고가 발생한 후 교육부와 대통령경호실은 '안전한 학교 만들기' 프로젝트를 실시함.
School COP 프로그램	– 비폭력적 방법으로 갈등을 해결하고 다른 문화에 대한 이해를 촉진하기 위해 고안된 갈등해결 프로그램임. – 교사는 갈등해소와 집단 간 이해에 대한 연수를 받고 수업시간에 이를 교육과정에 통합하여 실시함. – 주로 역할놀이, 인터뷰, 소집단 토론, 브레인스토밍을 활용함.
PATHS 프로그램 (Promoting Alternative Thinking Strategies)	– 정서인식, 긍정적 교우관계, 문제해결 능력 등 친사회적 행동기술을 가르치기 위해 고안된 프로그램임. – 학급단위 프로그램으로 학급교사에 의해 정규 교육 과정을 통합하여 실시함. – 일주일에 2~3회 실시하며, 매회 20~30분 정도 진행함. 총 57개 회기로 구성되어 있으며, 토론, 수업, 모델링, 비디오 시청 등의 활동으로 이루어짐.
Second Step 프로그램	– 공격적 행동이 사회적 기술의 결여에서 기인되었다는 연구결과의 기초에 의해 고안됨. – 일주일에 2회, 약 30분 동안 학급단위 교육과정으로 진행함. – 역할극, 리허설, 언어중재 과정의 활동기법을 활용하여, 이 기법들은 아동의 공감이나 대인관계 문제 해결, 충동통제, 분노조절 등 사회능력을 발달시키는 데 기여함.
Brain Power 프로그램	– 아프리카와 라틴 학생들의 공격행동을 감소시키기 위해 고안된 프로그램임.
FAST 프로그램 (Families and School Together Track)	– 저소득층의 범죄가능성이 높은 지역의 아동을 대상으로 사회기술을 학습시키는 프로그램임. – 또래 짝(Peer Pairing)을 만들어 주어 우정을 발달시키고 학교적응 능력을 향상시키며, 학부모를 대상으로 가정-학교의 긍정적 관계를 맺도록 하며 비공격정 양육방식(긍정적 강화, 타임아웃, 자기통제)을 가르침.

출처: 국회도서관(2013). 52-53.

2 일본

1) 학교폭력 동향

일본은 '이지메'와 '교내폭력'이 일찍부터 문제화되어 대책이 논의되었으며, 청소년 문제가 심각하게 대두되기 시작한 1960년대 이후 비행, 문제행동 등의 용어로 청소년 문제에 대한 실태조사와 분석이 이루어져 왔다. 청소년 문제행동을 폭력행위, 이지메, 부등교, 중퇴자, 자살 등으로 나누어 매년 실태를 파악하고 있다_{김난주,} 29. 일본의 학교폭력 변천과정을 살펴보면 1980년대 초기까지는 교사, 학생 등 학교구성원을 대상으로 한 폭력사건이 발생하였고, 1990년 초반까지는 자살, 교실붕괴의 형태로 발전되었다. 1994년 아이치현의 중학교 2학년 학생이 급우의 학교폭력에 시달려 자살한 사건은 일본 내에서 학교폭력을 사회문제화 시켜, 큰 반향을 불러일으켜 일본 문부성은 '학교폭력대책긴급회의'를 소집하여 대응책을 협의하고 학교상담자 제도의 도입을 결정하는 계기가 되었다_{김희대, 2007, 126}. 1990년 중반부터 현재까지 등교거부, 중도탈락, 매춘, 약물남용 등으로 청소년 문제가 다양화되면서 청소년 형법상 범죄 검거 인원이 30~40%, 누적 범죄자의 60~70%를 차지하는 등 사회적으로 학교폭력이 그 어느 때보다도 심각한 수준에 이르고 있다_{박효정, 213-215}. 학교폭력은 '자기의 학교에서 아동, 생도가 일으킨 폭력 행위'로 '교사에 대한 폭력', '학생 간 폭력', '대인 폭력', '기물 파괴' 등으로 구분하고 있다. 2010년 발표된 자료에서 일본의 학교폭력 현황을 살펴보면, 2009년 초·중·고에서 폭력행위 발생 건수는 약 6만 1천 건으로 전년보다 모든 학교단계에서 증가하였는데 특히 중학교와 초등학교에서 급격하게 증가하였다.

학교 내 교사에 대한 폭력, 학생 간 폭력, 대인폭력, 기물파손이 발생한 학교 수는 9,108개교로 전체 학교의 23.7%에 해당한다. 초등학교 7.6%, 중학교 42.1%, 고등학교 54%에 이르고 있다_{김지영, 28}. 이지메는 '자신보다 약한 사람에게 일방적으로 신체적, 심리적 공격을 지속적으로 행하여 상대에게 심각한 고통을 느끼게 한다'는 정의가 2006년부터 "해당 학생이 일정한 인간관계에 있는 사람으로부터 심리적, 물리적 공격을 받은 것에 의해 정신적 고통을 받는 것"으로 바뀌었다. 일어난 장소가 학교 내외인지를 묻지 않으며, 이지메를 당한 학생의 입장을 중시하고, 공

격에는 따돌림이나 무시 등과 같은 심리적 압박도 포함된다는 것이 특징이다. 1995
년을 정점으로 감소 경향에 있던 이지메 발생건수는 2004년 2만 3,351건으로 증가
하였으나, 2005년에는 2만 143건으로 감소하였다. 학교단계별로 초등학교 5,087건,
중학교 1만 2,794건, 고등학교 2,191건으로 중학교에서 이지메가 많이 발생하고 있
다. 중학교의 경우 1학년에서 전체 발생건수의 29.6%에 해당하는 5,967건이 발생
하였고 여학생보다 남학생에게서 더 많이 발생하는 것으로 나타났다. 이지메의 형
태로는 언어폭력이 전체의 73%, 폭력 23%, 집단 왕따 19.4%의 순이었다. 이지메로
인해 전학조치를 받은 학생도 382명으로 조사되었다김난주, 30.

표 3-3   **연도별 학교폭력행위 발생 건수**

구분	2006년	2007년	2008년	2009년
초등학교	3,803	5,214	6,484	7,115
중학교	30,564	36,803	42,754	43,715
고등학교	10,254	10,739	10,380	10,085
합계	44,621	52,756	59,618	60,915

출처: 김지영(2012). 29.

2) 학교폭력대책

학교폭력과 이지메에 대한 학교에서의 대응은 퇴학, 전학, 정학, 출석정지, 자택
근신, 훈고訓告 등이 있다. 의무교육단계에 있는 초, 중학교에는 정학이나 퇴학이 없
고 출석정지제도가 있다. 학교 내 조치는 고등학교가 가장 많다. 전체 가해자 중
초등학교는 1.4%, 중학교 2.3%, 고등학교는 86.5%가 퇴학, 정학, 자택근신 등의 징
계를 받고 있다김난주, 31.

일본은 학교폭력에 대응하기 위하여 많은 정책적 노력을 해오고 있는데 그 가
운데 교내 학생지도의 강화와 함께 일관되게 강조되어 온 것이 학교와 가정, 지역,
관계기관의 연대이다. 지역사회 내 문제 학생들을 위한 연계체제로서 먼저 학교,
교육위원회, 경찰, 아동상담소 등의 실무자들이 모여 각 기관별로 역할을 분담하고
학생들이 문제행동에 대한 대처방안을 논의하기 위한 프로젝트 협의회를 개최하며

학생들의 문제행동에 공동대처할 내용을 협의하고 실행하기 위한 기구로서 학교
단위와 학교 밖의 교육위원회, 경찰본부, 복지기관 등이 연계한 학교문제행동대책
회의가 운영되고 있다. 또한 지역에 따라 문제행동이나 비행을 방지하기 위한 실무
지원팀이 설치되어 구체적인 업무를 분담하고 있는데 이들 지원팀도 학교차원 뿐
아니라 학교와 지역의 관계기관, 상담기관 간의 팀 구성 등 다양한 연계 속에서 해
당 학생들에 대한 사례연구와 전문가의 지도와 조언 등 상담지원을 하고 있으며
서로 간에 정보를 공유함으로써 학생들의 문제행동을 예방하고 지도하고 있음을
알 수 있다. 일본의 '공생의 장'으로서의 지역커뮤니티를 소개하면 [그림 3-1]과
같다.

그림 3-1   '공생의 장'으로서 지역커뮤니티

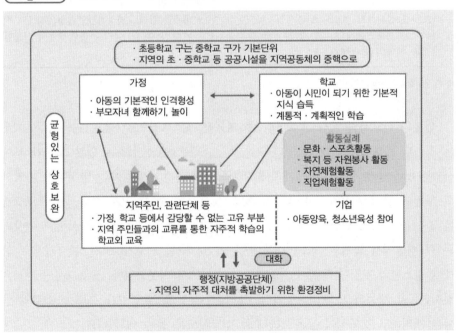

이와 함께 초, 중, 고등학교에서 일관성있는 지도를 위해 프로그램을 개발하여
운영하고 있다. '초, 중, 고 일관교육'은 중학생 문제행동의 급증 원인인 '중1갭' 문
제를 해소하기 위한 대응책으로 전국 학교의 절반 정도가 시행하거나 검토 중에
있다김지영, 32.

| 표 3-4 | 일본의 학교폭력 예방 대책 |

학교 내 폭력 예방 대책	학교 외 폭력 예방 대책
• 학교에서의 생활지도 체제 강화: 학생지도주사를 임용하여 생활지도를 전담하게 함 • 교내의 교사 연수 활동 강화 • 양호교사의 적극 활용 • 보건주사의 역할 강화: 학생정신건강에 관한 교내연수를 기획, 정신건강 교육의 중요성에 대해 교사들의 인식을 향상시킴 • 학교 교육상담활동의 조직화 및 체계화 • 출석정지제도 실시: 문제행동을 일으킨 학생에 대해 출석정지를 허용(초, 중학교는 의무교육으로 퇴학 및 정학조치를 실시하지 않으므로 출석정지제도는 의무교육 제도권에서 의미있게 적용됨 • 가정과 지역의 협력체제 구축	• 교육위원회 활동: 학교폭력에 대한 각 학교의 대응책을 지원하고 교사연수 및 다양한 교육 실시, 상담체제의 충실화 등을 추진함 • 폭력추진운동 추진센터: 폭력추방 홍보활동, 피해자 상담 및 법률적·재정적 지원, 민간조직의 자발적 활동을 지원함 • 소년보도센터: 비행 방지와 관계있는 행정기관, 단체, 자원봉사자가 공동으로 소년선도활동을 총체적 거점 역할을 함, 가두선도, 소년 상담, 유해환경 정화 등 활동을 실시함 • 그 밖의 방범협회, 어머니회, 학교경찰연락협의회(교내폭력 방지), 직장경찰연락협의회(근로청소년 비행 방지) 등 여러 관련단체들이 활동함

출처: 국회입법조사처(2012). 17-19.

　　일본의 학교폭력 예방 프로그램 중 대표적 프로그램으로 '젊은 도전 21 ― 키우는 청소년 플랜' 프로젝트가 있다국회도서관, 62. 프로그램의 취지는 일본 오사카 부에서 제3차 오사카 청소년 육성계획에 의거하여 수립하고 오사카 지방정부와 지역사회 주민이 함께 종합적·체계적으로 청소년 문제를 해결하고자 한다. 이 프로그램은 출산율 감소로 인한 소자화, 고령화, 정보화 사회로의 진전이 확실하게 예상되는 현 시점에서 과거의 청소년대책에서 벗어나 사회 전체가 '도전'하는 자세로 임해야 청소년의 건전한 육성이 가능하다는 인식에서 비롯되었다. 프로그램의 목적은 청소년들이 행동의식, 생명존중의식, 규칙준수의식 등의 함양을 통해 스스로의 인생을 개척하고 창조성이 높은 성인으로 성장하도록 돕는 데 있다.

영국

1) 학교폭력 동향

영국에서는 학교폭력을 "신체적 또는 감정적으로 학교에 있는 사람 및 학교의 기물에 위해를 가하는 행동"이라고 규정하고, 학교폭력에 신체적 폭력밀기, 차기, 주먹질 하기, 때리기 등, 절도와 소유물 파손, 흉기의 이용흉기 휴대, 흉기를 이용한 협박, 흉기의 사용, 성희롱, 언어 및 사회적 폭력욕설, 모욕, 왕따, 위협, 강탈, 전화나 전화문자, 이메일이나 SNSCyber-bullying와 같이 비대면적으로 이루어지는 학교폭력 행위를 포함하고 있다옥현주, 2012.

학교폭력은 그 당사자의 연령, 성별, 인종에 따라 다른 양태를 보인다. 2006년 조사결과에 따르면 학교폭력 피해율은 4%로 다른 OECD국가에 비해 낮은 편이나, 따돌림·왕따는 만연한 것으로 나타났다국회도서관, 54. 아동의 69%가 따돌림·왕따를 경험하고, 부모의 87%가 자녀의 따돌림·왕따를 경험하였다. 아동의 20%가 가해 경험이 있고, 85%는 따돌림·왕따를 목격한 경험이 있다고 응답하였다.

또 다른 조사결과에서는 초등학생 50%와 중등학생 25%가 학교에서 괴롭힘을 당한 경험이 있는 것으로 나타났다. 특히 소외계층 및 취약 계층의 학생들이 또래 집단으로부터 괴롭힘을 당할 확률이 높다. 그리고 학교에서 괴롭힘을 당한 결과로 매년 약 16명의 학생들이 자살을 하는 것으로 나타났다. 남학생의 경우 여학생보다 학교폭력이 물리적인 폭행의 형태로 나타났다. 남학생들은 학교폭력을 교사에게 신고하는 것이 자신의 남성성을 훼손하는 행위로 인식되고 있으며 이러한 행동이 또래집단에게 학교폭력의 또 다른 빌미를 제공하는 것으로 여겨진다. 이에 비해 여학생들은 성희롱이나 성폭행의 대상이 되는 경우가 많다. 흉기를 사용한 학교폭력의 경우 일부 지역에서의 증가세를 제외하고는 매우 낮은 편이다. 인터넷상에서의 폭력Cyberbullying은 전반적으로 증가하는 추세인데, 특히 10대 여학생들 사이에서 증가세가 뚜렷한 편이다. 반면에 영국 학교에서는 교사들이 학생들로부터 학교폭력을 당하는 사례가 나타나는데 특히 학생들에게서 인터넷상의 폭력을 경험하는 추세가 증가하고 있다. 또한 교사가 학부모로부터 언어적인 폭력을 당하는 경우도 있다.

2) 학교폭력대책

영국은 교육부를 중심으로 사법부 등 관련기관이 협력하고 부모의 역할과 책임을 강조한다. 사법부 산하의 Young Offenders House소년원에 해당에서 가해학생 교육을 담당하고 맞춤형 프로그램을 개발하여 적용하고 있다. 교직원은 '괴롭힘 방지법'The Protection from Harassment Act 1997과 '악의적 의사소통법'The Malicious Communication Act 1988 등을 위반했다고 생각되면 경찰에 지원을 요청한다. 2006년에는 '괴롭힘·왕따 예방 및 대응을 위한 교육 및 감찰법'The Education and Inspections Act을 제정하였다. 부모는 '범죄 및 무질서법'1998에 의거 16세 이하 자녀가 반사회적 행동을 했을 경우 3개월 동안 상담 및 생활지도 교육을 이수해야 한다국회도서관, 55.

학교의 제도와 분위기가 학생들의 폭력적 성향을 조장하기도 하고 억제하기도 한다. 예를 들어 학생들의 의견에 귀 기울이는 학교일수록 학교폭력에 효과적으로 대처하고 있는 것으로 나타났다. 특히 교사와 학생 간의 관계의 깊이가 학교폭력 예방에 매우 중요한 역할을 하였다. 대부분의 학교들은 긍정적인 행동을 조장하고 폭력적이고 방해가 되는 행동을 억제하기 위하여 멘토제도를 운영하거나 친구들의 지지를 조성하는 등 다양한 방법을 사용하고 있다. 경찰관이 학교에 주기적으로 순찰을 하고 그 존재를 학생들에게 각인시키는 방법이 반사회적 행동의 억제에 효과적인 것으로 보고되고 있다. 또한 학생을 퇴학 조치하는 것은 결과적으로 학교폭력 근절에 부정적인 영향을 끼치는 것으로 나타났으며 영국 학교들은 문제 학생들을 학교에 재적응시키는 것을 목표로 하고 있다. 영국 생활지도 정책의 큰 특징은 2002년 통계에 의하면 학교의 고정비를 제외한 학생 1인당 교육비가 연간 3,600파운드였으나, 학교 밖 청소년에 대한 교정비용은 1만 4천 파운드로 무려 3.5배의 교육비가 소요됨을 볼 때 학교 밖 청소년을 학교가 감싸 안는 것이 더욱 효과적임을 알 수 있어 학교에서 이들에 대한 생활지도 대책이 이루어지고 있다류방란, 276.

영국을 대표하는 학교폭력 예방 프로그램으로 'Sheffield Anti-Bullying Project'가 있다. 이 프로젝트의 취지는 교과과정, 상담기법 활용, 운동장이나 점심시간 감독하기 등의 구성요소를 통해 학교폭력 행동을 감소하고자 함에 있다. 프로그램의 목적은 학교폭력에 대한 정의를 명확히 하고, 학교폭력 대응·예방 방법에 관한 지침서 제공을 통해 학교폭력 발생 시 누군가에게 말할 수 있다는 느낌이 들도록 학교분위기를 조성한다. 프로그램의 내용은 크게 세 가지로 구분되는데 첫째, 교과과정을 통한 학교폭력 예방으로 학생들로 하여금 학교폭력에 대한 경각심 및 희생당하는 아이들에 대한 이해심을 높여 폭력행동에 대한 태도를 바꾸고, 이로 인해 학교폭력을 억제할 수 있도록 한다. 둘째는 상담 기법 활용으로 한 집단의 학생들이 정기적으로 한 명 이상의 학생을 괴롭힐 때 적절한 방법으로, 학교에서 괴롭힘을 당하는 학생들은 행복하지 않다는 기본 가정 아래 출발한다. 학교폭력 상황에 관련되어 있는 학생들과 토론을 통해 '비난하지 않기' 및 자기주장 훈련을 하고 이 학생들과 관련된 문제의 원인을 밝혀 나간다. 셋째, 운동장이나 점심시간에 감독해 괴롭힘이나 폭력행동이 빈번하게 발생하는 장소를 자주 순찰하고, 아동의 공격 행동을 목격했을 때에는 옐로우카드나 레드카드를 사용한 제재방법으로 아동을 통제한다. 프로그램의 효과로 본 프로젝트의 적용으로 이전보다 가해·피해학생의 비율이 46% 감소된 것으로 나타났다. 이를 근거로 영국 교육부에서는 "Don't Suffer in Silence1994년"라는 패키지를 만들어, 학교정책의 개발과 개입 실시에 관해 교사와 학교를 지도하였다. 이 패키지를 사용한 대부분의 학교에서 따돌림 현상이 감소되었다고 보고되는 등 학교정책과 반 따돌림anti-bullying 전략을 개발하는 것이 유용했다는 결과를 얻었다.

 독일[1]

1) 학교폭력 동향

독일의 학교폭력도 심각한 수준으로 언론을 통해 자주 보도되고 있다. 2006년 베를린의 한 학교에서 동료학생과 교사를 공격한 사건이 발생하였는데 당시 이 사건을 계기로 다른 학교의 학교폭력 사건도 부각이 되면서 사회문제화 되었다. 독일의 전체 학교의 2/3 정도의 학교에서 학교폭력 예방 프로그램을 실시하고 있을 정도로 구타, 왕따 등의 학교폭력은 시급히 해결해야 할 중요한 과제가 되었다. 베를린 주는 지속적으로 학교폭력 예방 프로그램을 실시하여 학교폭력이 감소하는 추세를 보이고 있다. 학교폭력 예방을 위해 학교가 경찰과 협력으로 활동하고 청소년

---

1 정수정(2012.8.27)의 자료를 인용하였다.

들과 소통할 기회를 가지고 있다.

베를린 주 교육부에 따르면 2010년~2011년 38%의 학교에서 총 1,468건의 학교폭력과 비상사건이 발생하는데 이중 초등학교에서 41%, 통합중등학교에서 35%, 특수학교에서 15% 정도였다. 폭력사건은 통합 중등학교가 학교당 3.3건으로 비율이 가장 높고 직업학교가 0.3건으로 가장 낮다. 시 지역별로 분류하였을 경우 학교폭력의 발생 비율은 베를린 중앙 시내가 17%로 가장 높았고 이주배경을 지닌 학생비율이 높은 노이쾰른 지역이 13%로 두 번째로 높았다. 학교폭력 발생사건 중 자살징후, 자살시도, 사망사고 등의 비상사건은 전체 약 2.5%가량으로 나타나고 있다. 베를린의 경우 <표 3-5>에서 보듯이 학교폭력을 위험수위에 따라 3단계 I: 낮음, II: 중간, III: 높음로 분류하고 있는데, 전체 학교폭력 사건 중 I단계 학교폭력은 47.4%, II단계 학교폭력은 52.4%, III단계 학교폭력은 0.2% 정도 발생하고 있다.

표 3-5 **위험 수준에 따른 학교폭력/비상상황 분류**

위험수준 정도	위험수준 I	위험수준 II	위험수준 III
사건의 책임	학교	학교/경찰	경찰
내용	· 모욕/위협/폭행 · 왕따 · 중독물품 소비 · 자살 표현과 공표 · 학교직원 사망	· 살인 위협/강도 높은 위협 · 가정 폭력 · 중독 물품 거래 · 강도/심각한 물리적 폭력 · 성적 공격 · 자살시도 · 학교관계자 공격 · 반달리즘(vandalism) · 반 헌법적 표현 · 무기소지	· 살인 · 화재 · 인질사건 · 폭발물 · 자살/학교에서 사망 · 총기사용

출처: 정수정(2012.8.27).

독일에서 자주 발생하는 학교폭력은 놀림이나 위협, 구타가 42%로 가장 많았으며, 심각한 육체적 폭력도 28%로 나타났다. 살인의 위협과 같은 심각한 위협도 7% 정도 발생하였으며, 이외 왕따, 성폭력 사건 등이 있었다. 학교폭력의 피해자는 남학생이 46%, 여학생이 36%, 학교관계자가 20%로 남학생이 가장 높았으며 학교폭력의 가해자의 경우 86%가 남학생인 것으로 나타났다. 학교폭력은 8세~17세 사이에 대부분 발생하고 있어 해당 연령대의 학교폭력 예방에 대한 사회적 학습이 특별히 필요함을 알 수 있다.

2) 학교폭력대책

학교폭력에 대한 대처방안으로 베를린 주의 지침에 따르면 학교는 교내에서 폭력이나 비상상황이 발생하였을 경우 다음과 같은 의무가 있다. 첫째, 사건에 관계된 모든 사람을 돕고 지원하며 둘째, 학생과 학교관계자에 대한 지원의무를 인지하고 셋째, 학교, 학부모, 지원기관, 주교육부와 신속하게 소통을 하며 넷째, 학교에서 발생하거나 학교 또는 학생과 직접 관련이 있는 사건에 대해서는 신고하며 다섯째, 학교법 제62조, 제63조에 따라 문제해결, 사건의 복구, 학교안정 회복을 위해 사건에 대한 교육조치나 징계조치를 결정하고 여섯째, 학교심리학자, 청소년관청, 경찰, 보건기관과 협력하여 학교에서 발생한 사건에 대처해야 할 의무가 있다. 학교폭력 예방은 학교의 기본과제이며 이를 위해 학교는 ① 학교프로그램 내 폭력예방 운영, ② 사회적 학습을 통한 학교분위기 개선, ③ 학교내부 네트워크와 학부모 간 협력, ④ 연수와 교사 간 정보교환을 통해 학교폭력 대처를 위한 교사의 능력강화, ⑤ 학교폭력을 극복하고 회복하기 위한 공동학습, ⑥ 학교폭력과 비상상황대처를 위해 학교운영진과 공동으로 위기상황 팀 개설, ⑦ 학교심리학자, 청소년지원, 경찰, 보건기관과 협력 등을 해야 한다. 베를린 주 교육부 학교폭력과 비상상황에 대한 지침에 따르면 학교폭력이나 비상상황이 발생하였을 경우 학교의 권한으로 할 수 있는 조치는 경찰에 신고, 양육권자에게 정보제공, 의료지원, 피해자 지원, 이원적 직업교육 시 직업교육기관에 정보제공, 학교법 62조에 따른 교육적 조치, 학교법 63조에 따른 징계조치 등이다.

대표적인 학교폭력 예방 프로그램으로 'PiTPrevention im Team: 예방팀 프로젝트'가 있다. 이 프로그램은 독일 헤센 주 '폭력방지를 위한 네트워크'에 속한 학교폭력 예방 프로그램으로 교사, 경찰공무원, 청소년지원 대표자 등 다양한 분야의 종사자들로 프로젝트 팀이 구성되어 여러 분야의 지식을 활용하고 팀원의 책임의식과 연대로 프로젝트를 운영한다. 프로그램의 목표는 학생들이 폭력상황을 심각하게 받아들이고 잠재적 희생자를 강하게 만들어, 폭력상황이 발생하였을 때 다양한 대처방안을 보여줌으로써 폭력을 예방할 수 있는 역량을 기르는 데 있다. 프로그램은 중등 1단계 학생들을 대상으로 1년 단위의 예방 프로그램을 실시한다. PiT의 기본모듈은 폭력상황 대처를 위한 이론적 지식 전달과 이를 위한 실습으로 구성된다. 프로그램의 운영 성과는 본 프로그램이 모델 프로젝트로 시행되었다가 마부르크 대학 연구팀의 긍정적 평가로 2007년부터 헤센 주 전 지역으로 확대 실시되었다.

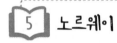

5 노르웨이

1) 학교폭력 동향

노르웨이를 중심으로 스칸디나비아 반도에 있는 국가들은 1960년대부터 따돌림에 대한 관심을 두기 시작하였고, 1980년대부터 학교폭력 문제가 언론, 교사와 학부모들의 관심사가 되었다. 1982년 10~14세 청소년 3명이 학교에서 괴롭힘을 견디지 못하고 차례로 자살하자 이를 계기로 학교폭력을 없애기 위한 '괴롭힘 근절 실천운동Manifesto Against Bullying 캠페인'이 전개되었고, 1990년대 초, 노르웨이 오슬로의 한 학교에서 칼과 총을 사용한 심각한 폭력사건이 발생하면서 학교폭력에 대한 경각심이 높아졌다. 학교폭력 사건의 대부분이 이민자들의 자녀에 의한 것으로 노르웨이의 학교폭력은 인종차별이나 인종 간의 갈등과 맞물려 새로운 도전으로 인식되었다김난주, 26. 국가수준의 조사에 따르면 초등학교나 중학교에 재학 중인 약 5% 학생이 지속적으로 일주일 한 번 또는 그 이상 학교폭력의 피해를 당했다고 한다. 어린 학생의 피해비율이 다소 높았고, 여학생보다 남학생이 학교폭력 피해가 더 많았다. 노르웨이 등 스칸디나비아 지역의 초등학생과 중학생 15만 명을 대상으로 한 조사에서는 15%의 학생이 지속적으로 학교폭력의 가해자, 피해자, 가·피해자였다. 대략 9%는 피해자였고 7%는 가해자였으며 피해자의 약 15~20%는 가해자로서 다른 학생을 괴롭히기도 하였다. 이러한 문제의식에 기반하여 노르웨이는 학교폭력에 관한 한 오랜 전통을 가진 대표적 국가로 지난 수십 년 동안 학교폭력 예방 및 근절을 위하여 국가와 학교에서 다양한 정책과 연구, 교육 프로그램을 개발하고 적용해왔다. 노르웨이에서 가해자, 피해자의 특징 및 가족 배경, 학교폭력의 장기적 영향, 학교폭력 발생의 메커니즘이나 집단과정 등에 대한 많은 연구가 이루어져 왔다. 광범위하게 볼때 학교폭력은 일반적인 반사회적 행동이나 규칙위반 행동의 일부로 간주될 수 있다. 학교폭력에 대한 종단적 연구를 분석한 결과 6~9학년 시기에 학교폭력에 참여하지 않았던 소년들 중에서는 단지 10% 정도만이 성인이 되었을 때 범죄에 가담한 반면에, 6~9학년 시기에 학교폭력 가해자였던 소년들의 경우 35~40%는 24세까지 공식적으로 적어도 3회 이상 범죄에 가담했다. 결국 학교폭력 가해학생은 다른 학생에 비해서 4배 이상 심각한 범죄에 가담할 확률이 높다고 할 수 있다김난주, 27.

2) 학교폭력대책

노르웨이의 학교폭력대책은 1982년에 발생한 학교폭력사건을 계기로 학교폭력을 엄격하게 감시하고 이를 강하게 제재함으로써 학교폭력을 예방하고 학교를 안전한 곳으로 만들자는 취지하에 학교폭력에 대처하기 위한 국가수준의 캠페인을 전개하였다. 또한 교육부 주도하에 모든 초등학교와 중학교를 대상으로 국가 차원의 학교폭력 실태조사가 이루어지고 구체적인 학교폭력 예방 및 근절 프로그램이 개발·적용되기 시작하였으며, 학교폭력에 대처하기 위한 대책 및 방안에 관한 연구들이 수행되었다. 베르겐 대학의 심리학 교수인 올베우스D. Olweus은 학교폭력 예방을 위한 프로그램 개발, 학교폭력 근절을 위해 주도적 역할을 수행하였다박효정, 3. 교육부는 국가차원에서 '옴부즈맨 제도Ombudsman system', 학교폭력 절대 불가zero tolerance for bullying를 기치로 한 '반학교폭력 캠페인Anti-Bullying Informatio Campaign', 학교에서의 가치 인식과 실천을 위한 다양한 활동을 강화하고 지원했던 2002년 국가적 프로젝트인 'Values in Schools', 2003년부터 정부지원으로 수행되었던 'Zero 프로그램반학교폭력 프로그램', 그리고 '학교폭력근절을 위한 메니페스토Manifesto against Bullying' 등이 대표적이다.

'옴부즈맨 제도'는 불건전한 환경에 거주하는 아동을 위한 서비스 강화, 특수 보호대상 아동을 위한 서비스 강화 등을 위한 업무처리에 목표가 있었다.

반 학교폭력 캠페인의 핵심은 '학교폭력 절대 불가'이며 학령기 이전의 교육기관, 학교, 가정 그리고 기타 다양한 활동의 장에서 성인들의 책임을 강조하였다.

'Values in Schools'은 학교에서의 가치 인식과 실천을 위한 다양한 활동을 강화하고 지원하는 것을 골자로 하고 있다.

'Zero 프로그램반학교폭력 프로그램'은 학교폭력에 대한 관용을 배제한다는 원칙에 따라 학교폭력을 감소시키고 장기적으로 학교가 학교폭력에 대처하고 예방할 수 있는 역량을 강화시키는 것을 목적으로 하고 있다.

'학교폭력 근절을 위한 메니페스토' 활동은 교육법에 안전한 학교환경에 대한 학습자의 권리를 명시하고 교사와 학교의 법적 책임을 강조하고, 학교폭력 무관용의 실천을 위해 성인의 책임을 확대하였다. 학교폭력을 근절하기 위해 학교폭력 유관기관의 역할과 기능을 규정하고 상호 연계를 통해 학교폭력 관련 활동을 수행하도록 하고 재정적으로 지원하였다.

'Olweus 프로그램'은 대학기관인 민간차원에서 개발한 학교폭력 예방 프로그램으로 전 세계적으로 학교폭력 예방 프로그램의 교과서적 역할을 하고 있다.

Chapter 04

학교폭력 대책

School Violence **Prevention** &
Understanding of Student

Chapter 04

학교폭력 대책

2000년대에 와서 아동·청소년의 학교폭력이 날로 심각해지면서 학교폭력 문제의 해결이 국정의 최우선 과제가 되었다. 그 일환으로 2004년 학교폭력법이 제정되었고, 학교폭력 대처를 위한 전문 인력으로 2005년 교육청에, 2007년부터 학교에 전문상담교사가 배치되기 시작했다. 2012년에는 학교폭력 문제의 근원적 해결을 위한 정부의 종합적 '학교폭력근절 종합대책'과 2014년에는 '제3차 학교폭력 예방 및 대책 기본계획2015~2019'이 발표되었고, 2015년 '인성교육진흥법'이 제정되었다. 정부의 학교폭력 대책을 이해하기 위해 1차적으로 학교폭력 관련 법규를 숙지하고, 2차적으로 학교폭력 정책을 검토하며, 마지막으로 학교폭력 조직 체계와 활동을 살펴본다.

 1 학교폭력 법규

정부는 학교폭력 문제를 해결하기 위해 그간 다양한 대책과 사업을 해왔다. 그 일환으로 2004년에 학교폭력을 예방하고 사안발생 시 합리적으로 처리하기 위한 법률로 '학교폭력 예방 및 대책에 관한 법률'을 제정하였다. 학교폭력법은 학교폭력의 예방과 대책에 관한 필요한 사항을 규정하여 '피해학생을 보호하고 가해학생을 선도하여 학생을 건전한 사회 구성원으로 육성하기 위한 취지'에서 제정되었다. 학교폭력법은 2004년 제정 이래 변화하는 시대적 요구와 학교현실을 반영하여 2017년

7월 현재 15차례의 개정이 이루어졌다. 최근 개정된 주요 내용은 2012년 1월에 학교폭력의 범주에 '따돌림'제2조 제1호의 2을, 2012년 3월에 '사이버따돌림'을 추가제2조 제1호의 3하였다. 또한 2012년 3월 개정에서 학교폭력의 적용 범위를 이전의 '학생 간 발생한' 사건에서 '학생을 대상으로 발생한' 사건으로 확대하여 학교 밖 청소년과 성인에 의한 학생폭력 사건까지 확대하여 학생 보호를 확장하였다.

1) 학교폭력법의 성격과 구조

(1) 학교폭력법의 성격

학교폭력법은 시행령과 각종 규칙을 포함한 법령체계를 이룬다. 학교폭력법은 학생을 대상으로 하여 폭력에 적용되는 일반법으로서 민사, 형사 소송 등 사법처리 이전에 교육적으로 학교 자체에서 해결하고자 하는 법령이다. 학교폭력법은 학교폭력의 예방과 대책에 관한 사항을 규정하고 있고, 학교라는 조직을 중심으로 규율하고 있으며, 가해학생에 대한 징계 및 선도·교육, 피해학생의 보호, 가해학생과 피해학생 간의 분쟁조정 등을 통하여 건전한 사회인으로 자라게 한다는 점을 고려할 때 형법적 규범이라기보다는 징계법적 성격을 가진다최호성 외, 87. 학교폭력법 제5조는 "학교폭력의 규제, 피해학생의 보호 및 가해학생에 대한 조치에 있어서 다른 법률에 특별한 규정이 있는 경우를 제외하고는 이법을 적용한다. 성폭력은 다른 법률에 규정이 있는 경우에는 이법을 적용하지 아니한다."고 규정하고 있어, 학교폭력에 해당하여 동법의 적용을 받았다 하더라도 형법, 또는 소년법, 형사특별법상 개별 범죄의 구성요건에 해당하는 경우 형사절차가 진행된다. 형법은 만14세 미만의 아동은 형법상 책임무능력자로 범죄행위를 하더라도 형법상 형사적 처벌을 받지 않는다고 규정한다. 10세 이상 14세 미만의 소년은 촉법소년으로 형사처벌은 받지 않고 가정법원 소년부 판사에 의해 보호처분 조치를 받게 된다. 피해학생이 가해학생에 대해 민사상의 손해배상 청구를 하는 경우 민법의 불법행위책임규정이 적용되어 만 19세 미만의 미성년인 학생의 부모는 손해배상의 책임을 부담하여야 한다.

표 4-1 보호처분의 종류 및 내용

종류	내용	기간	적용연령
1호	보호자 또는 후견인에게 감호 위탁	6개월(+6월)	10세 이상
2호	수강명령	100시간 이내	12세 이상
3호	사회봉사명령	200시간 이내	14세 이상
4호	보호관찰관의 단기 보호관찰	1년	10세 이상
5호	보호관찰관의 장기 보호관찰	2년(+1년)	10세 이상
6호	아동복지법에 따른 아동복지시설이나 그 밖의 소년보호시설에 감호 위탁	6개월	10세 이상
7호	병원, 요양소 또는 보호소년 등의 처우에 관한 법률에 따른 소년의료보호시설에 위탁	6개월	10세 이상
8호	1개월 이내의 소년원 송치	1개월 이내	10세 이상
9호	단기 소년원 송치	6개월 이내	10세 이상
10호	장기 소년원 송치	2년 이내	12세 이상

(2) 학교폭력법의 구조

학교폭력법은 법의 목적과 학교폭력의 정의, 국가 및 지방자치단체의 책무 등에 관한 내용을 포함한다. 또한 학교폭력을 대처하기 위한 조직 구성 및 계획 수립에 관한 사항을 규정하고, 학교가 학교폭력을 예방하고 학교폭력 발생 시 어떻게 가해학생을 선도하고, 피해학생을 보호하는지에 대한 규정을 포함하고 있다.

표 4-2 학교폭력법의 구조

구분	영역	관련 조항
개관	정의 기관의 책무	목적(제1조), 정의(제2조), 해석 · 적용 주의의 의무(제3조), 국가 및 지방자치단체의 책무(제4조), 다른 법률과의 관계(제5조)
조직과 기능	정책적 대응 체제, 국가, 지역, 교육청, 학교 및 관련기관들의 협력체제, 학교의 학교폭력대책 조직	기본계획의 수립 등(제6조), 학교폭력대책자치위원회의 설치 · 기능(제7조), 대책위원회의 구성(제8조), 학교폭력대책지역위원회의 설치(제9조) · 기능(제10조), 학교폭력대책지역협의회의 설치 · 운영(제10조의 2), 교육감의 임무(제11조), 학교폭력 조사 · 상담(제11조의 2), 학교폭력대책자치위원회의 설치 · 기

구분	영역	관련 조항
		능(제12조), 자치위원회의 구성·운영(제13조), 전문 상담교사의 배치 및 전담기구의 구성(제14조), 학교폭력 예방 교육(제15조)
피해학생의 보호 및 가해학생의 선도	피해·가해학생의 조치와 재심절차 및 분쟁조절	피해학생의 보호(제16조), 장애학생의 보호(제16조의 2), 가해학생에 대한 조치(제17조), 재심청구(제17조의 2), 분쟁조정(제18조)
의무, 보호 및 벌칙 조항	학교폭력 신고체제 및 학교보호 시스템, 비밀보호와 벌칙	학교의 장의 의무(제19조), 학교폭력의 신고의무(제20조), 긴급전화의 설치(제20조의 2), 정보통신망에 의한 학교폭력(제20조의 4), 학생보호인력의 배치(제20조), 영상정보처리기기의 통합관제(제20조의 6), 비밀누설의 금지(제21조), 벌칙(제22조)

2) 학교폭력법의 주요 내용

(1) 개관

가) 목적제1조: 학교폭력의 예방과 대책에 필요한 사항을 규정함으로써 피해학생의 보호, 가해학생의 선도·교육 및 피해학생과 가해학생 간의 분쟁조정을 통하여 학생의 인권을 보호하고 학생을 건전한 사회구성원으로 육성함을 목적으로 한다.

나) 정의제2조: "학교폭력"은 학교 내외에서 학생을 대상으로 발생한 상해, 폭행, 감금, 협박, 약취·유인, 명예훼손·모욕, 공갈, 강요·강제적인 심부름 및 성폭력, 따돌림, 사이버 따돌림, 정보통신망을 이용한 음란·폭력 정보 등에 의하여 신체·정신 또는 재산상의 피해를 수반하는 행위를 말한다. "따돌림"은 학교 내외에서 2명 이상의 학생들이 특정인이나 특정집단의 학생들을 대상으로 지속적이거나 반복적으로 신체적 또는 심리적 공격을 가하여 상대방이 고통을 느끼도록 하는 일체의 행위를 말한다. "사이버 따돌림"은 인터넷, 휴대전화 등 정보통신기기를 이용하여 학생들이 특정 학생들을 대상으로 지속적, 반복적으로 심리적 공격을 가하거나, 특정 학생과 관련된 개인정보 또는 허위사실을 유포하여 상대방이 고통을 느끼도록 하는 일체의 행위를 말한다.

다) 국가 및 지방자치단체의 책무제4조: 학교폭력을 예방하고 근절하기 위하여

조사·연구·교육·계도 등 필요한 법적·제도적 장치를 마련하고, 청소년 관련 단체 등 민간의 자율적인 학교폭력 예방활동과 피해학생의 보호 및 가해학생의 선도·교육활동을 장려하여야 한다. 그 책무를 다하기 위하여 필요한 행정적·재정적 지원을 하여야 한다.

(2) 조직과 기능

가) 기본계획의 수립 및 성과 평가제6조: 교육부장관은 이 법의 목적을 효율적으로 달성하기 위하여 학교폭력의 예방 및 대책에 관한 정책 목표·방향을 설정하고, 이에 따른 학교폭력의 예방 및 대책에 관한 기본계획이하 "기본계획"이라 한다을 학교폭력대책위원회의 심의를 거쳐 수립·시행하여야 한다.

나) 학교폭력대책위원회의 설치·기능제7조: 학교폭력의 예방 및 대책에 관한 사항을 심의하기 위하여 국무총리 소속으로 학교폭력대책위원회를 둔다.

다) 학교폭력대책지역위원회의 설치제9조 및 기능제10조: 지역의 학교폭력 문제를 해결하기 위하여 시·도에 학교폭력대책지역위원회를 둔다. 지역위원회는 기본계획에 따라 지역의 학교폭력 예방대책을 매년 수립한다. 지역위원회는 해당 지역에서 발생한 학교폭력에 대하여 교육감 및 지방경찰청장에게 관련 자료를 요청할 수 있다. 교육감은 지역위원회의 의견을 들어 상담·치료 및 교육을 담당할 상담·치료·교육 기관을 지정하여야 한다.

라) 학교폭력대책지역협의회의 설치·운영제10조의 2: 학교폭력 예방 대책을 수립하고 기관별 추진계획 및 상호 협력·지원 방안 등을 협의하기 위하여 시·군·구에 학교폭력대책지역협의회를 둔다.

마) 교육감의 임무제11조: 교육감은 시·도교육청에 학교폭력의 예방과 대책을 담당하는 전담부서를 설치·운영하여야 한다. 학교의 장으로 하여금 학교폭력의 예방 및 대책에 관한 실시계획을 수립·시행하도록 하여야 한다. 학교폭력의 실태를 파악하고 학교폭력에 대한 효율적인 예방대책을 수립하기 위하여 학교폭력 실태조사를 연 2회 이상 실시하여야 한다. 교육감은 학교폭력 등에 관한 조사, 상담, 치유프로그램 운영 등을 위한 전문기관을 설치·운영할 수 있다. 교육감은 관할 구역에서 학교폭력의 예방 및 대책 마련에 기여한 바가 큰 학교 또는 소속 교원에게 상훈을 수여하거

나 소속 교원의 근무성적 평정에 가산점을 부여할 수 있다.

바) 학교폭력대책자치위원회의 설치·기능제12조: 학교폭력의 예방 및 대책에
관련된 사항을 심의하기 위하여 학교에 학교폭력대책자치위원회이하 "자치위
원회"라 한다를 둔다. 자치위원회는 학교폭력의 예방 및 대책 등을 위하여 학
교폭력의 예방 및 대책수립을 위한 학교 체제 구축, 피해학생의 보호, 가
해학생에 대한 선도 및 징계, 피해학생과 가해학생 간의 분쟁조정 등의
사항을 심의한다.

사) 학교폭력대책자치위원회의 구성·운영제13조: 자치위원회는 위원장 1인을
포함하여 5인 이상 10인 이하의 위원으로 구성한다. 자치위원회는 분기
별 1회 이상 회의를 개최한다.

아) 전문상담교사 배치 및 전담기구 구성제14조: 학교의 장은 학교에 대통령령
으로 정하는 바에 따라 상담실을 설치하고, 전문상담교사를 둔다. 학교의
장은 교감, 전문상담교사, 보건교사 및 책임교사학교폭력문제를 담당하는 교사를 말
한다 등으로 학교폭력문제를 담당하는 전담기구를 구성한다.

자) 학교폭력 예방교육제15조: 학교의 장은 학생의 육체적·정신적 보호와 학교
폭력의 예방을 위한 학생들에 대한 교육학교폭력의 개념·실태 및 대처방안 등을 포함하
여야 한다을 학기별로 1회 이상 실시하여야 한다. 학교의 장은 학교폭력의
예방 및 대책 등을 위한 교직원 및 학부모에 대한 교육을 학기별로 1회
이상 실시하여야 한다.

(3) 피해학생의 보호 및 가해학생의 선도

가) 피해학생의 보호제16조: 자치위원회는 피해학생의 보호를 위하여 필요하다
고 인정하는 때에는 피해학생에 대하여 학내외 전문가에 의한 심리상담
및 조언, 일시보호, 그 밖에 피해학생의 보호를 위하여 필요한 조치 등
어느 하나에 해당하는 조치수 개의 조치를 병과하는 경우를 포함한다를 할 것을 학교
의 장에게 요청할 수 있다. 자치위원회는 조치를 요청하기 전에 피해학
생 및 그 보호자에게 의견진술의 기회를 부여하는 등 적정한 절차를 거
쳐야 한다. 요청이 있는 때에는 학교의 장은 피해학생의 보호자의 동의
를 받아 7일 이내에 해당 조치를 하여야 하고 이를 자치위원회에 보고하
여야 한다. 조치 등 보호가 필요한 학생에 대하여 학교의 장이 인정하는

경우 그 조치에 필요한 결석을 출석일수에 산입할 수 있다. 학교의 장은 성적 등을 평가함에 있어서 조치로 인하여 학생에게 불이익을 주지 아니하도록 노력하여야 한다. 피해학생이 전문단체나 전문가로부터 상담 등을 받는 데에 사용되는 비용은 가해학생의 보호자가 부담하여야 한다. 다만, 피해학생의 신속한 치료를 위하여 학교의 장 또는 피해학생의 보호자가 원하는 경우에는 「학교안전사고 예방 및 보상에 관한 법률」 제15조에 따른 학교안전공제회 또는 시·도교육청이 부담하고 이에 대한 구상권을 행사할 수 있다.

나) 장애학생의 보호제16조의 2: 누구든지 장애 등을 이유로 장애학생에게 학교폭력을 행사하여서는 아니 된다. 자치위원회는 학교폭력으로 피해를 입은 장애학생의 보호를 위하여 장애인전문 상담가의 상담 또는 장애인전문 치료기관의 요양 조치를 학교의 장에게 요청할 수 있다.

다) 가해학생에 대한 조치제17조: 자치위원회는 피해학생의 보호와 가해학생의 선도·교육을 위하여 가해학생에 대하여 피해학생에 대한 서면사과1호, 피해학생 및 신고·고발 학생에 대한 접촉, 협박 및 보복행위의 금지2호, 학교에서의 봉사3호, 사회봉사4호, 학내외 전문가에 의한 특별 교육이수 또는 심리치료5호, 출석정지6호, 학급교체7호, 전학8호, 퇴학처분9호 등 어느 하나에 해당하는 조치수 개의 조치를 병과하는 경우를 포함한다를 할 것을 학교의 장에게 요청하여야 하며, 각 조치별 적용 기준은 대통령령으로 정한다. 다만, 퇴학처분은 의무교육과정에 있는 가해학생에 대하여는 적용하지 아니한다. 제1항 제2호부터 제4호까지 및 제6호부터 제8호까지의 처분을 받은 가해학생은 교육감이 정한 기관에서 특별교육을 이수하거나 심리치료를 받아야 하며, 그 기간은 자치위원회에서 정한다. 자치위원회는 조치를 요청하기 전에 가해학생 및 보호자에게 의견진술의 기회를 부여하는 등 적정한 절차를 거쳐야 한다. 제1항에 따른 요청이 있는 때에는 학교의 장은 14일 이내에 해당 조치를 하여야 한다. 학교의 장이 조치를 한 때에는 가해학생과 그 보호자에게 이를 통지하여야 하며, 가해학생이 이를 거부하거나 회피하는 때에는 「초·중등교육법」 제18조에 따라 징계하여야 한다. 가해학생이 제3호부터 제5호까지의 규정에 따른 조치를 받은 경우

이와 관련된 결석은 학교의 장이 인정하는 때에는 이를 출석일수에 산입할 수 있다. 자치위원회는 가해학생이 특별교육을 이수할 경우 해당 학생의 보호자도 함께 교육을 받게 하여야 한다. 교육 이수 조치를 따르지 아니한 보호자에게는 300만원 이하의 과태료를 부과한다.

라) 재심청구제17조의 2: 자치위원회 또는 학교의 장이 내린 조치에 대하여 이의가 있는 피해학생 또는 그 보호자는 그 조치를 받은 날부터 15일 이내, 그 조치가 있음을 안 날부터 10일 이내에 지역위원회에 재심을 청구할 수 있다. 자치위원회가 내린 전학이나 퇴학처분의 조치에 대하여 이의가 있는 가해학생 또는 그 보호자는 그 조치를 받은 날부터 15일 이내, 그 조치가 있음을 안 날로부터 10일 이내에 시·도학생징계조정위원회에 재심을 청구할 수 있다. 지역위원회가 제1항에 따른 재심청구를 받은 때에는 30일 이내에 이를 심사·결정하여 청구인에게 통보하여야 한다. 결정에 이의가 있는 청구인은 그 통보를 받은 날부터 60일 이내에 행정심판을 제기할 수 있다.

마) 분쟁조정제18조: 자치위원회는 학교폭력과 관련하여 분쟁이 있는 경우에는 그 분쟁을 조정할 수 있다. 제1항에 따른 분쟁의 조정기간은 1개월을 넘지 못한다. 학교폭력과 관련한 분쟁조정에는 피해학생과 가해학생 간 또는 그 보호자 간의 손해배상에 관련된 합의조정 그 밖에 자치위원회가 필요하다고 인정하는 사항을 포함한다.

(4) 의무, 보호 및 벌칙

가) 학교의 장의 의무제19조: 학교의 장은 교육감에게 학교폭력이 발생한 사실 및 조치 및 그 결과를 보고하고, 관계 기관과 협력하여 교내 학교폭력 단체의 결성예방 및 해체에 노력하여야 한다.

나) 학교폭력의 신고의무제20조: 학교폭력 현장을 보거나 그 사실을 알게 된 자는 학교 등 관계 기관에 이를 즉시 신고하여야 한다.

다) 긴급전화의 설치제20조의 2: 국가 및 지방자치단체는 학교폭력을 수시로 신고받고 이에 대한 상담에 응할 수 있도록 긴급전화를 설치하여야 한다.

라) 정보통신망에 의한 학교폭력제20조의 3: 정보통신망을 이용한 음란·폭력 정보 등에 의한 신체상·정신상 피해에 관하여 필요한 사항은 따로 법률로

정한다.

마) 학생보호인력의 배치제20조의 5: 국가·지방자치단체 또는 학교의 장은 학교폭력을 예방하기 위하여 학교 내에 학생보호인력을 배치하여 활용할 수 있다.

바) 비밀누설금지제21조: 이 법에 따라 학교폭력의 예방 및 대책과 관련된 업무를 수행하거나 수행하였던 자는 그 직무로 인하여 알게 된 비밀 또는 가해학생·피해학생 및 제20조에 따른 신고자·고발자와 관련된 자료를 누설하여서는 아니 된다. 비밀의 구체적인 범위는 대통령령으로 정한다. 자치위원회의 회의는 공개하지 아니한다. 다만, 피해학생·가해학생 또는 그 보호자가 회의록의 열람·복사 등 회의록 공개를 신청한 때에는 학생과 그 가족의 성명, 주민등록번호 및 주소, 위원의 성명 등 개인정보에 관한 사항을 제외하고 공개하여야 한다.

사) 벌칙제22조

① 비밀누설금지를 위반한 자는 1년 이하의 징역 또는 1000만원 이하의 벌금에 처한다.

② 자치위원회의 교육 이수 조치를 따르지 아니한 가해학생 보호자에게는 300만원 이하의 과태료를 부과한다.

2 학교폭력 정책[1]

정부는 관계부처합동으로 2012년 2월 학교폭력의 심각성에 대비해 학교폭력에 대한 인식과 대응, 학교폭력근절 7대 정책을 제시한 제1차 학교폭력근절 종합대책을 발표하였다.

---

1 학교폭력 정책은 '학교폭력법'에 따라 국가 공권력을 배경으로 학교폭력 예방과 대책에 관한 목적, 수단, 방법 등에 관한 최적의 대안을 의도적 합리적으로 선택한 국가의 행위다.

| 표 4-3 | 학교폭력근절 7대 실천정책 |

목표	학교폭력 없는 행복한 학교

직 접 대 책	**'사소한 괴롭힘'도 '범죄'라는 인식하에 철저히 대응**
	① 학교장과 교사의 역할 및 책임 강화
	대처권한 부족 및 학교폭력 은폐 ⇨ 대처권한 및 역할 대폭 강화 은폐 시 엄중조치로 책무성 확보
	② 신고−조사체계 개선 및 가·피해학생에 대한 조치 강화
	신고번호 분산 체계적 대응체계 부재 처벌 및 보호조치 미흡 ⇨ 신고체계 일원화 조사·지원기능 체계화 가해/피해학생 조치 강화
	③ 또래활동 등 예방교육 확대
	건전한 또래문화 미형성 ⇨ 학생 간의 자율적 갈등해결 학교단위 예방교육 체계화
	④ 학부모 교육 확대 및 학부모의 책무성 강화
	참여 부족, 무관심 책무성 미흡 ⇨ 학부모 교육·자원봉사 확대
근 본 대 책	**학교−가정−사회가 함께 인성교육 실천**
	⑤ 교육 전반에 걸친 인성교육 실천
	학업성취 수준은 높으나 인성·사회성은 낮은 수준 ⇨ 바른 생활습관, 학생생활규칙 준수 등 실천적 인성교육 추진
	⑥ 가정과 사회의 역할 강화
	민·관의 유기적 대응 미흡 가정의 교육기능 약화 ⇨ 민·관 협력체제 강화 가정의 교육기능 회복
	⑦ 게임·인터넷 중독 등 유해 요인 대책
	교육적 시각에서 심의·규제기능 미흡 ⇨ 게임·인터넷 심의·규제 및 예방·치유교육 확대

출처: 관계부처합동(2012.2.6).

학교폭력근절 7대 실천 정책은 크게 직접대책과 근본대책으로 나누어 제시한다.

1) 직접대책

(1) 학교장과 교사의 역할 및 책임 강화

• 학교장과 교사가 학교폭력 근절의 중심에 설 수 있도록 학교폭력 대응에

대한 학교장과 담임교사의 권한과 책무성 강화

- 가해학생 즉시 조치, 학교폭력대책자치위원회 운영 활성화, 학교폭력 은폐 시 엄중조치
- 복수담임제 도입 등 담임역할 강화, 학생생활지도 누적기록 관리, 학교폭력 징계사항 생활기록부 기재, 생활지도에 전념할 수 있는 환경 조성, 상담인력 확충

• 변화하는 학교폭력의 양상을 정확히 파악하고 적기 대응할 수 있도록 교원의 생활지도 역량 강화 지원

- 교원양성과정에 학교폭력 예방 및 대책과목 신설, 교원임용에서 학교폭력 상황 발생 시 문제해결능력 등 교직 적성 심층면접 강화, 학교폭력 연수 개선

(2) 신고–조사체계 개선 및 가·피해학생에 대한 조치 강화

• "학교폭력은 은폐되지 못하며, 신고하면 반드시 해결된다"고 인식될 수 있도록 신고–조사 등 대응체계 개선

- 117 학교폭력신고센터 설치 및 조사 기능 강화, 학교폭력 은폐 방지를 위한 제도 개선

• 학교폭력 피해학생에 대한 우선적 보호와 치유 지원을 신속하게 실시하고, 가해학생에 대한 엄격한 조치 및 재활치료 추진

- 피해학생 보호, 심리상담 실시 의무화, 학교폭력 피해 지원강화, 피해학생 선 치료 지원, 후 처리 시스템 마련, 가해학생 보복행위 등에 엄정 조치, 전학조치, 가해학생 재활치료 지원, 일진 등 학교폭력서클 엄정 대응, 일진경보제 도입
  ※「학교폭력 피해학생 보호 및 가해학생 조치에 관한 규정부령」 제정

(3) 또래활동 등 예방교육 확대

• 학교폭력 발생 단계에 이르기 전에 학교 내 갈등과 문제를 학생 스스로 해결하는 건전한 또래문화Peer Culture 조성

- 건전한 학교문화 형성을 위한 또래활동 지원, 또래상담·중재 도입 지원, 또래상담·중재활동 지도자 양성, 학생자치활동 강화, 학생모니터단

운영

- 학교단위에서의 체계적인 학교폭력 예방 활동을 연중 실시하여 "사소한 괴롭힘도 폭력"이고 "학교폭력은 범죄"라는 인식 확산
  - 계획적인 학교폭력 예방 추진, 모든 학생대상 진단·선별, 학교폭력 예방 자료 보급, 온라인 예방교육
- 학교폭력 예방 사이버 상담 지원
  - 인터넷 포탈/SNS 활용, 기존 온라인 상담 활성화

(4) 학부모 교육 확대 및 학부모의 책무성 강화

- 학교폭력 예방, 자녀교육에 대해 학부모들이 제대로 알고 가정 교육을 실천하도록 모든 학부모약 1,000만명 대상으로 교육 확대
  - 자녀이해 지원을 위한 학부모 교육 및 교육정보 제공 대폭 확대, 학부모 교육 확대 및 다변화, 교육과정 및 자료 개발, 학부모 교육 강사풀 구축 및 제공
- 일과 후 학교설명회 개최연 2회 및 교사-학부모 간 상담 기회를 대폭 확대하고, 자녀에 대한 학부모의 책무성을 강화
  - 교사-학부모 간 소통 강화 및 학부모의 책무성 제고, 학교설명회 및 핵심정책 학부모 교육, 학부모 상담기회 등 확대, 학부모 소환 및 특별 교육이수 의무화
- 학부모 교육기부 인력풀을 확보약 10만명하여 학교폭력 예방을 위한 학부모의 학교교육 참여 강화
  - 교육기부 활성화, 모니터단 활동, 학생생활지도 협력 강화

(5) 교육 전반에 걸친 인성교육 실천

- 누리과정부터 고등학교까지 학생들이 인성교육을 반드시 실천할 수 있도록 추진
  - 바른 인성의 기초를 형성하는 '3~5세 누리과정' 운영, 누리과정을 통한 바른 생활습관 체득, 배움이 실천으로 연결되는 프로젝트형 인성교육 실시, 교육과정 재구조화, 바른 언어습관 및 소통 중심의 국어교육, 인성 핵심역량을 실천으로 체득하는 도덕·사회교육, 융합형 인성수업 실

시, 예술교육을 통한 인성교육 확대, 독서활동 강화, 중학교 체육수업 대폭 확대_{주당 체육수업시수 50% 증대 등}

- 학교에서 인성교육이 지식교육만큼 비중을 두고 실천될 수 있도록 인성관련 학생부 기재를 내실화하고, 입학전형에 반영

  - 학생-학부모-교사가 함께 학생생활규칙을 통해 인성교육 실천, 학생생활규칙 운영 내실화, 학생생활규칙 현장 착근 지원

  - 인성 관련 학생부 기재 강화 및 입학전형에 반영_{학생생활기록부 인성영역 기재 내실화, 입학사정관 전형 개선, 자기주도학습전형 개선}

  - 생활지도 등 인성교육을 잘하는 교원과 학교 우대_{생활지도 등 인성교육 우수 교원에 대한 지원, 수석교사 역할 확대, 우수학교 지원}

  - 시·도교육청 평가를 통한 책무성 확보

(6) 가정과 사회의 역할 강화

- 주5일 수업제 시행에 발맞추어 가정과 사회가 학생들의 바른 인성을 키우고 학교폭력을 예방·근절하기 위해 협력

  - 가정과 사회의 교육적 기능 회복_{'밥상머리교육 범국민 캠페인' 추진, 가족 단위 교육프로그램 확대, 지역사회 학생·청소년 대상 인성교육 프로그램 확대, 가정·학교·사회가 함께하는 봉사활동, 가정과 사회가 함께하는 토요학교 운영, 과학관 시설 개방 및 청소년프로그램 확대}

  - 가정과 사회의 참여 확대를 위한 홍보 및 캠페인 추진_{문화부-학교폭력근절대책 홍보 총괄, 교육부-학교폭력 추방 캠페인 실시, 법무부-학교폭력 예방 캠페인, UCC공모전, 세미나 개최, 행정안전부-학교폭력신고 전화 홍보, 세미나, 사이버폭력 근절 캠페인, 여성가족부-가족가치 확산 실천 캠페인, 위기청소년 지원서비스 온·오프라인 홍보}

(7) 게임·인터넷 중독 등 유해요인 대책

- 게임·인터넷 중독, 음주·흡연 등 학교폭력과 관련이 높은 유해요인으로부터 학생들이 벗어날 수 있도록 법령 개정 및 관련 제도 개선

  - 게임·인터넷 중독 예방을 위한 제도 개선 추진_{셧다운제 강화 등 과도한 게임이용 제한, 비교육적 게임몰에 대한 심의제도 강화, 게임산업계의 게임중독에 대한 사회적 책임강화, 게임몰의 아이템에 대한 규제 강화, 경찰청과 PC방 합동단속 강화, 게임중독 예방 제도 시행, 폭력 조장, 음란·명예훼손 등 불법·유해정보에 대한 심의 강화, 그린인터넷인증제 도입}

  - 게임·인터넷 중독 예방교육 강화 및 치유활동 확대_{주요 시기별 단계적으로 게임·인터넷 중독 예방교육 강화, 도입, 게임·인터넷 중독 예방을 위한 '학생 생활지도 요령' 마련, 게임 과몰입 예방사업 추진, 인터넷 윤리 교육·홍보 강화, 게임·인터넷 중독 상담·치료지원 확대}

  - 흡연·음주 치유 및 예방프로그램 활성화_{예방교육의 의무화, 치유프로그램 운영, 금연구역 확대}

정부의 학교폭력 근절 종합대책2012은 학교폭력에 대한 통합적이고 체계적인 관점 하에서 학교폭력의 원인 및 원인들 간 관계를 고찰하지 못한 채 원인별로 대안들을 나열하는 수준에 그치고 있다는 문제가 지적되고 있다권문일, 27.

한편 정부는 2014년 12월 국무총리 주재로 제7차 학교폭력대책위원회를 열고 관계부처 합동으로 「제3차 학교폭력 예방 및 대책 기본계획2015~2019」을 심의·의결하였다. 핵심내용은 <표 4-4>와 같다.

표 4-4   제3차 학교폭력대책 정책 추진 방향(2014.12.22)

비 전	행복하고 안전한 학교

목 표	학교폭력 및 학생위험 제로 환경 조성

전 략	• 전반적 학교 문화 개선과 함께 취약요인 중점 관리 • 대상별·유형별·시기별 맞춤형 대응 강화 • 단위학교의 실효성 있는 자율적 예방활동 활성화

5대 분야	16개 추진과제	
1 인성교육 중심 학교폭력 예방 강화	1	인성 함양을 통한 학교폭력 사전 예방
	2	또래활동을 통한 건전한 학교문화 조성
	3	체험중심 학교폭력 예방활동 강화
	4	폭력유형 및 추세에 따른 대응 강화
2 학교폭력 대응 안전인프라 확충	5	학교폭력 위해요인 지속적 해소
	6	학생보호인력 확충
	7	학교 밖 안전관리 강화
3 공정한 사안처리 및 학교 역량 강화	8	학교폭력 조기 감지·신고 체계 강화
	9	사안처리의 공정성 확보
	10	학교의 학교폭력 대응 역량 강화
4 피해학생 보호·치유 및 가해학생 선도	11	피해학생 보호 및 치유 지원 내실화
	12	가해학생 맞춤형 교육 및 선도 강화
	13	관계회복을 위한 프로그램 강화
5 전 사회적 대응체제 구축	14	가정의 역할 및 교육기능 강화
	15	지역사회 역할 및 책무성 강화
	16	대국민 인식제고 및 전 사회적 대응체계 구축

출처: 교육부 보도자료(2014.12.22).

3 학교폭력 조직

학교폭력법에는 학교폭력 예방 및 대책 마련을 위해 여러 위원회와 전담기구를 둘 것을 명시하고 있다. 국무총리 소속으로 학교폭력대책위원회, 시·도 소속에는 학교폭력대책지역위원회, 시·군 소속에는 학교폭력지역협의회, 학교 소속에는 학교폭력대책자치위원회, 그리고 전문상담교사 및 전담기구 등이 있다. 학교폭력대책위원회, 학교폭력대책지역위원회, 학교폭력지역협의회 등의 조직은 모두 비상설위원회 형태로 구성되어 있다.

학교폭력관련 정부의 각 위원회와 전담기구의 기능을 구체적으로 살펴보면 다음과 같다.

1) 학교폭력대책위원회

(1) 학교폭력대책위원회는 국무총리 소속으로 학교폭력의 예방 및 대책에 관한 기본계획의 수립 및 시행에 대한 평가, 학교폭력과 관련하여 관계 중앙행정기관 및 지방자치단체의 장이 요청하는 사항, 학교폭력과 관련하여 교육청, 학교폭력대책지역위원회, 학교폭력대책지역협의회, 학교폭력대책자치위원회, 전문단체 및 전문가가 요청하는 사항 등의 사항을 심의한다.

(2) 학교폭력대책위원회의 구성은 대책위원회는 위원장 2명을 포함하여 20명 이내의 위원으로 구성한다. 위원장은 국무총리와 학교폭력 대책에 관한 전문지식과 경험이 풍부한 전문가 중에서 대통령이 위촉하는 사람이 공동으로 되고, 위원장 모두가 부득이한 사유로 직무를 수행할 수 없을 때에는 국무총리가 지명한 위원이 그 직무를 대행한다. 위원은 다음 각 호의 사람 중에서 대통령이 위촉하는 사람으로 한다. 다만, 제1호의 경우에는 당연직 위원으로 한다. ① 기획재정부장관, 교육부장관, 미래창조과학부장관, 법무부장관, 행정자치부장관, 문화체육관광부장관, 보건복지부장관, 여성가족부장관, 국민안전처장관, 방송통신위원회 위원장, 경찰청장 ② 학교폭력 대책에 관한 전문지식과 경험이 풍부한 전문가 중에서 제1호의 위원이 각각 1명씩 추천하는 사람 ③ 관계 중앙행정기관에 소속된 3급 공무원 또는 고위공무원단에 속하는 공무원으로서 청소년 또는 의료 관련 업무를 담당하는 사람 ④ 대학

표 4-5 학교폭력근절 추진체계

교육부	중앙	학교폭력대책위원회 (위원장: 국무총리, 민간전문가)	
▪학교폭력 예방 및 대책에 관한 기본계획 수립 ▪교육청의 학교폭력 예방 및 대책과 성과평가 및 공표 ▪학교폭력실태 조사		▪학교폭력 예방 및 대책 기본계획 심의 ▪중앙행정기관 및 지자체 단체장이 요청하는 사항 등에 대한 심의	여가부, 경찰청 등 관계 부처 협력 종교단체, 청소년폭력예방재단 등 관련 대표기관
교육감	광역단위	학교폭력대책지역위원회 (위원장: 부단체장)	
▪시·도교육청별 자체 추진계획 수립 ▪학교폭력 예방 전담부서 설치 ▪학교폭력에 따른 전학대상 학생에 대한 필요한 조치		▪기본계획에 따라 매년 학교폭력 예방 대책 수립	광역 117신고센터 운영 지방경찰청, 교육청 등 관계기관 및 민간단체 협력
교육장	기초단위	학교폭력대책지역협의회 (위원장: 부단체장)	
▪학부모 예방교육 실시 및 홍보		▪지역단위 학교폭력 예방 사업 추진	Wee센터, CYS-Net 등 지역 상담센터, 자율 방범대, 자원봉사 센터 등 민간단체 연계
학교장	학교	학교폭력대책자치위원회 (위원장: 호선)	
▪학교폭력 예방 및 대책에 관한 실시계획 수립 및 시행 ▪학교폭력전담 기구설치		▪학교폭력 예방 및 대책을 위한 학교체제 구축 ▪피해학생 보호, 가해학생 선도 및 징계, 가해학생과 피해학생의 분쟁 조정	경찰서, 학부모, 민간전문가 등 협력

이나 공인된 연구기관에서 조교수 이상 또는 이에 상당한 직에 있거나 있었던 사람으로서 학교폭력 문제 및 이에 따른 상담 또는 심리에 관하여 전문지식이 있는 사람 ⑤ 판사·검사·변호사 ⑥ 전문단체에서 청소년보호활동을 5년 이상 전문적으로 담당한 사람 ⑦ 의사의 자격이 있는 사람 ⑧ 학교운영위원회 활동 및 청소년보호활동 경험이 풍부한 학부모 등이다.

(3) 중앙정부 차원에서 학교폭력과 직접 관계된 정부부처는 교육부로 학교정책실 산하의 학교생활문화과에서 담당하고 있다. 교육부의 학교생활문화과는 과장 1명, 장학관 1명, 사무관 3명, 연구관 1명, 연구사 1명, 주무관 5명으로 구성되어 학교폭력 예방에 대한 교육과 학교폭력 발생 시 법에 따른 문제해결을 위한 자원을 제공하고 있다. 학교폭력 예방 및 대책, 위원회 운영, 학교폭력 관련 법령 제도 운영, 학교폭력 관련 종합정보지원체계의 구축 운영, 학교폭력 예방 및 대책 지원, 청소년 경찰학교 및 나-안심알리미 서비스, Wee 프로젝트 운영 및 상담활성화 등의 사업을 하고 있다.

2) 학교폭력대책지역위원회

(1) 학교폭력대책지역위원회는 지역의 학교폭력 문제를 해결하기 위하여 시·도에 둔다. 시·도의 단체장은 지역위원회의 운영 및 활동에 관하여 시·도의 교육감이하 "교육감"이라 한다과 협의하여야 하며, 그 효율적인 운영을 위하여 실무위원회를 둘 수 있다. 지역위원회는 위원장 1인을 포함한 11인 이내의 위원으로 구성한다.

(2) 학교폭력대책지역위원회의 기능은 기본계획에 따라 지역의 학교폭력 예방대책을 매년 수립하고, 해당 지역에서 발생한 학교폭력에 대하여 교육감 및 지방경찰청장에게 관련 자료를 요청할 수 있다. 교육감은 지역위원회의 의견을 들어 상담·치료 및 교육을 담당할 상담·치료·교육 기관을 지정하여야 한다. 교육감은 제3항에 따른 상담·치료·교육 기관을 지정한 때에는 해당 기관의 명칭, 소재지, 업무를 인터넷 홈페이지에 게시하고, 그 밖에 다양한 방법으로 학부모에게 알릴 수 있도록 노력하여야 한다.

(3) 시·도 차원에서 학교폭력과 직접 관련된 부서는 시·도교육청이다. 서울시교육청의 경우 평생진로교육국 산하의 '학생생활교육과'에서 담당하고 있다.

고등학교를 담당하며, 시·도 차원의 학교폭력 예방 및 근절 대책 추진과 학교폭력 관련 학교 안전망 구축 사업, 학교폭력 실태조사, 학교폭력 연수, 프로그램 운영, 학교폭력 사안 법률 상담 지원, 학교폭력 예방 컨설팅 및 평가 등의 사업을 실시하고 있다.

3) 학교폭력대책지역협의회

(1) 학교폭력대책지역협의회는 학교폭력 예방 대책을 수립하고 기관별 추진계획 및 상호 협력·지원 방안 등을 협의하기 위하여 시·군·구에 둔다. 지역협의회는 위원장 1명을 포함한 20명 내외의 위원으로 구성한다. 지역협의회의 구성·운영에 필요한 사항은 대통령령으로 정한다.

(2) 시군구 차원에서 학교폭력과 직접 관련된 부서는 지역교육청의 직제에 따라 부서 명칭은 차이가 있는데 서울시 지역교육청의 경우 초등교육지원과, 중등교육지원과 소속의 장학사가 학교폭력 예방 교육과 사안처리, 배움터지킴이 운영 등 학교폭력 관련 사업을 담당하고 있다.

4) 학교폭력대책자치위원회

(1) 학교폭력대책자치위원회는 학교폭력의 예방 및 대책에 관련된 사항을 심의하기 위하여 학교에 둔다. 자치위원회는 학교폭력의 예방 및 대책 등을 위하여 학교폭력의 예방 및 대책수립을 위한 학교 체제 구축, 피해학생의 보호, 가해학생에 대한 선도 및 징계, 피해학생과 가해학생 간의 분쟁조정, 그 밖에 대통령령으로 정하는 사항 등을 심의한다.

(2) 자치위원회는 위원장 1인을 포함하여 5인 이상 10인 이하의 위원으로 구성하되, 대통령령으로 정하는 바에 따라 전체위원의 과반수를 학부모전체회의에서 직접 선출된 학부모대표로 위촉하여야 한다. 다만, 학부모전체회의에서 학부모대표를 선출하기 곤란한 사유가 있는 경우에는 학급별 대표로 구성된 학부모대표회의에서 선출된 학부모대표로 위촉할 수 있다. 자치위원회의 위원은 해당 학교의 교감, 해당 학교의 교사 중 학생생활지도의 경력이 있는 교사, 학부모 대표, 판사·검사·변호사, 해당 학교를 관할하는 경찰서 소속 경찰공무원, 의사자격이 있는 사람, 그 밖에 학교폭력 예방 및 청소년

보호에 대한 지식과 경험이 있는 사람 등 어느 하나에 해당되는 사람 중에서 학교장이 임명하거나 위촉한다.

(3) 자치위원회는 분기별 1회 이상 회의를 개최하고, 자치위원회의 위원장은 ① 자치위원회 재적위원 4분의 1 이상이 요청하는 경우 ② 학교의 장이 요청하는 경우 ③ 피해학생 또는 그 보호자가 요청하는 경우 ④ 학교폭력이 발생한 사실을 신고받거나 보고받은 경우 ⑤ 가해학생이 협박 또는 보복한 사실을 신고받거나 보고받은 경우 ⑥ 그 밖에 위원장이 필요하다고 인정하는 경우 등 어느 하나에 해당하는 경우에 회의를 소집하여야 한다. 자치위원회는 회의의 일시, 장소, 출석위원, 토의내용 및 의결사항 등이 기록된 회의록을 작성·보존하여야 한다.

(4) 학교의 장은 학교에 상담실을 설치하고, 「초·중등교육법」 제19조의2에 따라 전문상담교사를 둔다. 전문상담교사는 학교의 장 및 자치위원회의 요구가 있는 때에는 학교폭력에 관련된 피해학생 및 가해학생과의 상담결과를 보고하여야 한다.

(5) 학교의 장은 교감, 전문상담교사, 보건교사 및 책임교사_{학교폭력문제를 담당하는 교사} 등으로 학교폭력문제를 담당하는 전담기구를 구성하며, 학교폭력 사태를 인지한 경우 지체 없이 전담기구 또는 소속 교원으로 하여금 가해 및 피해 사실 여부를 확인하도록 한다.

(6) 전담기구는 학교폭력에 대한 실태조사와 학교폭력 예방 프로그램을 구성·실시하며, 학교의 장 및 자치위원회의 요구가 있는 때에는 학교폭력에 관련된 조사결과 등 활동결과를 보고하여야 한다. 피해학생 또는 피해학생의 보호자는 피해사실 확인을 위하여 전담기구에 실태조사를 요구할 수 있다. 전담기구는 성폭력 등 특수한 학교폭력사건에 대한 실태조사의 전문성을 확보하기 위하여 필요한 경우 전문기관에 그 실태조사를 의뢰할 수 있다. 이 경우 그 의뢰는 자치위원회 위원장의 심의를 거쳐 학교의 장 명의로 하여야 한다. 국가 및 지방자치단체는 실태조사에 관한 예산을 지원하고, 관계 행정기관은 실태조사에 협조하여야 하며, 학교의 장은 전담기구에 행정적·재정적 지원을 할 수 있다.

학교폭력 사안 처리

School Violence **Prevention** &
Understanding of Student

Chapter 05

학교폭력 사안 처리

그림 5-1 학교폭력 사안 처리 흐름도

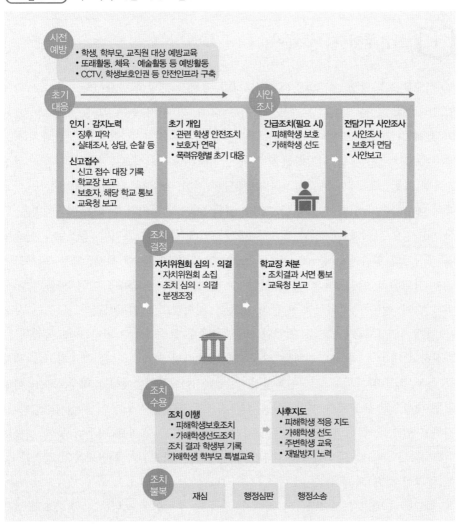

학교에서 학교폭력 사실을 인지하고도 적절한 대응을 하지 못하여 관련 학교폭력 당사자 간 각종 분쟁이 발생하고 있다. 학교폭력 사안에 대하여 법에서 규정한 절차를 정확히 파악하고 합당한 조치를 적용함으로써 학교폭력을 재발방지와 가해, 피해학생 모두 학교생활에 적응할 수 있도록 도와줄 수 있다. 학교폭력법에서 규정한 '학교폭력 대응절차'를 교육부의 「학교폭력사안 처리 가이드북개정판 2014.12」을 통하여 제시한다.

 ## 학교폭력 사전 예방

학교폭력은 발생 이후의 사후 지도보다는 사전 예방이 중요하다. '호미로 막을 일도 가래로도 못 막는다'는 격언과 함께 국내·외 여러 연구결과들에서 예방교육의 효과가 입증되고 있다. 학교에 전문상담교사와 진로진학상담교사를 배치하고, Wee 프로젝트를 통한 위기학생을 위한 안전망 구축, 인성교육진흥법 제정과 인성교육의 강화, 예·체능수업 활성화, 또래활동 강화, 배움터 지킴이 배치 등도 학교폭력 예방활동의 일환이다. 또한 CCTV 설치, 학교의 물리적 환경을 범죄예방을 위한 디자인으로 설계CPTED하는 것도 예방활동의 일환이다. 그러나 무엇보다 학교폭력 사전예방 활동에서 중요한 것은 학교폭력 관련 대상자인 학생, 교사, 학부모에 대한 학교폭력 예방교육의 실시라 할 수 있다. 교육은 교육을 받는 사람의 지식과 기술과 태도를 변화시켜 인간의 행동을 계획적으로 변화시킨다. 모르던 사실을 알게 하고knowledge, 할 수 없었던 행동을 하게 만들기skill도 한다. 학교폭력에 무관심하고 방관적 자세를 취하는 학생에게 가해자의 폭력 행동을 제지하고 피해자를 돕는 적극적 자세attitude로 변화시킬 수 있다. 학교폭력법에서는 학생, 교사, 학부모를 대상으로 학교폭력 예방교육을 의무적으로 학기별로 1회 이상 실시하도록 규정하고 있으나, 형식적으로 유명무실하게 운영되어 큰 효과를 거두지 못한 것으로 나타나뉴시스 2013.3.17. 예방교육을 내실있게 운영하여 학교폭력 예방교육의 효과를 높이는 것이 주요 과제이다.

학교폭력 예방 프로그램들은 피해자·가해자·주변인을 포함하는 '전학교적 접근 whole-school approach'을 통하여 개인 상담, 집단 상담, 학급활동 및 학교정책을 유기적으로 연결하여 종합적으로 접근하고 있다. 오인수2010는 '전학교적 접근'은 개입의 수준을 개인과 학급 및 학교 수준에서 동시에 실시하는 다층 수준의 접근을 하고, 상담 프로그램과 학교의 교과교육과정을 통합한 학제적 교육과정을 구성하고 실시 하여 궁극적으로 학교의 체제와 문화를 바꿈으로써 학교폭력 문제에 예방적으로 접근함으로써 장기적으로 학교폭력 문제를 개선할 수 있는 효과가 있다고 하였다.

 2 학교폭력 발생 시 대응 절차

학교폭력이 발생했을 때 교사가 사안처리에서 유의해야 할 사항은 다음과 같 다. 첫째, 공정하고 객관적 자세를 끝까지 가져야 한다. 둘째, 학생과 학부모의 상 황과 심정에 대한 이해와 공감을 통해 신뢰를 형성하고 불필요한 분쟁이 추가적으 로 발생하지 않도록 해야 한다. 셋째, 적극적인 자세로 학교폭력 사안처리를 위해 노력하고, 축소·은폐하거나, 성급하게 화해를 종용하지 않도록 한다. 넷째, 학교폭 력 사안조사는 가능한 수업시간 이외의 시간을 활용한다. 다섯째, 학교폭력 사안은 반드시 학교폭력대책자치위원회에 회부한다. 여섯째, 전담기구의 조사 및 자치위원 회 조치 결정 시 관련학생 및 보호자에게 반드시 의견진술의 기회를 제공하여야 한다. 일곱째, 자치위원회 결과는 '학교장 명의'로 서면통보하고, 이때 재심 등 불복 절차를 안내한다. 여덟째, 자치위원회 회의록 및 사안조사 자료는 비공개를 원칙으 로 한다. 단, 관련학생 및 학부모가 회의록 공개를 요청하는 경우에는 학교폭력법 제21조에 의해 개인정보에 관한 사항을 제외하고 공개하여야 한다. 아홉째, 동일한 사안에 대하여 재심 성격의 자치위원회는 개최하지 않는다. 열 번째, 성범죄 관련 사안을 인지한 경우 모든 경우에 예외 없이 수사기관에 즉시 신고한다.

1) 초기 대응

(1) 학교폭력 감지·인지노력

교사는 학교에서 많은 시간을 학생들과 같이 보내므로, 학생활동에 주의와 관 심을 가지면 학교폭력 발생 전에 그 징후를 발견할 수 있는 가능성이 많다. 교사는 학교폭력 상황을 감지·인지했을 때 신속하고 적극적으로 개입해야 한다. 학교폭력이 감지된 경우, 학교장에게 보고하여야 하므로동법 제20조 제4항, 학교장은 지체없이 전담기구 또는 소속 교원으로 하여금 사실 여부를 확인하여 조치한다동법 제14조 제3항. 학교폭력 감지·인지를 위한 학교구성원의 역할과 책임은 <표 5-1>과 같다.

표 5-1 학교폭력 감지·인지를 위한 학교구성원의 역할

유형	내용
학교폭력 실태조사	• 학교폭력 실태조사 실시(연 2회 전국 공통 실시) • 학교·학급 단위에서 자체적으로 설문조사 등 수시 실시
교내 학교폭력 신고	• 학교폭력 신고함, 학교 홈페이지 비밀게시판, 담임교사의 문자·메일 등 다양한 신고체계 마련 • 피해·목격학생들이 적극적으로 신고하도록 지도 • 학생, 학부모, 교사 대상 학교폭력 신고방법 안내(예방교육 시)
교사의 관찰 및 상담 실시	• 담임교사 등이 학교폭력 징후 보이는 학생이 없는지 세심하게 관찰 • 담임교사, 전문상담(교)사 등의 상담
교내·외 순찰	• 점심 시간, 쉬는 시간, 방과후 시간 등 취약시간 순찰 • 학부모 자원봉사자, 학생보호인력, 학교전담경찰관 등과의 유기적 협력

학교폭력 예방을 위해 특히 담임교사의 역할이 중요하다. 담임교사는 자신의 학급 학생들의 특성을 가장 잘 알고 있고, 또 일대일의 인간관계를 통해 잠정적인 학급학생들의 문제를 가장 잘 파악할 수 있는 예방적 위치에 있다김희대, 2007. 264. 학급에서 영향력을 발휘하는 학생들이 누구인지, 그들이 무엇 때문에 학급에서 주도적인 영향력을 행사하는지를 파악할 필요가 있다. 담임교사가 자신이 맡은 학급의 학생들을 정확하게 이해하고 파악할 때 평소 반 폭력적 학급환경을 구성하는 것이 비교적 수월하게 되고, 이에 따라 학교폭력 문제의 발생을 최소화할 수 있다이규미 외, 218. 학교폭력을 예방하기 위해서 담임교사가 학급 학생들을 정확하게 파악하고 효과적으로 생활지도를 하는 데 도움 되는 방법으로 '사회성 측정법sociometry'이 있다. 사회성 측정법은 '집단구성원 상호 간의 반응을 이끌어내어 집단의 특성, 구조, 역동성 및 상호관계를 분석'하는 방법으로 학급의 학생들이 또래관계에서 어떠한 지위나 역할을 하고 있는지를 쉽게 파악할 수 있다. 학교폭력 사전예방 우수사례 중 하나는, 인천 S중학교의 배움터지킴이 선생님은 평소 활발한 학교순회와 학생들과 친분 관계

를 통해 학기 초 학교폭력을 예비 모의하는 학생그룹을 사전에 인지하여 이들과 상담하여 예방활동을 하였고, 상담교사와 생활지도부 교사와 연계하여 학생, 학부모 상담을 통해 학교폭력을 선제적으로 예방하였다.

(2) 신고 및 접수

학교폭력은 신고의무에 따라 학교폭력 현장을 보거나 그 사실을 알게 된 자는 학교 등 관계기관에 이를 즉시 신고하여야 한다동법 20조 제1항. 또한 누구라도 학교폭력의 예비·음모 등을 알게 된 자는 이를 학교의 장 또는 자치위원회에 고발할 수 있다. 다만, 교원이 이를 알게 되었을 경우에는 학교의 장에게 보고하고 해당 학부모에게 알려야 한다동법 제20조 제4항. 학교폭력 신고 및 접수 절차는 [그림 5-2]와 같다.

그림 5-2   **학교폭력 신고 및 접수 절차**

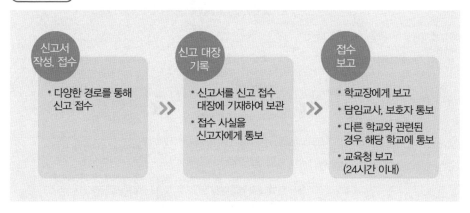

학교폭력 신고가 접수되면 가해학생과 피해학생을 즉시 격리하여 2차적 폭력사태를 예방하고, 가해학생과 피해학생의 심리적·신체적 상태를 회복하도록 한다. 학교장이 피해학생을 가해학생으로부터 긴급하게 보호할 필요가 있다고 판단한 경우, 선도가 시급하다고 판단한 경우, 자치위원회에 회부하기 전에 가해학생에 대해 출석정지 조치를 내릴 수 있다. 학교폭력 신고자 및 고발자와 관련된 자료를 누설하여서는 안 된다동법 제21조 제1항.

2) 사안 조사

(1) 전담기구의 구성

전담기구는 학교폭력과 관련한 신고접수, 사안조사, 실태조사, 학교폭력 예방 등의 업무를 전담한다동법 제14조. 전담기구의 구성원은 교감, 전문상담교사, 보건교사 및 책임교사학교폭력 문제를 담당하는 교사 등 학교폭력 문제와 관련된 자로 구성한다. 학교폭력과 관련된 생활지도부장이나 상담부장 등의 보직교사도 구성원이 될 수 있다. 전담기구의 조직과 구성원의 역할을 살펴보면 [그림 5-3]과 같다.

그림 5-3 전담기구의 조직과 구성원의 역할

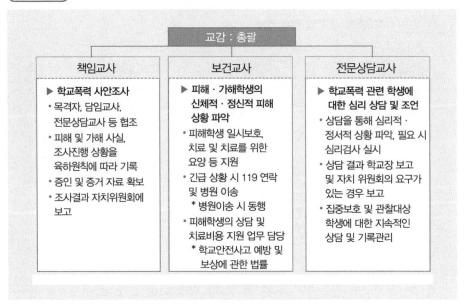

교감 : 총괄

책임교사

▶ **학교폭력 사안조사**
- 목격자, 담임교사, 전문상담교사 등 협조
- 피해 및 가해 사실, 조사진행 상황을 육하원칙에 따라 기록
- 증인 및 증거 자료 확보
- 조사결과 자치위원회에 보고

보건교사

▶ **피해 · 가해학생의 신체적 · 정신적 피해 상황 파악**
- 피해학생 일시보호, 치료 및 치료를 위한 요양 등 지원
- 긴급 상황 시 119 연락 및 병원 이송
  * 병원이송 시 동행
- 피해학생의 상담 및 치료비용 지원 업무 담당
  * 학교안전사고 예방 및 보상에 관한 법률

전문상담교사

▶ **학교폭력 관련 학생에 대한 심리 상담 및 조언**
- 상담을 통해 심리적 · 정서적 상황 파악, 필요 시 심리검사 실시
- 상담 결과 학교장 보고 및 자치 위원회의 요구가 있는 경우 보고
- 집중보호 및 관찰대상 학생에 대한 지속적인 상담 및 기록관리

(2) 사안조사 절차

전담기구에서는 구체적이고 정확한 사안조사를 위하여 담임교사의 협조를 얻어 우선 가해학생 및 피해학생을 면담한다. 사안조사의 책임자는 학교장이며, 조사 담당자는 학교폭력 전담 기구 또는 소속 교원이다. 사안조사 시 유의사항에는 첫째, 서면조사, 해당학생 및 목격자의 면담조사, 사안 발생 현장조사 등을 통해 종합적인 방법으로 신속하게 증거자료를 확보해야 한다. 둘째, 면담조사를 하는 경우에는

육하원칙에 근거하여 구체적으로 확인서를 받는다. 셋째, 객관적이고 공정하게 사안조사를 실시한다. 넷째, 피해·가해학생 간의 주장이 다를 경우, 목격 학생의 확인을 받거나 증거자료 확보를 통해 적극적으로 사안조사에 임한다. 다섯째, 전담기구의 교사는 학생, 보호자, 목격자, 담임교사 등을 면담조사한 후에 학교폭력사안 조사보고서를 작성한다.

사안의 '발생-조사-보고'의 진행 과정은 [그림 5-4]와 같다.

그림 5-4   사안의 '발생-조사-보고'의 진행 과정

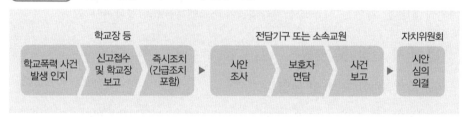

사안의 조사 절차는 [그림 5-5]와 같다.

그림 5-5   사안의 조사 절차

(3) 긴급조치

자치위원회가 개최되기 이전 학교장은 긴급한 필요에 의해 피해학생 및 가해학생의 우선 조치를 결정할 수 있다. 긴급조치의 범위는 피해학생의 경우, 심리상담 및 조언1호, 일시 보호2호, 그 밖에 필요한 조치6호, 가해학생의 경우, 서면사과1호, 접촉, 협박, 보복행위 금지2호, 학교에서의 봉사3호, 특별교육 또는 심리치료5호, 출석정지6호 등이다.

학교장이 가해학생에게 우선 출석정지를 할 수 있는 사안으로는 첫째, 2명 이

상이 고의적·지속적으로 폭력을 행사한 경우 둘째, 전치 2주 이상의 상해를 입힌 경우 셋째, 신고, 진술, 자료제공 등에 대한 보복을 목적으로 폭력을 행사한 경우 넷째, 학교장이 피해학생을 가해학생으로부터 긴급하게 보호할 필요가 있다고 인정하는 경우 등이다. 학교장이 우선 출석정지 조치를 하려는 경우에는 가해학생 또는 보호자의 의견을 들어야 한다. 다만 학교장이 해당 학생 또는 보호자의 의견을 들으려 하였으나 이에 따르지 아니한 경우에는 그러하지 아니하다. 가해학생에 대한 긴급조치는 자치위원회에 즉시 보고하여 추인을 받아야 한다. 학교장이 긴급조치를 한 때에는 가해학생과 그 보호자에게 이를 통지하여야 하며, 가해학생이 이를 거부하거나 회피한 때에는 「초·중등교육법」 제18조에 따라 징계하여야 한다.

3) 조치 결정 및 이행

(1) 자치위원회 구성 및 운영

자치위원회는 위원장 1인을 포함하여 5인 이상 10인 이하의 위원으로 교원, 학부모, 외부위원으로 구성된다. 전체 위원의 과반수를 학부모전체회의에서 직접 선출된 학부모 대표로 위촉하되 곤란한 사유가 있는 경우에는 학부모대표회의에서 선출된 학부모 대표로 위촉할 수 있다. 자치위원회는 분기별 1회 이상 회의를 개최하고, 위원장은 자치위원회 재적위원의 4분의 1 이상의 요청, 학교의 장의 요청, 피해학생 또는 그 보호자가 요청, 학교폭력 발생 사실을 신고 또는 보고, 그 밖에 위원장이 필요하다고 인정하는 경우에 자치위원회를 소집하여야 한다. 자치위원회는 회의의 일시, 장소, 출석위원, 토의내용 및 의결사항 등이 기록된 회의록을 작성·보존하여야 한다. 자치위원회의 개최없이 담임교사 또는 학교장이 자체 해결할 수 있는 사안에는 첫째, 피해학생에게 신체·정신적 또는 재산상의 피해가 있었다고 볼 객관적인 증거가 없고, 즉시 잘못을 인정하여 상호 간에 화해가 이루어진 경우, 둘째, 제3자가 신고한 사안에 대한 사안조사 결과, 오인신고였던 경우, 셋째, 학교폭력 의심사안담임교사 관찰로 인한 학교폭력 징후 발견 등에 대한 사안조사 결과, 학교폭력이 아니었던 경우 등이다. 그러나 위의 경우에도 학생 또는 학부모가 자치위원회 개최를 요청할 경우 반드시 자치위원회를 개최하여 처리하여야 한다. 단, 자치위원회에서 '학교폭력 아님'으로 결정할 경우 '조치없음'으로 처리할 수 있다.

(2) 자치위원회의 절차

자치위원회가 개최되면 회의는 개회, 사안보고, 사실 확인, 의견진술 및 질의응답, 조치 논의 및 결정, 결과 통보 및 교육청 보고 등의 단계로 진행된다.

① 1단계: 개회 선언

단계	처리내용	비고
개회	• 개회알림 • 진행절차 설명 및 유의사항 전달 ※ 위원들의 제척 사유 및 기피·회피 여부 확인 ※ 회의 참석차 전원에게 비밀유지 의무가 있음을 알림	간사 또는 위원장

② 2단계: 사안보고

사안보고	• 시안조사 결과 보고 ※ 피해·가해측에서는 해당 사안 조사 결과를 사건에 인지하고 자치위원회에 참석할 수 있도록 한다. • 긴급조치가 있었던 경우 함께 보고	전담 기구

③ 3단계: 사실 확인, 의견진술 및 질의응답

사실확인, 의견진술 및 질의응답	• 먼저 피해측에서 사실 확인, 의견 진술, 질의 응답 등을 진행 • 피해측 퇴장 후 가해측 절차 진행 • 피해측과 가해측에 의견진술 기회를 반드시 주어야 하며 참석이 어려운 경우 사전에 의견 제출 할 수 있도록 조치

④ 4단계: 조치 논의 및 결정

조치 논의 및 결정	• 가해학생 긴급조치에 대한 추인 여부 결정 • 피해학생 보호조치 및 가해학생 선도·교육조치 결정

⑤ 5단계: 결과통보 및 교육청 보고

결과통보 및 교육청 보고	• 서면으로 결과통보 ※ 재심 등 불복수단에 대하여도 함께 안내 • 교육청에 자치위원회 결과 보고	학교장

(3) 자치위원회의 조치

① 피해학생 보호조치

피해학생의 보호조치는 피해자 보호자의 동의가 있어야 한다. 보호조치는 1호~6호가 있다. 제1호: 학내외 전문가에 의한 심리상담 및 조언, 제2호: 일시보호, 제3호: 치료 및 치료를 위한 요양, 제4호: 학급교체, 제5호: 삭제, 제6호: 그 밖에 피해학생의 보호를 위하여 필요한 조치 등이다. 피해학생의 보호조치 등에 필요한 결석을 출석일수로 산입할 수 있으며, 피해학생이 성적평가 등에서 불이익이 없도록 조치한다.

② 가해학생 선도·교육조치

학교폭력 사안은 선도위원회가 아닌 반드시 자치위원회에 회부하여야 한다. 학교폭력 사안임에도 자치위원회에서 심의하여 선도위원회에 회부한다는 결정은 법령의 위반에 해당한다. 가해학생 선도조치는 1호~9호가 있다. 제1호: 피해학생에 대한 서면사과, 제2호: 피해학생 및 신고·고발학생에 대한 접촉, 협박 및 보복행위 금지,

표 5-2 학생생활기록부 학교폭력 조치사항 관리

항목	가해학생 조치사항	졸업 시 조치	보존 및 삭제
학적사항 '특기사항'	• 8호(전학)	• 학교폭력대책자치위원회에서 심의후 졸업과 동시에 삭제 가능 • 해당 학생의 반성 정도와 긍정적 행동변화 정도 등 고려	• 졸업 시 미 삭제된 학생의 기록은 졸업 2년 후 삭제
	• 9호(퇴학처분)	–	보존
출결상황 '특기사항'	• 4호(사회봉사) • 5호(특별교육이수 또는 심리치료) • 6호(출석정지)	• 학교폭력대책자치위원회에서 심의 후 졸업과 동시에 삭제 가능 • 해당 학생의 반성 정도와 긍정적 행동변화 정도 등 고려	• 졸업 시 미 삭제된 학생의 기록은 졸업 2년 후 삭제
행동특성 및 '종합의견'	• 1호(서면사과) • 2호(접촉, 협박 및 보복행위 금지) • 3호(학교에서의 봉사) • 7호(학급교체)	• 해당 학생 졸업과 동시에 삭제	–

제3호: 학교에서의 봉사, 제4호: 사회봉사, 제5호: 학내외 전문가에 의한 특별교육이수 또는 심리치료, 제6호: 출석정지, 제7호: 학급교체, 제8호: 전학, 제9호: 퇴학처분 등이다. 가해학생이 교육 및 선도 조치 중 학교에서의 봉사, 사회봉사, 학교 내외 전문가의 특별교육 이수 및 심리치료 조치를 받은 경우 이와 관련한 결석은 학교장이 인정하는 때는 출석일수에 산입할 수 있다. 출석정지 기간은 출석일수로 인정할 수 없다. 학생생활기록부에 가해학생에 대한 학교폭력 조치사항을 기록한다.

가해학생이 조치를 거부하거나 기피할 경우, 조치사항이 시행되지 않았다 하더라도 조치가 결정된 날을 기준으로 15일이 경과하면 입력한다. 또한 재심, 행정심판 및 소송이 청구된 경우에는 조치사항을 먼저 입력하고, 향후 조치가 변경될 경우 이를 수정한다.

③ 분쟁조정

분쟁조정은 소송에 대한 대체적 분쟁해결 수단으로 제3자의 주선을 통해 분쟁당사자가 자율적으로 합의에 이르게 하는 제도이다. 분쟁조정을 통해서 학교폭력으로 인한 상처를 최소화하여 심리적·신체적·사회적 상처 치유와 긍정적 자아회복과 학교생활의 적응을 돕고, 다시 학교폭력의 피해자와 가해자가 되지 않도록 재발방지를 돕고 조정하는 역할을 할 수 있다. 자치위원회는 학교폭력과 관련하여 분쟁이 있는 경우에는 그 분쟁을 조정할 수 있다. 분쟁 조정당사자가 조정을 신청할 시 5일 이내에 분쟁을 개시하여야 하며, 분쟁의 조정기간은 1개월을 넘지 못한다. 학교폭력 분쟁조정에는 피해학생과 가해학생 간 또는 그 보호자 간의 손해배상에 관련된 합의 조정, 그 밖에 자치위원회가 필요하다고 인정하는 사항을 포함한다.

4) 재심, 행정심판, 행정소송

(1) 재심

재심은 조치를 받은 날부터 15일 이내, 조치가 있음을 안 날부터 10일 이내에 해당기관으로 청구한다. 시·도 단위로 설치되는 학교폭력대책지역위원회에 재심을 청구할 수 있다. 재심청구를 받은 시·도 학교폭력대책지역위원회는 재심청구를 받은 때부터 30일 이내에 심사·결정하여 청구인에게 통보하여야 한다.

그림 5-6 재심의 절차 모형

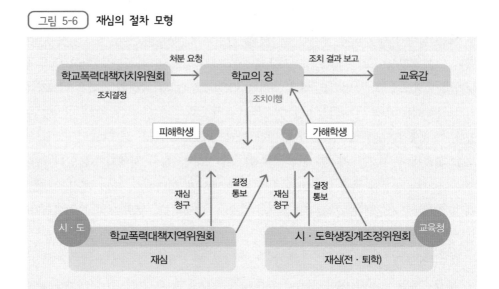

가해학생에 대한 조치 중 전학, 퇴학의 경우 시·도 교육청 소속의 학생징계조정위원회에 재심을 청구할 수 있다. 재심위의 결정에 불복하여 이의가 있는 재심청구인은 그 통보를 받은 날로부터 60일 이내에 행정심판을 제기할 수 있다.

(2) 행정심판

국·공립학교의 가해학생은 학교장의 조치에 대한 행정심판을 제기할 수 있으며, 재심 결정에 대해서는 학교의 설립형태에 관계없이 행정심판 청구가 가능하다. 학교장의 조치에 대하여는 처분이 있음을 알게 된 날부터 90일 이내에 청구하여야 하며, 처분이 있었던 날부터 180일이 지나면 청구하지 못한다. 재심을 청구하여 그 결정에 이의가 있는 청구인은 통보를 받은 날부터 60일 이내에 행정심판을 제기할 수 있다. 학교장의 조치 또는 시·도학생징계조정위원회의 재심 결정에 대한 행정심판은 해당 교육청 행정심판위원회로 제기한다. 지역위원회의 재심 결정에 대한 행정심판은 중앙행정심판위원회에 제기한다.

(3) 행정소송

학교장의 조치, 재심 및 행정심판 결정에 대하여 이의가 있을 경우 행정법원 또는 민사법원에 제소할 수 있다. 행정심판 또는 행정소송을 제기할 경우, 집행이 정지되지 않으므로, 집행정지 또는 가처분 등을 신청하여야 한다.

학교장의 조치에 대한 제소	국·공립학교	행정소송
	사립학교	민사소송
재심 결정에 대한 제소		행정소송
행정심판 결정에 대한 제소		행정소송

최근 행정소송에서 <표 5-3>과 같이 학교폭력 가해자의 학교폭력 행위에 대해 엄격하게 법을 적용하여 피해자 입장을 고려하는 판결이 증대하고 있다.

표 5-3 학교폭력 학교조치 불복에 대한 행정소송 판결

원고	학교폭력행위	학교처분	원고주장	법원판결	판결이유
중1 (남)	격투기술을 가르쳐준다면서 수차례 폭행	서면사과 특별교육	장난으로 격투흉내를 냈고 실수로 친 것	패소	피해학생은 상당한 정신적 고통을 받음
중2 (남)	반 아이들 앞에서 칠판지우개를 던짐	학교봉사	개인적인 시비일 뿐 학교폭력이 아님	패소	정황상 모욕감 준 폭행으로 볼 수 있음
고1 (여)	반 카톡방에 '못생김', '절교', '생깜'이라고 올림	서면사과	일상적으로 사용하는 언어라 언어폭력이 아님	패소	모욕적 표현으로 상당한 고통을 줬음
초6 (여)	카카오스토리에 "나가 뒤져", "꼴불견" 글씨	학급교체 특별교육	피해학생도 카카오스토리에 증오성의 글을 올림	패소	원고의 글이 더 공격적·지속적·반복적으로 이뤄졌음
중1 (남)	반 아이에게 비속어, 폭언 사용	서면사과	강제성으로 양심의 자유, 인격권 침해	패소	제도의 목적이 정당하며, 침해의 최소성과 법익의 균형성에 위배되지 않음

출처: 국민일보(2014.10.6), 법률신문 뉴스(2015.4.20).

5) 학교폭력 사안 처리 Q & A

- 30제

교육과학기술부학교폭력근절과, 2012.12가 학교폭력 사안의 합리적 처리를 위해 개발한 '학교폭력 사안 처리 Q & A'의 자료와 법무부2012의 '학교폭력 예방 및 대책에 관한 법률 Q & A' 자료 중에서 학교현장의 교사들이 특히 궁금해하는 내용 30제를 선별하여 제시한다.

1 「학교폭력 예방 및 대책에 관한 법률」과 「형법」 등과의 관계는?

사법 절차에 의해 훈방, 구류 등의 조치를 한 경우에도 자치위원회 심의·의결을 통해 선도·교육 목적의 가해학생 조치는 별도로 진행되어야 한다.

2 "성폭력은 다른 법률의 규정이 있는 경우 이 법을 적용하지 않는다"고 규정하고 있는데 이에 대한 해석은?

성폭력 사안에 대해서는 우선 「아동·청소년의 성보호에 관한 법률」 등 성폭력 관련 법률을 적용하여 수사기관의 수사를 통해 엄정하게 대처하되, 「학교폭력 예방 및 대책에 관한 법률」 제2조의 학교폭력의 종류에서 성폭력을 배제한 것이 아니라는 점을 고려, 성폭력과 성폭력이 아닌 학교폭력에 대한 균형있는 조치가 필요하다.

3 학부모 교육은 학기별로 1회 이상 실시하도록 하고 있는데 모든 학부모를 대상으로 해야 하는지?

학교로 찾아오기 힘든 학부모를 위해 학교 홈페이지에 동영상 교육자료 탑재, 가정통신문 또는 이메일 발송 등 다양한 방안을 강구해야 한다.

4 학교 내에서 피해학생이 폭행당하고 있을 때, 망을 보거나 피해학생을 둘러싸서 폭행 장면을 구경한 학생들도 가해학생으로 볼 수 있는가?

폭행에 직접적으로 가담하지 않았더라도 폭행에 부수하는 실행행위를 분담하거나 폭행을 용이하게 하는 직·간접적, 물질적·정신적 행위를 하는 경우, 폭행의 공동정범 또는 방조범의 책임이 있을 수 있다. 따라서 가해학생이 용이하게 피해학생을 폭행할 수 있도록 망을 본다든가, 피해학생을 둘러싸서 위압감을 주는 경우라면 직접적으로 폭행을 하지 않았다고 하더라도 충분히 가해학생으로 인정될 수 있다. 또한, 단순히 폭행장면을 구경하기만 한 학생이라도 법률 제20조에서 규정한 신고의무를 위반한 셈이 되므로 이에 따르는 책임을 부담하게 될 수도 있다.

5 폭력의 주체가 교사, 학부모, 학생이 아닌 자 등의 폭력에 대한 처리방안은?

'학생 간에 발생한 폭력'에서 '학생을 대상으로 발생하는 폭력'으로 학교폭력의 개념을 확대한 이유는 가해자가 학생이 아닌 경우에도 피해학생에 대하여 보호조치를 하기 위해서이다. 따라서 가해자에 대한 조치와 관계없이 법률 제16조에 의한 피해학생 보호조치를 할 수 있으며, 피해학생 보호를 위하여 필요한 경우, 해당 사안을 경찰에 신고하여 수사의뢰하여야 한다. 가해자가 학생이 아니라면 법률 제17조에 따른 가해자에 대한 징계조치는 불가능하므로, 해당 가해자에 대하여는 '학교폭력법'의 적용이 이루어질 수 없고 일반 '형법' 및 '폭력행위 등 처벌에 관한 법률'에 의한 형사처벌만이 가능하다.

6 가해자나 피해자 일방이 근로청소년 등 미성년자이지만 학생의 신분이 아닌 자의 경우에도 '학교폭력법'의 대상이 되는지?

'학교폭력법' 상의 가해학생 및 피해학생에 대한 조치는 모두 1차적으로 각 학생들의 소속 학교에서 이루어지게 된다. 따라서 미성년자이나 현재 학교에 적을 두고 있지 않는 청소년들의 경우, '학교폭력법'의 적용을 받지 않고, 사안에 따라 일반 '형법' 및 '소년법' 등에 의한 형사처벌만이 이루어지게 된다. 다만, 학생신분인 가해학생이 학생신분이 아닌 청소년에게 폭력을 가한 경우, 그 가해학생에 대하여는 법률 제17조에 따라 가해학생에 대한 조치가 이루어져야 하고, 반대로 학생신분이 아닌 청소년이 학생신분인 피해학생에게 폭력을 가한 경우에는 법률 제16조에 따른 피해학생에 대한 보호조치가 이루어져야 한다.

7 같은 반 친구들의 싸움을 말리는 과정에서 말리던 학생과 싸우던 학생 사이에 신체적 접촉이 일어나 싸우던 학생이 부상을 입는 경우, 말리던 학생은 학교폭력의 가해자가 되는지?

말리던 학생이 피해학생에게 폭행을 가할 의사가 없었더라도 결과적으로 피해학생에게 상해가 발생한 경우라면 학교폭력으로 볼 수 있다. 현행 '학교폭력법'에 따라 어떤 사건이 학교폭력에 해당되는지 여부를 판단할 때에는 폭력의 원인이 아닌 그 행위의 결과를 기준으로 삼는다. 따라서 위와 같은 사례에서 싸움을 말리려는 의도로 신체적 접촉이 있었다 하더라도 상대방이 부상을 입는 결과가 발생하였다면 결과적으로 학교폭력의 가해학생이 될 수 있다.

8 학생이 교사에게 욕설을 하면서 폭행할 것처럼 위협한 사건의 경우에도 학교폭력 처리 절차에 따르는지?

'학교폭력법'에 따른 학교폭력 행위는 피해자가 학생인 경우에만 해당하므로 학생이 교사에게 욕설하고 폭행의 위험을 하는 것은 학교폭력 사건으로 처리 될 사안이 아니다. 다만, 학생이 교사에게 욕설을 하였다면 이는 형법 제311조의 모욕죄에 해당되고, 교사에 대하여 구체적으로 해악을 가할 것을 고지하는 등의 행위가 이루어졌다면 형법 제283조의 협박죄에 해당되어 형사 처벌의 대상이 되며, 학교 차원에서는 교내 선도위원회를 통해 학칙에 따라 징계 처분이 이루어질 수 있다.

9 피해학생, 가해학생 및 그 보호자들이 자치위원회의 회의 내용을 알 수 있는 방법은?

개정된 '학교폭력법'에서는 일련의 학교폭력 처리 과정에서 피해학생, 가해학생 및 그 보호자의 참여를 확대하고, 이들의 알 권리를 보장하는 차원에서 자치위원회의 회의록 공개를 명문화하고 있다. 이에 피해학생, 가해학생 및 그 보호자는 자치위원회에 대하여 법률 제21조 제3항에 따라 회의록을 열람하거나 복사하는 등 그 공개를 신청할 수 있다. 다만 회의록 공개 시에는 학생과 그 가족의 성명, 주민등록번호 및 주소, 위원의 성명 등 개인정보에 관한 사항을 제외하고 공개하여야 하므로, 단위 학교에서 회의록을 공개할 때에는 공개 내용이 '개인정보보호법'상의 개인정보 침해 여부를 판단하여 개인정보가 침해하지 않는 범위 내에서 공개하여야 한다.

10 담임교사가 자체 종결 처리하는 사안의 경우에도 학교생활기록부에 기재해야 하는지?

가해학생에 대한 조치사항이 아닌 담임교사가 자체 종결한 사안인 경우에는, 학교생활기록부에 기록할 사항은 아니다.

11 학교폭력 피해학생이 전학을 희망하는 경우 전학은 가능한지?

피해학생이 자발적으로 전학을 희망하는 경우, 학교장은 피해학생 보호를 위해 불가피하다고 판단되면 해당 학생의 전학을 교육장 또는 교육감에게 추천할 수 있다.

12 선도가 긴급하다고 인정할 경우 학교의 장이 우선 조치할 수 있는데, 이 경우 처리 절차는?

선도가 긴급하다고 인정할 경우 학교의 장이 우선 조치할 수 있다. 선도가 긴급한 경우의 선 조치 내용은 ▶ 피해학생에 대한 서면 사과 ▶ 피해학생 및 신고·고발학생에 대한 접촉, 협박 및 보복행위의 금지 ▶ 학교에서의 봉사 ▶ 학내외 전문가에 의한 특별교육 이수 또는 심리치료 ▶ 출석정지기간 제한 없음 등 이고, 학교장이 우선 출석정지를 할 수 있는 경우는 ▶ 2명 이상의 학생이 고의적·지속적인 폭력을 행사한 경우 ▶ 폭력을 행사하여 전치 2주 이상의 상해를 입힌 경우 ▶ 학교폭력에 대한 신고, 진술, 자료 제공 등에 대한 보복 을 목적으로 폭력을 행사한 경우 ▶ 학교의 장이 피해학생을 가해학생으로부 터 긴급하게 보호할 필요가 있다고 판단하는 경우 등이다.

13 쌍방 간 학교폭력이 발생한 경우, 양쪽 부모의 원만한 합의가 되어도 반드시 자치 위원회에서 처리해야 하는지?

양쪽 부모가 합의한 경우라도 담임교사가 자체 종결할 수 있는 사안이 아니라 면 자치위원회를 개최하는 등 일반적인 학교폭력사안 처리절차에 따라야 한다.

14 담임교사가 자체 종결처리할 수 있는 경우는?

신체·정신 또는 재산상의 피해가 있었다고 볼 객관적인 증거가 없고, 가해학 생이 피해학생에게 즉시 화해를 요청하고 피해학생이 그 화해에 응하는 경우 에 해당한다.

15 둘 이상의 학교에 소속된 학생이 관련된 자치위원회 개최 방안은? 두 개 학교에 걸 쳐 있는 경우는?

학교폭력 피해학생과 가해학생이 각각 다른 학교에 재학 중인 경우 둘 이상 의 학교가 공동으로 자치위원회를 개최할 수 있다.

16 자치위원회가 1차적으로 조치를 결정한 후, 경찰 조사 결과를 참고하여 2차적으로 자치위원회에서 다시 재심사하여 조치를 결정할 수 있는지?

동일한 사안에 대하여 2차적으로 조치를 요청하는 것은 사실상 재심과 동일 한 효과를 내는 것이므로 허용되지 않는다.

17 경찰에서 가해학생에 대한 조치를 실시한 경우는?

경찰에서 가해학생에 대한 조치를 실시한 경우에도, 학교의 장에 통보하여 자치위원회를 개최하여야 한다. 경찰의 조치와 자치위원회의 조치는 별개의 법적 근거에 기반한 것으로 이중조치가 아니기 때문에 경찰 조치와 별도로 자치위원회는 가해학생에 대한 조치를 결정하여야 한다.

18 가해학생(또는 가해추정학생)이 자치위원회 개최 이전에 다른 학교로의 전학절차 (거주지 이전 등)를 진행하는 경우는?

가해학생이 전학 가기 전 소속학교이하 '원 소속교'에서는 재학증명서, 학교생활기록부 등 전학에 필요한 서류의 발급을 보류하고 자치위원회를 개최하여 가해학생에 대한 조치를 실시하여야 한다.

19 자치위원회에서 전학을 조건으로 선도 유예 결정을 하고 전학을 가면 처분하지 않는 등 조건부 선도 유예 조치가 가능한지?

가해학생의 가해사실 등이 확인된 경우에는 반드시 제17조 제1항의 조치가 이루어져야 하며, 조건부 선도 유예 조치는 법적 근거가 없으므로 불가능하다.

20 자치위원회 회의록 공개 범위는?

단위학교에서 회의록을 공개할 때에는 공개내용이 개인정보가 침해되지 않는지 여부를 판단하여 개인정보가 침해되지 않는 범위 내에서 공개하여야 한다.

21 자치위원회의 요청에 따라 가해학생에 대한 전학조치 시 학교배정 방법은?

학교의 장은 자치위원회에서 '전학' 조치를 받은 학생의 명단을 시·도교육감고등학생 또는 교육장초·중학생에게 통보하고, 시·도교육감 또는 교육장은 학교구 또는 행정구역과 관계없이 피해학생 보호에 충분한 거리를 두어 전학조치를 실시한다. 이 경우 가해학생 학부모의 동의는 불필요하다. 이후, 가해학생이 피해학생이 있는 학교로 재전학을 할 수 없다.

22 학교폭력 조치 사항이 학적에 기록되어 언제 삭제되는지?

학생부 '행동특성 및 종합의견'에 기재된 학교폭력 가해학생 조치사항제1호·제2호·제3호·제7호은 졸업과 동시에 삭제 처리한다. 학생부 '학적사항'이나 '출결상황'의 특기사항에 기재된 학교폭력 가해학생 조치사항제4호·제5호·제6호·제8호은 해당

학생 졸업 2년 후에 삭제하는 것을 원칙으로 하되, 졸업 직전 학교폭력대책 자치위원회의 심의를 거쳐 졸업과 동시에 삭제할 수 있다. 교내·사회봉사 시간과 특별교육은 별도의 선도·교육적 목적을 지닌 조치이므로 이수시간은 각각 운영·관리되어야 한다.

23 출석정지 기간에 특별교육을 이수하고 이를 출석일수에 산입할 수 있는지 여부?

교내·사회봉사와 관련된 결석은 학교의 장이 인정하는 경우에는 출석인정을 할 수 있으며, 출석정지 기간 중의 특별교육 이수는 무단결석으로 처리하는 것이 타당하다.

24 가해학생이 조치를 거부할 경우 초·중등교육법에 따라 징계하여야 한다고 되어 있는데 출석정지를 하고자 하는 경우 처분기간은?

가해학생이 조치를 거부하거나 회피하는 때에는 「초·중등교육법」 제18조에 따라 선도위원회에서 징계할 수 있다. 이 경우 「초중등교육법 시행령」 제31조에 따라 1회 10일 이내, 연간 30일 이내의 범위 내에서 출석정지가 가능하다.

25 가해학생(또는 보호자)이 자치위원회 조치 요청에 따른 학교장의 조치에 불복하는 경우, 법률 제17조의2의 재심청구 대상에 해당되지 않는 사안의 경우에도 학교장의 조치에 대하여 바로 행정심판 및 행정소송으로 다툴 수 있는지?

국·공립학교의 경우 해당 학교의 장이 처분의 행정청이므로 해당 학교의 장을 상대로 행정심판 및 행정소송을 제기할 수 있으나, 사립학교의 경우 해당 학교의 장이 취한 조치는 행정청의 행정처분이라 할 수 없으므로 민사소송을 제기할 수 있다.

26 법률 제16조 제6항에 따른 학교안전공제회 또는 시·도교육청의 피해학생에 대한 비용 지원 범위 및 가해학생 보호자에 대한 구상의 범위는?

피해학생의 신속한 치료를 위하여 학교의 장 또는 피해학생의 보호자가 원하는 경우, 학교안전공제회 또는 시·도교육청은 피해학생에 대한 상담 및 치료비용을 부담하고, 이후 가해학생 보호자에 대하여 구상권을 행사할 수 있다. 이 때, 피해학생에 대한 지원 범위는 ① 교육감이 정한 전문심리상담기관에서 심리상담 및 조언을 받는 데 소요된 비용 ② 교육감이 정한 기관에서 일시보호를 받는 데 소요된 비용 ③ 의료기관 및 약국 등에서 치료 및 치료를 위한 요양을 받거나 의약품을 공급받는 데 드는 비용이 모두 포함된다. 또한 학교안전공제회 또는 시·도교육청이 가해학생의 보호자에게 구상할 수 있는 범위는 피해학생에 대하여 지급된 모든 비용을 그 대상으로 한다.

27 학교폭력 사건을 학교장 또는 교원이 축소·은폐하는 경우 어떤 불이익을 받는지?

법률 제19조에 의거하여 학교의 장은 관할 교육감에게 학교폭력 발생 사실 및 피해학생 및 가해학생에 대한 자치위원회의 조치 결과 및 분쟁조정 결과를 보고하여야 한다. 또한 교원은 학교폭력 사실을 인지하게 되는 경우 학교 장에게 보고하여야 한다. 따라서 학교폭력 사실을 학교장 또는 교원이 은폐하는 경우 국가공무원법 제56조성실의무 및 제57조복종의 의무를 위반하는 셈이 되며, 관할 시·도 교육감은 시행령 제10조 제2항 제3호에 따라 '교육공무원법' 제51조 및 '사립학교법' 제62조에 따른 징계위원회에 징계의결을 요구하여야 한다. 또한 학교장 및 교원의 학교폭력 사실의 은폐가 단순한 직무 태만 및 착오 등을 넘어 사안에 대한 고의적이고 적극적인 회피에 이르는 경우, 형법 상 직무유기죄가 성립할 수도 있으며, 피해학생 측으로부터 민사상 불법행위에 따른 손해배상 청구가 이루어질 수 있다.

28 사립학교 자치위원회가 가해학생에 대한 조치에 대하여는 행정심판을 제기할 수 있는지?

'행정심판법'에서 규정하고 있는 '행정심판의 대상이 되는 처분'이란 행정청이 행하는 구체적 사실에 관한 법집행으로서의 공권력의 행사 또는 그 거부, 그 밖에 이에 준하는 행정작용을 의미한다. 사립학교는 학교법인이나 공공단체 이외의 법인 또는 사인이 설립·경영하는 학교로서 '행정심판법'상의 행정청 으로 볼 수 없으며, 사립학교 징계조치는 행정심판법·형사소송법상의 '처분' 이 아니므로 사립학교 학생에 대한 징계는 행정심판 또는 행정소송의 대상이 될 수 없다. 그러나 사립학교의 자치위원회에서 결정된 가해학생에 대한 조치 에 대하여 피해학생측이 지역위원회에 재심을 청구하였고, 이러한 지역위원회 에서 재심이 이루어진 경우에는, 지역위원회의 재심결정을 행정청의 처분으로 볼 수 있으므로 이에 불복하는 행정심판 또는 행정소송의 제기는 가능하다.

29 사립학교 자치위원회의 가해학생에 대한 조치 결정에 대하여 행정심판 및 행정소송 등이 이루어질 수 없다면 가해학생으로서 이를 다툴 수 있는 방법은?

가해학생은 사립학교 자치위원회의 조치에 대하여 직접 행정심판 및 행정소 송을 제기할 수는 없으나, 피해학생이 불복하여 지역위원회의 재심이 이루어 진 경우, 지역위원회의 결정은 행정청의 처분에 해당하여 지역위원회 결정에 대해 중앙행정심판위원회에 행정심판을 제기할 수 있다. 하지만 피해학생의 불복이 없는 경우에는 가해학생으로서는 행정심판 또는 행정소송으로 다툴 수는 없고, 일반 민사소송을 통하여 자치위원회의 결정에 대한 무효 및 취소 의 소를 제기하여야 한다. 또한 가해학생에 대하여 전학 및 퇴학처분이 결정 된 경우에는 법률 제 17조의 2의 제2항에 따라 시 · 도학생징계조정위원회에 재심을 청구할 수 있고, 이러한 시 · 도학생징계조정위원회의 재심결정은 행정 처분에 해당하므로 이에 대하여 행정심판 또는 행정소송을 제기할 수 있다.

30 학교폭력과 관련한 형사상 처벌 법률에는 어떠한 것이 있는지?

'학교폭력법'은 가해학생 및 피해학생에 대한 교육기관 차원의 선도적 · 교육 적 조치를 규율하는 법률이며, 학교폭력 사건에 대한 사법적 처벌규정으로는 '형법', '폭력행위 등 처벌에 관한 법률', '소년법', '아동 · 청소년의 성보호에 관한 법률', '성폭력범죄의 처벌 등에 관한 특례법' 등의 특별법이 적용된다. 또한, 가해학생의 연령에 따라서 '소년법'의 소년보호사건에 해당하는 경우에 는 형사 처벌에 갈음하는 보호처분을 받을 수 있다.

학교폭력 사안처리와 관련하여 학교폭력의 인지, 신고 및 접수, 사안 처리, 상 황보고, 학교폭력대책자치위원회 회의, 분쟁조정 관련 주요 양식을 소개한다.

학교폭력 설문지 〈양식 1〉

학교폭력이란?

학교 내외에서 학생을 대상으로 발생한 신체폭행, 금품갈취 등 신체적·재산적 폭력과 집단따돌림, 괴롭힘, 협박과 같은 정신적 폭력, 그리고 인터넷에서 욕을 하고 근거 없는 소문을 퍼뜨리거나 사이버 머니, 게임아이템을 빼앗는 사이버 폭력, 그리고 성적인 모욕감을 주는 폭력 등을 말합니다.

- ○ 학년: (   ) 학년
- ○ 성별: □ 남   □ 여

1. 학생은 1년 동안 학교폭력 피해 경험이 있습니까?
   ① 없다   ② 1회 있다   ③ 2~3회 있다   ④ 4~5회 있다   ⑤ 6회 이상
   (피해 경험이 있다면, 아래 2번~5번도 체크해주세요.)

2. 어디에서 피해를 당했나요?
   ① 교실   ② 화장실   ③ 복도   ④ 학교 밖   ⑤ 기타_____

3. 누가 피해를 주었나요?
   ① 같은 반 친구   ② 다른 반 친구   ③ 학교 선배   ④ 학교 후배
   ⑤ 다른 학교 학생   ⑥ 기타_____

4. 피해를 준 사람은 몇 명인가요?
   ① 1명   ② 집단(2~5명)   ③ 집단(6명 이상)

5. 어떤 학교폭력을 당했나요?(여러 개를 선택해도 됩니다.)
   ① 신체 부위를 맞았다.
   ② 돈이나 물건 등을 빼앗겼다.
   ③ 말로 협박이나 위협을 당했다.
   ④ 메일이나 문자로 욕 관련 내용을 받았다.
   ⑤ 억지로 심부름을 시키는 등 괴롭힘을 당했다.
   ⑥ 성적인 괴롭힘을 당했다.
   ⑦ 학교 일진이나 노는 학생들이 위협적인 말이나 행동을 했다.

6. 폭력을 당했거나 목격하거나 들은 경우, 신고한 경험이 있습니까?(신고 경험이 있다면, 아래 7번~9번도 체크해주세요.)

　① 있다　　　② 없다

7. 신고 경험이 있다면, 누구에게 신고했나요?

　① 교사　　② 부모님　　③ 친구　　④ 기타 _____

8. 폭력을 당하거나 목격하거나 들은 경우 신고하지 않았다면, 그 이유는 무엇입니까?

　① 신고할 정도로 심하지 않아서

　② 보복이 두려워서

　③ 신고하여도 해결에 별 도움이 되지 않을 것 같아서

　④ 어떻게 신고하는지 몰라서

　⑤ 기타_____

9. 앞으로 학교폭력을 당하거나 목격하거나 듣는다면, 누구에게 신고하시겠습니까?

　① 담임교사　　　　　② 학교폭력 책임교사

　③ 부모님　　　　　　④ 경찰

　⑤ 기타_____

10. 더 쓰고 싶은 것을 써주세요.

* 본 설문을 통해서 말할 수 없거나, 곤란한 것은 학교폭력 신고함 또는 학교 홈페이지의 비밀게시판, 학교 공용 휴대폰 등을 통해 신고하세요. 학교에서는 신고한 학생에 대하여 비밀을 철저히 지킬 것을 약속합니다.

학교폭력 신고서 〈양식 2〉

성 명			학년 / 반	
학생과의 관계	① 본인 ② 친구 ③ 학부모 ④ 교사 ( ) ⑤ 기타 ( )			
연 락 처	집 — —		휴대폰 — —	
주 소				
사안을 알게 된 경위 (피해·가해 학생일 경우는 제외)				
사안 내용	① 누 가			
	② 언 제			
	③ 어디서			
	④ 무엇을 / 어떻게			
	⑤ 왜			
사안 해결에 도움이 될 정보				
기 타	(증거자료 있을 시 기재 등)			

학교폭력 사안 접수 보고서 〈양식 3〉

학교폭력 사안 접수를 학교장에게 보고합니다.							

1	접수일자			2	보고일자		
3	피해학생	성명		학년/ 반	학년 / 반	성별	남 / 여
4	가해학생	성명		학년/ 반	학년 / 반	성별	남 / 여
5	사안유형	☐ 신체폭력 ☐ 금품갈취 ☐ 언어폭력 ☐ 따돌림 ☐ 괴롭힘 ☐ 성폭력 ☐ 사이버폭력 및 매체폭력 ☐ 폭력서클					
6	사안 내용 (간단히)	누가					
		언제					
		어디서					
		무엇을/ 어떻게					
		왜					
7	현재 상태 (신체, 심리, 정서)	피해 학생					
		가해 학생					
8	책임 교사 / 소견						
9	기타						
10	담당자				서명		

학교폭력 사안 처리 결과 보고서　　〈양식 4〉

1	일　시	200　　년　　월　　일			
2	장　소				
3	참석자	– 위원장: – 위　원: – 학부모: – 학　생:			
4	결과 보고	– 학교폭력 사안 발생 접수　　:　＿＿＿건 – 학교폭력대책자치위원회 개최:　＿＿＿건 – 학교폭력전담기구 처리　　　:　＿＿＿건			
		– 조치 결과 （사건1） 피해학생: 　　　　　가해학생:			
		（사건2） 피해학생: 　　　　　가해학생:			
		（사건3） 피해학생: 　　　　　가해학생:			
		（사건4） 피해학생: 　　　　　가해학생:			
5	회의 내용				
6	기　타				

학교폭력 상황 보고서 〈양식 5〉

전담기구 교사	교장

1	보고 일자	200 년 월 일		담당자			
2	피해 학생	성명		학년 / 반	/	성별	남 / 여
3	가해 학생	성명		학년 / 반	/	성별	남 / 여
4	사안 유형	신체폭력 / 금품갈취 / 언어폭력 / 따돌림 / 괴롭힘 / 성폭력 / 사이버 폭력 및 매체폭력					
5	사안 내용	누가					
		언제					
		어디서					
		무엇을/ 어떻게					
		왜					
6	현재 상태	피해학생(신체적·심리적)					
		가해학생(신체적·심리적)					
		가해학생의 사과 유무					
7	담임 교사 소견	피해학생·가해학생 담임소견(교사가 다를 시 각각 기록)					
8	전담 기구 소견						
9	진행 계획	사안 신고 일시		사안 접수 일시			
		앞으로의 계획(자치위원회 개최, 전담기구나 선도위원회에서의 처리 여부)					

학교폭력대책자치위원회 회의록 〈양식 6〉

1	일시	
2	장소	
3	참석자	− 학생: − 학부모: − 위원:
4	진행 순서	① 개회사 ② 참석자 소개 ③ 자치위원회 목적과 진행절차, 주의사항 전달 ④ 사안 조사 결과 보고 ⑤ 피해자측 진술(사안진술, 요구사항) ⑥ 가해자측 진술(사안진술, 가해자측 입장) ⑦ 질의응답 ⑧ 조치 논의 ⑨ 합의 조정 ⑩ 최종 결정
5	회의 내용	▶ 피해자측 진술
		▶ 가해자측 진술
		▶ 질의응답
		▶ 조치논의
		▶ 합의 조정
6	정리	피해측 입장 | 가해측 입장 | 학교측 입장 | 위원들 의견 |
7	결과	▶ 피해학생 보호 ▶ 가해학생 조치
8	사후 관리	▶ 사후관리 담당자 ▶ 사후관리 계획(간략히)

학교폭력대책자치위원회 결과보고서(교육청)   〈양식 7〉

1	학교명					2	보고 일시			
3	피해 학생	성명		학년 / 반		/		성별	남 / 여	
	가해 학생	성명		학년 / 반		/		성별	남 / 여	
4	사안유형	신체폭력 / 금품갈취 / 언어폭력 / 따돌림 / 괴롭힘 / 성폭력 / 사이버 폭력 및 매체폭력								
5	사안 내용 (간단히)	누가	(피해학생, 가해학생 구분해서)							
		언제	(사안 발생 일시와 시간)							
		어디서	(학교 안팎 구분해서)							
		무엇을/ 어떻게								
		왜								
6	학생 상태	신체적-								
		정신적-								
7	조치	피해학생								
		가해학생								
8	사후 계획	피해학생								
		가해학생								
9	참고사항									
10	작성자	성명		(인)						
11	보고자	성명		(인)						

분쟁조정 신청서   〈양식 8〉

신청인	성명	(남 / 여) /		
	주소			
	소속	학교 학년 반		
보호자	성명		관계	전화번호
	주소			

신청사유

상기 본인은 위와 같이 분쟁조정을 신청합니다.

신청일: 년   월   일

신청인: (서명)

○ ○ ○ 학 교

분쟁조정 회의록

〈양식 9〉

1	일시	
2	장소	
3	참석자	– 학부모: – 위원장: – 위원:
4	진행 순서	① 개회사 ② 참석자 소개 ③ 분쟁조정 목적과 진행절차, 주의사항 전달 ④ 사안조치 및 문제의 쟁점 보고 ⑤ 피해측 사실보고 및 욕구진술 ⑥ 가해측 사실보고 및 욕구진술 ⑦ 자치위원의 중재안 논의 ⑧ 욕구조정 ⑨ 합의조정
5	회의 내용	▶ 현재 상황 ▶ 피해측 요구사항 ▶ 가해측 요구사항 ▶ 분쟁조정 결과

분쟁조정 합의서   〈양식 10〉

신청인	성명			성별	
	학교명			학년 / 반	/
	주소				
신청인의 보호자	성명		관계	전화번호	
	주소				
분쟁 당사자	성명			성별	
	학교명			학년 / 반	/
	주소				
분쟁당사자 의 보호자	성명		관계	전화번호	
	주소				

년   월   일

학교 학교폭력대책자치위원회 위원장   (서명·날인)

학교 학교폭력대책자치위원회 위 원   (서명·날인)

분쟁조정 분쟁당사자(신 청 인)   (서명·날인)

분쟁조정 분쟁당사자의 보 호 자   (서명·날인)

3 학교폭력 사후 지도

학교폭력 사안이 종료된 후 학교는 전담기구를 중심으로 하여 학생 및 학부모의 심리적 치유와 회복을 돕고 학교생활로 빠른 적응을 돕기 위해 노력해야 한다이규미 외, 256. 학교폭력을 직접 경험한 피해학생과 그 학부모에게 수시로 연락하여 학생의 상태를 지속적으로 확인하고 필요한 경우에는 외부 전문기관과 연계하여 추가적으로 심리상담 및 의료지원을 제공하여야 한다. 가해학생의 경우도 전문상담 교사를 중심으로 지역교육청의 Wee 센터와 연계하여 심리검사를 통해 성격, 정서, 지능, 행동 등을 종합적으로 평가하고 결과에 따라 심리치료 및 약물치료 등을 제공하여야 한다. 또한 방관학생에 대해서도 심리·정서적 안정을 위한 심리치료와 상담서비스를 제공할 필요가 있다. 경기도교육청2012이 개발한 '학교폭력 예방 및 대처 종합 매뉴얼'의 피해학생·가해학생에 대한 학교 사후지도 요령을 제시한다.

1) 피해학생

(1) 피해학생 치유 지원

자치위원회 개최 전	자치위원회 개최 후
○심리상담 ○신체적 피해의 치유	○「학교폭력 예방 및 대책에 관한 법률」제16조에 따른 보호조치의 실행 ○심리상담 및 조언, 일시보호, 치료를 위한 요양 등에 소요되는 비용의 보상

1단계 즉시 치료	○학교 보건실에서 응급조치 후 병원 치료 ○교육청 지정병원 또는 보호자 희망병원으로 이송 치료
2단계 상담 실시	○Wee클래스(전문상담교사 또는 교육청 생활인권지원센터 전문상담사) 1차 상담 ○Wee센터 또는 청소년상담지원센터 연계 상담
3단계 치료·교육지원	○원스톱 지원센터 등의 지정병원 활용, 전문기관 지정 및 위탁 - 종합 진단 심리 검사 실시 - 심리치료를 위한 치료비 지원(Wee센터 지원 예산 활용)
4단계 추수지도	○담임교사, 전문상담교사 등의 1:1 멘토링 ○추수지도 모니터링

(2) 피해학생 보호

심리상담 및 조언	학내외 전문가를 통해서 학교폭력으로 받은 정신적 충격을 극복할 수 있도록 도와줌
일시보호	지속적인 폭력이나 보복을 할 우려가 있는 경우 일시적으로 보호시설이나 집 또는 학교상담실 등에서 보호받을 수 있음
치료 및 치료를 위한 요양	심리상담으로는 부족할 경우 의료기관을 통해 심리적, 신체적 진료나 치료받게 함(치료비는 가해자 측에서 부담함)
학급교체	학급 내에서의 지속적인 폭력인 경우 가해학생의 학급교체와 함께 피해학생의 학급교체도 할 수 있음
그 밖에 피해학생 보호를 위하여 필요한 조치	학교폭력 피해자는 법에 따라 철저하게 법의 보호를 받을 수 있음

(3) 피해학생 보호조치 시 유의사항

보호 조치	유의 사항
보호조치 실행	○ 피해학생 보호자의 동의를 받은 후 보호조치 실행 ○ 피해학생의 보호자가 다른 조치를 요구하는 경우, 재심의 절차에 의해 보호조치를 실행할 수 있음 ○ 보호조치에 필요한 결석을 출석일수에 산입하고, 성적 등을 평가함에 있어 학생에게 불이익을 주지 않도록 노력하여야 함 ○ 피해학생이 장기 결석을 하게 되는 경우 학습권 보호를 위해 교육상 필요한 조치를 취해야 함 ○ 전문상담기관 연계 치료 등 피해학생이 안정된 학교생활을 할 수 있도록 학교차원에서 지속적인 관심과 노력을 기울여야 함 – 예) 수호천사: 동급생, 상급생을 짝지어주어 항상 챙겨줄 수 있도록 하는 방법 – 예) 등·하교 함께하기: 학부모, 교사, 수호천사가 직접 등하교 시켜주는 방법
피해학생 등에 소요되는 비용의 부담	○ 피해학생이 전문단체나 전문가로부터 심리상담 및 조언, 일시보호, 치료를 위한 요양 등에 소요되는 비용은 가해학생이 부담하여야 함 ○ 다만, 피해학생의 신속한 치료를 위하여 학교장 또는 피해학생의 보호자가 원하는 경우는 「학교안전사고 예방 및 보상에 관한 법률」 제16조에 따라 학교안전공제회 또는 도교육청이 부담 후, 구상권 행사 가능 ○ 학교장을 통한 청구 　공제급여관리시스템(http://www.schoolsafe.or.kr)으로 청구 ○ 학교안전공제회로 직접 청구 　청구서와 첨부서류(청구서에 적시)를 해당 지역 학교안전공제회로

	우편발송. 청구서는 학교안전공제중앙회 홈페이지(http://www.ssif.or. kr) 혹은 학교·교육청홈페이지 서식자료실에 탑재.
보호 조치	**유의 사항**
상급학교 진학	○학교폭력사건으로 인하여 자치위원회에서 전학 조치가 내려진 경우, 그 사건의 피해학생과 가해학생이 상급학교에 진학할 때에는 각각 다른 학교를 배정해야 함. 이 경우 피해학생이 입학할 학교를 우선적으로 배정함.(「학교폭력 예방 및 대책에 관한 법률 시행령」 제20조 제4항) ○한편 전학조치까지는 내려지지 않았으나 피해학생이 가해학생과 같은 상급학교로 진학하기를 원치 않는 경우에는, 일단 학교배정이 끝난 후 피해학생을 다른 학교로 전학시킬 수 있음.(「초·중등교육법 시행령」 제21조 제4항, 제73조 제5항, 제89조 제5항)

2) 가해학생

(1) 가해학생 재활치료 지원

자치위원회 개최 전		**자치위원회 개최 후**
○가해학생의 선도가 긴급한 경우 「학교폭력 예방 및 대책에 관한 법률」 제17조 제4항에 따른 조치 ○중대한 사안의 학교장은 가해학생에 대해 즉시 출석정지	⇨	○조치의 엄정한 시행 ○가해학생 재활치료 지원 ○조치사항의 학교생활기록부 기록 등 사후 생활지도

1단계 즉시 치료	⇨	○학교 내 즉시 격리 ○선 조치 후 자치위원회에 즉시 보고

2단계 상담 실시	⇨	○Wee클래스(담임교사, 전문상담교사) ○Wee센터, 생활인권지원센터, 청소년상담지원센터

3단계 특별교육 심리치료	⇨	○교육감 지정 기관 특별교육 이수 　- 교육청지정 대안학교 단기위탁교육 　- Wee클래스 설치교의 교육감 지정 운영학교 　- Wee센터 특별교육이수 프로그램 운영 요청 ○심리치료

4단계 추수지도	⇨	○학교 적응 프로그램 　- 담임교사, 전문상담교사 등의 1:1 멘토링 　- 적응교육 프로그램(친한친구교실, 꿈누리교실) 운영 ○운영 결과의 모니터링

(2) 가해학생 조치

○ 서면 사과

○ 피해학생 및 신고·고발 학생에 대한 접촉, 협박 및 보복행위 금지

○ 학교에서의 봉사

○ 사회봉사

○ 특별교육이수 또는 심리치료

○ 출석정지

○ 학급교체

○ 전학

○ 퇴학처분
 ※ 의무교육 대상에게는 퇴학처분이 불가능

⇨ 특별교육 또는 심리치료

○ 학교에서 조치를 받았다고 해서 끝나는 것이 아니라 피해자 측에서 수사기관에 신고, 고소하면 형사 처벌을 별도로 받을 수 있고, 피해자 측에 금전적인 손해까지 배상해야 한다.

○ 학생이 특별교육을 받는 경우 보호자도 반드시 교육을 받아야 하며, 보호자가 교육을 받지 않으면 300만원 이하의 과태료가 부과된다.

(3) 가해학생 조치 시 유의 사항

보복 행위 등에 대한 엄정 조치	○ 가해학생이 피해학생 또는 신고한 학생에게 보복행위, 장애학생·다문화 학생 등 사회적 약자에 대한 폭력과 성폭력·성추행 가해학생은 엄중하게 징계조치함 ○ 보복행위 등의 경우에는 피해학생 보호에 필요한 기간 동안 가해학생에 대한 출석정지 제한을 두지 않음 ○ 출석일수가 최소 수업일수에 충족하지 못하는 경우 유급도 가능 ○ 피해학생 보호에 필요한 충분한 거리를 두어 가해학생 전학 조치
재활치료 지원	○ 재활치료가 필요한 경우, 대기기간을 최소화하여 치료 지원 ○ 학교폭력 사안의 경중 및 가해학생의 상황을 고려하여 재활치료 기간 및 프로그램을 결정하되, '전학' 조치 학생은 반드시 이수 ○ 학교폭력대책자치위원회 개최 이전에 전출한 학생에 대하여도 전학 후 특별교육을 반드시 이수토록 조치 ○ 가해학생에 대한 심리치료 실시 추진−교육감은 가해학생 재활프로그램을 필수 운영하고, 학부모 동의 없이 가해학생에 대한 심리치료를 실시할 수 있음

특별교육 실시	○ 자치위원회에서 서면사과 및 퇴학처분 이외의 조치를 받은 가해학생과 그 보호자는 교육감이 정한 기관에서 자치위원회가 정한 기간동안 특별교육을 이수하거나 심리치료를 받아야 함-「학교폭력 예방 및 대책에 관한 법률」제17조 9항 ○ 특별교육 프로그램의 기간과 내용은 학교폭력 사안의 경중 및 가해학생의 상황을 고려하여 결정함 ○ 학부모가 특별교육에 불응할 경우, 학교장은 법률에 의해 과태료가 부과됨을 안내하고 특별교육을 이수할 것을 재통보 ○ 재통보 시에도 불응할 경우, 학교장은 학부모명단을 교육감에게 통보하여 과태료 부과 절차 진행 ○ 특별교육 불응 시, 교육감에게 보고하여야 하며, 「학교폭력 예방 및 대책에 관한 법률」제22조 2항에 따라 300만원 이하의 과태료를 부과하게 됨
가해학생 전학 조치	○ 관계 법령: 「초·중등교육법시행령」제21조의 2, 제73조의 2, 제89조의 3 ○ 학교장은 자치위원회에서 '전학' 조치를 받은 학생은 명단을 교육감(고등학생) 또는 교육장(초등학생, 중학생)에게 통보 ○ 교육감 또는 교육장은 학교군 또는 행정구역과 관계없이 피해학생 보호에 충분한 거리를 두어 전학 조치 실시(가해학생 학부모 동의 불필요) ○ 이후, 가해학생이 다시 피해학생이 있는 학교로 재전학하는 것은 금지
가해학생과 그 보호자의 조치 거부 및 회피에 대한 처리	○ 관계 법령: 「학교폭력 예방 및 대책에 관한 법률」제17조 제7항, 제11항

조치별	처리 방법
제1호 (서면사과)	거부 및 회피를 하는 경우 재심 절차 없이, 「초·중등교육법」제18조에 따라 징계
제2호~제7호	거부 및 회피를 하는 경우 재심 절차 없이, ① 「초·중등교육법」제18조에 따른 징계를 하거나, ② 자치위원회가 다른 조치를 할 것을 학교장에게 요청할 수 있음
제8호(전학) 제9호(퇴학)	시·도학생징계조정위원회의 재심, 행정심판의 절차를 거친 후, ① 「초·중등교육법」제18조에 따른 징계를 하거나, ② 자치위원회가 다른 조치를 할 것을 학교장에게 요청할 수 있음

(4) 특별교육 이수 절차

| 교육
원칙 | ⇨ | ○기관 특성, 폭력사안의 유형 등을 고려하여 다양한 교육프로그램 마련
○보호자들의 특별교육 참가율 제고를 위하여 주말, 야간교육 개설 권장 |

| 교육
내용 | ⇨ | ○학교폭력 전반적 이해를 통한 예방 및 대처 방안
○가해행위를 하는 학생의 심리상태 파악
○바람직한 학부모상 등 자녀 이해교육법 |

인정 기준	⇨	교육 대상 처분	이수시간 (1일)	교육 운영	비고
		보복행위 금지, 학교봉사, 사회봉사	4시간 이내	교육감 지정기관의 프로 그램 중 일반 학부모 교 육과 통합 가능	이수증 제출 대체
		특별교육, 출석정지, 학급교체, 전학	5시간 이상	교육감 지정기관 가해학생 학부모 별도 과정 이수	학부모·학생 공동교육 가능

| 기타
프로그램 | ⇨ | ○정부부처 산하기관: 학부모지원센터(교과부·평생교육진흥원), 청소년비행
　예방센터(법무부), 한국청소년상담원(여가부), 평생교육센터(지자체)
○대안 교육기관: 대안학교, 교육감이 인정한 대안위탁기관
○학교폭력 관련 시민단체: 청소년폭력예방재단, 평화여성회 |

학교폭력 예방 교육

School Violence **Prevention** &
Understanding of Student

학교폭력 예방 교육

학교폭력 문제 해결에 있어 학교폭력에 대한 예방적 접근은 학교폭력 피해·가해학생 개인뿐 아니라 사회·경제적으로도 효과가 크다. 학교는 학교폭력 문제 발생 이전에 모든 학생들을 대상으로 예방교육을 실시하기에 가장 적합한 장소이다. 학교폭력 예방 교육이 성과를 이루기 위해서는 학교차원에서 유용하게 활용될 수 있는 지도안과 프로그램이 개발되어 단위학교의 특성 및 여건에 따라 선택적으로 활용할 수 있어야 한다.

 ## 1 학교폭력 예방 활동

학교폭력은 문제발생 이전의 예방 중심 사전지도보다는 문제발생 이후 치료 또는 처벌 위주의 사후지도 중심으로 이루어져왔다. 학교폭력이 발생하고 난 후에는 가해자와 피해자가 엄연히 존재하고, 이들은 모두 쉽게 치유되기 어렵다. 또한 문제발생 이후의 조치는 새로운 문제의 발생을 막기 어렵고 문제의 발생과 확대를 방지하기 때문에 더욱 사전 예방교육이 중요하다. 학교는 다양한 아이들이 모두 함께 생활하기 때문에 모든 학생들을 대상으로 예방교육을 실시하기에 적합하다이규미 외, 210.

학교차원에서 학교폭력 예방 교육은 단위학교의 실정과 특성에 맞추어 자율적으로 실시하고 있다. <표 6−1>에서 보듯이 학교폭력법 제15조는 학교폭력 예방

교육의 횟수와 내용을 제시하고 있다.

표 6-1 학교폭력 예방 교육의 횟수 및 내용

대상	횟수	교육내용
학생	학기별 1회 이상	학생의 신체적·정신적 보호와 학교폭력의 예방교육(학교폭력의 개념, 실태, 대처방안 등)
학부모	학기별 1회 이상	학교폭력 징후 판별, 학교폭력 발생 시 대응요령, 가정에서의 인성 교육에 관한 사항
교사	학기별 1회 이상	학교폭력의 예방 및 대책 등 학교폭력 관련 법령에 대한 내용, 학교폭력 발생 시 대응요령, 학생 대상 학교폭력 예방 프로그램 운영 방법

학교폭력 예방 교육 프로그램의 구성 및 그 운용은 전담기구와 협의하여 전문 단체 또는 전문가에게 위탁할 수 있다. 예방교육 프로그램의 구성과 운용계획을 학부모가 쉽게 확인할 수 있도록 인터넷 홈페이지에 게시하고, 그 밖에 다양한 방법으로 학부모에게 알릴 수 있도록 하고 있다.

학교 내 폭력예방 활동으로 또래 활동 강화, 예술·체육활동 확대, 폭력에 반대하는 물리적 환경 조성, CCTV 설치 및 학생보호인력 강화 등 안전 인프라 구축 등이 있다.

1) 또래 활동 강화

또래상담, 또래조정, 학급총회, 학생자치법정 활동을 강화한다. 또래상담은 또래가 상담자가 되어 동료 학생의 눈높이에서 고민을 상담하고, 함께 문제를 해결하는 활동이다. 또래조정은 학급에서 신뢰나 추천을 받는 학생이 훈련을 통해 중재자가 되어 학생 간의 문제를 해소하고, 교사나 전문상담사 등 갈등조절 전문가가 이를 지원하는 활동이다. 학급총회는 갈등상황 발생 시 담임교사를 중심으로 학급 학생 모두가 참여하여 토론을 통해 갈등해결을 모색하는 활동이다. 학생자치법정은 학생들이 경미한 학칙위반 등의 사안에 대해 상벌점제와 연계하여 학생 스스로 변론하고 자율적 징계를 실시하는 활동이다.

2) 예술·체육 활동 확대

예술교육을 통한 인성교육의 확대로 음악, 미술, 공연 등 다양한 예술교육 기회를 대폭 확대하여 정서 안정, 자존감 향상, 사회성을 함양한다. 디자인, 영상, 조각, 회화, 가창, 기악 등 다양한 예술분야 학생 동아리를 지원하는 '학교 예술동아리' 사업을 추진한다.

또 체육활동을 확대한다. 체육 수업시수와 교내스포츠 활동을 확대하며 주 5일제수업 시행에 맞춰 학생들이 상시 참여할 수 있는 학교스포츠클럽 리그전을 대폭 확대한다. 전국 학교스포츠클럽 대회를 학생축제로 발전시킨다.

3) 폭력에 반대한 물리적 환경 조성

학교나 학급의 물리적 환경에 범죄예방 환경설계 Criminal Prevention Through Environment Design: CPTED를 조성한다. 학교에 적용할 수 있는 '학교 CPTED 가이드라인'을 개발·보급한다. 학급에서도 학급폭력과 관련한 그림이나 표어, 시 등을 교실에 상설 게시한다.

4) CCTV 설치 및 학생보호인력 강화 등 안전 인프라 구축

CCTV 설치를 확충한다. 학교폭력 예방과 안전하고 즐거운 학교를 만들기 위해 교사의 지도가 어려운 학교 취약지역에 CCTV를 설치하여 학교 내에서 발생할 수 있는 학교폭력을 사전에 예방하여 학생들이 안전하고 즐거운 학교생활을 할 수 있게 한다. 설치된 CCTV를 상시 관찰하여 만일에 발생할 수 있는 학교폭력을 예방하고, 학교폭력 발생 시 이에 즉각 대처한다. 또한 학생보호인력을 확충한다. 학생보호인력으로 배움터 지킴이 확대와 학교폭력 예방 관련 '학부모 교육 기부형 인력풀'을 운영교당 10명 내외하여 학생인성교육과 심성수련 등의 활동을 지원

한다. 학부모 교육기부 인력풀의 전문 인력과 학교 부적응 학생을 1:1 결연하여 생활지도 및 상담 자원봉사를 실시한다.

 2 학교폭력 예방 교육 수업

교사가 학교폭력의 심각성과 위험성을 인식하고 학교폭력에 대한 법규, 정책, 처리방안 등을 이해했다면, 학생들에게 학교폭력을 가르칠 수 있어야 한다. 교사가 학교폭력교육을 잘 하기 위해서는 수업계획을 사전에 면밀히 하고 수업지도안을 잘 작성하여야 한다. 본 수업지도안은 2009년 한국교총이 '학교폭력 예방 교육'의 일환으로 계획된 특별수업에서 교사들이 활용할 수 있도록 개발해 전국의 학교에 제공한 수업지도안이다.[1] 수업을 통해 학생들이 학교폭력 문제의 심각성을 깨닫게 하고 적극적인 대처와 노력이 중요한 것임을 이해할 수 있는 내용으로 구성되어 있다. 학교별로 발생빈도가 높은 폭력 유형에 맞춰, 초등학교 저/고학년용, 중학생용, 고등학생용으로 구분하여 초등학생 저학년을 위한 학습주제는 "언어폭력 예방"이며, 고학년은 "나도 모르게 할 수 있는 범죄, 사이버 폭력"이다. 중학생은 "집단 따돌림, 금품갈취에 대한 이해 및 대처방법", 고등학생의 학습주제는 "법은 학교폭력에 관대함이 없다" 등이다.

특별수업은 학교폭력의 심각성과 예방의 필요성을 쉽게 이해할 수 있도록 수업지도안 및 수업자료PPT 및 동영상 등를 제작, 홈페이지https://www.kfta.or.kr에 탑재하여 학교현장에서 참고·활용할 수 있게 하였다. 각급 학교는 본 수업지도안을 참고로 학교 여건과 실정에 맞게 수업시간, 방식 및 내용 등을 자율적으로 정하여 수업을 실시할 수 있다.

---

1 한국교원단체연합회(2009)가 '학교폭력 예방 특별수업(2009)'을 위해 개발된 자료를 인용하였다.

○ 초등학교 저학년용

주　제	언어폭력 예방
학습목표	친구에게 하는 좋은 말과 싫은 말을 알고, 좋은 말을 할 수 있다.

✿ 본 수업 교수–학습 과정안 ✿

학습내용	교수–학습 활동
도입 〈동기 유발〉	**┃동영상 시청┃: 전학 온 여자아이가 친구들로부터 괴롭힘을 당하는 내용** ■ 어떤 내용이었나요? 　－ 전학 온 여자아이가 친구들에게 괴롭힘을 당하고 있어요. ■ 맞아요. 여러분이 영상에 나오는 서현이라면 마음이 많이 아프겠죠? 　－ 네 ■ 이렇게 친구 마음을 아프게 하는 것도 학교폭력이라고 해요. 　오늘 이 시간에는 학교폭력에 대해 알아 볼 거예요. ■ 먼저 학교폭력의 종류에 무엇 무엇이 있는지 알아볼까요? ■ 학교폭력에는 신체폭력, 금품갈취, 집단따돌림, 언어폭력, 성폭력 등이 　있어요(학교폭력 유형 PPT를 보여준다). ■ 예를 들면 좀 전에 본 동영상에서 친구의 샤프를 뺏어가는 건 금품갈취에 　해당되고요. 친구의 편지를 여럿이 뺏어 돌리는 것은 집단따돌림에 해당될 　수 있어요. 또, 잠탱이, 울보, 촌닭이라고 말을 써서 친구를 놀리는 것은 언 　어폭력에 해당될 수 있어요. ■ 일상생활 속에서 말을 통해 상처를 받는 일이 많아요. 누군가 여러분이 싫어 　하는 별명을 부르거나 무시하는 말들을 듣게 되면 기분이 많이 상하곤 하죠? 　－ 네 ■ 이번 시간에는 이렇게 언어, 즉 말을 통해 친구에게 쉽게 상처를 주고 감정 　을 상하게 하는 언어폭력에 대해 공부해 보도록 하겠어요.

전개 1 〈언어폭력 의미파악〉	학습목표 및 활동 제시
	친구에게 하는 좋은 말과 싫은 말을 알고, 좋은 말을 할 수 있다.

♠ **학습내용 및 방법 안내하기**

활동1	활동2	활동3
역할극 보며 생각하기	좋은말 쓰기 연습하기	다짐하기
싫은 말, 좋은 말	좋은 말 기네스 대회 놀이하기	다짐 열매 키우기

▣ **〈활동 1〉 역할극 보며 생각하기 – 싫은 말, 좋은 말**

■ 역할극에서 어떤 말이 싫었나요?

– 니까짓 게, 뺀질이, 뚱뚱보, 땅꼬마는 빠져

■ 역할극에 나오는 것처럼 친구들이 들을 때 싫어하는 말을 언어폭력이라고 해요.

■ 언어폭력에는 성격공격, 능력공격, 배경공격, 생김새 공격, 저주·희롱·조롱, 협박과 욕설, 나쁜 소문 퍼뜨리기, 친구를 욕하도록 다른 친구 설득하기 등 너무나 많은 종류가 있어요.

(교사자료 2를 참조하여 언어폭력에 대해 자세히 설명한다.)

■ 이런 종류의 말을 들어본 적이 있었나요?

– 네, 있어요.

■ 그 때의 마음이 어땠나요?

– 기분 나빴어요. / 울고 싶었어요. / 때려주고 싶었어요.

■ 이런 싫은 말을 한다면 어떤 일이 생길까요?

– 서로 싸우게 돼요.

■ 역할극에서 어떤 말이 좋았나요?

– 민수를 칭찬하는 말이요.

■ 이런 말을 들을 때 마음은 어떤가요?

– 기분 좋아요. / 그 친구하고 친하게 지내고 싶어요.

■ 싫은 말과 좋은 말을 살펴보았는데요. 앞으로 어떤 말을 쓰는 것이 좋을 까요?

– 좋은 말이요.

전개 2 <좋은 말 연습하기>	▣ 〈활동 2〉 좋은 말 쓰기 연습하기 – 좋은 말 기네스 대회 놀이하기 **[놀이 방법]** ✔ 준비물 기네스 인증서, 왕관 ✔ 놀이 방법 ① 모둠별로 두 사람이 짝이 됩니다. ② 번갈아가며 서로에게 칭찬하는 말을 합니다. ③ 이긴 사람은 다른 팀의 이긴 사람과 짝이 됩니다. ④ 서로에게 칭찬하는 말하기를 하여 더 많이 칭찬한 친구가 이기 게 됩니다. ■ 기네스 인증서 주기 – 기네스 인증서를 받는 어린이는 왕관을 쓰고 소감을 발표한 후 행진하 도록 한다(소감발표에 대해 교육적 멘트를 해준다). – 기네스 대회 우승자에게 박수를 쳐주며, 모두 친구들이 기쁘게 하는 말을 하기로 다짐하도록 한다.
전개 3 <다짐하기>	▣ 〈활동 3〉 다짐 열매 키우기 ■ 오늘은 친구들이 싫어하는 말을 생각해 보고 친구들에게 어떤 말을 해야 할 지 공부해 보았어요. ■ 오늘의 다짐열매는 예쁜 말을 하는 입을 오린 종이에요. 친구들에게 좋은 말 을 하기 위해 다짐열매에 각자가 실천해야 일을 써서 다짐나무에 붙여주세 요(다짐나무를 크게 출력하여 칠판에 부착하고 각자가 실천해야 할 일을 써 서 다짐나무에 붙이도록 한다). ■ 오늘도 최선을 다해 열심히 공부한 여러분들을 칭찬해요! 다짐나무에 붙인 여 러분의 다짐들을 꼭 잘 실천해서 친구를 사랑하는 어린이들이 되길 바라요.
정리 및 마무리	▣ **활동 후 느낀 점 발표하기** ■ 다짐열매에 어떤 내용을 썼는지, 각자가 실천해야 할 다짐을 발표해 보세요. – 친구들에게 상처 주는 말을 하면 안돼요. – 친구들이 좋아하는 말을 하겠어요. – 앞으로 친구들을 더욱 더 사랑하겠어요. ■ 오늘 공부를 하면서 모두들 재미있게, 서로 친구에게 좋은 말을 해주는 모 습이 참 보기 좋았어요. 여러분 모두를 칭찬해요. 친구들에게도 잘했다고 칭찬해 주세요.
과제제시	▣ **생활 속에서 실천하기** – 다짐열매를 잘 키우기 위해 일주일 동안 '바른이 학습지'를 써서 실천하도 록 해요. 실천하는 생활을 통해 꼭 좋은 열매를 맺으세요.

○ 초등학교 고학년용

주 제	나도 모르게 할 수 있는 범죄! 사이버 폭력!
학습목표	사이버 폭력에 대해 바르게 알고, 사이버 폭력을 예방하는 방법에는 어떤 것들이 있는지 알 수 있다.

❀ 본 수업 교수-학습 과정안 ❀

학습내용	교수-학습 활동
도입 <동기 유발>	▌연상 퀴즈 알아 맞추기▐ (제시하는 단어를 보여주고, 정답을 맞추도록 한다) ⇒ 1. 욕설 / 2. 따돌림 / 3. 협박 / 4. 금품갈취 / 5. 폭행 　정답: 폭력 ■ 방금 퀴즈를 통해 알아본 것처럼 폭력에는 여러 종류가 있어요. 　욕설, 따돌림, 협박과 같이 신체·정신 또는 재산상의 피해를 주는 경우에 해당하는 폭력이 있고 인터넷을 이용한 사이버 폭력 등도 있어요. ■ 동영상을 보면서 계속해서 이야기해 보도록 해요. ▌동영상 시청▐: 사이버 명예훼손 ▌동영상 내용 알아보기▐ ■ 어떤 내용인가요? 　태호가 동현이 홈페이지에 동현이가 병에 걸렸다고 거짓말을 해서 동현이가 따돌림을 당하는 내용이에요. ■ 여러분도 이런 경험이 있나요? 　네. / 아니오. ■ 여러분이 동현이라면 어떨까요? 　화가 나요. / 겁이 나고 불안해요. / 친구들 만나기 싫을 것 같아요. ■ 태호는 어떻게 됐나요? 　경찰에 잡혀갔어요. ■ 태호는 왜 잡혀갔을까요? 　동현이 홈페이지에 거짓말을 해서요. ■ 태호가 한 행위가 범죄일까요? 　네. / 아니오. ■ 거짓말로 남을 비방하는 글을 인터넷에 올리는 태호의 행위는 폭력의 일종이며 이를 사이버 폭력이라고 합니다. 오늘 이 시간엔 학교폭력 중에서도 사이버 폭력에 대해 알아보도록 할게요.

	◼ **학습목표 확인하기** ■ 공부할 내용을 다 함께 읽어 볼까요? (제시된 학습목표를 보면서 다함께 소리 내서 읽는다.) 사이버 폭력에 대해 바르게 알고, 사이버 폭력을 예방하는 방법에는 어떤 것들이 있는지 알 수 있다. ■ 이번 시간에는 다음과 같은 학습활동을 통하여 사이버 폭력이 무엇이고, 예방법에는 어떤 것들이 있는지 알아보겠어요. 【활동 1】아, 이런 것도 사이버 폭력이구나! 【활동 2】사이버 폭력 없는 아름다운 세상 만들어요. 【활동 3】사이버 폭력 예방을 위한 나의 다짐
전개 1 <개념과 특징 이해 하기>	**【활동 1】아, 이런 것도 사이버 폭력이구나!** ◼ **사이버 폭력의 이해** ■ 사이버 폭력에 대해 들어보았나요? － 네. / 아니오. ■ 사이버 폭력이 무엇이라고 생각하나요? － 인터넷에 나쁜 댓글을 올리는 것이요. / 스팸 메일 보내는 것이요. ■ 맞아요. 사이버 폭력은 인터넷과 같은 사이버 공간을 통해 발생되는 여러 유형의 폭력을 말하는거에요(사이버 폭력의 개념을 정리하여 준다). **사이버 폭력**은 인터넷과 같은 사이버매체를 통하여 다른 사람들에게 피해를 주는 것으로 명예훼손, 악성 댓글 등과 같이 정보통신망을 통하여 타인의 명예와 권익을 침해하는 행위를 말합니다(정보통신위원회 정의 참조). ■ 그런데, 사이버 폭력에는 종류가 참 많아요. ■ 사이버 폭력의 유형에는 사이버 모욕, 사이버 스토킹, 사이버 명예훼손, 사이버 음란물, 사이버 성희롱, 사이버 성폭력 등 여러 가지 유형이 있어요. ■ 여러분, 학습지 1에는 다양한 사이버 폭력을 설명하는 글이 있어요. 화면에 보이는 사이버 폭력 유형과 알맞게 연결해보세요(전체 학생을 대상으로 설명에 맞도록 사이버 폭력의 종류를 찾아 적어본다). · 사이버 모욕: 인터넷상에서 특정인에 대하여 모욕적인 언사나 욕설 등을 행하여 피해를 입히는 경우 · 사이버 스토킹: 인터넷을 이용하여 특정인에게 원하지 않는 접근을 지속적으로 시도하거나 성적 괴롭힘을 행사하는 경우 · 사이버 명예훼손: 인터넷상에서 특정인에 대한 허위의 글이나 명예에 관한 사실을 인터넷에 게시하여 불특정 다수인에게 공개하여 피해를 입히는 경우 · 사이버 음란물: 몰래카메라 촬영물 등 음란물을 유통시키는 경우 · 사이버 성희롱: 인터넷상에서 음란한 대화를 강요하거나 성적 수치심을 주는 대화로 상대방에게 정신적 피해를 주는 경우

› 사이버 성폭력: 인터넷을 통해 성적 수치심이나 혐오감을 일으키는 말이나 소리, 글이나 사진·그림, 영상 등을 상대방에게 보내는 경우

▣ "사이버폭력 특징 Best 5" 알아보기

(보드판 등을 이용하여 5가지의 특징을 미리 적어놓고 종이를 이용하여 하나 씩 미리 덮은 후 각각을 떼어내는 방법을 통해 학생들의 관심도를 높인다.)

① 피해확산이 매우 빠르다.
② 댓글과 퍼나르기 등 집단적 양상을 띤다.
③ 익명성을 가지고 있어 가해자를 찾기가 어렵다.
④ 자신도 모르게 피해가 발생한다.
⑤ 오프라인까지 이어지는 2차·3차 피해를 입힐 수 있다.

| 전개 2
<사이버
폭력 예방법
알아보기> | 【활동 2】 사이버 폭력 없는 아름다운 세상 만들어요.

▣ 사이버 폭력 예방법 알기
■ 동영상을 통해 사이버 폭력이 얼마나 위험한지 알아보고 일상 생활에서 어떻게 하면 사이버 폭력을 예방할 수 있을지 함께 생각해 보도록 해요.

┃동영상 시청┃: 악성 댓글
■ 어떤 내용의 영상인가요?
– 댓글 때문에 고통 받고 있는 내용이에요.
■ 여러분도 직접 경험해 본적 있나요?
– 네. / 아니오.
■ 그럴 때 기분이 어땠나요?
– 괴로웠어요. / 억울했어요.

▣ 학생들이 생각하는 사이버 폭력 예방법 알아보기
■ 그럼 여러분이 이런 일을 당하지 않도록 사이버 폭력을 미리 예방하기 위해서 어떤 방법이 있는지 모둠별로 학습지 2를 작성해 보도록 해요(모둠별로 토의를 한 후, 모둠별로 사이버 폭력 예방법을 발표하도록 하고 발표한 내용을 칠판에 적어둔다).

▣ 사이버 폭력 예방법 알아보기
■ 여러분이 발표한 사이버 폭력 예방법 외에도 어떤 예방법이 있는지 알아보도록 해요.

› 나에 관한 정보는 스스로 보호해야 한다(남에게 함부로 알려주지 않기).
› 온라인상에서 대화를 할 때 상대방의 입장을 고려하여 주의하여 말한다.
› 인터넷은 공개된 장소에서 사용하며 바이러스에 감염되지 않도록 컴퓨터 관리에 신경쓴다.
› 사이버범죄수사대에 신고한다. |

> ‣ 도메인에 타인의 명의나 닉네임 등을 도용하지 않는다.
> ‣ 글을 쓸 때는 바른 언어를 사용한다.
> ‣ 타인에 대한 장난이 범죄가 될 수 있음을 명심한다.

- 또한, 사이버 폭력은 그 종류에 따라 법적인 처벌이 이루어지고 있다는 점도 알아야 해요.
- 여러분들도 요즘 인터넷으로 미니홈피 많이 하고 있죠?
  - 네.
- 얼마 전 친구의 미니홈피에 게시된 사진 밑에 친구의 이름을 써 놓고 "난 미친놈이야"라는 댓글 등을 달아 1촌으로 등록된 40여 명이 볼 수 있게 한 중학생이 있었어요. 처음엔 재미로 시작했지만 결국 법에 적발이 되어서 처벌을 당했어요.
- 이렇듯이 인터넷은 많은 사람들이 쉽게 볼 수 있고 금방 소식이 퍼져 나가기 때문에 처벌에 있어서도 일반적인 처벌보다 더욱 엄하다는 사실을 명심해야 해요.
- 다른 사람을 비방할 목적으로 인터넷상에 사실을 퍼뜨려 명예를 훼손한 경우는 3년 이하의 징역이나 금고 또는 2천만원의 벌금에 처해져요. 또 허위 사실을 퍼뜨려 남의 명예를 훼손한 경우엔 7년 이하의 징역 또는 5천만원 이하의 벌금에 처해져요.
- 또 비밀번호가 있는 다른 사람의 이메일이나 메신저 등 인터넷계정에 무단으로 접속하는 것도 법에 위반되는 것이니까 친구의 메일을 함부로 열어보는 것도 안돼요.

전개 3 <다짐하기>	▣ **사이버 폭력 예방을 위한 나의 다짐** ■ 지금까지 공부한 내용을 생각하며 사이버 폭력이 없는 행복하고 아름다운 학교를 만들기 위한 나의 다짐을 작성해 보도록 해요. ■ 학습지 3에 있는 나의 다짐장의 비어있는 공간에 이름, 사이버 폭력을 하지 않겠다는 본인의 다짐내용 등을 적어보도록 해요. (학습지 3에 학교명 및 수업하는 학생의 학년과 반은 사전에 기재하여 출력하고 배부한다). ■ 작성한 나의 다짐을 발표해 보도록 해요.

정리 및 마무리	▣ **정리활동** ■ 사이버 폭력이란 무엇이며 사이버 폭력에는 어떤 종류와 특징이 있는지, 그리고 사이버 폭력을 예방하기 위해서 우리가 할 수 있는 것에는 어떤 것들이 있는지 알아보았어요. ■ 나의 다짐에 대한 내용을 자신의 책상 앞에 붙여두고 항상 실천하도록 해요. 그리고 사이버 폭력 없는 세상, 악성 댓글 없는 세상 만들기를 위해 우리 모두 노력한다는 의미에서 박수를 치면서 오늘 수업을 마칠게요. - 짝짝짝(학생들 박수)

○ 중학교용

주 제	집단따돌림, 금품갈취에 대한 이해 및 대처방법
학습목표	학교폭력의 정의와 유형을 알 수 있고, 집단따돌림과 금품갈취를 이해하고 대처할 수 있다.

✿ 본수업 교수–학습 과정안 ✿

학습내용	교수–학습 활동
도입 <동기 유발>	▣ **사진 내용 알아 맞추기** (제시된 사진을 보고, 무엇에 관한 내용인지 이야기하도록 한다.) ■ 화면에 나오는 사진은 무엇이라고 생각하나요? − 친구를 때리는 것이요. / 괴롭히는 것이요. ■ 맞아요. 친구를 때리고 괴롭히는 사진인데, 이를 학교폭력이라고 해요. ▣ **학교폭력의 정의 알아보기** ■ 학교폭력이란 무엇이라고 생각하나요? − 친구들 사이에서 일어나는 폭행이요. / 선배가 후배를 괴롭히는 것이요. / 돈이나 물건을 뺏는 것이요. ■ 그래요. 최근 학교폭력으로 인해 힘들어하는 학생들이 많이 늘어나고 있는데 법률에서는 학교폭력을 '학교 내외에서 학생 간에 발생한 상해, 폭행, 감금, 협박, 약취·유인, 명예훼손·모욕, 공갈, 강요 및 성폭력, 따돌림, 정보통신망을 이용한 음란·폭력 정보 등에 의하여 신체·정신 또는 재산상의 피해를 수반하는 행위'라고 규정하고 있어요. ■ 법률적으로 명시되어 있는 학교폭력에 대해 조금 더 구체적으로 알아보도록 할까요? ▣ **학습목표 알아보기** ■ 공부할 내용을 다 함께 읽어 보아요. (제시된 학습목표를 다함께 큰 소리로 읽는다.) 　학교폭력의 정의와 유형을 알 수 있고, 집단따돌림과 금품갈취를 이해하고 대처할 수 있다. ■ 이번 시간에는 다음과 같은 학습활동을 통하여 학교폭력의 유형에는 어떤 것이 있고, 집단따돌림과 금품갈취를 이해하고 대처하는 방법에는 어떤 것들이 있는지 알아보겠습니다. 【활동 1】 학교폭력 유형 알아보기 【활동 2】 집단따돌림의 원인 및 대처방법 알아보기 【활동 3】 금품갈취의 이해 및 대처방법 알아보기

전개 1 <개념 및 유형별 특징 이해하기>	**【활동 1】학교폭력 유형 알아보기** ■ **학교폭력의 유형별 이해** ■ 지금부터 학교폭력의 유형에 대해 알아보아요. 학교폭력의 유형은 신체폭행 및 상해, 언어폭력, 집단따돌림 및 괴롭힘, 금품갈취, 사이버 및 매체폭력, 성희롱 및 성폭력 등으로 분류할 수 있어요. ■ 많은 종류의 학교폭력이 있다는 것을 보여주었는데 학교폭력의 유형을 정확히 이해할 수 있도록 학습지를 풀어 보겠어요. ■ 학습지에 있는 문제를 읽고 정답이라고 생각되는 학교폭력의 유형을 괄호 안에 기입하세요. ■ 이제 학습지에 대한 정답과 학교폭력의 유형에 대해 구체적으로 알아보겠어요. ■ 먼저 '신체폭행 및 상해'에 해당되는 학습지 문제는 1, 2, 9번이에요. 여기에는 때리거나 발을 거는 행위, 도구나 흉기로 때리는 행위, 장난을 가장해 때리는 행위, 가혹행위, 감금 등이 포함돼요. ■ '언어폭력'에 해당되는 학습지 문제는 5, 7, 8, 10번이에요. 여기에는 욕설, 비웃기, 은어로 놀리기, 겁주기, 위협 및 협박, 별명 부르는 행위, 신체의 일부분을 장난삼아 놀리는 행위 등이 있어요. ■ '집단따돌림 및 괴롭힘'에 해당되는 학습지 문제는 4, 12, 13, 15, 17, 19, 20번이에요. 여기에는 싫어하는 말로 바보 취급하는 행위, 빈정거리는 행위, 면박이나 핀잔주는 행위, 말을 따라 하며 놀리는 행위, 다른 학생들과 어울리지 못하도록 놀리는 행위 등이 있어요. ■ '금품갈취'에 해당되는 학습지 문제는 6, 11, 18번이에요. 여기에는 남의 물건을 빼앗는 행위, 일부러 망가뜨리는 행위, 억지로 빌리는 행위와 돈 뺏는 행위, 빌리고 고의로 안 갚는 행위 등이 해당돼요. ■ '사이버 및 매체폭력'에 해당되는 학습지 문제는 3, 14번이에요. 여기에는 인터넷이나 휴대전화를 이용한 협박, 비난, 위협, 훔치기(사이버머니, 아이템 등), 헛소문 퍼뜨리는 행위, 악성 댓글 달기, 원치 않는 사진이나 동영상을 찍거나 유포시키는 행위 등이 있어요. ■ '성폭력-성희롱'에 해당되는 학습지 문제는 16번이에요. 여기에는 상대방의 의사에 반하는 성적 행위, 신체적·언어적·정신적인 강간, 성추행, 성희롱, 언어적 성적 희롱, 음란전화 등이 있어요. ■ 지금까지 학교폭력의 유형에 대해 알아보았어요. 이 중 중학생 또래집단에서 빈번하게 발생하고 있는 집단따돌림과 금품갈취에 대해 조금 더 깊이 있게 알아보도록 해요.

【활동 2】집단따돌림의 원인 및 대처방법 알아보기

◾ **집단따돌림이란 무엇인가?**
- 집단따돌림의 정의에 대해 알아보아요.

집단따돌림은 두 명 이상이 집단을 이루어 특정인(혹은 특정 집단)을 그가 소속해 있는 집단 속에서 소외시켜 구성원으로서의 역할 수행에 제약을 가하거나 인격적으로 무시 혹은 음해하는 언어적, 신체적 일체의 행위를 말한다(구본용 정의).

- 집단따돌림에 대한 가해자와 피해자의 이야기를 담고 있는 동영상을 함께 시청해볼까요?

┃동영상 시청┃: 집단따돌림 관련 가·피해자 인터뷰

- 집단따돌림을 한 가해자 학생의 생각은 어떤가요? 잘못했다고 생각하고 있나요?
  - 아니요. / 아무렇지도 않아 해요. / 재미있어 해요.
- 그렇다면 피해를 입은 학생은 어떤 생각을 갖고 있나요?
  - 괴로워해요. / 학교 다니는 것을 싫어해요. / 자신이 혼자라고 생각해요.
- 동영상에서 집단따돌림을 하게 되는 이유는 무엇이었나요?
  - 재미로요. / 친구들이 하니까 그냥 따라하는 거 같아요.
- 집단따돌림 현상이 발생하는 이유는 다양하겠지만, 대개는 친구들을 따라 행동하는 '동조현상'때문이에요. 자신도 모르게 남이 하기 때문에 무의식적으로 따라하는 경향들이 크다는거지요.
  또한 동조하지 않으면 자기 자신이 따돌림을 당할까봐 같이하는 친구도 있어요.
- 친구를 따라했든, 혹은 자신이 당하지 않기 위해서 했든 간에 집단따돌림을 하면 처벌을 받을 수 있어요.
- 그리고 여러분이 미성년자이기 때문에 집단따돌림을 한 자신 뿐 아니라 부모에게까지도 그 책임을 물을 수 있어요.
- 실제로 지난 2005년에 한 초등학생이 교내 집단따돌림에 의해 자살한 사건이 발생한 적이 있었는데요. 피해부모가 관할교육청과 가해학생 부모를 상대로 손해배상을 청구하여 법원에서 1억 3천 2백만 원을 배상하라는 판결을 내린 적이 있어요.

◾ **집단따돌림 대처방법 알아보기**
- 집단따돌림 피해는 어떻게 대처하는 것이 바람직할까요?

1. 담임선생님, 상담선생님, 또는 내가 좋아하는 선생님과 상담하기
   - 대면상담, 전화, 휴대전화 문자, E-mail로 알리기

전개 2
<집단따돌림의 원인 및 대처방법 알아보기>

전개 2 ＜집단따돌림 의 원인 및 대처방법 알아보기＞	2. 부모님과 의논하기 3. 학교 신고함에 신고하기 4. 학교 홈페이지 비밀 게시판에 글 올리기 ■ 집단따돌림은 여러분 혼자서 해결할 수 없기 때문에 선생님이나 부모님께 도움을 요청하는 등 적극적으로 대처하도록 노력해야 해요. ■ 또한 죄의식 없이 재미삼아 하는 행위가 당한 친구에게는 엄청난 피해를 줄 수도 있으므로 어떤 행동을 하기 전에 '내가 ○○라면'처럼 친구의 입장에서 한번 더 생각하는 것을 실천하도록 해요.
전개 3 ＜금품갈취의 이해 및 대처방법 알아보기＞	**【활동 3】 금품갈취의 이해 및 대처방법 알아보기** ■ 금품갈취에 대해 조금 더 깊이 있게 알아보아요. ■ 지금부터는 제시한 사례(두 사례 중 택1)가 금품갈취에 해당되는지 아닌지에 대해 여러분이 생각하는 시간을 가질 거예요. **【사례 1】** 학교짱 철수는 학기 초부터 학원에서 만난 영이와 사귀기 시작했다. 돌아오는 토요일이 영이와 사귄 지 백일이 되는 날이며 철수는 영이에게 특별한 선물을 사주고 싶었다. 생각 끝에 철수는 평소 영이가 부러운 눈길로 보았던 '닌텐도'를 사주기로 결심하였다. 그러나 철수의 호주머니 사정은 여의치가 않았다. 고민 끝에 철수는 같은 학교 친구들에게 '100일' 기념이라며 1인당 1,000원씩을 달라고 하여 100명에게 100,000원을 받았다. **【사례 2】** 찬호는 항상 체육시간을 기다린다. 왜냐하면 찬호가 가장 좋아하는 야구를 할 수 있기 때문이다. 그러나 요즘 찬호는 체육시간마다 귀찮은 일이 생겨 부쩍 짜증을 내곤 한다. 체육시간이 되면 다른반 친구들에게 체육복과 운동화를 빌리러 다녀야 하기 때문이다. 얼마 전 찬호는 옆 반 승철이에게 체육복과 운동화를 빌려주었다. 그런데 승철이는 계속해서 깜박했다며 돌려주지 않고 있다. 매일매일 잊어버렸다고 말하는 승철이에게 뭐라고도 해봤지만 아무 소용이 없다. 아무래도 빌려준 체육복과 운동화를 승철이가 잃어버린 것 같다는 생각이 든다. 그래서 찬호는 엄마에게 야단을 맞더라도 다시 말씀을 드리고 체육복을 구입해야할지, 아니면 계속해서 옆반 친구에게 빌려야할지 고민하기 시작했다. ■ 이 사례가 금품갈취에 해당되는지 아닌지에 대한 여러분의 생각을 정리하고 학습지 2에 적어보세요. ■ 그럼 먼저, 금품갈취에 해당된다고 생각하는 사람 손들어 발표해 보세요. ■ 이번에는 반대로, 금품갈취가 아니라고 생각하는 사람 발표해 보세요(찬성과 반대로 나뉘어 토론을 할 수 있도록 유도한다). ■ 토론한 결과 여러분들은 이 사례가 금품갈취에 해당된다고 했어요(금품갈취가 아니라는 의견이 다수로 나올 경우에도 금품갈취라는 것을 이해시킨다). ■ 네, 맞습니다. 1,000원이라는 적은 금액이지만 친구가 원하지 않는 돈을 달라고 하는 것도 금품갈취에 해당됩니다.

	금품갈취란, 물리적 이익을 얻을 목적으로 행해지는 공갈이라는 범죄로서 '사람을 공갈하여 재물의 교부를 받거나 재산상의 불법한 이득을 취득하거나 타인으로 하여금 이를 얻게 함으로써 성립되는 범죄'를 말한다. 여기에는 직접적으로 갈취하는 것 뿐 아니라 누군가를 시켜 간접적으로 갈취하는 것까지 포함하고 있다.

전개 3
<금품갈취의
이해 및
대처방법
알아보기>
	■ 이어서 학생들이 이야기하는 금품갈취의 사례와 이들이 어떻게 대처했는지에 관한 동영상을 보도록 해요.
	
	┃동영상 시청┃: 금품갈취 피해 사례 인터뷰
	
	┃동영상 시청┃: 금품갈취 사건에 대해 알리지 못하는 이유
	
	■ 동영상에서 어떻게 돈을 빼앗겼나요?
	  － 선배한테 뺏긴 거예요. / 알바한 돈을 빼앗겼어요.
	■ 학생들은 어떻게 대처했나요?
	  － 혼자서 힘들어해요.
	■ 왜 아무에게도 말하지 않고 혼자서 힘들어했나요?
	  － 부모님이 걱정할까 봐요. / 창피해서요. / 또 당할까봐 겁이 나서요.
	■ 여러분이 동영상의 피해자라면 어떻게 대응할 건가요?
	  － 선생님께 이야기할 거예요.
	■ 맞아요. 금품갈취를 당할 경우 혼자서 해결하려고 하거나 숨기려고 해서는 안돼요. 집단따돌림의 대처방법에서 배운 것처럼 부모님이나 선생님께 꼭 알려서 더 큰 피해가 생기지 않도록 하는 것이 중요해요.
	■ 요사이 중학생들이 금품을 갈취해 경찰에 잡혀가는 일들도 발생하고 있는데요, 이렇게 경찰에 잡혀가면 「폭력행위 등 처벌에 관한 법률」에 의해 엄중한 처벌을 받게 되니 나쁜 행동을 해서는 안됩니다.

정리 및 마무리	■ 오늘은 학교폭력 정의와 학교폭력 유형에 따른 특징을 알아보았어요. 그리고 학교폭력 중에서 중학생들 사이에서 가장 많이 발생하고 있는 집단따돌림과 금품갈취에 대한 이해와 대처방법에 대해서도 살펴보았어요. ■ 나, 너, 우리 그 누구도 그 존재 자체로, 그 생명 자체로 소중하지 않은 사람은 아무도 없어요. 의도했던 의도하지 않았던, 친구가 힘들어하면 폭력이 될 수 있다는 점을 분명히 알아야 해요. 항상 친구의 입장에서 생각해보는 여러분이 되었으면 좋겠어요.

○ 고등학교용

주 제	법은 학교폭력에 관대함이 없다
학습목표	1. 학교폭력이 무엇인지 이해하고, 학교폭력이 법적으로 처벌받는 문제임을 안다. 2. 학교폭력이 발생할 경우 대처할 방법을 알고, 적절히 행동한다.

학습내용	교수–학습 활동
도입 <동기 유발>	■ 여러 신문 기사나 뉴스 보도를 통해 학교폭력에 대해 많이 알려져 있지만, 학교폭력이 정말 얼마나 심각한지, 왜 문제가 되는지에 대해서는 생각해 본 적이 많지 않을 거예요. ■ 오늘은 학교폭력이란 어떤 것인지, 법적으로 어떤 처벌과 보호가 규정되어 있는지에 대해 알아보는 시간을 가져보도록 하겠어요. 모두 함께 학습목표를 읽어볼까요? ▣ **학습목표 제시** 1. 학교폭력이 무엇인지 이해하고, 학교폭력이 법적으로 처벌받는 문제임을 안다. 2. 학교폭력이 발생할 경우 대처할 방법을 알고, 적절히 행동한다.
전개 1 <학교폭력 의 개념 이해>	▌**동영상 시청** ▌: 학생 1700명, 학교폭력 근절해달라는 진정서 검찰에 제출 ▣ **학교폭력이란?** ■ 학교폭력 문제는 무척 심각합니다. 여러분이 생각하는 학교폭력이란 어떤 것인가요? 학교폭력에는 어떤 것이 있을까요? ■ 여러분이 생각하는 학교폭력은 어떤 것인지 학습지 1의 문제를 풀어보세요. 여러 행위가 나와 있는데 이 중 「학교폭력 예방 및 대책에 관한 법률」에서 학교폭력으로 규정하고 있는 행위는 어떤 것인지, 여러분의 생각을 첫 번째 빈칸에 ○, ×로 표시해 보세요(학생들이 학습지를 풀도록 한다). ■ 학교폭력에 대해 생각할 때 주의해야 할 점이 있어요. 학교폭력을 판단하는 기준은 '피해자의 입장'이라는 점이에요. 폭력을 행사하는 사람 입장에서 볼 때는 사소한 놀림이나 대수롭지 않은 행동이라고 할지라도, 당하는 사람이 힘들다고 느끼고, 괴로워한다면 이는 엄연히 폭력이 될 수 있어요. ■ 학교폭력 피해 후유증으로는 어떤 것들이 있을까요? ■ 「학교폭력 예방 및 대책에 관한 법률」에서 피해학생에 대한 조치는 어떠한 것이 있는지 알아보겠어요. ■ 학교폭력 피해학생에 대한 조치 중 치료를 요하는 요양 관련 비용에 대하여 알아볼까요? ■ 계속해서 동영상을 보면서 학교폭력의 가해자가 어떤 상처를 안고 살아가는지를 살펴보겠어요.

전개 2
<학교폭력
의 구체적
사례>
	▣ 학교폭력의 구체적 사례 살펴보기
	■ 사례 1 - 구타
	   – 이 사례는 힘센 친구가 자신보다 약한 친구를 끌고 가서 구타하는 경우로
	     학교폭력의 가장 일반적인 모습이에요. 이 경우에는 어떤 죄가 되는지 생
	     각해 보도록 하겠어요.
	   – 한주먹 군이 나실신 군을 구타한 행위는 법적으로 '폭행죄'에 해당됩니다.
	     형법상 '폭행죄'는 2년 이하의 징역이나 500만 원 이하의 벌금을 내도록 하
	     고 있어요.
	   – 학생들이 싸우다 보면 코피가 나거나 큰 멍이 드는 경우가 많은데 이런 경
	     우에는 단순히 '폭행죄'가 되는 것이 아니에요. 이런 경우는 '폭행죄'보다 무
	     거운 '상해죄'가 성립됩니다.
	   – 또 '상해죄'의 경우 폭행죄보다 무거운 형인 7년 이하의 징역과 1천만 원
	     이하의 벌금을 내도록 되어 있어요. 참고로 폭행으로 기절하는 경우도 상
	     해로 인정하고 있습니다.
	
	■ 사례 2 - 도구를 이용한 구타
	   – 이번 사례의 경우는 앞의 경우와 비슷하지만 차이가 있어요. 바로 단순히
	     주먹이 아니라 준이가 대걸레로 영수를 구타했다는 점입니다. 즉, 도구를
	     사용하여 폭행을 한 것이 앞의 사례와 다른 부분이에요. 주먹으로 때리나
	     대걸레로 때리나 마찬가지로 생각하겠지만 법에서는 이 차이를 엄격히 구
	     별하고 있습니다.
	   – 준이가 사용한 대걸레를 법에서는 '흉기 기타 위험한 물건'을 '휴대'하여 폭
	     행한 경우로 단순히 '폭행죄'로 처리하지 않고 보다 무거운 형벌을 가하도
	     록 형법상의 '특수폭행죄'에 해당될 수 있습니다.
	   – 법에서는 형법상 특수폭행의 경우 '폭력행위 등 처벌에 관한 법률(이하 폭
	     처법)'을 만들어서 특수폭행의 형을 보다 무겁게 하고 있어요. '폭행죄'가 2
	     년 이하의 징역이나 500만원 이하의 벌금인 데 비해 특별법에 의해서는 1
	     년 이상의 징역을 받게 되는데, 만일 '상해죄'가 되는 경우라면 3년 이상의
	     징역을 받게 됩니다.
	
	■ 형법상 '위험한 물건' 휴대
	   – 법에서 말하는 위험한 물건이라는 것은 특별한 것을 말하는 것이 아닙니다.
	     준이가 사용한 대걸레나 각종의 방망이, 빈 병, 망치, 드라이버 등의 공구
	     들이 위험한 물건에 해당돼요.
	   – 다음으로 '휴대'는 무엇일까요? 우리가 보통 '들고 다니는 것'이라는 의미로
	     사용하는데, 법에서는 '이용한다'는 의미로 사용하고 있어요. 따라서 앞에서
	     말한 대걸레나 방망이 등은 다른 사람이 들고 사용하거나 이용하는 것들로
	     '휴대'에 속하는 것이에요. 법에서 휴대의 의미를 '이용한다'는 의미로 사용
	     하고 있기 때문에 자동차나 오토바이도 특수폭행에 해당됩니다.

| 전개 2 <학교폭력의 구체적 사례> | ▪ **사례 3 – 집단구타**
– 실제 학교폭력에서는 학생 여럿이 모여 '일진회' 같은 조직을 만들어 집단적으로 폭력을 행사하는 경우도 많이 일어나고 있습니다. 이런 경우에 법적으로 어떤 범죄를 저지르게 되는 것인지 살펴보도록 하겠어요.
– 여럿이 모의해서 구타한 경우 '공동정범'이 되어 형법상 '특수폭행'에 해당됩니다. '공동정범'은 그 범죄를 모의했다면 설사 망을 보고 있었다고 하더라도 같이 그 범죄를 한 것으로 본다는 것이에요. 그리고 또다시 '폭력행위 등 처벌에 관한 법률'을 통해 더욱 무겁게 처벌하도록 하고 있고요.
또한 여러 명이 한 명을 때리는 경우에 상처가 나는 경우도 있을 거예요. 2명 이상이 공동하여 폭행한 경우 형법의 해당 조항에서 정한 형의 1/2까지 가중하게 하여 그 죄를 보다 무겁게 하고 있습니다. 만약 친구와 함께 급우를 구타했다면 책임이 나누어지는 것이 아니라 더욱 더 무거워진다는 것입니다. |

| 전개 3 <대처방법 알아보기> | ▣ **학교폭력 피해학생들의 대처방법**
▪ 현재 학교폭력으로 피해를 당하고 있는 학생들은 어떻게 대처하고 있을까요? 청소년폭력예방재단에서 4,841명의 청소년을 대상으로 조사한 결과에 의하면, 6가지 정도의 방식으로 대처를 하고 있어요.

<table><tr><th>항목</th><th>응답사례 수</th><th>백분율</th></tr><tr><td>말로 하지 말라고 함</td><td>332</td><td>6.9%</td></tr><tr><td>그냥 참는다</td><td>286</td><td>5.9%</td></tr><tr><td>이사 또는 전학</td><td>108</td><td>2.2%</td></tr><tr><td>함께 싸운다</td><td>587</td><td>12.1%</td></tr><tr><td>부모님, 선생님께 신고</td><td>1,698</td><td>35.1%</td></tr><tr><td>경찰서 신고</td><td>635</td><td>13.1%</td></tr><tr><td>학교폭력 전문상담기관 상담</td><td>671</td><td>13.9%</td></tr><tr><td>친구와 의논</td><td>340</td><td>7.0%</td></tr><tr><td>기타</td><td>184</td><td>3.8%</td></tr><tr><td>합계</td><td>4,841</td><td>100.0</td></tr></table>
▪ 그렇다면 피해를 당했을 경우 어떠한 대처방식을 가져야 할지 알아보도록 하겠습니다. |

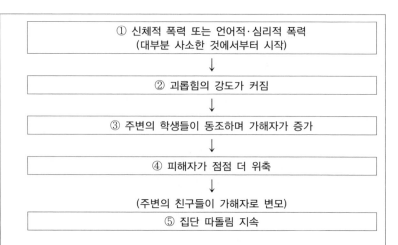

① 신체적 폭력 또는 언어적·심리적 폭력
(대부분 사소한 것에서부터 시작)

↓

② 괴롭힘의 강도가 커짐

↓

③ 주변의 학생들이 동조하며 가해자가 증가

↓

④ 피해자가 점점 더 위축

↓

(주변의 친구들이 가해자로 변모)

⑤ 집단 따돌림 지속

전개 3
<대처방법
알아보기>

■ 앞선 사례에서 본 것처럼 우연치 않게 아주 조그마한 사건을 계기로 학교 폭력의 피해자로 되는 경우가 굉장히 많아요.
아무 이유 없이 말이지요. 이런 경우엔 아래와 같이 대처할 수 있습니다.

■ 먼저, 가해학생의 폭력 행위를 절대 용납하지 않음을 보여주어야 합니다. 울거나 소리치기, 도망가는 행동, 폭력을 스스로 인정하는 듯한 행동은 폭력을 반복되게 할 뿐이에요. 따라서 이러한 폭력의 부당함을 인정하지 않는 태도를 보여주어야 합니다.

■ 반드시 부모님과 선생님께 알려야 합니다. 우리나라는 「학교폭력 예방 및 대책에 관한 법률」을 제정하였고 그 법에 따라 학교에는 '학교폭력대책자치위원회'가 설치되어 있습니다. 따라서 본인의 피해상황을 해결할 수 있는 위원회와 절차가 만들어져 있기 때문에 반드시 학교에 알려 해결할 수 있도록 해야 합니다.

■ 순간적인 분노를 잘 참아야 해요. 학교폭력의 피해를 당하는 학생들이 그 상황에 처한 것에 대한 분노로 자신도 모르게 가해학생이 될 수도 있습니다. 그렇지만 그러한 행동은 전혀 상황을 개선하지 못할 뿐만 아니라 도리어 피해인 학생이 법의 처벌을 받을 수도 있습니다. 자신의 피해상황이 억울하고 화가 나더라도 그에 대한 수단으로 폭력을 선택해선 안됩니다.

■ 나 자신에 대한 문제가 없는지 돌아봐야 합니다.
학교폭력이나 친구들의 괴롭힘을 유발하는 학생들이 있어요. 친구들을 무시하는 발언을 한다거나 잘난 척을 하고 또는 자신의 집안환경에 대한 과도한 자랑을 하는 학생들이 왕따를 경험하는 경우가 많습니다. 혹시 자신에게는 이러한 행동이 없는지 돌아봐야 할 필요성이 있습니다.

전개 3 <대처방법 알아보기>	**▣ 학교폭력 신고방법** ■ 학교폭력 신고의무규정은 학교폭력을 은폐하는 것을 방지하기 위한 것입니다. ■ 학교폭력 사실을 알게 된 사람은 누구라도 해당 학교의 학교폭력대책자치위원회나 학교의 장 또는 경찰이나 검찰 등 관계기관에 신고하여야 하는데, 학교폭력의 신고의무는 법적 의무이므로 학교 등 관계기관에 반드시 신고해야 합니다. ■ 학교폭력을 당했을 때는 학교폭력 증거자료를 확보하는 것도 중요합니다(민·형사상의 소송에 중요한 자료가 됨).
정리 및 마무리	■ 학교폭력은 가해학생과 그 가족에게도, 피해학생과 그 가족에게도, 학교폭력의 현장에 있는 다른 학생에게도, 큰 상처를 남길 수 있습니다. ■ 무엇보다 중요한 것은 학교폭력의 예방이에요. ■ 상호존중의 마음과 예방하려는 노력이 필요하겠습니다. ■ 마지막으로 학교폭력 상담기관과 연락처에 대해 알아보겠습니다.

3 학교폭력 예방 프로그램

학교폭력 예방 교육에서 학교폭력 예방 프로그램의 활용은 학교폭력에 대한 이해를 높이고, 또래관계를 긍정적으로 변화시키며, 학교폭력에 대한 태도를 향상시킴으로써 안전하고 긍정적인 학교문화를 형성하는 데 도움이 되어, 학교폭력을 감소하게 한다. 국내·외에서 개발된 대표적인 학교폭력 예방 프로그램을 소개한다.[2]

1) 국내 학교폭력 예방 프로그램

국내에서 개발된 대표적 프로그램인 '어울림 프로그램2012', '학교폭력 예방 프로그램2007', '우리들의 행복한 교실2012', '행복나무 프로그램2012'을 소개한다.

---

2 박효정(2014)이 수행한 '학교폭력 예방 표준 프로그램 개발 연구'에서 제시한 국·내외 학교예방 프로그램을 발췌 요약하였다.

(1) 어울림 프로그램

어울림 프로그램

Ⅰ. 프로그램의 목적

학교폭력을 예방하고 안전한 학교문화를 형성하기 위해 학생, 교사, 학부모를 대상으로 개발된 국가 차원의 학교기반 학교폭력 예방 표준 프로그램이다. 어울림 학교폭력 예방 프로그램은 단위학교의 특성에 맞게 맞춤형 학교폭력 예방교육을 실시하도록 개발되었다.

Ⅱ. 프로그램의 구성

어울림 프로그램은 초등학교 저학년, 초등학교 고학년, 중학교, 고등학교의 4개 학교 급별 프로그램으로 구성되어 있다. 학교폭력 예방을 위해 필요한 핵심 역량인 '공감', '의사소통', '갈등해결', '감정조절', '자기존중감', '학교폭력인식 및 대처' 모듈로 구성되어 있는데 학교의 특성 및 여건에 따라 선택적으로 모듈별 프로그램을 적용할 수 있다.

그림 6-1 어울림 프로그램 6개 핵심 역량

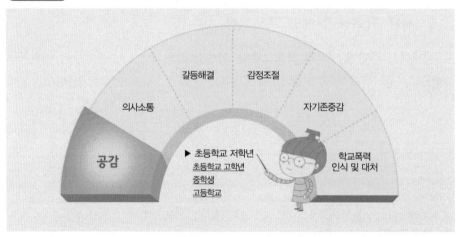

Ⅲ. 프로그램의 내용

학교폭력 예방을 위한 6개 핵심구성요소모듈는 사회성 함양을 목표로 하는 공감, 의사소통, 갈등해결과 정서적 안정을 목표로 하는 자기존중감, 감정조절, 그리고 학교폭력 예방 역량을 함양하기 위한 목표로 학교폭력인식 및 대처 등으로 구성되며, 학생용 프로그램은 각 모듈별 학생의 심리적인 역량을 강화하기 위한 프로그램으로 구성되고, 교사 및 학부모용 프로그램은 학생의 심리적 특성을 변화시키기 위한 교사와 학부모의 개입과 지원방안을 내용으로 한다.

Ⅳ. 프로그램의 구성

어울림 학교폭력 예방 프로그램은 6개 모듈별로 학생용, 교사용, 학부모용 3종이 1set로 구성되며, 학교 급에 따라 초등 저학년용, 초등 고학년용, 중학생용, 고등학생용으로 구성된다.

학생용은 기본프로그램과 심화프로그램으로 구성되는데, 기본프로그램은 일반학생을 대상으로 학교폭력 예방을 위해 필요한 핵심역량을 키워주기 위한 기본적인 수준의 내용으로 구성되며, 심화프로그램은 학교폭력 유형별 프로그램 또는 학교폭력 고위험군 학생을 대상으로 심화된 수준의 내용으로 구성된다. 교사 및 학부모용은 기본 프로그램으로만 구성한다. 각 모듈 프로그램의 구성은 학생 프로그램의 경우, 집단 상담 방법과 역할극 및 토론, 미술이나 음악활동, 게임 등 체험활동 중심 방법, 또래중재 및 자치법정 활동 등 다양한 방법 중 학교 급별 특성 및 학생의 흥미와 동기를 고려하여 선택적으로 활용하여 개발하고, 교사용 및 학부모 프로그램의 경우, 집단 상담 방법과 역할극, 토론 등 체험활동 중심 방법, 전문가 특강 등 다양한 방법을 활용하여 개발한다. 또한 학생 프로그램의 경우, 단위학교에서 교과시간, 창의적 체험활동시간 등에서 활용 가능한 형태로 개발한다.

표 6-2   "어울림 프로그램"의 구성과 내용

달성 목표	핵심 구성요소 (모듈)	내용		
		학생	교사	학부모
사회성	공감	・타인이해 및 공감 ・타인존중 및 수용 ・배려행동 증진	・학생이해 및 공감 ・학부모이해 및 공감	・자녀이해 및 공감 ・감정코칭
	의사소통	・경청 및 자기주장 훈련 ・대화의 중요성 및 의사소통 기술 획득	・학생과의 의사소통 ・학부모와의 의사소통	・자녀와의 의사소통 ・교사와의 의사소통
	갈등해결	・또래중재 기술과 행동 요령 ・또래관계에서의 갈등 상황 대처방법 ・또래관계 형성 및 유지방법	・학급 내 갈등해결 ・교사-학생 간 갈등 해결	・자녀의 또래갈등 이해 ・자녀의 또래갈등 개입 및 지도방안
정서	자기 존중감	・긍정적인 자기수용 및 미래상 형성 ・자기존중감 및 자기 회복탄력성 형성	・학생의 자기존중감 이해 및 중요성 인식 ・학생의 자기존중감 향상 방안	・자녀의 자기존중감 이해 및 중요성 인식 ・자녀의 자기존중감 향상 방안
	감정조절	・미해결된 부정적 감정 인식 및 표현 ・공격성, 충동성, 분노조절・우울, 불안감, 무력감 조절	・학생의 정서 이해 ・학생의 감정조절 지도	・자녀의 정서 이해 ・자녀의 감정조절 지도
학교 폭력 예방 역량	학교폭력 인식 및 대처	・학교폭력 행동유형 및 학교폭력에 대한 심각성 인식 ・학교폭력상황에서 가해자, 피해자, 방관자 입장에 따른 적절한 대처방법 탐색	・학급 내 학교폭력 징후 파악 ・학교폭력 사례별 교사의 대처방안 ・학교폭력 대응 절차 이해	・자녀의 학교폭력 징후 파악 ・학교폭력 사례별 학부모의 대처방안 ・학교폭력 대응 절차 이해

Ⅴ. 프로그램 운영 성과

2012년 어울림 프로그램을 운영한 학교를 대상으로 어울림의 프로그램의 효과 및 만족도를 실시한 결과 학생들의 공감과 소통능력 향상에 효과가 있고, 학생들의 만족도가 평균 3.25~4.14점 만점로 높은 것으로 나타났다김진한 외, 162. 어울림 프로그램의 성과를 학생, 교사, 학부모들을 대상으로 조사한 결과 학생은 친구와 어울림 습득, 친구와 고민 공감, 친구와 가까워짐, 감정표현이 원활함, 스트레스 해소, 재미있었음, 또 했으면 좋겠음으로 응답하였고, 교사는 사명감 고취, 제자 언행 이해, 공감과 소통 향상, 위기대처 능력 향상, 동료교사와 공감 소통, 지속적인 역량 강화 등이었고, 학부모는 자녀와 공감소통기술 습득, 사춘기 자녀 언행 이해력 향상, 학교폭력 예방과 근절에 적극 참여 등의 성과가 있는 것으로 나타났다.

(2) 학교폭력 예방 프로그램

학교폭력 예방 프로그램

Ⅰ. 프로그램의 목적

학교폭력 예방 프로그램은 예방 과학에 기반하여 학교폭력을 발생시키는 개인 및 환경요인을 통제함으로써 학교폭력을 예방하기 위한 목적으로 개발되었다. 또한 이 프로그램은 교사가 쉽게 활용할 수 있도록 자료를 제공함으로써 학급에서 지속적으로 예방교육을 실시할 수 있도록 지원하기 위한 목적을 담고 있다.

Ⅱ. 프로그램의 대상

초등학생과 중학생을 대상으로 한다.

Ⅲ. 프로그램의 구성과 내용

학교폭력 예방 프로그램은 CD로 제작되어 학교에서 교사가 쉽게 이를 사용할 수 있도록 구성되어 있으며, 만화영화와 동영상을 통해 중요 개념을 익

히고, 학교폭력 예방에 필요한 기술과 역량을 강화하도록 개발되어 학생들
의 내용에 대한 흥미를 높였다. 프로그램의 내용은 학생 개인의 공감 능력
과 문제해결력 증가, 상황을 부정적으로 인식하는 인지양식과 분노 표현양
식 등의 수정 등의 내용을 담고 있다. 또한, 또래관계를 개선하고 갈등발생
시 또래중재를 통해 이를 긍정적으로 해결할 수 있는 사회적 환경 조성을
위한 내용을 포함하고 있다. 프로그램은 각 주제에 대해 토론하고 역할극을
구성해 보는 등 교사의 재량에 따라 활용될 수 있도록 다양한 주제와 사례
를 제시하고 있다.

표 6-3 "학교폭력 예방 프로그램"의 구성과 내용

구성	목표	내용
입장 바꿔 생각해봐!	• 공감능력 향상을 통해 학교폭력 피해자에 대한 이해를 높임	• (동영상) 에피소드 시청 후 소그룹 토론을 통해 학급 내 학교폭력에 대한 인식 및 피해자에 대한 공감, 배려의 중요성 인식, 실천방안 모색
나라면 어떻게	• 공격적 아동의 성향을 이해 • 학교폭력 상황인식 • 공격적 행동에 대한 대안적 행동강화	• (동영상) 에피소드 시청 후 소그룹 토론을 통해 바람직한 행동 반응에 대한 인식 강화 • 학교폭력 상황에서 바람직한 해결방안 모색 • 분노조절 연습 • 자기주장법 연습
우리 반의 평화는 내 손으로!	• 또래중재에 대한 이해 및 전략 습득 • 갈등해결전략 습득	• (동영상) 에피소드 시청 후 소그룹 토론을 통해 또래중재 역할과 효과에 대해 인식하고 또래중재 방법을 습득함
행복하고 즐거운 학교!	• 학교폭력 예방을 위한 환경조성전략	• (동영상) 에피소드 시청 후 소그룹 토론을 통해 학교폭력 예방을 위한 실천방안에 대해 토론함

(3) 우리들의 행복한 교실

우리들의 행복한 교실 프로그램

Ⅰ. 프로그램의 목적

우리들의 행복한 교실 프로그램은 교사의 프로그램 운영을 통해 학급문화를 개선하여 학교폭력 예방의 목적을 달성할 수 있도록 개발되었다. 우리들의 행복한 교실은 학생들이 서로를 배려하고 존중하는 태도를 길러 약자를 보호하는 친사회적 태도와 행동을 양성하기 위한 인성교육의 목적을 담고 있다. 또한 이 프로그램은 담임교사가 프로그램을 직접 운영함으로써 교사와 학생이 긍정적 관계를 형성하여 서로 간의 이해를 높여 학교폭력 문제의 발생 시 학생이 교사에게 쉽게 도움을 요청하여 문제를 해결할 수 있는 학급문화의 형성을 목표로 하고 있다

Ⅱ. 프로그램의 대상

중학생을 대상으로 한다.

Ⅲ. 프로그램의 구성과 내용

프로그램의 구성요소는 집단따돌림에 대한 인식을 높이고, 가해자, 피해자, 방관자의 관점을 이해하며, 피해자에 대한 공감 능력을 향상시키기 위한 내용을 담고 있다. 또한 학급에서 발생하는 갈등의 문제를 해결하고 친구를 이해하고 존중하는 태도를 향상하기 위한 내용을 포함하고 있으며, 학교폭력 상황에서 행동에 대한 지침을 제공하고, 학교폭력 예방을 위한 학급문화 형성을 위한 학급규칙 제정 및 실천방안 등을 포함하고 있다.

프로그램의 구성이 각 학급단위, 소그룹별 활동에 적합하도록 계획되었고, 프로그램에 사용된 예시가 다양하여 학생들에게 풍부한 학교폭력 상황을 경험하도록 설계되었다. 예를 들면, 나와 다른 타인에 대한 이해의 경우 다양한 예시장애우, 다문화가족의 아이의 사례를 포함하고 있어 차시에서 목적하는 타인에 대한 공감 및 배려에 대해 다양한 상황을 통해 연습할 수 있도록 구성되었다.

표 6-4   "우리들의 행복한 교실" 프로그램 구성 및 내용

구성	목표	내용
행복한 교실로의 첫걸음	·학생들의 학교폭력 예방의 중요성 인식	·교실에서 일어나는 학교폭력에 대한 따 돌림 평가, 집단따돌림, 배려, 상대방 이해, 선언 등 다양한 내용을 포함함
얼마나 알고 있을까?	·학교폭력 개념 이해	·퍼즐을 통한 학교폭력에 대한 개념 이해 ·사례를 통해 결과예상활동을 통한 심각성 인식
우리 반 홈페이지에 생긴 일	·뇌구조 채우기 및 댓글달기 를 통해 반 친구들의 마음을 이해함	·뇌구조 그램 채우기와 댓글 달아주기 와 토론 및 발표로 구성
그랬구나 이제야 알겠다	·자신의 생각을 효과적으로 전달하고 타인에 대한 공감 능력 향상	·"나 전달법" 및 역할극을 통해 집단 따돌림 피해학생의 마음을 이해함 ·사례를 통한 마음 이해, 나 전달법 연습 ·역할극 시나리오
절친노트	·타인을 인정하고 존중하는 마음을 향상	·나와 다른 타인에 대한 이해와 공감능 력을 향상시키기 위해 '다름'을 인정하 고 존중함 ·친구 소개하기, 친구에 대한 편견 알기
모르는 척	·방관자 역할 인식 및 긍정적 행동능력 향상	·방관자가 학교폭력 상황에서 어떤 역할 을 하는지를 이해하고 만화를 통해 긍 정적인 행동을 이해함
다 같이 친한 우리반	·집단따돌림의 결과 인식	·학급회의를 통해 집단따돌림 방지를 위한 규칙 정하기
우리들의 행복한 교실	·각 활동에 대한 반성 및 느낌 토론	·프로그램을 통해 느낀 점 및 반성 토론

(4) 행복나무

행복나무 프로그램

Ⅰ. 프로그램의 목적

행복나무는 2012년 교육부의 학교폭력과 관련한 전수조사를 통해 학교폭력 발생 장소와 유형별 상황을 조사하여 그 결과를 근거로 개발되었다. 따라서 이

프로그램은 학교폭력이 자주 발생하는 상황과 관련한 역할극을 통해 학교폭력
에 대응하는 적극적인 행동을 형성하는 것과 또래중재자로서의 학급 구성원의
역량을 향상시켜 긍정적인 학급 분위기를 조성하는 것을 목적으로 하고 있다.

Ⅱ. 프로그램의 대상
초등학교 학생을 대상으로 한다.

Ⅲ. 프로그램의 구성과 내용
각 회기는 12회로 구성되어 있으며, 매주 2교시의 수업이 진행되어 총 6주로
프로그램이 마무리된다. 각 회기에서 주 활동은 역할극과 토론으로 이루어졌
으며, 역할극은 자주 발생하는 학교폭력 유형과 관련되어 학교폭력에 대응하
는 기술을 이해하고 연습하는 내용이 포함되어 있다.

표 6-5   "행복나무" 프로그램 구성과 내용

구성	목표	내용
행복나무 씨앗 뿌리기	• 행복나무 프로그램의 목적에 대한 이해	• 학교폭력 현황 및 심각성 설명 • 프로그램의 목적을 설명함 • 사전검사
미키/미니의 점심시간	• 괴롭힘에 대한 대처방식의 중요성 이해	• 다양한 괴롭힘의 대응 전략(수동적, 공격적, 단호한 대응)을 이해함
툭툭 치지 말아요!	• 괴롭힘의 개념 이해	• 괴롭힘의 심각성을 이해함 • 다양한 괴롭힘 종류를 알고 대처기술을 향상함
나 잡아봐라!	• 공감능력 및 친구관계 향상 기술 습득	• 소외된 친구의 마음을 이해함 • 친구관계 향상을 위한 기술을 습득함
미운 말, 아픈 말	• 언어폭력의 이해	• 언어폭력이 주는 피해를 이해함
험담 쪽지는 이제 그만!	• 괴롭힘의 중재 기술 습득	• 괴롭힘 목격 시 중재의 필요성을 인식함 • 체계적인 중재기술을 습득함
500원만 빌려줘	• 금품갈취의 심각성 인식	• 금품갈취가 잘못된 행동임을 인식함
내 친구가 맞고 있어요!	• 신체폭력 심각성 인식	• 신체폭력의 심각성을 인식함 • 신체폭력에 대응하는 기술을 습득함

구성	목표	내용
곰 발바닥! 곰 발바닥!	・놀리며 괴롭히는 상황 인식	・신체적 특징에 대해 놀리고 괴롭히는 것이 잘못되었음을 인식함 ・놀림에 대한 대응전략을 획득함
휴대폰 욕설! 안돼요!	・사이버 폭력의 특징 이해	・사이버 폭력의 유형을 알고 심각성을 인식함
심부름 좀 해 줄래?	・약자를 괴롭힘의 부당성 인식	・약자를 괴롭히는 것을 목격할 때 도와 주는 방법에 대한 인식
행복나무 가꾸기	・프로그램 마무리	・프로그램 마무리

2) 국외 학교폭력 예방 프로그램

국외 학교폭력 예방 프로그램은 박효정2014이 '어울림 프로그램'을 개발하는 과
정에서 분석한 국외 학교폭력 예방 프로그램 중에서 노르웨이의 '올베우스 프로그
램', 핀란드의 '키바 코울루 프로그램', 미국과 캐나다의 '세컨드 스텝 프로그램'을
발췌·요약하였다.

(1) Olweus Bullying Prevention Program

> ## Olweus 학교폭력 예방 프로그램

1983년 노르웨이 심리학자인 올베우스Olweus 연구팀이 1970년대부터 학교폭력
문제에 관심을 갖고 체계적으로 학교폭력 예방 프로그램을 개발하여 2년간 시범학
교에 적용 후 그 결과를 발표하였다.

Ⅰ. 목적

학교 환경 내·외에서 발생되는 학교폭력의 문제를 줄이고,
새롭게 발생될 수 있는 학교폭력의 잠재성을 미연에 예방
하며, 학급 내의 또래관계를 개선하고, 학교폭력 가해자와
피해자를 학교환경에 긍정적으로 적응하도록 지도함으로써
긍정적인 학교문화를 형성하는 데 있다.

Ⅱ. 대상

주로 초등학생과 중학생6세~15세을 대상으로 이들이 속한 학교, 교실 변화에 초점이 있다. 교사와 학부모도 적극적 역할을 할 수 있도록 프로그램에 적극적으로 참여하도록 계획되었다.

Ⅲ. 프로그램의 구성 및 주요 내용

가해학생과 피해학생, 그리고 이들의 학부모를 대상으로 학교폭력 상황에 대응하는 행동 전략, 피해자를 위한 지원 등 체계적인 프로그램을 제공하고, 방관자에게는 학교폭력 상황에서의 올바른 행동이 무엇인지를 훈련하는 내용으로 구성되었다. 프로그램의 내용에는 학교, 학급, 학생, 지역사회 차원에서 <표 6-6>과 같은 활동과 역할을 담당한다.

표 6-6 **프로그램의 활동내용과 역할**

수준	프로그램의 활동내용과 역할
학교차원의 개입활동	· 학교폭력 예방 협력조직인 조정위원회 구성 · 조직위원회 및 학교관계자 교육 · 학교폭력 실태 파악을 위한 설문조사 실시 · 학교폭력에 대응하는 학교규칙 제정 · 교사협의회를 통해 학급의 또래관계 개선을 위한 방법 논의 · 교사 학부모 협의회를 통한 학교폭력 문제 논의 · 점심시간이나 쉬는 시간의 감독 강화를 위한 시스템 정비 · 학교폭력 감시를 위한 운동장 시설 강화 · 학부모 참여
학급차원의 개입활동	· 학생들에게 학교폭력 문제에 대한 정보 제공 · 학교폭력에 대응하는 학급규칙 제정 · 역할극을 통해 학교폭력 발생 시 대응 전략 습득 · 학부모 협의회
학생차원의 개입활동	· 가해자 및 학부모 상담과 비신체적 제재 시행 · 피해자 및 학부모 상담 및 주장적 행동 훈련, 학교폭력에 대응하는 기술 습득 · 방관자의 효과적인 학교폭력 개입 전략 습득 · 개별적 개입 계획 수립
지역사회 차원의 개입활동	· 지역사회 관계자의 학교폭력 예방 조정 위원회 참여 · 지역사회 관계자의 학교폭력 예방 프로그램 지원을 위한 협력 체계 마련 · 지역사회에 학교폭력 예방 메시지와 최선의 실천적 원칙이 확산되도록 지원 활동 강화

Olweus 프로그램은 18개월 이상 지속되는 장기 학교폭력 예방 프로그램이다. 프로그램 초기단계에서는 설문조사를 실시하여 학교의 학교폭력 상황을 파악하고, 학교에 맞는 프로그램의 전략을 수립하고, 점심시간과 휴식시간에 학생관리·감독 시스템을 개선하기 위한 체계적인 정비가 진행되며, 학부모와 교직원을 포함하는 협의회 등을 지속적으로 개최하여 학교폭력을 예방하는 활동을 한다.

프로그램은 CD제작 프로그램, 학교폭력 관련 동영상, 학교폭력 가·피해 측정을 위한 설문, 학교폭력이해와 대처법이라는 책이 제공된다. 교사를 위해 프로그램의 매뉴얼이 제공되고, 학부모와 가족에게 학교폭력 예방을 위한 각종 정보가 제공된다.

학교폭력 조정위원회가 구성되고, 가·피해 학생과 학부모를 위한 상담, 교실 협의회 및 교원협의회가 개최되는 등 교실 차원과 학교 차원에서 학교폭력 예방 활동을 위한 다양한 논의와 문제를 해결하기 위한 전략이 실행된다.

Ⅳ. 프로그램 운영

프로그램의 운영 시스템은 매우 체계적이다. 우선, 학교폭력 조정위원회를 구성한 후, 이들을 대상으로 2일간 학교폭력과 프로그램에 관해 집중 훈련을 실시한다. 이들은 Olweus 전문코치에게서 적어도 1년 동안은 학교폭력 사안과 관련하여 개인적인 자문을 받을 수 있다. 교사를 대상으로 프로그램을 실시 전에 전일 학교폭력 예방 교육을 실시하여 학교폭력 상황에서 어떻게 개입하고, 학교폭력 발생을 어떻게 인식할 수 있는지에 대해 교육하며, 학생을 대상으로는 매년 Olweus 학교폭력 설문조사를 실시하여 학교폭력 관련 경험을 측정함으로써 학교폭력 발생 및 경험의 변화 상황을 점검한다. 또한 학교폭력 조정위원회를 주축으로 하여 교원협의회를 한 달에 한 번 개최하여 학교폭력 예방에 관한 노력과 프로그램의 효과에 대해 점검하는 등 학교 차원, 학급 차원, 학생 차원, 지역사회 차원으로 다양한 학교폭력 예방 활동을 펼치며, 이 과정에서 담임교사나 교원이 직접 학교폭력 가·피해 학생 및 학부모를 상담하는 등 면담활동을 통한 개별적 활동도 진행한다.

Ⅴ. 프로그램 적용 효과

이 프로그램을 실시한 4~8개월 후와 20개월 후를 측정한 결과 가·피해 수준에 각각 뚜렷한 감소가 있었음을 보고하고 있다. 1983년에 비해 2년 후인 1985년에 남녀학생의 집단 괴롭힘과 폭력 피해가 약 50% 정도 현격하게 감소된 것으로 나타났고 가능성을 지닌 학생들의 비율도 비슷한 정도로 감소하였다. 또한 학생들의 보고에 의하면, 기물파손, 싸우기, 도벽, 무단결석 등과 같은 반사회적 행동이 감소되었으며 학급의 분위기도 긍정적으로 변화되었다. 예를 들면 학생들이 질서정연해지고, 사회관계가 보다 긍정적으로 변화되었으며, 학교 활동과 학교에 대해서도 보다 긍정적인 태도를 보인 것으로 나타나는 등 결과적으로 학교생활에 대한 만족도가 증진되었다. 학교폭력 예방 프로그램의 실시 효과는 1년 프로그램보다 2년 프로그램이 더 뚜렷한 효과가 있었다. 따라서 본 프로그램은 이미 존재하는 가해, 피해자에 영향을 주었을 뿐 아니라 새로운 희생자의 수도 감소시켜, 1차·2차 예방 효과가 있다고 할 수 있다박효정, 2014 WINTER.

(2) KiVa Koula 프로그램

KiVa Koulu 프로그램

핀란드가 정부차원에서 투르크 대학에 의뢰하여 심리학과와 학습연구센터가 2007년~2008년 사이에 초등학생과 중학생을 대상으로 학교폭력 프로그램인 KiVa Koulu 프로그램3을 개발하였다.

Ⅰ. 목적

학생, 교사, 학교, 학부모 모두가 참여하여 학교폭력에 대응하는 건전한 학급문화를 형성하고, 사안이 발생할 경우 협력적으로 문제를 해결할

---

3 Kiva Koulu 프로그램에서 'Kiva'라는 말은 핀란드어로 '좋은'이라는 뜻이고 'Koulu'는 '학교'라는 말을 뜻한다. 학교폭력이 없는 '좋은 학교'를 만들자는 취지로 개발된 프로그램이다. 이하 Kiva 프로그램으로 칭한다.

수 있는 학교문화를 형성하는 데 목적이 있다. 세부 목적으로는 첫째, 방관
학생의 자기효능감과 행동을 긍정적으로 변화시킨다. 둘째, 실제적인 학교
폭력 사안 발생 시 학교 차원에서 문제를 효과적으로 해결할 수 있는 역량
을 향상시킨다.

Ⅱ. 대상

학생의 발달을 고려하여 1~3학년만7~9세, 4~6학년10세~12세, 그리고 7~9학년
13~15세 학생을 대상으로 학교급에 따른 학교폭력 예방 프로그램이다.

Ⅲ. 프로그램의 구성 및 주요 내용

KiVa 프로그램은 학교폭력 문제에 대해 생태체계적 접근ecological approach을 통
해 학생과 교사, 학교, 학부모, 지역사회가 학교 내 폭력 사안을 효과적으로
해결하기 위해 협력하고, 학교폭력을 예방하고 건전한 학교문화를 형성하기
위해 다양한 활동을 펼치는 내용으로 구성되었다.

프로그램은 초등학생은 단원lesson별로 총 20단원, 중학생은 주제theme별로 총
6개 주제로 구성되어 있다. 프로그램은 학교폭력 상황과 관련된 토론, 그룹
활동, 학교폭력 관련 동영상, 역할극 등 다양한 활동들로 이루어져 있다. 또
한 온라인 컴퓨터 게임을 제공하여 학교폭력 예방 프로그램의 효과를 높이
고 있다. 프로그램은 세부 목적에 따라 두 가지 내용으로 구분되어 활동이
이루어진다.

| 표 6-7 | KiVa 프로그램의 세부 목적 |

세부 목적	활동
보편적 내용 (universal)	·방관자에게 피해자에 대한 공감과 학교폭력 상황에서 피해자를 지원할 수 있는 역량 향상을 위한 자기 효능감 증진 활동을 제공한다. ·방관자에게 학교폭력에 대응하고, 피해자를 지원하는 비폭력적 태도를 향상시키는 훈련을 한다.
지시적 내용 (indicated)	·학교폭력이 발생한 경우 이를 해결하기 위한 체계적 해결과정 및 전략에 대한 정보를 제공한다. 　- 사안 발생 시 담임교사와 세 명의 교사로 팀이 구성되어 사안을 처리하며, 이들이 피해자·가해자를 면담한다. 　- 담임교사는 학급에서 친사회적 특성을 가진 2~4명의 학생과 함께 피해학생에게 다양한 방법으로 지원활동을 펼치는 등 구체적 지원 전략이 제시되어 있다.

Ⅳ. 프로그램 운영

KiVa 프로그램은 학사제도에 따라 신학기가 시작되는 8월 중순부터 5월 말까지 실시된다. 구체적 시행은 초등학생이 8월부터 매달 한 번씩 총 10회기회기당 2단원씩 총 90분의 교육을 받는다. 중학생은 8월부터 두 달에 한 번씩 총 4회의 예방교육을 받는다. 학교폭력 예방 교육은 의무적으로 실시되는데

| 표 6-8 | KiVa 학교 구성원의 역할 |

구성원	역할 및 내용
학생	·프로그램에 직접 참여함 ·학급에서 학교폭력 사안 발생 시 친사회적 행동 성향을 가진 학생들은 담임교사와 함께 피해학생 지원을 위한 활동을 수행한다.
교사	·학급에서 학교폭력 예방 프로그램을 직접 실시한다. ·사안 발생 시 학교폭력 문제해결을 위해 구성된 KiVa 교원팀의 구성원으로 활동한다.
학부모	·학교폭력에 관한 다양한 정보를 포함하여 학교폭력을 예방하고 감소시키기 위해 협력한다.
학교	·KiVa에서 제공하는 학생용 프로그램 자료를 이용하여 학부모와 교사들을 대상으로 프로그램을 소개하고 홍보한다.
지역사회	·타 학교의 교원과 연계하여 학생의 학교폭력 문제 해결을 위한 협력적 지원활동을 한다.

학생들은 총 3번학교입학 후, 4학년, 그리고 중학교 1학년의 프로그램에 참여해야 한다. 프로그램 운영에 관한 역할을 살펴보면 <표 6-8>과 같다.

교사를 위한 프로그램은 2일 동안 이루어지며, 전달연수 형태로 진행된다. 오프라인 프로그램에 참여하지 못한 교사는 온라인 훈련 프로그램에 참여할 수 있다.

V. 프로그램 적용 효과

프로그램 효과 검증을 위해 234개교의 3만 명의 학생유치원~중학생을 대상으로 실험집단117개교과 통제집단11개교을 구성하여 사전-사후검사를 실시한 결과 실험집단에 참여한 학생들이 통제집단에 비해 모든 학교폭력 유형에서 현저히 감소한 것으로 나타났다. 그 외에도 학교폭력 가해학생에 대한 지지가 감소하고, 피해학생에 대한 공감이 증가하고, 애교심과 학교성취도가 향상한 것으로 나타났다.

(3) Second step 프로그램

Second step 프로그램

미국에서 널리 활용되면서 평가 연구를 통해 검증된 예방 프로그램의 대표적인 것 중의 하나로 학령전기부터 중학교 연령의 아동을 대상으로 교사가 폭력에 관한 태도나 행동을 변화시키는 학급단위의 교육과정이다문용린 외, 292, 297.

I. 목적

학생들의 사회적·정서적 역량을 향상시킴으로써 문제행동에 대응하는 긍정적인 행동을 발달시켜 학교폭력을 예방할 수 있는 학교환경 조성을 목적으로 하고 있다.

Ⅱ. 대상

유치원생부터 초등학생, 중학생, 고등학교 저학년 학생이다.

Ⅲ. 프로그램의 구성 및 주요 내용

프로그램은 유치원과 초등학생의 경우는 15~20회기로 구성되어 있으며, 중학교 이상에서는 첫 해는 15회기, 두 번째 해부터는 8회기로 구성되어 있다. 이 프로그램은 사회적·정서적 역량과 관련된 공감, 문제해결, 분노관리 능력을 향상시키는 내용을 담고 있다. 프로그램의 영역별 핵심 내용은 <표 6-9>와 같다.

본 프로그램에서 학생들은 주로 토론과 역할극 등을 통해 특정 장면에서 필요한 문제해결 기술, 집단에 속하는 기술, 타인의 행동을 공손하게 중단하는 기술, 사과하는 기술, 감정을 조절하는 기술 등 다양한 친사회적 행동 기술을 훈련 받고 연습하는 과정을 경험한다.

유치원과 초등학생용은 주로 카드를 이용하여 프로그램이 운영된다. 카드에는 구체적인 사회적 상황, 정서적 상황이 제시되고 뒷면에는 카드의 주요 개념과 설명 내용이 제시되어 프로그램을 운영하는 교사가 유용하게 사용

표 6-9　프로그램의 영역별 핵심 내용

영역	핵심 내용
공감	• 자신과 타인의 감정을 인식함 • 타인의 관점을 이해함 • 타인에게 정서적으로 반응함
문제해결	• 이야기와 상황을 제시하여 다양한 문제에 대해 학생들 스스로 토론을 통해 문제 해결과정을 경험함 • 문제해결 5단계 연습을 통한 문제해결능력을 향상함 (문제인식, 문제해결방법 논의, 문제해결방법 평가, 문제해결방법 선택·계획·적용·결과 평가 및 추후 행동 논의)
분노관리	• 분노와 신체반응의 관련성을 이해하고 분노를 인식함 • 긍정적인 자기언어를 사용함 • 스트레스 감소 기술을 습득함 • 분노를 일으키는 상황, 분노반응 등을 찾고 통제하는 기술을 습득함

할 수 있다. 또한 비디오 교육자료가 제공되어 학교와 가정에서 사용 가능한 교육 내용을 담고 있고, 각 내용에 대한 교사용 지도자료가 제공된다. 중·고등학생용은 초등과 비슷한 내용이나 좀 더 학생의 태도와 공격적인 행동을 수정하기 위한 내용이 강조되고 있다. 각 회기는 주로 비디오, 활동, 토론으로 구성되어 있으며, 비디오에서는 사회·정서적 역량의 향상을 위한 내용이 제공되고, 활동과 토론을 통해 학습한 내용을 구현하도록 설계되었다. 각 토론에서는 사회적 딜레마를 제시하여 이에 대해 학생들 스스로 브레인스토밍하고 토론하도록 구성되어 있다. 학보모를 위한 프로그램은 6회기로 학생용 프로그램에 대한 이해와 가정에서의 학교폭력 예방 지원을 위한 내용으로 구성되어 있다.

Ⅳ. 프로그램 운영

본 프로그램은 유치원부터 고등학교 저학년까지 전 학년을 대상으로 교사나 상담자가 학급에서 쉽게 운영할 수 있도록 개발되었다. 프로그램 운영은 의무적인 것이 아니고 학교의 의지에 따라 프로그램 운영이나 지속성이 결정되며 프로그램에 대해 훈련받은 교사 혹은 상담자에 의해 진행된다. 프로그램은 일주일에 1~2회 정도, 20분에서 50분 정도 학교급에 따라 유연하게 운영된다. 교사연수는 1일 워크숍을 통해 이루어지며 워크숍 내용은 프로그램의 주요 개념, 주요 내용에 대한 실제 연습과 토론으로 구성된다. 학부모를 위해 6회기 구성 프로그램이 제공되고 학부모용은 유치원부터 5학년의 자녀를 둔 학부모가 대상이 되며 주로 비디오를 통해 이루어진다.

Ⅴ. 프로그램 적용 효과

프로그램 효과 검증은 학생과 학교를 대상으로 프로그램 참여 전후로 학교폭력의 발생 빈도와 싸움의 건수를 조사하여 이루어진다. 그 결과 본 프로그램에 참여한 초등학생들은 다른 학생들과의 싸움이 줄었다고 응답하였고, 프로그램에 참여한 학교는 참여하지 않은 학교에 비해 학교폭력의 발생 비율이 약 30% 정도로 줄어든 것으로 나타났다.

Chapter 07

학교폭력 상담의 이해

School Violence **Prevention** &
Understanding of Student

학교폭력 상담의 이해

학교폭력 상담은 학교폭력 예방의 다양한 활동 중 중핵적 역할을 담당하고 있는데, 교육적 측면에서 학생들의 문제 해결, 예방과 성장·발달을 돕고, 학생들의 인권을 존중하는 인권 친화적 생활지도를 실천하는 방법이다. 학교폭력 상담은 학교폭력에 초점을 두면서 일반 상담과 학교 상담의 기본적 과정과 절차, 기법을 따르고 있다. 학교폭력 상담을 이해하기 위하여 학교 상담의 기초적 내용, 이론, 학교폭력 유형별 접근법을 살펴본다.

 ## 1 학교폭력 상담의 기초

1) 학교폭력 상담의 개념

학교폭력 상담은 학교내·외에서 학생을 대상으로 발생한 다양한 유형의 학교폭력에 대해 전문적 교육을 받은 상담자가 피해학생의 보호와 치유, 가해학생의 선도와 치유를 통해 피·가해학생 모두가 안정되고 정상적인 학교생활을 할 수 있도록 도와주는 활동이다. 또한 학교폭력의 또 다른 참가자인 주변학생들이 학교폭력에 대한 올바른 인식 확립과 잠재적 피·가해자가 될 위험요소를 해소하고, 주변학생이 가해학생의 폭력행동을 제지하고 피해학생을 위기상황에서 벗어날 수 있도록 방어할 수 있도록 도와주는 예방활동도 포함한다. 나아가 학교폭력 상담은 피해·

가해학생뿐 아니라 주변학생들이 모두 함께 참여하여 즐거운 학교생활을 통해 건강하게 성장할 수 있도록 도와주는 발달 상담도 수행한다.

2) 학교폭력 상담의 목표

학교폭력 상담의 목적은 피해·가해학생의 심리적 안정, 사건해결 지원 등을 통하여 신체적, 심리적 상처와 후유증을 극복하고 재발을 방지함으로써, 이들이 안정된 학교생활을 할 수 있도록 조력함에 있다. 학교폭력 상담의 구체적 목표는 내담자의 심리적·정서적 안정, 문제해결을 위한 정보 제공 및 자문, 위기상황에 대한 응급대처법, 현실적 범위에서 갈등해결 유도, 법률·의료 등 전문 서비스 연계 지원, 피해·가해학생의 심리상담 및 교육 등이다.

3) 학교폭력 상담의 내용

피해학생, 가해학생과 이들의 학부모가 상담 대상으로 상담에서 다루어지는 주요 내용은 다음과 같다.

(1) 피해학생 상담

피해학생의 어려움을 공감하면서 조기에 상담계획을 수립하고 해결책을 찾는다. 피해학생의 심리적 상태와 학교폭력 피해의 정도를 파악하고, 피해학생이 학교폭력에 취약한 부분이 무엇인지를 발견하여 이를 개선하기 위해 개입한다. 피해후유증 치료와 심리 상담을 통해 정서적, 심리적 안정을 시켜 자신의 문제를 합리적으로 해결할 수 있는 사고와 대인관계 훈련, 자기주장 훈련 등 문제해결 방법을 돕는다.

(2) 가해학생 상담

가해학생에게 폭력의 비정당성을 인식하게 하고, 가해 행위에 대한 책임을 갖게 한다. 가해학생의 심리 내적, 외적 요인을 분석해 폭력행동의 원인과 객관적 근거, 이를 바탕으로 한 해결방안을 모색한다. 폭력이 아니면서 평화적으로 자신의 주장이나 요구를 해결하는 방법인 분노조절 방법과 대화법이 다루어진다.

(3) 피해·가해 학부모 상담

자녀 문제로 인해 겪는 피해·가해학생 학부모의 어려움을 공감하면서 자녀의 학교폭력 문제가 원만하게 해결되고, 자녀가 또 다시 학교폭력의 가해자가 되거나 피해자가 되지 않도록 가정에서 부모의 역할과 기능을 재구조화하고 '재부모화 reparenting'를 돕는다. 이 과정에서 부모의 자녀 양육태도, 가족의 기능, 자녀의 이해, 부모의 심리적, 정서적 문제, 부모교육 등이 다루어진다.

4) 학교폭력 상담의 과정

상담은 내담자가 제시하는 문제에 대해 상담자와 내담자가 메시지를 매개로 순환적인 상호작용 과정을 거쳐 수행하게 된다. 학교폭력 상담의 과정도 일반 상담의 과정과 같은 절차를 거쳐 이루어진다이장호, 162-167.

(1) 문제의 제시 및 상담 동기 조성

내담자의 현재의 걱정, 고민, 문제 등을 말하도록 한다. 내담자가 가지고 있는 문제의 배경 및 관계 요인을 토의한 후, 내담자가 상담과정에 적극적으로 참여하도록 한다. 이 과정에서 상담자는 내담자의 말을 주목하면서, 비언어적 행동을 관찰하고, 문제가 무엇인지 파악한다. 상담에 대한 내담자의 기대와 느낌을 명료화하고 추후 상담에 대한 기대와 동기를 가지게 한다.

(2) 촉진적 관계의 형성

내담자와 솔직하고 신뢰로운 관계를 형성한다. 내담자가 상담자에게 느끼는 전문적 숙련성, 매력, 신뢰성 등은 상담효과에 대한 긍정적 기대를 갖게 하는 요인이다. 이 과정에서 상담자의 공감적 이해, 성실한 자세, 내담자에 대한 수용적 존중 및 적극적인 경청 등이 필요하다.

표 7-1 **상담자의 태도에 따른 내담자의 지각**

상담자의 태도	내담자의 지각
공감적 이해	상담자는 내가 어떻게 느끼는지를 알고 있다.
수용적 존중	상담자는 내가 어떤 생각, 어떤 행동을 하더라도 나를 있는 그대로 받아들이고 있다.
일관적 성실성	상담자는 말과 행동이 같고 또 나를 항상 순수하게 대할 것이다.
전문적 구체성	상담자는 내 문제에 대해 실타래의 매듭을 풀 듯, 내 문제를 하나씩 해결해 나갈 능력이 있다.

(3) 목표 설정의 구조화

상담과정의 방향과 골격을 분명히 하는 구조화 작업을 한다. 구조화는 상담의 효과를 최대한도로 높이기 위해 상담의 기본성격, 상담자 및 내담자의 역할 한계, 바람직한 태도 등을 설명하고 인식시켜주는 작업으로, 상담의 성질, 상담자의 역할과 책임, 내담자의 역할과 책임, 상담의 목표, 시간과 공간적인 제한사항이 포함된다. 상담의 목표는 내담자가 세우게 하며, 목표를 설정할 때 SMART기법을 사용한다. 목표는 구체적이고Specific, 측정가능하며Measurable, 도달할 수 있고Achievable, 관련되며Relevant, 시기적절Time based하여야 한다.

(4) 문제해결 방법의 구안

문제에 관한 내담자의 감정표현을 촉진하고, 제시된 문제를 다시 구체적으로 정의한다. 특히 문제의 성질을 명확히 하고, 어떤 방법과 절차를 이용하여 상담을 진행할 것인가를 구안한다. 문제해결의 과정은 문제의 정의, 해결 방향과 방안 모색, 자료 및 정보 수집, 대안 모색, 실천계획 수립과 실행, 실천결과의 평가와 수정 보완 등의 순이다.

(5) 자각과 합리적 사고의 촉진

내담자가 자신의 생활과정에서 주요 경험 및 사건들을 이전보다 분명히 그리고 통합된 시야에서 재인식하도록 한다. 상담 목표 도달에 필요한 자기 이해와 합리적 사고를 가질 수 있도록 상담에 적극적으로 참여하도록 한다.

(6) 실천행동의 계획

내담자의 새로운 견해나 인식이 실제 생활에서 실현되도록 내담자의 의사결정이나 행동계획을 돕는다. 내담자와 구체적인 행동 절차를 협의하고 세부적인 행동 계획을 작성한다.

(7) 실천결과의 평가와 종결

종결은 내담자와 상담자의 합의하에 이루어진다. 종결에 앞서 그동안 성취한 것들을 상담목표에 비추어 평가하거나 목표에 도달하지 못한 이유를 토의한다. 상담의 전체 과정을 요약하고, 추후에도 문제가 발생하면 후속 상담이 가능함을 알린다.

상담결과가 만족스럽지 못한 경우에는 상담과 상담자의 한계에 대해서 명백히

밝히고, 필요하면 다른 기관이나 다른 상담자에게 의뢰한다.

5) 학교폭력 상담의 기법

학교상담자는 효과적 상담을 위해서 학생과 신뢰롭고 친숙한 관계를 형성하고, 학생을 위하여 어떻게 상담할 것인가에 대해 명확하게 파악하고 있어야 한다. 학교상담에서 공통적으로 적용되는 기법으로는 구조화, 주의 집중, 경청, 재 진술, 질문, 수용, 반영, 명료화, 직면, 요약 그리고 해석 등이 있다.

(1) 구조화(structuring)

구조화는 상담자가 내담자에게 상담과정의 본질 및 제한 조건 등 상담과정의 체계와 방향을 알려주는 것이다. 상담의 방향 및 목표, 상담 과정에 대한 안내, 상담자-내담자의 역할, 상담 기간, 상담 횟수, 비밀보장의 한계를 제시하고, 상담 진행 방식을 내담자에게 안내, 이해시키는 과정이다. 적절한 구조화는 지나친 기대에 따른 내담자의 오해를 시정해 줄 뿐만 아니라 상담 관계를 바람직한 방향으로 안정시키는 역할을 한다. 상담자와 내담자 사이에 제도적, 환경적 제약이 있을 때, 구조화를 하지 않으면 내담자의 비현실적인 기대 때문에 상담의 결과나 과정이 혼란에 빠질 수 있다. 상담 과정 및 목표의 구조화는 내담자가 가능한 한 빨리 상담 과정에 몰두할 수 있도록 도와준다.

"선생님이 상담이 무엇인지 설명해줄게. 상담은 목표가 있는 활동이거든. 즉, 상담을 통해서 네가 가지고 있는 바람직하지 않은 행동을 감소시키거나, 기존에 가지고 있는 바람직한 행동을 더욱 증가시키고 또는 바람직한 행동을 새롭게 배우는 것이야."

"선생님과 함께 이제 상담을 시작할 텐데, 상담은 한 번에 끝나지 않고 여러 번 만나야 하거든... 그래서 1주일에 한번, 한번에 50분 정도로 진행될 거야"

"선생님이 네가 원하는 모든 문제를 해결해주지는 않아. 하지만 네가 스스로 문제를 해결할 수 있도록 도와주는 역할은 하게 될 거야. 선생님은 너와 대화를 나누면서 너의 문제가 무엇인지, 원인은 무엇인지, 그리고 그 문제를 해결하기 위해서 어떻게 해야 하는지에 대해 너와 함께 나누고, 문제해결을 위해 네가 해야 할 실제적 노력을 하도록 옆에서 도와줄 거야"

"상담을 하는 과정에서 있었던 일체의 대화는 비밀이 지켜질 거야. 그러나 예외가

> 있는데 자신을 해치거나, 타인을 해칠 위험에 있을 때, 그리고 미성년 내담자가
> 학대를 받고 있을 때 등을 제외하고 철저하게 비밀이 유지될 거야. 이해할 수 있
> 겠니?"
>
> −구본용 외(2010). 47.

(2) 주의 집중(Attending)

주의 집중은 내담자가 편안하게 자신의 생각과 감정을 탐험할 수 있도록 상담
과정의 전체에 걸쳐 상담자가 사용하는 기본적 기술로 상담자가 신체적으로 내담
자를 향하는 것을 말한다. 주의 집중은 내담자가 개방적으로 이야기하고, 그들의
감정과 생각을 탐색하기를 촉진한다. 내담자는 상담자가 주목할 때 스스로 가치 있
다는 것과 자신의 이야기가 들어줄 만하다는 것을 느낀다. 즉, 내담자에게 상담자
가 그들이 말하는 것을 듣고 싶어 한다고 느끼게 하기 때문에 생각과 느낌을 말로
옮기는 것을 도와줄 수 있고 내담자의 적절한 행동을 지원할 수 있다. 주의집중의
행동 유형에는 눈 마주치기, 얼굴 표정, 공간 활용, 준 언어, 신체적 움직임 등이
있다.

(3) 경청(Listening)

경청은 내담자의 말과 행동에 상담자가 선택적으로 주목하는 것을 뜻한다. 상
담자가 내담자의 말과 행동을 선택하여 주목함으로써 내담자의 특정 문제에 대해
깊이 있게 탐색할 수 있다. 경청은 상담을 성공적으로 이끄는 주요 요인으로 내담
자는 상담자가 경청해주는 것을 좋아한다. 경청은 내담자로 하여금 생각이나 감정
을 자유롭게 표현할 수 있도록 북돋워 주며, 자신의 방식으로 문제를 탐색하게 하
며, 상담에 대한 책임감을 느끼게 한다. 상담자가 경청을 할 때, 자신이 내담자의
말을 주목하여 듣고 있음을 전달해 줄 필요가 있다. 이를 위해 상담자는 내담자가
말할 때 진지한 관심을 나타내는 눈길을 보냄으로써 그와 함께 하고 있음을 알리
는 것도 필요하다. 경청하기에는 9가지 방법ENCOURAGS 원리이 있다구본용 외. 51.

> • E(Eye): 적당한 정도의 눈 마주치기를 유지하라.
> • N(Nods): 고개를 끄덕이라.
> • C(Cultural differences): 문화적 차이를 인식, 존중하라.

- O(Open): 내담자 쪽으로 열린 자세를 유지하라(팔짱을 꽉 끼지 않으며, 다리를 꼬고 앉지 않는다).
- U(Unhum): '음' 등의 인정하는 언어를 사용하라.
- R(Relaxed): 편안하고 자연스러운 자세를 보여라.
- A(Avoid): 산만한 행동은 피해라(너무 깔깔대며 많이 웃거나 머리카락이나 물건 등을 만지작거리는 것을 피하라).
- G(Grammatical): 내담자의 문법적인 스타일, 내담자와 같은 언어스타일을 사용하라.
- S(Space): 적절한 공간을 사용하라. 너무 가깝거나 또는 멀리 앉지 마라.

(4) 재 진술(Paraphrasing)

재 진술은 내담자의 진술 내용이나 의미를 반복하거나 바꾸어 말하는 것으로 상담자가 내담자의 입장을 이해하려고 한다는 노력을 보여주고, 내담자의 생각을 구체화시켜 준다. 내담자의 말이 불명확할 때 명백하게 해주고 두서가 없거나 애매할 때 초점을 맞추도록 도와준다. 재 진술은 간접적 또는 직접적으로 표현할 수 있는데, 방금 전에 말한 내용 또는 이전에 다룬 내용과 관련이 있을 수 있다. 재 진술의 사용은 내담자로 하여금 자신의 문제를 깊이 탐색할 수 있도록 하는 의도를 가지고 있다. 재 진술은 또한 내담자를 지지하고 더 말할 수 있게 하며, 카타르시스catharsis를 경험하도록 도와준다.

(5) 자기노출(Self Disclosure)

자기노출은 상담자가 자신의 생각, 경험, 느낌을 내담자의 관심, 흥미와 관계 지어 말하는 것으로 자기노출의 방법은 내담자의 느낌, 유사성이 있는 경험을 구체적 용어로 말한다. 자기노출은 내담자에게 유사성과 친근감을 전달할 수 있고, 보다 깊은 이해로 발달시킬 수 있으며, 내담자에게 철저하며 깊이 있는 자기 탐색의 모범을 보여주게 된다. 또한 내담자의 흥미와 관심에 사적인 생각, 경험, 느낌을 솔직하게 노출시킴으로써 개성을 가진 하나의 인간존재로 보일 수 있다.

(6) 질문(Questions)

상담 과정에서 학생이 자발적으로 이야기를 풀어가기도 하지만 때에 따라 교사가 적절한 질문을 하는 것은 학생의 자기 탐색을 촉진하는 역할을 한다. 질문에는 척도 질문, 가정법 질문, 예외 질문, 개방적 질문 등이 있다.

첫째, 척도 질문은 학생의 문제 및 상태, 상담의 진전 정도 등을 양적으로 평가하게 함으로써 보다 객관적 상태를 파악하는 데 도움을 준다. 예를 들면 "영희가 발표를 가장 만족스럽게 했다고 생각할 때를 10점으로 하고, 가장 불만족스럽게 했을 때 1점이라 할 때, 오늘 수업시간에 한 발표는 몇 점 정도 줄 수 있을까요?"

둘째, 가정법 질문은 학생의 이야기에 대해 보다 구체화하는 작업이 필요할 때 사용한다. 예를 들면 "만일 철수가 다시 그때로 돌아가서 그런 일을 똑같이 겪는다면 어떤 생각이 들까요?"

셋째, 예외 질문은 학생이 자신의 모든 경험을 평가 절하해 기억하며 부정적으로 왜곡하여 받아들이는 경우에 사용한다. 이때 예외질문을 통해 학생의 자아 존중감을 강화시킬 수 있다. 예를 들면 친구들이 모두 자기를 싫어한다고 말하는 경우에 "단 한명이라도 친구가 철수를 좋아해본 적은 없었나요?"이다.

넷째, 개방적 질문은 내담자가 자신의 생각과 느낌을 명료화하도록 요구하는 질문이다. 상담자는 구체적인 정보를 요구하지 않으며, 내담자가 어떤 식으로 반응할지도 모르지만 반응을 '예'나 '아니오' 또는 한두 마디의 반응으로 제한하려고 하지 않는다. 개방적 질문은 명료화하거나 탐색하려는 의도로 "그것에 대하여 어떻게 느낍니까?"라는 질문 형태로 표현될 수 있고, "그것에 대하여 어떻게 느끼는지 나에게 말해주세요."라는 직접적인 표현으로 물을 수도 있으나, 추궁하는 의미를 내포하는 '왜'라는 질문은 가능한 한 피하는 것이 좋다. 개방적 질문은 내담자가 자신의 문제에 내재되어 있는 많은 측면들을 탐색하는 것이 가능하도록 한다. 개방적 질문은 한정된 질문이 아니고 보다 포괄적이어야 하며, 모든 길을 터놓아 내담자로 하여금 보다 시야를 넓히도록 하여 내담자의 관점, 의견, 사고, 감정까지 끌어낼 수 있다.

(7) 나 전달법(I-message)

인간관계에 있어서 서로 간에 갈등이나 불만이 있을 때 그것을 표현하는 언어적인 방법에는 두 가지가 있는데 '나–메시지I-message'와 '너–메시지You-message'이다. 이것은 궁극적으로 어떤 상황에 대한 책임소재와 관계되는데, 나–메시지는 나의 책임으로 받아들이는 것이지만 너–메시지는 상대방에게 책임을 전가하는 것이다. 나–메시지는 상대방의 자존심을 상하게 하지 않으면서 나의 감정을 전달하는 효과적인 방법으로 인간관계 장면에서 잘 활용할 가치가 있는 의사소통의 기술이 될 수 있다. 나–메시지의 기본원리는 상대방의 행동자체를 문제 삼고 그에 따른 책임을 상대에게 넘기는 대신에, 그의 행동에 대한 나의 반응을 판단이나 평가 없이 알려줌으로써 반응에 대한 책임을 내가 지는 것이다. 이러한 나−메시지는 다음과 같은 세 가지 요소를 포함하는데 그것은 첫째, 타인의 행동 또는 상황 둘째, 그에 따른 결과 셋째, 나의 감정 또는 반응이다.

(8) 수용(Acceptance)

수용은 내담자에게 주의를 기울이고 있으며, 내담자의 말을 받아들이고 있다는 상담자의 태도이다. 내담자를 한 인간으로 존중하며, 그의 감정·사고·행동을 평가하거나 판단하지 않고 있는 그대로 받아들이는 것을 말한다. 이러한 태도는 무조건적이고 긍정적이어야 한다. 상담자가 이러한 태도를 마음과 행동으로 보여줄 때 내담자는 자유롭게 자신의 감정을 경험하고 표현할 수 있다.

(9) 반영(Reflecting)

반영은 내담자의 말과 행동에서 표현된 기본적인 감정·생각 및 태도를 상담자가 다른 참신한 말로 부연해 주는 것이다. 이것은 내담자의 자기이해를 도와줄 뿐만 아니라, 내담자로 하여금 자기가 이해받고 있다는 인식을 받게 한다. 그런데 내담자가 한 말을 그대로 다시 반복하는 식으로 반영을 해주면 내담자는 자기의 말이 어딘가 잘못되지는 않았나 하고 생각하게 되거나 상담자의 그러한 반복에 지겨움을 느끼게 되기 쉽다. 그래서 가능한 한 다른 말을 사용하여 관심을 가지고 이해하고자 한다는 태도를 보여야 한다. 흔히 내담자의 감정은 '큰 저류가 있지만 표면에는 잔물결만이 보이는 강물'에 비유된다. 즉, 내담자의 감정은 수면상의 물결처럼 겉으로 보이는 표면 감정이 있고, 강의 저류처럼 보이지는 않으나 중심적인 내면 감정이 있다. 상담자는 잔물결 속에 감추어져 있는 저류와 같은 내담자의 내면적 감정을 정확히 파악하여 내담자에게 전달해 주어야 한다.

(10) 명료화(Clarifying)

명료화는 내담자의 말 속에 내포되어 있는 것을 명확하게 해주는 것을 말한다. 명료화는 내담자의 실제 반응에서 나타난 감정 또는 생각 속에 암시되었거나 내포된 관계와 의미를 내담자에게 보다 분명하게 말해주는 것으로, 내담자의 말을 단순히 재 진술하는 것과는 차이가 있다. 명료화는 내담자가 애매하게만 느끼던 내용이나 자료를 상담자가 말로 표현해 준다는 점에서, 내담자에게 본인이 이해를 받고 있으며 상담이 잘 진행되고 있다는 느낌을 갖게 해 준다. 또한 내담자로 하여금 미처 생각하지 못했던 측면을 생각하도록 하는 자극제가 된다.

(11) 직면(Confrontation)

직면은 내담자가 모르고 있거나 인정하기를 거부하는 생각과 느낌에 대해서 주목하도록 하는 것이다. 내담자가 모르고 있는 과거와 현재의 연관성, 행동과 감정 간의 유사점 및 차이점 등을 지적하고 그것에 주목하도록 하는 것이다. 직면은 내담자의 변화와 성장을 증진시킬 수도 있는 반면, 내담자에게 심리적인 위협과 상처를 줄 수도 있어, 상담자는 직면반응을 사용할 때 시의성, 즉 내담자가 그것을 받아들일 수 있는 준비가 되어 있는지를 면밀히 고려해야 한다. 또한 상담자의 직면반응은 내담자를 배려하는 상호신뢰의 맥락 하에서 행해져야 하며, 내담자에 대한 상담자의 좌절과 분노를 표현하는 수단으로 사용되어서는 안 된다. 상담자는 다음과 같은 상황에서 내담자를 직면시킬 수 있다. 첫째, 내담자 스스로는 깨닫지 못하고 있지만 그의 말이나 행동에서 어떤 불일치가 발견될 때 상담자는 이와 같은 불일치를 지적할 수 있다. 둘째, 내담자로 하여금 자신의 욕구에 의해서만 상황을 바라볼 것이 아니라 상황을 있는 그대로 볼 수 있도록 할 때 직면 반응이 사용될 수 있다. 직면은 내담자가 상담자를 깊이 신뢰하고 있고, 상담자가 내담자의 성장과 변화를 진솔하게 배려하는 분위기에서 행해지는 것이 바람직하다.

(12) 요약(Summarizing)

요약은 여러 생각과 감정을 하나로 묶어 정리하는 것이다. 요약은 상담자가 내담자에게 문제해결의 과정을 주지시켜 내담자의 생각과 느낌을 탐색하도록 돕고, 새로운 해결책을 강구하도록 생각들을 정리, 통합시켜 준다. 또한 상담자가 내담자의 말에 주목하고 이해하고 있음을 확신시켜 준다.

(13) 해석(Interpretation)

해석은 내담자에게 어떤 의미를 전달하고자 하는 상담자의 시도이다. 해석은 내담자가 보이는 행동들 간의 관계 및 의미에 대한 가설을 제시하는 것이다. 즉, 내담자로 하여금 과거의 생각과는 다른 각도에서 자기의 행동과 내면세계를 파악하게 하는 것이다. 해석의 의미나 범위는 전문가들에 따라 다르게 설명된다.

6) 학교 상담의 구조

학교 상담은 시작 단계, 준비 단계, 작업 단계, 종결 단계 4단계로 구분하며 전체 상담을 10회기 내외로 구성할 수 있다. 상담 회기의 구성은 상담에서 해결하고자 하는 과제에 따라 달라질 수 있으며 상담의 구조화 단계에서 내담자와의 합의를 통해 정할 수 있다. 학교 상담의 구조를 발달 단계, 발달 단계별 특징, 내담자의 주관적 경험과 핵심 기법 등으로 구분하여 제시하면 <표 7-2>와 같다.

표 7-2 학교 상담의 발달 단계별 특징과 기법

발달 단계	단계별 특징	내담자의 주관적 경험	핵심 기법
시작 단계 (1-2회)	• 상담자 소개 • 상담 구조화 • 상담 목표의 설정	"상담 과정과 목표를 구체적으로 이해하게 되었다. 계속 도움을 받고 싶다"	• 관심 기울이기 • 공감
준비 단계 (2-4회)	• 의존성, 저항, 갈등의 처리 • 신뢰 관계의 형성	"상담자를 신뢰할 수 있다. 마음 놓고 문제를 노출해도 되겠다."	• 공감 • 자기 노출
작업 단계 (5-8회)	• 자기 노출과 감정의 정화 • 비효과적 행동패턴의 이해, 수용, 개방 • 대안행동의 선택과 학습	"흐뭇하다. 이해받았다. 속이 후련하다" "나를 알게 되었다. 바람직하지 못한 행동패턴을 알게 되었을 뿐 아니라 인정한다. 고치고 싶다" "대안 행동을 찾았다. 역할 연습을 통해 어느 정도 할 자신이 생겼다. 실생활에 적용할 수 있을 것 같다"	• 공감 • 자기 노출 • 역할 연습 • 과제 부여
종결 단계 (9-10회)	• 상담 경험의 개관과 요약 • 내담자의 성장과 변화에 대한 평가 • 이별 감정과 미진한 사항의 취급 • 작별 의식	"구체적 도움을 받았다" "실생활에 적용하고 싶다"	• 요약하기 • 의사 확인 • 긍정적 피드백

학교 상담의 구조는 표준화된 양식은 없으나 기본적 상담 과정의 규칙과 절차, 내용 등을 준수하면서 내담자 보호와 이익을 존중하는 방향에서 학생 특성에 맞게 탄력적으로 재구성하여 진행해야 한다.

2 학교폭력 상담 이론

상담 이론은 상담의 방향을 결정하고 문제해결방안을 선택하는 틀을 제공해준다. 상담 이론은 상담의 지침이 되며 상담 기술을 제공하고 있기 때문에 학교폭력 상담을 효과적으로 진행하기 위해서는 학교 상담에 적용할 수 있는 다양한 상담이론에 관한 지식을 갖추어야 한다.[1]

1) 정신분석 상담

Sigmund Freud
(1856~1939)

정신분석은 프로이드에 의해 창시된 치료법으로, 인간에 대한 정신결정론과 무의식적 동기라는 두 가지 개념을 기본적으로 가정하여, 인간의 행동은 무의식적 동기와 생물학적 욕구 및 충동에 의해 결정된다고 본다. 정신분석에서 인간의 행동은 어렸을 때의 경험에 따라 크게 좌우되며, 빙산의 대부분이 물 속에 잠겨 보이지 않듯이 마음의 대부분은 의식할 수 없는 무의식 속에 잠겨 있다는 것이다. 어렸을 때 형성된 무의식적 갈등을 자유연상이나 꿈의 해석 등의 방법을 통해 의식화시킴으로써, 내담자로 하여금 자신에 대한 통찰을 얻도록 하여 자아의 기능을 강화한다. 정신분석은 무의식적 내면세계의 의식화 작업이며, 치료 목표는 적응적이고 문제해결적인 자아의 기능을 강화하는 데 있다.

2) 인간중심 상담

Carl Rogers
(1902~1987)

인간중심 상담은 칼 로저스에 의해 창시된 치료법으로 인간에게는 스스로 자신의 길을 발견하고 성장해 나갈 수 있는 잠재능력이 있다고 본다. 인간중심 상담에서 상담자는 내담자가 자신의 문제해결능력을 스스로 되찾고 인간적인 성숙을 기할 수 있도록 도와주는 것이다. 상담자는 내담자를 인간적으로 존중하며, 내담자에 대해 상담자가 느끼는 감정과 생각

---

1 김희대(2015)의 '생활지도와 상담'에서 제시한 학교상담 이론의 내용을 일부 발췌하였다.

을 솔직히 나타내고 내담자의 감정을 공감하고 반영해준다. 상담관계의 핵심이 되는 것은 '상담자의 솔직성'과 '긍정적 존중' 그리고 '공감적 이해'로 상담자의 이러한 태도가 만들어 내는 분위기 속에서 내담자는 성장을 경험하게 된다.

3) 개인심리 상담

Alfred Adler
(1870~1937)

개인심리 상담은 알프레드 아들러에 의해 창시된 치료법으로 개인의 성격은 가정 및 사회적 요인에 의해 형성되며, 인간의 기본적 동기는 열등감에서 벗어나 우월해지고자 하는 욕구로 본다. 개인심리 상담에서 인간은 어린 시절 부모들의 과잉보호나 무관심, 혹은 신체적 왜소함으로 인해서 누구나 열등감을 갖게 되는데 이것을 극복하고 우월해지고자 노력하는 것이 인간행동의 기본 동기이다. 따라서 인간은 열등감을 보상할 수 있는 생활양식을 개발하기 위해 저마다 노력한다. 인간은 사회적 맥락 속에서 자기 나름대로 목표지향적인 행동을 하고, 스스로 의사결정을 하여 선택할 수 있는 능력이 있다. 상담자는 내담자가 의식적·무의식적으로 성취하려는 자신의 행동목적을 깨닫게 하고, 문제해결을 위한 건설적 대안을 고려해 볼 수 있도록 도움을 제공하는 역할을 수행한다.

4) 행동주의 상담

Pavlov
(1849~1936)

행동주의 상담은 파블로프의 고전적 조건화 실험에서 비롯된 치료법으로 환경의 자극 및 반응의 유관 조건으로 잘못 학습된 행동을 문제의 근원으로 본다. 행동주의 상담에서 인간의 행동은 자연현상과 마찬가지로 일정한 법칙성을 지니고 있음을 가정하는데, 인간행동은 여러 가지 변인들에 의해 결정되므로, 이 변인들과 행동을 지배하는 법칙을 밝혀 낼 수 있다면 인간의 행동도 예언하고 수정할 수 있다고 본다. 학습된 구체적인 부적응 행동을 소거시키고, 보다 효과적이고 바람직한 행동을 새롭게 학습하게 하는 것이 상담의 주요 목표이다. 상담자는 자신이 내담자의 행동을 수정하고 통제하고 있으며, 의도적이건 비의도적이건 간에 자신의 행동이 내담자의 행동에 커다란 영향을 미치고 있음을 명심하고 적극적이며 지시적인 역할을 요구한다.

5) 지정행 상담(REBT: Rational Emotive Behavioral Counselling)

Ellis
(1913~2007)

지정행 상담은 엘리스가 창시한 치료법으로 인간의 인지나 사고를 문제의 근원으로 본다. 지정행 상담에서는 정서와 행동은 생각의 결과로 간주하여 정서장애는 비적응적인 사고과정의 결과이며, 치료의 주요 과제는 잘못된 사고과정 또는 인지과정을 재구성하는 것이다. 상담은 비합리적 신념을 먼저 규명한 후 이를 보다 합리적인 생각으로 바꾸는 것이 주된 과정이다. 상담의 기본절차는 'ABCDE 모형'으로 설명되는데, A는 내담자가 노출되었던 문제 장면, 또는 선행사건Antecedents, B는 문제 장면에 대한 내담자의 관점 또는 신념Belief, C는 선행사건 A 때문에 생겨났다고 내담자가 보고하는 정서적·행동적 결과Consequences, D는 비합리적 신념에 대한 치료자의 논박Dispute 그리고 E는 내담자의 비합리적 신념을 직면 또는 논박한 효과Effects이다. 이 모형에서의 핵심은 내담자를 정서적으로 곤란하게 하는 것C은 선행사건A이 아니고 말로 표현되는 내담자의 신념B이라는 것이다. 따라서 이 치료법에서는 내담자 개인을 논박하는 것이 아니고, 내담자의 비합리적 신념이 직접적인 공격 대상이 된다. 비합리적 신념을 합리적 신념으로 바꾸는 과정에서는 지적, 설득, 논박뿐만 아니라 비현실적 생각에 대한 과잉 강조, 극적 부정 등의 정서유발기법과 문제 장면에서의 역할연습, 과제물 부과 및 면접 중의 행동변화에 대한 강화 등 여러 행동기법들이 활용된다.

6) 현실주의 상담

현실주의 상담은 글래서가 창시한 이론으로 인간은 기본적인 욕구 충족을 위해 행동을 선택하고, 자기 삶의 주인이 되어 자신의 삶을 통제할 수 있을 때 행복을 느낀다고 본다. 인간은 다섯 가지의 생래적 기본 욕구인, 생존survival, 재미fun, 소속belonging, 힘power, 자유freedom를 가진다. 이러한 욕구를 토대로 자신의 원함want에 의해 전체 행동total behavior인 활동하기doing, 생각하기thinking, 느끼기feeling, 생리기능physiology을 적절하게 구사함으로써 성공적인 정체감을 확립한다. 현재를 중시하고, 내담자의

의식세계에서 현실 지각을 중요시하며, 욕구충족을 선택한
행동의 효과성을 냉철하게 평가하면서 새롭고 합당한 방법
을 찾도록 도움을 주는 과정이다연문희, 강진령: 223. 현실주의 상
담의 진행절차는 바람want, 행함doing, 평가evaluation, 계획plan으로
표기된다. 상담자는 적극적으로 내담자가 계획을 짜도록 돕
고, 행동을 중심으로 한 선택의 대안을 제공하며, 내담자가
바라는 것을 얻도록 효율적인 길을 안내하는 역할을 한다.
이러한 과정에서 상담자는 수용적 태도를 유지하지만 내담
자의 행동 성향에 필요하다면 건설적인 비판을 할 수 있다.

Glasser
(1925~2013)

7) 게슈탈트 상담

게슈탈트 상담은 프리츠 펄스가 창시한 이론으로 개체가
대상을 지각할 때 그것들을 산만한 부분들의 결합이 아니라
하나의 의미있는 전체, 즉 게슈탈트gestalt로 조직하여 지각한
다고 본다. 게슈탈트 상담은 인간이 어떤 대상을 지각할 때
관심있는 부분은 지각의 중심 부분으로 떠오르고, 나머지
부분은 배경으로 물러난다. 개체가 전경으로 떠올렸던 게슈
탈트가 해소되고 나면 이는 배경으로 사라진다. 그리고 그
다음으로 관심이 가는 것을 전경으로 떠올리게 된다. 전경

Perls
(1893~1970)

과 배경이 자연스럽게 교체되지 못하는 상태를 '미해결 사태'라고 하는데 이것이
유기체의 심리적·신체적 장애의 원인이 된다는 것이다. 게슈탈트 상담은 '지금 여
기에서here & now'의 자각에 초점을 둔다. 과거는 이미 지나갔고, 미래는 아직 오지 않
았으므로 오로지 현재가 중요하다고 여기기 때문이다. 사람들은 삶의 문제에 대처
하고 적절한 행동을 취할 수 있는 능력을 지니고 있지만 '중요한 타인significant others
들'에 의해 이기적이고 연약하며, 무능하다는 등의 부정적인 피드백을 내면에 주입
하게 됨으로써 잠재능력을 개발하지 못해 개인의 욕구와 환경적 요구 사이에 갈등
이 초래될 수 있다고 본다. 상담자는 내담자가 다른 사람들에게 덜 의지하는 대신,
자신의 인생에 대해 책임을 지고, 현재에 가능한 모든 것이 되며, 통찰을 얻도록
격려하는 역할을 한다. 이 과정에서 상담자는 내내 따뜻하고 사려 깊으며, 수용적

이고 지지적인 태도를 유지한다.

8) 교류분석 상담

교류분석은 에릭 번이 창시한 이론으로 인간의 자아 상태를 아이, 어른, 어버이의 세 가지로 분류하고, 각 자아 상태는 개인의 성격을 주관하게 되는데, 어떤 자아 상태가 기능하고 있느냐에 따라 성격의 특성이 달라진다고 본다. 교류분석에서 상담자는 세 가지 자아 상태를 적절하게 사용하는 법을 가르침으로써 내담자가 일생의 사회적 통제권을 확보할 수 있도록 돕는다. 교류분석의 궁극 목표는 내담자로 하여금 부적절한 생활 자세와 행동을 포함하는 인생 각본에서

Berne
(1910~1970)

탈피하여 '자기 긍정'과 '타인 긍정'의 자세로 보다 생산적이고 창의적인 삶을 살아갈 수 있도록 돕는 것이다. 내담자가 타인과의 의사소통, 즉 교류와 자신의 감정이 행동에 어떤 영향을 미치는가를 이해할 수 있도록 돕는 데에 초점이 맞추어지기 때문에 상담자는 내담자에게 보다 효과적으로 의사소통하는 방법을 가르쳐 의사소통의 효율성을 높이고, 타인과의 갈등을 감소시키는 효과를 가져 올 수 있다.

9) 실존주의 상담

실존주의는 인간의 본질, 현재 세계의 인간 존재, 그 개인에 대한 인간 존재의 의미에 관심을 두며, 그 초점을 인간의 가장 직접적인 경험인 그 자신의 존재에 둔다. 실존주의의 대표적 인물인 사르트르는 실존은 본질에 앞선다 하여 개인의 개별성個別性과 주관성을 강조한다. 또한 인간 모두는 무한한 가능성을 가지고 있으며 그 자신이 가치와 의미의 창조자임을 강조한다. 상담의 목표는 내담자로 하여금 자기의 인생에서의 의미를 발견하고 발전시키도록 돕는 것으로,

Sartre
(1905~1980)

핵심 개념은 자유와 책임, 자기각성, 참 만남 등이다. 실존주의 상담은 개별성과 자아의 발달을 강조하기 때문에 물질문명 속에서 방황하는 현대인에게 도움을 주고, 학교 상담과 청소년 상담에서 많이 활용될 가치가 있다고 평가되며 주체성, 자유,

책임을 강조함으로써 현대인들로 하여금 소극적이거나 무력한 삶 대신에 보다 능동적인 삶을 살도록 하는 데 도움이 된다.

10) 가족 상담

가족 상담은 제2차 세계대전을 계기로 전쟁의 여파로 흩어졌던 가족들이 재결합하는 과정에서 부부 간의 불화, 이혼, 가족 간의 정서적 유대 와해, 청소년 비행 등 많은 문제가 발생하였는데, 그 당시까지 주류를 이루어온 개인 상담으로는 효과적으로 다룰 수 없어 등장했다. 또한 아동지도운동 및 결혼 상담, 집단 상담과 같은 새로운 임상기법에 대한 관심의 증가 등이 가족 상담의 등장에 영향을 미쳤다. 대표적 인물인 보웬은 가족 상담에서 가정은 특수한 신체적, 심리적 공간을

Bowen
(1913~1990)

차지하는 개인을 모아놓은 것에 그치는 것이 아니라 하나의 자연적인 사회체제로서 각 가정마다 고유한 특성을 지니고 있으며 일단의 규칙, 역할, 권력구조, 커뮤니케이션 유형 및 여러 가지 과업을 효과적으로 수행할 수 있는 협상능력과 문제해결방법을 발달시켰다. 따라서 가족구성원 중에 누군가 문제를 보이는 것은 가족의 구조, 심리적 역동, 커뮤니케이션 유형 등에 문제가 있다는 것을 의미하는 것으로 가족 상담은 한 개인의 변화에 초점을 맞추는 것이 아니라 그 개인을 둘러싸고 있는 가족체제의 무언가를 변화시키고자 하는 집단 상담의 일종이라 할 수 있다. 따라서 가족 상담에서는 한 개인을 이해하기 위해서는 그의 내적인 과정만 보아서는 안 되고, 그가 다른 사람들과 맺고 있는 여러 관계, 특히 가족들과 맺고 있는 관계를 살펴보아야 한다.

11) 단기 상담

단기 상담은 최면요법을 이용하여 내담자들이 생산적인 해결책을 모색하도록 했던 밀튼 에릭슨의 상담전략을 토대로 발전된 상담법이다. 단기 상담은 상담기간이 비교적 짧고 해결중심적인 접근방법으로써 문제의 원인, 역기능, 병리현상 등에 초점을 맞추기보다는 내담자의 강점과 자원을 탐색하고 구체적인 해결방안을 적극 모색함으로써 내담자의 변화를 돕는 것을 목적으로 한다. 즉, 내담자의 강점과 해

Erickson
(1901~1980)

결책에 초점을 맞춤으로써 내담자가 자신의 행동에 대한 책임감을 갖도록 하고, 자신의 내면에 해결책을 찾아낼 수 있는 힘을 불어넣어주는 역할을 한다. 단기 상담은 가급적 짧은 시간 내에 내담자의 문제해결을 목표로 단기간의 상담적 개입을 도모한다. 단기 상담은 인격의 변화보다는 구체적인 문제나 증상에 초점을 맞추는데, 제한적이고 구체적인 상담 목표를 설정하고, 기법 또한 응축되어 있어 집중이 요구되며 필요하면 재조직되고, 제한된 시간 내에 적용함으로써 목적을 달성하고자 하는 특징을 지닌다.

12) 절충적 상담

절충적 상담은 인지, 정의, 행동, 환경 등 여러 영역의 상담 이론을 체계적으로 종합하여 보다 효과적이고 과학적으로 타당한 포괄적인 상담 이론으로 발전시키려는 노력에서 비롯되었다. 다양한 상담 이론에서 제시된 공통점에 초점을 두고 여러 이론들이 서로 다르고, 무관하거나 반대되는 것으로 보기보다는 그 체제들의 긍정적 측면을 종합한다. 최근 절충적 상담은 상담자가 오랜 경험을 쌓으면 자연적으로 독창적인 접근을 시도할 수 있게 된다는 사실과 인간은 유일한 존재라는 명제에 비추어 볼 때 정당성이 인정되며 발전시켜야 할 접근법으로 인식되고 있다. 절충적 상담을 통해 부적응 행동의 원인을 광범위하게 취급하고, 하나의 이론에 관련된 독단과 과오를 최소화할 수 있다. 또한 문제 유형에 따라 가장 효과적인 방법을 선택적으로 사용함으로써 상담의 효율성을 높일 수 있다는 장점이 있다. 그러나 절충적 상담은 한 개인이 모든 상담 이론에 대한 충분한 지식을 쌓아 숙달된 상담자가 되기는 불가능하다는 비판이 있다. 또한 절충적 상담이 이상적이기는 하나 인간의 한계와 약점으로 인해 실제 적용이 어렵고 절충적 상담의 원리, 철학, 이론, 개념에서 합리적 실행방법에 이르기까지 통일된 것이 아직 없다는 것이 약점이다.

3 **학교폭력 상담 접근법**

학교폭력 피해학생, 가해학생 상담자별 치료전략 및 상담 진행 과정과 단계별 상담 내용, 그리고 학교폭력 자녀 학부모 상담 전략을 소개한다.[2]

1) 학교폭력 상담의 치료전략

(1) 피해학생

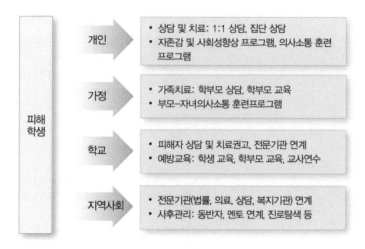

(2) 가해학생

---

2 인천광역시교육청(2013.8)의 'Wee 클래스 업무 매뉴얼(33-36)'을 인용하였다.

2) 학교폭력 피해학생 상담

(1) 상담 진행 과정

단계	진행과정	세부 내용
초기 단계	사건 정황 파악	• 피해학생 인적사항 파악하기 • 사건의 객관적인 정보 수집하기
	사안처리	• 자치위원회 및 전문기관을 통한 사안처리
	초기면접	• 심리검사 및 진단, 평가 피해가능성 평가척도지

⬇

단계	진행과정	세부 내용

중기 단계	개인 상담	• 피해학생에 대한 심리치료, 피해자의 신변보호
		• 상담 및 치료프로그램 진행
		  인지정서행동 상담치료기법 예시
		  현실치료 상담치료기법 예시
		  인간중심 상담치료기법 예시

	학부모 상담	• 학부모 상담
	관련기관 연계	• 의료적 서비스(병원 및 정신과) 연계 • 중재전문기관 연계 • 형사 및 민사소송과 관련한 자문기관 연계

⬇

단계	진행과정	세부 내용
종결 단계	사후관리	• 사후관리 프로그램 연계 • 학교폭력 위기개입의 평가
	다면적 통합지원	• 학교차원/가정차원/지역사회차원의 지원

(2) 단계별 상담 내용

① 상담시작 단계	– 내담자에게 신뢰감과 안정감을 줌으로써 라포를 형성하고, 희망적인 상담을 설정 – 위기상황에 있는 학생의 경우, 최우선적으로 안전을 확인(신체적 외상 및 정신적 충격에 대한 안정조치 여부를 확인)
② 피해학생의 욕구 파악 단계	– 피해학생의 욕구를 우선순위로 구체적으로 파악 – 상담(치료)사는 내담자 해결방법에 대한 합리성 및 욕구에 대한 현실성 평가
③ 문제 해결방안 탐색 단계	– 내담자에 맞는 적절한 해결방안을 함께 모색 – 피해자 당사자의 대처태도 및 요령을 조언 – 피해자 측과 학교 등 대처방법을 조언

④ 피해학생 심리치료 단계	– 피해자 학생에 대한 심리치료 개입 목표 설정 – 심리치료 목표 설정 시 변수를 파악 – 피해자에게 적합한 프로그램을 진행
⑤ 상담 종결 및 연계 단계	– 상담내용의 요약 및 정리 – 연속상담 여부 및 추가 정보를 제공(전문기관 및 프로그램 연계 등)

3) 학교폭력 가해학생 상담

(1) 상담 진행 과정

단계	진행과정	세부 내용
초기 단계	사건 정황 파악	• 가해학생 인적사항 파악하기 학교폭력(가해자) 사안 발생 시 파악해야 할 사항 • 사건의 객관적인 정보 수집하기
	사안처리	• 자치위원회 및 전문기관연계를 통한 사안처리
	초기면접	• 심리 진단 및 평가 (공격성 척도지, 반항성 장애 진단검사 등)

중기 단계	개인 상담	• 가해학생에 대한 심리치료
		• 개인 상담 프로그램
		  – 분노조절 상담치료기법
		  – 의사소통 상담치료기법

	학부모 상담	• 학부모 상담
	관련전문 기관 연계	• 특별교육이수 및 예방교육 • 의료적 서비스 지원(병원 및 정신과) 연계 치료 • 중재전문기관 연계 • 형사 및 민사소송과 관련한 기관 연계

후기 단계	사후관리	• 사후관리 프로그램 • 학교폭력 위기개입의 평가
	다면적 통합지원	• 학교차원/가정차원/지역사회 차원의 지원

(2) 단계별 상담 내용

① 상담시작 단계	– 내담자에게 신뢰감과 안정감을 줌으로써 라포를 형성하고, 희망적인 상담을 설정 – 위기상황에 있는 학생의 경우, 최우선적으로 안전을 확인(신체적 외상 및 정신적 충격에 대한 안정조치 여부를 확인)
② 가해학생의 욕구 파악 단계	– 내담자의 상담 및 해결에 대한 욕구 파악 – 가해학생의 욕구를 우선순위로 구체적으로 파악 – 상담(치료)사는 내담자 해결방법에 대한 합리성 및 욕구에 대한 현실성 평가
③ 문제 해결방안 탐색 단계	– 내담자에 맞는 적절한 해결방안을 함께 모색 – 가해자 당사자의 대처태도 및 요령 조언 – 가해자 측과 학교 등 대처방법을 조언
④ 가해학생 심리치료 단계	– 가해자 학생에 대한 심리치료 개입 목표 설정 – 심리치료 목표 설정 시 변수를 파악 – 가해자에게 적합한 프로그램을 진행
⑤ 상담 종결 및 연계 단계	– 상담내용의 요약 및 정리 – 연속상담 여부 및 추가 정보 제공(전문기관 및 프로그램 연계 등)

4) 학교폭력 자녀 학부모 상담

단계	개입 전략	심리반응
인식 단계	공감적 인식	• 수용하기 　– 우리 아이가 그랬을 수도 있어 　– 우리 아이가 거짓말을 할 수도 있지 　– 놀랍고 당황스럽지만 수용함
초기개입 단계	해결 의지	• 사실 확인하기 　– 무슨 일이 있었는지 솔직하게 말해 주겠니? 　– 그때 누구와 함께 있었니? 넌 어떻게 했니? 　– 주변 친구와 선생님께 사실 확인하기
중재 단계	공론화	• 잘못 인정하기 　– 그 아이는 얼마나 힘들었을까

단계	개입 전략	심리반응
학습 단계	대안행동학습	− 우리 아이가 심했어 − 우리 아이에게 내가 모르는 모습이 있었구나! − 자녀의 잘못을 인정함 − 자녀에게 관심 갖지 못한 것에 대한 반성 • 해결 지향적 행동 − 자녀와 사건에 대한 이야기를 나눔 − 교사의 허락 하에 피해학생 부모와 만남 − 자녀와 함께 피해학생에게 사과하기 − 재발방지를 약속하기
실행 단계	진정성	• 화해와 피해지원 − 재발방지를 위해 학교 내 처벌을 받음 − 자녀와 대화시간을 늘림 − 자녀의 학교생활, 친구관계에 관심을 기울임 − 피해학생의 심리·정서적 회복과 치료를 위한 지원
잠복 단계	신가치 창출	• 성장과 관계회복 − 자녀의 반성을 돕는 자발적 봉사를 유도 − 전문가를 찾아 장기적 심리치료 및 상담을 받음 − 자녀의 성장을 위한 책임, 관용 자세 습득 기회제공

📖 학교폭력 유형별 접근법

학교폭력의 유형별 접근법으로 신체폭력, 언어폭력, 집단 따돌림, 성폭력, 사이버 폭력을 대상으로 용어 정의, 원인, 대처방법을 제시한다.[3]

1) 신체폭력

신체폭력은 '신체적으로 해를 가하거나 재산상의 손실을 가져오는 행동'으로 때리기, 발 걸기, 밀기, 차기, 찌르기, 침 뱉기, 가혹행위, 옷/물건 망가뜨리기 등이 포함되는 일체의 행위를 말한다.

신체폭력을 당하기 쉬운 남학생의 경우 고학년으로 올라갈수록 체격에 의해 어울리는 또래들이 달라지는데 신체적으로 왜소한

학생의 경우 신체폭력 대상자가 될 가능성이 높다.

신체폭력의 원인은 청소년기의 특성에서 비롯되는데 청소년기는 제2의 반항기로 성호르몬에 의해 공격적 성향을 갖게 되고 이로 인해 폭력성도 두드러지게 나타난다. 또한 자기중심성이 강해지는 시기로 이로 인해 문제의 원인을 외부로 돌리거나 다른 사람의 감정 파악에도 미숙하여 잦은 마찰을 일으키게 되고 이는 신체폭력으로 이어지는 원인이 되기도 한다.

신체폭력의 대처 방법으로 자신을 폭력에서 방어할 수 있게 운동을 통해 체력을 기르고 호신술을 연마하는 것도 방법이 된다. 소극적이고 내성적인 학생들이 신체폭력의 대상자가 되기 쉬운데, 폭력에 대해 거부 반응을 단호하게 표시하거나 폭력신고 등을 하지 않으면 더 큰 폭력의 피해를 받게 된다. 따라서 자신의 의사를 분명히 표현할 수 있는 자기주장훈련이 상담과정에서 다루어져야 한다.

2) 언어폭력

언어폭력은 말하는 사람의 의도적, 비의도적 언어행위를 통해, 듣는 사람이 압도되거나 강요되는 상황에 처함으로써 심리적 고통이 야기되는 것을 말한다. 언어폭력에는 일상적 학교생활에서 겪게 되는 언어폭력뿐 아니라 사이버 상에서 경험하게 되는 언어폭력도 해당된다. 피해자를 놀리거나, 거친 욕을 사용하여 위협하고 인신공격을 하는 것이다.

언어폭력을 당하기 쉬운 청소년의 특성으로는 신체적으로 약하거나 놀림을 당하기 쉬운 특징이 있거나, 폭력을 당하는 경우 자주 울거나 쉽게 위축되며, 자신감이 없고 또래 간에 인기가 없으며, 겁이 많고 예민하거나, 자기비하 경향이 강하다.

비 언어폭력도 언어폭력에 속하는데 사이버 폭력의 범주 중 인터넷 상에서 특정인에 대하여 모욕적인 언사나 욕설을 행하는 사이버 모욕, 특정인에 대한 허위의 글이나 명예에 관한 사실을 인터넷에 제시하여 불특정다수에게 공개하는 사이버 명예훼손이 포함된다. 언어폭력은 가해자가 증거를 남기지 않고 지속적으로 오래도록 피해자를 괴롭힐 수 있다는 측면에서 신체폭력과 같이 상처와 후유증이 오래간다. 언어폭력은 피해자에게 분노와 슬픔을 느끼게 하고 자책감을 갖게 한다. 언어폭력을 통해 들은 부정적 말들이 내재화하여 자아존중감이 낮아지고 불안감과 적대감을 갖게 되며 대인관계의 문제가 발생할 가능성이 크다홍경선, 133.

언어폭력의 원인은 개인 차원에서는 폭력적 언어 사용으로 인해 상대방이 어떻게 느끼고 받아들일 수 있는지에 대해 무감각한 언어폭력 가해학생의 공감능력 부족 때문이고, 가정적 차원에서는 부모의 양육태도로 부모의 공격적, 폭력적 언어 및 행동이 자녀에게 대물림 되었기 때문이다. 또래 차원에서는 또래문화의 영향으로 폭력적 게임이나 욕을 사용하는 언어습관 등이 영향을 준다.

언어폭력의 대처방법으로 첫째, 피해학생의 마음을 공감하면서 문제 상황을 냉정하게 판단한다. 즉, 언어폭력의 빈도, 강도 등 현상을 파악하고 문제의 원인을 객관적으로 진단한다. 둘째, 자기주장 훈련을 통해 피해자가 언어폭력을 당할 때 자신의 생각을 전달할 수 있는 기술을 훈련한다. 셋째, 언어폭력이 심한 경우 기록을 남겨서 신고에 대비한다. 법적 대응의 경우 언어폭력으로 피해를 입었다는 사실을 증명할 수 있는 객관적 증거를 확보한다. 넷째, 언어폭력에 대처할 수 있는 다양한 방법을 모색한다. 언어폭력에 민감하게 반응하는 행동이 가해학생들의 행동을 강화할 수 있어 상황에 따라 유머러스하게 대처하는 기술이 필요하다. 다섯째, 피해학생에게 현재 상황이 극복될 수 있다는 희망과 긍정적 자아상을 가지게 한다.

3) 집단 따돌림

집단 따돌림은 가해자가 다수가 되어 집단적으로 상대방을 의도적이고 반복적으로 피하는 행위로 피해학생이 다른 학생들과 어울리지 못하도록 하는 행위를 말한다.

집단 따돌림의 특성이 예전처럼 따돌림을 당한 아이와 어울리지 않는 수준을 넘어 인터넷을 통한 비방과 언어폭력 등이 동반되는 경향으로 높아지고 있다. 한번 따돌림의 피해자가 되면 학교를 졸업할 때까지 따돌림에서 벗어나기 어렵고 자신의 힘으로 상황을 극복하기 어렵다. 피해학생은 이러한 현실에서 무력감과 자존감 상실이 동반되고 이는 또 다른 문제인 가출, 등교거부, 자살 등의 주요 원인 중의 하나가 된다. 집단 따돌림 문제가 발생한 경우 교사는 가해학생들과 피해학생을 파악하고 그 어떤 편에도 속하지 않는 중립적 자세를 취해야 한다.

집단 따돌림의 원인은 개인적 요인으로는 집단이 따돌림을 행함에 따른 심리적 책임감 분산 효과로부터 부담감의 감소 등이 있고, 학교 요인으로는 타인의 고통이나 어려움에 대한 공감 프로그램의 부재 등에서 찾을 수 있다.

집단 따돌림에 대한 대처방법으로 첫째, 학생이 집단 따돌림 피해에 대한 이야기를 할 때, 진지한 태도로 받아준다. 둘째, 피해학생을 성급히 노출하는 것은 더 심한 따돌림 피해를 당하게 할 수 있으므로 주의한다. 누구 한 명을 지칭하는 것보다는 반 전체를 대상으로 따돌림에 대한 피해를 설명하고 따돌림은 학급에서 절대 일어나서는 안 된다는 강력한 의지를 표명한다. 셋째, 학급회의 시간 및 특별활동 시간에 따돌림에 대한 토론 및 역할극 등을 실시해, 피해학생의 고통을 가해학생들이 느껴 볼 수 있게 한다. 넷째, 가해학생들이 행동을 교정하지 않고 계속해서 따돌림을 할 경우, 그에 따른 적절한 벌을 주어 다른 학생들로 하여금 따돌림을 하면 안 된다는 인식을 갖도록 한다. 다섯째, 피해학생의 부모가 따돌림으로 인해 상담을 요청할 경우 피해 학생 부모의 입장에서 이야기를 들어야 한다. 여섯째, 항상 피해학생의 피해 내용을 먼저 확인한 후 가해학생들을 상담한다. 일곱째, 가해학생들의 부모에게 피해학생의 피해내용을 확인시키고 사과와 반성을 하도록 한다. 여덟째, 가해학생들의 가정을 방문 상담하여 자신의 행동으로 인해 교사가 집까지 방문하는 관심을 가지고 있다는 것을 보여준다. 아홉째, 가해학생들이 좋아하는 선배나 교사와 결연시켜 지도할 수 있도록 한다. 열번째, 교사의 힘이 부족할 경우에는 전문가에게 도움을 청해 속히 문제를 해결하도록 해야 한다.

4) 성폭력

성폭력은 성을 매개로 상대방의 동의 없이 가해지는 모든 신체적, 언어적, 정신적 폭력으로 성과 관련된 모든 행위를 말한다. 성폭력에는 폭행·협박을 하여 성행위를 강제하거나, 유사 성행위 또는 성기에 이물질을 삽입하는 행위, 상대방에게 폭행과 협박을 하면서 성적 모멸감을 느끼도록 신체적 접촉을 하는 행위, 성적인 말과 행동을 함으로써 상대방이 성적 굴욕감, 수치감을 느끼도록 하는 행위성폭력범죄의 처벌

등에 관한 특례법 제2조 1항 등이 포함된다.

성폭력의 유형에는 강간, 성희롱, 성추행 등이 있다. 강간은 상대방의 의사와 무관하게 폭행, 협박, 무력 등을 통해 강제적 성관계를 갖는 행위이며, 성희롱은 대체로 눈짓위아래를 훑어보거나 뚫어지게 보기, 음란전화, 음란성 그림이나 동영상 보기, 성을 암시하는 몸짓이나 표정 또는 소리, 데이트 강요, 성적 농담이나 음담패설 등 성적 굴욕감을 유발하는 언어나 행동이며 성추행은 성욕의 자극, 흥분, 만족을 목적으로 성적 수치심이나 혐오감을 느끼게 하는 행위이다.

성폭력의 발생 원인은 개인적 원인과 사회·환경적 원인으로 나눌 수 있다. 개인적 원인은 미성숙한 성에 대한 의식과 개인적 성 충동에 대한 자제력 부족, 그리고 순간적 충동의 저변에 깔려 있는 복합적인 개인의 감정 상태 등이다. 사회·환경적 원인은 세계화, 정보화, 개성화에 따른 성윤리 약화, 동성애, 혼전성교, 포로노그래피, 성 매매 등 다양한 성 문화의 범람, 학교의 성교육과 인성교육의 부재, 대중매체의 상업성, 선정성과 폭력적 내용 등의 난무 등을 들 수 있다.

성폭력에 대한 대처방법으로 첫째, 1차적으로 성폭력 예방교육과 상담이 중요하다. 학교에서 내실있는 성 교육과 성폭력 예방교육, 상담이 이루어져야 한다. 둘째, 성폭력이 발생했을 때, 성폭력 사건을 인지한 경우 반드시 수사기관에 신고해야 하고, 교장에게도 보고한다. 보호자에게도 사실을 알려 함께 대처방안을 논의하고 전문상담기관을 통해 도움을 받을 수 있도록 한다. 셋째, 성폭력 사건에 대한 조사는 전담기구 또는 교장의 요청으로부터 요청받은 교직원이 하는데, 이 과정에서 피해학생의 인권과 학습권 및 개인정보는 보호되어야 한다. 넷째, 피해학생의 상담은 가급적 동성교사가 한다. 다섯째, 성폭력 또한 학교폭력에 해당하므로, 절차에 따라 자치위원회에서의 심의를 통해 가해자 징계 및 피해자 보호 조치가 이루어지도록 한다. 여섯째, 가해자 징계 및 피해자 보호 조치 심의 시 조치의 효과를 높이기 위해 필요할 경우 수사기관 또는 관련 전문기관의 도움을 받는 것이 효과적이다. 일곱째, 사건처리 후에도 피해학생이 신체적 질병이나 고통을 호소할 때 해바라기 아동센터, One-STOP지원센터 등 전문의료기관이나 성폭력 상담소의 도움을 받도록 한다. 성폭력 가해학생에 대해 지속적으로 관찰은 하되, 관심을 갖고 다양한 방법의 상담, 치료, 교육 등을 통하여 문제행동을 교정할 수 있도록 돕는다.

5) 사이버 폭력

　　사이버 폭력은 정의가 명확하게 정립되어 있지 않으나, "상대방에게 정신적, 심리적 피해를 유발할 수 있는 가상공간에서의 욕설, 비난, 위협, 유언비어, 따돌림과 괴롭힘 등과 같은 행위로 개념화할 수 있다손민지, 7. 즉, 정보통신망을 통해 부호·문헌·음향·화상 또는 영상을 이용하여 타인의 사생활 침해 또는 명예훼손 등의 권리를 침해하는 행위이다. 법률적으로는 '사이버 폭력'이 언급되어 있지 않으나, 유사한 개념으로 '사이버 따돌림은 인터넷, 휴대전화 등 정보통신기기를 이용하여 학생들이 특정 학생들을 대상으로 지속적, 반복적으로 심리적 공격을 가하거나, 특정 학생과 관련된 개인정보 또는 허위사실을 유포하여 상대방이 고통을 느끼도록 하는 일체의 행위'로 정의하고 있다학교폭력법 제2조의 3.

　　사이버 폭력의 대표적 유형으로는 사이버 명예훼손, 사이버 모욕, 사이버 스토킹, 사이버 성폭력 등이 있다. 사이버 명예훼손은 '사람을 비방할 목적으로 정보통신망을 통하여 공연히 사실을 적시하여 타인의 명예를 훼손하는 행위를 함으로써 사이버 공간에서 행해지는 명예훼손'을 말한다. 사이버 모욕은 사이버상의 언어폭력으로 사이버 공간에서 게시판, 대화방, 또는 이메일이나 쪽지 등을 이용하여 상스러운 욕설을 하거나 인격을 모독하는 글 혹은 허위·비방하는 글을 올리는 행위를 말한다. 사이버 스토킹은 전화, 이동통신, 대화방, 게시판 또는 이메일 등의 정보통신망을 이용하여 공포심이나 불안감을 유발하는 부호·문언·음향·화상 또는 영상을 지속적·반복적으로 상대방에게 도달하게 하는 행위를 말한다. 사이버 성폭력은 사이버 공간에서 상대방의 의사에 반하여 원하지 않는 성적 접근을 하여 불쾌감이나 위압감 등의 정서적 피해를 유발하는 것을 말한다. 상대방에게 성적 수치심이나 혐오감을 일으키는 말이나 정보를 전달하거나 상대방의 의사에 반해 상대방의 신체를 촬영한 경우 등이 포함된다.

　　사이버 폭력의 원인은 첫째, 인터넷의 환경적 특성에서 비롯된다. 사이버 공간에서 일어나는 폭력행위의 대표적 원인이 익명성과 비대면성이다. 익명성은 사이버 공간에서 자아와 현실세계의 자아를 분리하여 인식하여 통제력의 약화시켜 죄책감이나 처벌에 대한 두려움 없이 폭력을 행사하게 하고, 비대면성은 가해자로 하여금 피해행위가 체감되지 않고, 피해자의 감정을 직접 확인할 수 없게 하여 가해 행위에 대한 죄책감을 약화시키고 가해 행위를 하고 있다는 인식조차 하기 어려워 폭력성을 점차 강화시킨다. 둘째, 사회문화적 요인이다. 사이버 폭력은 현실사회의 문제와 밀접한 관련이 있다. 인터넷의 역기능인 사이버 폭력은 대부분 현실사회의 문제를 반영한다. 폭력적인 하위문화 속의 사람들은 폭력이 용인되는 분위기 속에서 폭력을 거부감 없이 당연한 것으로 받아 들여 자연스럽게 폭력행위를 하게 된다. 셋째, 개인심리적 요인이다. 개인에게 있어 일상의 좌절, 긴장으로 인한 화·분노, 우울감 등 부정적 감정이 우발적 충동, 일탈행위로 이어지는데 그 방식으로 사이버 공간이 선택된다손민지, 13.

사이버 폭력의 대처방안은 첫째, 사이버 폭력에 대한 예방교육을 개발하고 강화한다. 학생수준에 맞게 유형별·사례별·상황별로 다양한 사이버 폭력 매뉴얼을 개발하여 적용한다. 둘째, 교사와 학부모가 사이버 공간에 대한 학습을 통해 이해할 수 있는 능력을 기른다. 사이버 공간의 이해를 통해 학생과 자녀가 왜 사이버 공간에 탐닉을 하는지? 흥미 요소는 무엇인지? 부정적 요소는 무엇인지? 어떻게 지도해야 하는지? 등에 대한 방법을 구안할 수 있어야 한다. 셋째, 사이버 폭력의 예방의 효과성을 발휘하기 위해 교사와 학부모의 상호 정보를 교환하는 협조가 필요하다. 교사와 학부모가 학생의 사이버 활동 정보를 교환하면 시기적절한 예방과 대처가 가능하다. 넷째, 사이버 공간에서 사용하는 게임 종류나 대인관계나 또래관계를 파악한다. 폭력적인 게임이나 선정적 음란물 등의 사용이 학교폭력이나 성폭력의 위험요인으로 작용할 수 있다. 다섯째, 사이버 공간에서 윤리의식 교육 확대를 위한 협조가 필요하다이규미 외, 282-283. 사이버 폭력 행위를 사전에 예방하기 위해서 이용자 대상의 교육과 홍보활동이 필수적이다. 특히 유아 및 청소년 대상의 교육은 바람직하고 건전한 인터넷 이용 윤리를 습득한 인터넷 이용자를 지속적으로 배출한다는 측면에서 장기적으로 인터넷의 건전성을 키우는 토대가 될 것이다.

학교폭력 상담의 실제

School Violence **Prevention** &
Understanding of Student

Chapter 08

학교폭력 상담의 실제

학교폭력 상담의 이해에서 다루어진 내용들이 실제 학교현장에서 어떻게 적용되어 이루어지고 있는지 학교폭력 상담 사례를 살펴본다. 학교폭력의 피해자·가해자를 대상으로 실시한 결과를 학위 논문으로 발표한 개인 상담 사례와 교육부에서 피해자·가해자 집단을 대상으로 개발한 집단 상담 프로그램을 제시한다.

 개인 상담 사례

개인 상담은 학교폭력 피해자, 가해자의 내면적 심리 치유와 개인 사생활을 보호하기에 유리하다. 학교폭력 피해자 상담초등학생, 중학생과 가해자 상담중학생 사례로 구분하여 제시한다.

1) 피해자 개인 상담 사례

학교폭력 피해 초등학생 상담 사례[1]

Ⅰ. 상담동기

내담자는 5학년 때부터 친구들에게 지속적으로 무시당하고 따돌림을 당해 학교생활에 불만을 가지고 있었다. 학급의 친구들은 내담자의 학교생활 모습을 보면서

---

1 최승희(2012.8)의 석사학위논문을 요약 정리하였다.

은연중에 내담자를 약자로 인식하고 대했다. 초등학교 6학년에 올라와서는 그 정도
가 더욱 심해졌다. 예를 들면 머리에서 비듬이 떨어진다는 등의 이유로 더럽다며
학급 친구들에게 놀림을 당했고, 학교 성적이 부진하다는 이유로 웃음거리가 되기
도 하였다. 수업시간에 자세가 바르지 못하고 집중력도 낮아서 담임교사에게 지적
을 당하는 경우가 많았고, 그것이 따돌림의 이유가 되기도 했다. 또한 친구들과 말
다툼, 몸싸움이 잦았다. 친구들이 때리거나 놀리면 명확히 대응하지 못하고 그 상
황을 회피하고 도망 다니는 데 급급했다. 담임교사에게 말해도 해결되지 않을 것이
라고 스스로 판단하여 행동하는 경향을 보였다. 따라서 내담자는 친구들에게 인기
가 없고 친구들이 자신을 싫어한다고 생각하여 늘 의기소침해 있고 학교에 오기
싫어했다. 친구들과 문제가 생기면 무단으로 수업을 이탈하여 담임교사가 찾으러
다닌 적이 수차례 있었다. 그럴 때마다 학교스탠드나 창고 등 학교 내 인적이 드문
곳에서 혼자 시간을 보내곤 했다. 이러한 일이 반복되자 담임교사는 상담을 시도하
였으나 내담자가 회피하여 상담이 이루어지지 않았다. 담임교사는 가해학생들과 상
담을 했으나 그 때만 효과가 있었을 뿐 담임교사가 보이지 않는 곳에서는 같은 상
황이 반복되었다. 한번은 급식실에서 주변 친구들에게 놀림을 당해 밥도 먹지 않고
말없이 학교를 뛰쳐 나가 밤늦게 집에 들어왔다. 이 일을 계기로 내담자의 아버지
는 자녀 문제의 심각성을 인식하고 담임교사에게 상담을 요청하게 되었고, 담임교
사가 전문상담가에게 내담자 상담을 의뢰하였다.

Ⅱ. 상담대상의 이해

1. 인적사항

  G시 소재 ○○초등학교 6학년 만 12세, 남자

2. 가족 관계

  ① 아버지(47세): 학원 원장으로 활동하고 있다. 강한 성격으로 내담자가 초
      등학교 4학년 때 어머니와 이혼한 후 내담자의 양육을 담당하고 있다. 학
      원 운영이 바빠 내담자를 세심하게 보살피지 못하는 경우가 많다. 하지만
      내담자와 가장 많은 시간을 보내며 내담자가 갖고 싶은 것은 거의 다 사
      주고, 원하는 것은 들어주는 편이다. 그러나 내담자가 거짓말을 하거나

잘못된 행동을 했을 때 매우 엄하게 지도하며 체벌을 한다. 내담자와 대화를 하기보다는 지시를 하는 경우가 많으며, 가부장적인 가정교육을 한다. 내담자는 평소에는 아버지가 좋지만 화를 낼 때는 도망치고 싶을 정도로 무섭다고 한다.

② 어머니(42세): 이혼 후 경기도에서 생활을 하다가 내담자가 초등학교 6학년 때 내려와 아들과 연락을 하며 지낸다. 내담자는 처음 자신을 떠난 어머니가 미워 연락하는 것이 불편하고 어색했으나 지금은 자주 연락하며 어머니와 살고 싶어 한다. 하지만 아버지의 반대로 어머니를 만나지 못하고 전화 통화만 하고 있다. 어머니는 매우 자상하고 부드러우며 내담자의 말을 잘 들어 준다. 내담자는 따뜻한 어머니의 품을 그리워하고 있다.

③ 누나(17세): 고등학교 2학년으로 많은 시간을 학교와 독서실에서 보내 내담자와 교류가 거의 없다. 사춘기 시절을 보내고 있어서 신경이 날카롭고 동생에게 사납게 대한다. 학교에서 공부를 잘하는 모범생이어서 내담자가 부러워하는 대상이다.

3. 학교생활

수업시간이나 기타 활동 시간 등 집중력이 필요한 시간에 바른 자세로 앉지 않고 항상 다리를 뻗거나 팔짱을 끼고 앉으며, 필기도구를 이용해 소리를 내면서 혼자 논다. 오후 수업 때는 엎드리거나 하품을 하는 등의 태도를 보인다. 공부에 의욕이 없고 발표를 거의 하지 않는다. 담임교사에게 지적을 당하는 경우 얼굴이 굳어지고 대답을 하지 않으며 고개를 숙이며 외면한다. 쉬는 시간, 점심 시간에 친구들과 원만한 의사소통이 거의 이루어지지 않고 잘 어울리지 못한다. 친구들과 대화를 하더라도 짧게 끝나고 말다툼으로 번지는 경우가 많다. 가끔 친구들에게 먼저 말을 걸면 친구들에게 무시를 당하고, 친구들이 자신에게 장난을 치면 짜증을 내고 그것이 원인이 되어 싸움이 일어나기도 한다.

4. 인상 및 행동관찰

몸집이 통통하고 약간 비만하고 얼굴은 동그랗고 붉게 상기되어 있다. 짧은 머리로 남자다우면서 귀여운 인상을 준다. 자신의 외모가 친구들에게 호감을 주지 못한다고 생각한다. 거의 매일 검정색 트레이닝복을 입고 다니며 위생 상태가 좋지 못하다. 평소 무뚝뚝해 보이나 웃을 때는 순수한 모습이다. 상담을 할 때 몸을 기울여 앉으며 고개를 앞으로 내밀고 대화하고 고개를 자주 건들거리며, 자신감이 없어 보인다. 질문에 깊이 생각하지 않고 '그냥요.', '그렇죠 뭐.', '못해요.'라는 말을 자주 하며 필요한 말만 짧게 답한다.

5. 내담자의 자원

① 강점: 1) 운동을 좋아한다. 아버지의 영향으로 어렸을 때부터 운동을 했고, 좋아하는 운동을 할 때가 가장 행복하다고 한다. 최근 학교 배드민턴부에서 대회에 나가 상을 받았다. 교우관계, 학교생활, 가족 이야기할 때와는 달리 운동 이야기를 하면서 표정이 밝아졌다. 2) 어렸을 때부터 학원선생님 등 어른들과 교류가 많아서인지 또래보다는 어른들과 관계를 맺는 것을 더 편하게 느낀다. 4학년 때 부모의 이혼으로 아픔을 경험할 때 담임교사가 위로하고 지지해주어 친밀한 관계를 유지하고 있으며 의지를 많이 하고 있다. 교사의 인정은 내담자가 자신감을 갖고 자존감을 높이는 기회가 될 수 있다.

② 단점: 1) 초등학교 생활을 하면서 학습 부진을 반복적으로 경험하고, 학급에서 인정을 받지 못한다. 2) 불안한 가정환경으로 인해 늘 의기소침하고 자신감이 없다. 자신이 행복하지 않다고 생각하며 현재 생활이 뒤죽박죽이라고 느낀다. 3) 자신에게 고쳐야 할 점이 많다고 생각하나 실천력이 부족하다. 어려운 상황에 처했을 때 외면해버린다. 4) 대인관계 기술이 부족하여 다른 친구들과 사이좋게 지내는 것에 어려움을 느끼고 스스로 벽을 만들고 있다. 자기중심적 사고로 친구들을 대하고, 친구들이 자신을 괴롭히고 놀리면 적절한 대응을 하지 못해 따돌림 현상이 개선되지 못하고 계속 되풀이된다.

Ⅲ. 호소 문제

친구들이 싫다. 친구들만 생각하면 스트레스를 받는다. 친구들이 놀리지 않았으면 좋겠고 싸우지 않고 사이좋게 지내고 싶다. 친한 친구들이 있으면 좋겠다. 그리고 수업 시간에 집중하기 힘들다. 공부를 못하는데 특히 국어가 어렵다. 수업 시간이 너무 지루하여 행동이 산만해진다. 공부에 흥미를 가지고 잘하고 싶다. 또, 잘하는 것이 없다. 친구들은 각자 잘하는 것이 하나쯤은 있는데 나는 무엇을 잘하는지 모르겠다. 자신감을 갖고 싶다. 화를 잘 내는 것 같다. 친구들이 조금만 장난을 쳐도 화가 나고 짜증이 난다. 그래서 그럴 때마다 괴롭다. 고치고 싶다.

Ⅳ. 심리검사 결과

사전 심리검사로 집-나무-그림검사HTP, 동적가족화검사KFD, 문장완성검사SCT, 자아존중감 검사, 사회적 기술 검사, 교우관계 태도 검사, 학교적응 검사, 지능검사 K-WISC-Ⅲ 등을 실시하였다.

1. 집-나무-그림검사(HTP), 동적가족화검사(KFD)

내담자는 대인관계가 단절되어 있고, 가정에 대한 애착이 없다. 가족에 대한 따뜻함이 느껴지지 않고 가족에 대해 기대하는 바가 없다. 또한 애정 결핍을 보이고 심리적으로 불안한 상태로 자아존중감도 낮은 편이다. 그림에서 남자는 웃고 있으나 여자는 미움의 대상으로 표현하고 있다. 이것은 내담자가 느끼는 아버지와 어머니 상으로 생각된다. 머리를 크게 그린 것으로 보아 지능에 대한 갈망이 크다. 아버지와 관계는 좋아 보이나 가족 관계에서 전반적으로 단절된 모습이 나타난다.

2. 문장완성검사(SCT)

친구관계에 대해 모두 부정적 답변을 하였고, 학급 친구들 사이에서 따돌림을 당하고 있는 상황과 자신을 둘러싼 대인관계에 대해 심한 스트레스를 호소했다. 현재 학습 부진으로 공부를 잘하고 싶은 욕구를 보였고, 부모의 이혼으로 인해 불안한 심리 상태와 가족에 대한 상처가 크다. 운동을 매우 좋아하고 있으며 운동에 자신감이 있다. 화를 잘 내는 것을 자신의 단점으로 생각하고 있다.

3. 여러 가지 척도 검사

검사의 결과 자아존중감 검사 49/100, 사회적 기술 검사 99/195, 교우관계
태도 검사 23/45, 학교적응 검사 96/156으로 나타났다. 이는 내담자가 낮
은 자아존중감을 지니고 있고, 매사 자신감이 없으며, 사회적 기술이 부족
하고 교우관계에 있어 부정적 태도를 보이고 있다는 것을 보여준다. 또한,
내담자가 원만한 또래 관계를 유지하지 못하고 학교생활 적응에 어려움을
겪고 있음을 알 수 있다.

4. 지능검사(K-WISC-Ⅲ)

상식	공통성	산수	어휘	이해	숫자	언어성 지능
8	11	11	9	6	14	93
빠진 곳 찾기	기호쓰기	차례맞추기	토막짜기	모양맞추기	동작성 지능	
9	10	6	8	4	80	

내담자의 지능은 언어성 93, 동작성 80, 전체 지능 86이다. 언어성 지능은 평
균 90~109에 속하며, 동작성 지능과 전체 지능은 평균 아래인 80~89에 속
한다. 전체 지능은 백분위 점수로 100명 중 82.5위에 속하며 오차범위를 고
려할 때 80~93으로 추정된다. 각 하위 소검사 및 학생의 수검 태도를 고려
했을 때 내담자의 잠재지능은 평균 아래 정도의 수준이다. 요인별로 지각적
조직화 능력은 78로 평균 아래, 주의집중력이 115로 평균 이상, 언어적 이해
력 91로 평균에 속해있다. 주의집중력에 비해 지각적 조직화능력이 유의미하
게 저하되어 있다.

이상의 검사결과를 종합해보면 내담자는 또래 관계, 학업, 가족 관계에 있어
어려움을 호소하고 있는 것이 드러난다. 자아존중감이 낮아 매사 자신감이
없고 자신이 불행하다고 느끼고 있다. 같은 반 친구들에 대해 적대심을 지니
고 있고, 친구들이 자신을 괴롭힌다고 생각한다. 교우관계에 대해 부정적 인

식을 하고 있으며, 사회적 기술이 부족하여 학교생활 적응에 문제를 보인다. 전체 지능이 평균 아래에 속하여 실제 학교에서 학습 부진으로 지도를 받고 있다. 자신의 학습 부진을 알고 있으며, 지능과 학업 성적이 향상되기를 바라고 있다. 부모 이혼의 충격으로 가족에 대해 따뜻함을 느끼지 못하고 있으며 심한 스트레스를 받고 있는데 이는 학교생활에 영향을 주어 대인관계를 잘 해나가지 못하고 집단따돌림을 받고 있는 것으로 나타났다.

이러한 검사 결과를 토대로 하여 상담과정에서 대화와 공감을 통하여 충분한 정서적 지지를 바탕으로 긍정적 자아개념을 형성할 수 있도록 도움을 주고, 자존감 향상과 대인관계 기술 훈련을 통해 사회성을 함양시켜주어야 할 필요성이 있다. 또한 자신이 지니고 있는 여러 가지 부정적인 감정과 스트레스를 극복할 수 있도록 해야 하겠다.

V. 상담의 목표와 전략

1. 상담의 목표

① 긍정적 자아개념을 형성하고 자존감을 향상한다.

② 대인관계 훈련을 통해 사회성을 함양한다.

③ 부정적 감정을 극복하고 긍정적 감정을 갖고 행동한다.

2. 상담의 전략

① 다양한 심리검사를 통해 정확한 자신의 특성 및 장·단점을 파악하여 강점을 강화하고 약점을 보완하도록 돕는다.

② 학교 부적응 경험에 대해 직면하게 함으로써 객관적 시각으로 문제를 일으키는 원인을 탐색하게 하여 자신의 상황을 자각하도록 한다.

③ 공감, 지지 및 수용을 통해 내담자와 친밀한 관계를 형성하여 가족구조 속에서 느끼는 외로움과 불안감, 학교에서의 소외감 등 심리적 고통을 풀어가면서 자신의 환경에 적응하고 자기를 이해하며 자존감을 높일 수 있도록 한다.

④ 대인관계 기술을 익혀 또래와 안정된 의사소통을 하도록 하고 인간관계의 소중함을 깨달아 타인을 배려하며 즐거운 학교생활을 할 수 있도록

한다.

⑤ 주요 상담기법으로 상담자의 자기 개방, 공감적 이해 및 수용, 해석, 직면, 머물러 있기, 명료화, 경청, 비언어적으로 표현하기, 적절한 침묵 사용, 재구조화, 지금―여기 경험 다루기, 과장하기 등을 상황에 알맞게 사용한다.

⑥ 담임교사의 협조를 구해 내담자에 대한 인식 변화를 통한 긍정적 지지와 함께 담임교사가 내담자의 변화와 성장에 동참하도록 한다.

⑦ 매 회기 구조화된 상담으로 진행하여 내담자가 문제를 해결하는 데 도움을 주고 상담 목표를 달성하도록 한다.

Ⅵ. 상담의 진행과정
- 상담회기별 요약

1. 상담의 구조화

상담은 2011년 10월부터 12월까지 세 달 동안 40분~50분 정도로 총 12회에 걸쳐 진행되었다.

과정	회기	주제	활동내용
초기	1	상담관계 형성	• 상담의 필요성 이해 • 상담 관계 수립 • 여러 가지 심리 검사
	2		• 신뢰감 형성 • 내담자 알아가기 • 문장완성검사
중기	3	자기이해	• 상담 분위기 조성, 마음의 문 열기 • 그림검사 • 심리검사 결과를 바탕으로 자기 인식하기
	4		• 나의 내면의 생각(갈등, 불만, 스트레스) 직면하기 • 학교 및 일상생활에서 느끼는 내적 갈등, 소외감 다루기
	5	자아존중	• 자신의 장점을 파악하기 • 자아존중감 높이기

	6	대인관계	• 내담자의 교우관계 바라보기
	7		• 감정 표현하기 • 갈등을 순화하는 방법(말, 표정, 태도)알기
	8	대인관계 기술	• 합리적 의사소통 방법-공감, 칭찬하기 • 자기 및 타인 이해
	9		• 합리적 의사소통 방법-도움 요청하기, 거절하기 • 자기 및 타인 이해 • 친구 사귀는 방법 알기 • 친구에게 말 걸기
	10	합리적인 사고하기	• 합리적 사고 방법 알기 • 정신적 여유 찾기 • 대인관계에서 적대감 해소하기
종결	11	새로운 나	• 나 사랑하기 • 미래의 나의 모습 설계하기 • 미래의 나에 대해 자신감 갖기
	12	마무리	• 상담의 효과 논하기 • 미래에 대한 긍정적 느낌과 확신 갖기
	상담 후	추수지도	• 내담자의 미해결 과제 다루기

2. 회기별 요약

1회기

• 목표: 상담 관계 수립 및 신뢰감 형성
• 내용: 내담자 욕구 파악, 내담자 정보 수집 위한 자아존중감 검사, 사회성 검사, 교우관계 태도 검사, 학교적응 검사를 실시했다.

2회기

• 목표: 내담자 탐색 및 상담 목표의 구체화
• 내용: 문장완성검사를 실시하고 대화 내용을 토대로 내담자와 협의하여 상담의 목표를 정했다. 대인관계 기술과 자존감 및 자신감 향상, 교우관계에서 부정적 감정을 극복했다.

3회기

• 목표: 자기 인식하기

• 내용: 집－나무－그림검사HTP, 동적가족화검사KFD를 실시하고, 검사 실시 후 검사에 나타난 내용에 대해 질문을 통해 내담자의 의식을 탐색했다.

4회기

• 목표: 내면의 생각갈등, 불만, 스트레스 직면하기

• 내용: 내담자가 자기 자신을 바라보고 이해하게 하는 시간을 가지고, 자신과 가족, 친구 관계를 돌아보게 했다.

5회기

• 목표: 자신의 장점 파악하기

• 내용: 자신의 장점과 단점에 대한 탐색을 통해 현재 자신의 모습을 이해하고 수용하는 시간을 가졌다.

6회기

• 목표: 교우관계 바라보기

• 내용: 급우들과의 친소관계를 종이에 그려보게 하고 이들과의 관계를 회상하게 했다. 갈등적 상황과 우호적 상황을 통해 친구관계를 탐색하고, 빈의자 기법 사용축어록 작성했다.

7회기

• 목표: 감정 표현하기

• 내용: 여러 가지 감정에 대해 살펴보고, 다양한 상황에서 느껴지는 감정을 찾아보며 감정을 표현하는 방법을 탐색했다. 따돌림에 관한 활동지를 사용했다.

8회기

• 목표: 합리적 의사소통 방법 연습하기공감하기, 칭찬하기

- 내용: 대인관계 기술 중 공감하기와 칭찬하기를 배우고 상담자와 함께 연습했다. 학교생활에서 적용할 수 있도록 친구들과 대화할 때 공감해주기, 칭찬해주기를 숙제로 내주었다.

9회기

- 목표: 합리적 의사소통 방법 연습하기_{도움} 요청하기, 거절하기
- 내용: 도움을 요청하고 거절하는 대인관계 기술을 익히고, 다양한 요청 상황과 거절 상황을 시연하면서 방법을 익히는 활동을 했다.

10회기

- 목표: 합리적인 사고 방법 알기
- 내용: 합리적인 사고에 대해 이야기를 나누면서 그동안 내담자가 지니고 있던 부정적 사고방식을 반성하게 했다. 비합리적 사고를 합리적 사고로 바꾸면 어떻게 말할 수 있을까? 긍정적 사고를 할 수 있도록 활동지를 통해 연습했다.

11회기

- 목표: 미래의 나의 모습 설계하기
- 내용: 긍정적인 미래 자아상 갖기를 목표로 내담자의 미래 모습을 '아이클래이_{공작도구}'로 표현해보고 자신이 이루고자 하는 꿈과 미래의 모습을 위해 할 수 있는 일에 대해 이야기했다.

12회기

- 목표: 미래에 대한 긍정적 느낌과 확신 갖기 및 상담 마무리
- 내용: 상담 마지막 회기로 그동안 상담과정에 대한 느낌을 주고받으며 자신에 대한 평가와 상담을 마친 후의 변화를 인식하여 자신의 현재 모습을 바라보며 새로운 각오를 다짐했다.

Ⅶ. 상담 종결 및 평가

본 사례는 하나의 이론으로 상담을 하거나 특정 기법에 따르기보다 내담자의 문제 해결에 도움이 되는 원리나 기법을 종합적으로 사용하여 다각도로 접근하였다. 집단따돌림 피해학생의 성향과 상황을 고려하여 매 회기 상담 내용을 계획하여 상담을 진행하였다. 2011년 10월부터 12월까지 3개월의 기간 동안 12회로 회기당 40분~50분 정도로 이루어졌다.

1. 상담자의 상담 평가

내담자는 12회기의 상담을 통해 자아존중감이 향상되고 자기 자신에 대해 자신감을 갖게 되는 긍정적 변화를 보였다. 대인관계의 어려움을 겪던 내담자는 자신의 인간관계를 살펴보고, 지속적으로 사회성 기술에 대한 연습과 적용을 하면서 조금씩 친구들에게 다가가는 모습을 보였다. 상담 이전에 부정적 생각이 아닌 긍정적 생각을 가지고 밝게 생활하려는 모습을 보였다.

하지만 단기 상담으로 종결되면서 시간관계상 다루지 못한 미해결 과제가 있었다. 상담 종결 무렵에도 내담자는 부모 이혼으로 스트레스를 받고 있어 상담 과정에서 부모에 대한 감정이 충분히 다루어졌다면 학교 부적응의 근본적 원인 해결과 가족에 대한 긍정적 생각을 하도록 하는 데 도움이 되었을 것이다.

본 상담은 학교폭력 피해자인 내담자의 개별 특성에 맞춰 친밀감을 형성하는데 주안점을 두고, 과제 수행 등을 통해 대인관계 기술과 자존감 향상을 위해 매 45분 정도의 면담으로 총 13회기(○○년 7월 16일 ~ ○○년 10월 15일)에 걸쳐 진행되었다. 상담 목표 달성에 대해 내담자는 <표 8-1>의 자기보고에서 보듯이 대인관계 기술에 대한 구체적 행동 달성 정도가 높아져 교우관계가 좋아지고 있음이 확인되었다. 그러나 여전히 비합리적 사고나 대인관계 기술의 세부적 부분에서는 좀 더 상담이 추가적으로 이루어져야 할 필요가 있다.

2. 내담자의 상담 평가

표 8-1	내담자 자기 보고
1. 상담목표 달성에 대한 생각	• 처음 선생님을 만나 이야기 나누는 것이 어색하고 이상했으나 상담을 할수록 마음이 편해지고 나에게 어떤 문제가 있는지 알게 되고 그 점을 고치려고 노력하게 되었다. 친구들에게 왕따를 당했을 때 친구들이 이유없이 나를 싫어하는 게 아니라 나에게 잘못이 있다는 것을 알게 되었다. 상담을 통해 친구들과 대하는 방법을 알고, 친구들에게 조금이라도 다가갈 수 있게 되어 기쁘다. 그리고 자신감도 생겼다.
2. 상담을 통해 얻은 것	• 평소에 자신감이 없고, 다른 친구들에 비해 잘하는 것이 없다고 생각했는데 상담을 하면서 나 자신의 장점에 대해 알게 되었다. 친구들에게 퉁명스럽게 대하고 친구들을 피하고 사이가 나빴는데 상담을 통해 여러 가지 이야기를 나누고 연습하면서 친구들에게 다정하게 말하는 방법을 알게 되었다. 이제는 쑥스럽지만 친구들에게 먼저 다가가고 사이 좋게 지내려 노력하고 있다.
3. 앞으로 생활 계획과 바람	• 내 생활이 조금씩 나아지고 있는 것 같다. 앞으로 상담을 통해 배운 것을 계속 실천하고, 친구들과 사이좋게 지내고 싶다. 나의 장점을 살려 운동도 열심히 하고 합리적으로 생각하는 습관을 기르도록 하겠다.
4. 상담에 대한 총 평가 및 소감	• 나는 단점만 있는 것으로 알았는데 장점도 많이 있어서 놀랐다. 칭찬하기, 공감하기, 거절하는 것, 요청하기 등을 연습하고 친구들에게 표현을 했는데 친구들도 잘 반응을 해주어 나를 싫어하지 않는다는 생각을 했다. 합리적 생각에 대해 이야기하면서 문제를 잘 이해하고 대답도 잘 한다고 선생님께 칭찬을 받아 기분이 좋았다. 감정표현을 잘해야 친구들과 사이도 좋아진다는 것을 알게 되었다. 학교생활이 좋아진 것 같아 기분이 좋다. 앞으로는 친구들하고 잘 놀고 잘 사귀고 즐겁게 살 것이다. 상담이 나에게 많이 도움이 되었다.

학교폭력 피해 중학생 상담 사례[2]

Ⅰ. 상담동기

내담자는 중학교에 입학하면서 새로운 환경에의 적응 스트레스와 담임교사의 강압적 학급운영에 대한 반항으로 담임교사에게 꾸중을 듣게 되었다. 이 과정에서

---

2 이달호(2012.2)의 석사학위논문을 요약 정리하였다.

학급의 힘센 학생들과 다툰 것이 폭력 피해의 계기가 되었다. 내담자와 싸운 학생이 내담자가 친하게 지내는 친구들과 못 놀게 방해하고, 가방끈을 끊어 놓거나, 신발에 껌을 붙여 놓았고, 수업 중 욕을 쓴 쪽지를 보내 수업을 방해하기, 빈정대기, 나쁜 소문 퍼뜨리기 등 학교폭력이 일상화되면서 학급에서 외톨이가 되었다. 내담자는 폭력에 대한 억울한 생각이 떠오를 때마다 집에서 공부를 하다가 소리를 지르고, 울며, 학교에 가기 싫다고 하였다. 학교폭력 피해사실을 안 어머니가 담임교사에게 알려 겉으로는 폭력이 중단되었으나, 여전히 보이지 않는 폭력이 지속되었다. 내담자는 외부의 상담기관에서 1주일에 1번, 2달 동안 상담을 받아 점차적으로 안정되는 모습을 보이고 학교도 잘 다녔다. 학교생활에서 관찰된 내담자는 고개를 숙이고 이어폰을 꽂고 그림을 그리거나 독서나 공부만 하면서 친구들과는 대화도 하지 않고, 친구들에게 관심도 보이지 않는, 외따로 떨어진 모습을 자주 보였다. 2학기 교내 학교폭력 예방을 위한 글짓기 활동 중 과거 학교폭력 피해사례를 적은 글에서 심각한 피해의식이 나타나 있어 상담이 필요할 것으로 판단되었다. 상담자는 내담자의 학교폭력 피해경험으로 인한 교우관계 문제, 사회성 부족, 자신에 대한 부정적 인식, 같은 상황이 일어날 경우 대처 방법의 부재 등의 문제의식을 공유하고, 문제해결을 위한 상담에 내담자와 어머니는 서면 동의하였다.

Ⅱ. 상담대상의 이해

1. 인적사항

G시 소재 ○○중학교 3학년 만 14세, 여자

2. 가족 관계

① 아버지(44세): 육아와 교육은 어머니의 몫으로 생각한다. 학교폭력 피해와 관련하여 담임교사 면담이나 가해학생을 만나볼 것을 어머니가 요청하자 어머니에게 아이들을 어떻게 길렀기에 그러냐며 화를 내거나 무시하는 등 비협조적이다. 쉬는 날에는 가족과 함께 하기보다 낚시나 골프, 회사업무에 열중한다.

② 어머니(42세): 연년생 자녀를 키우는 과정에서 육아 스트레스로 우울증

을 겪었다. 이것이 자녀에게 좋지 못한 영향을 주어 자녀의 성격이 차갑고 개인주의적이 되고, 내담자가 폭력 피해를 호소할 때도 이해보다는 내담자의 태도에 대한 훈계 위주로 대처하여 내담자의 현재의 문제를 만들었다는 자책감을 가지고 있다. 가해자를 만나 눈물로 호소하기도 하고, 자녀에게 상담기관 상담을 받게 하고 자신도 상담을 통해 변화되려는 노력을 하는 등 자녀 변화에 적극적이다.

③ 여동생(13세): 내담자와 연년생으로 잘 챙기지 못하는 언니를 잘 도와주라는 어머니의 부탁에 언니를 잘 도와준다. 피부가 희고, 외향적 성격으로 활발한 편이다.

3. 학교생활

2학년 때 담임교사의 도움으로 괴롭힘을 가한 가해학생들과 분반 편성되었으나, 3학년 때도 동성친구들과 대화를 하지 않는 등 교우관계에 소극적이었다. 주관이 강하고, 논리적이어서 또래 친구들의 관심거리에 별 흥미를 느끼지 못하여 혼자였다. 음악을 듣고 독서만 하게 되고 학습 이외의 활동력이 떨어진다. 학교폭력의 상처로 마음의 문을 닫고 피해의식으로 매사 소심하고 자신감이 없다. 대인관계 기술이 미숙하여 또래 관계 형성에 악순환의 고리를 가진다.

4. 인상 및 행동관찰

보통의 키에 적절한 체격으로 짧은 커트 머리에 안경을 착용하고 있다. 사진 속 얼굴은 생기 있고 야무지게 보이는데 평소 얼굴색은 어둡고 무뚝뚝하게 보인다. 웃을 때 약간 어색함을 드러낸다. 대화를 할 때 상대방과 눈 마주침은 거의 이루어지지 않고 옆으로 본 채로 이야기를 한다. 등·하교 때나 학교에서 쉬는 시간에는 이어폰을 끼고 음악을 들으며 책을 보거나 잠을 잔다. 학업이나 교칙준수, 청소활동 등 자신에게 주어진 역할을 잘 수행하나 교우관계에는 관심이 없는 듯 잘 어울리지 못하고 친구와 대화하는 모습을 보기 어렵다.

5. 내담자의 자원

① 강점: 독서량이 풍부하여 이해력과 사고가 깊이가 있고 어휘력, 내용 구성과 표현력이 높다. 좋아하고 싫어하는 것에 대한 태도가 분명하고, 자신의 감정을 솔직히 분명하게 표현하며 개성이 강하다. 자신에게 주어진 일에 책임감을 가진다. 감수성이 풍부하고 집중력과 끈기가 있다. 자신의 단점을 잘 파악하고 있으며 진로에 대한 뚜렷한 목표를 가지고 있다.

② 단점: 성취 욕구는 강하나, 달성하지 못했을 때 자기비하가 심하며 쉽게 짜증을 낸다. 타인과의 관계에서 비판을 받을 경우 타협을 용인하지 않고 얼굴이 경직되는 등 방어적 태도를 가진다. 타인과의 관계에서 공감, 경청, 수용 등 대화기술력이 부족하다. 타인에 대한 관계 개선에 두려움을 가지고 소심한 태도를 보이며 자신감이 부족하다.

Ⅲ. 호소 문제

자신의 성격에 대해 자세히 알고 싶고, 대인관계에서 자신감을 얻어 대인관계를 개선하고, 무슨 일을 계획하고 진행할 때 결과에 대해 오래 생각하거나 내뱉는 부정적 생각과 말을 줄이고 싶다. 또한 친구를 사귀거나 말을 걸거나 걸어올 때 주저하거나 친구들의 반응에 과민하게 반응하는 것, 혼자서 추측하고 부정적으로 인식하는 것을 고치고 싶다. 이를 통해 초등학교 고학년 때처럼 자신감 있고 교우관계가 좋았던 때로 돌아가고 싶다. 고등학교에 입학하면 학교생활에 잘 적응해 대인관계에 있어 원활한 소통을 하고 싶다. 내담자의 어머니는 자녀가 교우관계의 어려움을 잘 극복하여 긍정적 사고를 가진 친구들과 많이 사귀었으면 좋겠고 자신감을 회복하고, 학교생활을 원활하게 했으면 한다.

Ⅳ. 심리검사 결과

정신보건 임상심리사에 의해 지능검사K-WISC-Ⅲ, 다면적 인성검사MMPI-A, 청소년 자기행동평가척도K-YSR, 문장완성검사SCT, 집-나무-그림검사HTP, 운동성 가족화 검사KFD 등을 실시하였다.

1. 지능검사(K-WISC-Ⅲ)

상식	공통성	산수	어휘	이해	숫자	언어성 지능
11	11	11	13	12	14	111
빠진 곳 찾기	기호쓰기	차례맞추기	토막짜기	모양맞추기	동형찾기	동작성 지능
7	9	13	11	13	12	105

검사결과 언어성 지능 111, 동작성 지능 105로 전체 지능이 109로 평균 지능 90-109에 속해 있다.

2. 다면적 인성검사(MMPI-A)

척도	L	F	K	Hs	D	Hy	Pd	Mt	Pa	Pt	Sc	Ma	Si
T점수	39	59	30	45	51	39	69	44	63	70	68	57	60

3. 문장완성검사(SCT)

내가 가장 행복한 때는 <u>다른 사람이 나를 좋아한다는 것을 느낄</u> 때이다.

나의 장래는 <u>정신과 의사나 프로파일러이다.</u>

나의 친구가 <u>범위가 넓지 않다.</u>

우리 어머니는 <u>나를 걱정하신다.</u>

내가 제일 걱정하는 것은 <u>다른 사람들이 나를 싫어하게 되는 것이다.</u>

나의 좋은 점은 <u>뭐든지 거의 다 평균 이상으로 할 수 있는 것이다.</u>

내가 싫어하는 사람은 <u>새치기 하는 사람이다.</u>

나의 나쁜 점은 <u>무응답</u>

내가 저지른 가장 큰 잘못은 <u>엄마를 울게 만든 것이다.</u>

내가 제일 좋아하는 사람은 <u>내 동생이다.</u>

나의 가장 큰 결점은 <u>사교성이 부족한 것이다.</u>

우리 엄마 아빠는 <u>가끔씩 나 때문에 힘들어 한다.</u>

내가 없을 때 친구들은 <u>자기들끼리 잘 논다.</u>

나는 커서 <u>정신과 의사가 되고 싶다. 왜냐하면 정신적으로 고통을 받는 사</u>

람을 도와주고 싶기 때문이다.

내가 만일 동물로 변할 수 있다면 <u>호랑이</u>가 되고 싶다.

왜냐하면 <u>크고 세져서 무시당하지 않고 싶다.</u>

4. 집-나무-그림검사(HTP)

검사결과를 종합해보면 내담자의 인지 기능은 '평균' 수준이다. 정서적으로 다소 불안정하고 분노감이 내재되어 있으며, 스트레스에 대한 대처능력이 취약하다. 자신감이 저하되어 있고 대인관계에서의 욕구와 잘 해결해내지 못할 것 같은 불안감 간에 갈등을 경험하고 있을 것으로 여겨진다. 따라서 내담자에 대한 상담을 통하여 정서적 지지를 제공하고, 타인에 대한 신뢰감을 회복하여 자존감 및 스트레스 대처능력, 사회적 기술을 향상시켜주어야 할 필요가 있다.

V. 상담의 목표와 전략

1. 상담의 목표

① 대인관계를 증진시키는 행동방식을 일상생활에서 실천한다.

② 자신을 존중하고 사랑하는 방법을 깨닫게 함으로써, 스스로 자존감을 향상

할 수 있도록 조력한다.

③ 자신이나 주변 사람, 혹은 세상에 대해 부정적으로 바라보는 시각을 교정하고, 매사에 긍정적이고 합리적 사고를 할 수 있도록 한다.

2. 상담의 전략

① 학교생활에서 쉬는 시간에 이어폰 사용 시간과 횟수를 줄인다.

② 발표, 부반장 업무 등 역할 활동을 자주 한다.

③ 대화 시 눈 마주치기, 나 전달법 등 의사소통 방법을 익힌다.

④ 자기 긍정 활동거울 대화, 칭찬이나 격려 일기쓰기 과제를 한다.

⑤ 취미활동인 독서를 활용해 대인관계기술 향상, 심리관련 도서를 읽는다.

⑥ 긍정적 지지를 통해 내담자의 성장을 돕도록 교과교사의 협조를 요청한다.

⑦ 부모 상담을 통해 가정과 연계된 상담을 한다.

⑧ 상담자는 내담자와 친밀감을 형성할 수 있도록 영화보기나 소풍 등 다양한 방법을 모색한다.

⑨ 접수면접에서 실시한 검사를 상담 종결 시에 재검사, 비교를 해 봄으로써 상담 목표 달성을 확인하고 이에 따라 추수상담을 계획한다.

3. 접근 방법

인본주의 상담을 바탕으로 하여 행동치료의 사회기술훈련, 인지행동치료 등을 통합하여 절충적 관점에서 접근한다. 과제 수행은 상담 상황에 맞게 사용한다.

VI. 상담의 진행과정

- 상담회기별 요약

1. 접수 면접

자료 수집으로 내담자를 이해하기 위해 심리검사 결과지, 전 담임교사 면담, 교과교사 관찰 정보, 어머니 상담 등을 통해 내담자를 이해하려 하였다.

2. 회기별 요약

1회기

- 목표: 라포 형성을 통한 상담 관계 형성 및 상담 과정 안내
- 내용: 1학기 마무리 시기라 계획성 있는 상담일정을 정하는 것이 어려워 1학기가 끝나는 방학식 날 내담자에게 점심 음식 심부름을 시켜 먹으면서 상담을 시작하였다. 내담자와 친밀감을 형성하고 상담일정, 비밀유지, 내담자 역할, 상담규칙 등 구조화 작업을 하였다.

2회기

- 목표: 자기 개방과 친밀감을 높이고 상담 목표 정하기
- 내용: 학교를 떠나 방학이어서 친밀감을 높여 라포를 강화하기 위해 내담자가 좋아하는 음식점에서 식사를 하면서 상담을 하였다. 상담자와 내담자가 협의하여 상담 목표를 정하였다.

3회기

- 목표: 심리검사를 바탕으로 한 자기 인식 파악하기
- 내용: 학교 상담실에서 지난 회기에 계획한 상담목표에 대해 구체적 회기별 목표를 공유하고 과거에 받았던 심리검사와 최근의 심리검사 결과를 읽어보게 함으로써 자기 인식을 탐색하였다.

4회기

- 목표: 교우관계를 통해 본 자기 인식 수정을 바탕으로 사회성 향상 목표 설정하기
- 내용: 교우관계 개선을 내담자나 내담자 부모가 원하는 목표와 내담자의 교우관계를 통해 자기 탐색을 바탕으로 사회성 기술 향상 목표를 위해 무엇이 필요한지 파악하는 시간을 가졌다.

5회기

- 목표: 자신의 장점을 파악해 자신에 대한 긍정적 인식을 가지며 이를 유

지하기 위한 생활 실천거리를 찾아 실행하기
- 내용: 축어록 작성

6회기
- 목표: 스트레스에 대한 이해를 바탕으로 원인 파악과 대처 및 관리하는 방법을 알고 익히기
- 내용: 자신의 스트레스 원인과 해결방법으로 선택한 것에 대해 나누고, 생산적 스트레스 해소방법에 대한 탐색의 시간을 가졌다.

7회기
- 목표: 자신의 대화법을 파악해보고 대인관계에서 중요한 말하기 표현방법을 익히기
- 내용: 내담자와 영화를 함께 보기 위해 영화관으로 가면서 스트레스 해소 방법 실천과 자아존중 과제인 '거울보고 말하기'와 '칭찬일기'에 대해 이야기를 했다. 영화를 보고 카페에서 영화를 본 느낌을 이야기하면서, 영화 속 주인공의 감정표현으로 이야기를 꺼내면서 상대와 대화할 때 중요한 말하기 방법에 대한 이야기를 자연스럽게 나누었다.

8회기
- 목표: 자신의 대화법을 파악해 보고 대인관계에서 중요한 경청하는 방법을 익히기
- 내용: 대인관계에서 중요한 대화에서 나 전달법과 듣는 사람의 태도에 대해 이야기하였다. 대화에서 언어적 메시지뿐 아니라 눈 마주치기, 얼굴표정 등 비언어적 메시지의 중요성을 말하였다.

9회기
- 목표: 소 과제 평가와 새로운 과제 설계로 사회성 기술 적용해보기
- 내용: 개학 후 방학 동안 상담할 때 다른 대인관계에서 필요한 대화법을 직접 적용해 보는 과제를 하기 위한 계획을 세우기 위해 상담을 진행했다.

10회기

- 목표: 친구들과의 관계에서 문제되는 점을 파악하고 개선 방안 마련하기
- 내용: 지난 상담에서 과제를 거부할 때의 인식과 실천 사이에서 저항하는 모습으로 보아 자존감과 대인관계 기술 부족이 생활 속에서 서로 영향을 주고받는 듯해서 교우관계에서 발생하는 문제점을 스스로 파악해보도록 하여 해결방안을 찾도록 하였다.

11회기

- 목표: 부정적 생각을 합리적 사고로 전환하기
- 내용: 자존감이 낮고 무엇이든 자신감이 없어 안 좋은 결과를 예측하며 부정적 평가가 나왔을 때 다시 자신의 부족을 탓하는 악순환의 고리에서 벗어나는 시도를 하였다. 성공 경험을 떠올리며 부정적 사고와 연결 짓는 비합리적 사고가 아닌 합리적 사고를 연습하였다.

12회기

- 목표: 진로상담을 통한 미래 계획 세우기
- 내용: 내담자의 미래 계획과 관련 고교 진학에 대해 이야기를 나누었다. 대안학교 진학희망이 이전의 학교폭력 경험, 대안학교 캠프 참석 경험과 일반고등학교의 부적응에서 비롯된 것이 아니냐?라는 질문으로 직면하게 하였다. 현실의 어려운 문제들을 회피하기보다 도전을 통해 해결할 수 있도록 격려하였다.

13회기

- 목표: 상담 종결 및 평가
- 내용: 전체적인 상담목표 달성을 확인하고 상담에 대해 총평을 듣는 시간을 가졌다. 미진한 문제에 대해서는 추수상담을 통해 보완할 수 있음을 약속하였다.

추수지도

두 차례의 추수상담을 통해 1차에서는 상담 종결 후 상담목표 지속 여부를 확인하고 격려하였다. 2차에서는 진로 및 상담목표와 다른 문제 행동에 대해서 상담하였다. 부모 상담에서는 상담 결과를 안내하고 가정 연계 방안에 대해 논의하였다.

Ⅶ. 상담 종결 및 평가

본 사례는 특정한 이론이나 기법보다 상담목표에 도움이 되는 방향으로 상담이 이루어졌다. 학교폭력 피해자인 내담자의 개별 특성에 맞춰 친밀감을 형성하는데 주안점을 두고, 과제 수행 등을 통해 대인관계 기술과 자존감 향상을 위해 매 45분 정도의 면담으로 총 13회기OO년 7월 16일 ~ OO년 10월 15일에 걸쳐 진행되었다. 상담 목표 달성에 대해 내담자는 <표 8-2>의 자기보고에서 보듯이 대인관계 기술을 높이기 위한 방법은 구체적 행동에 대한 달성 정도로 인해 교우관계가 좋아지고 있음이 확인되었다. 여전히 비합리적 사고나 대인관계 기술의 세부적 부분에서는 좀 더 점검이 필요할 것 같다.

표 8-2 　내담자 자기 보고

1. 상담목표 달성에 대한 생각	• '이어폰 끼지 않기'는 노래 듣는 것을 좋아하고 심심할 때 달리 할 것이 없어 힘들 거라고 생각했다. 그러나 그만큼 친구들과 대화할 시간이 늘어난다는 말에 시작하였는데 친구들과 대화 참여가 늘어나 효과적이었다. • '눈 마주치기'는 최근에는 이전보다 자주 마주치고 있다는 생각이 든다. 하지만 아직도 눈을 마주치지 않을 때 시선을 어디에 둬야 할 지 모르겠다. • 교우관계의 개선은 효과적으로 생각되나 '비합리적 사고'는 아직 부족하다.
2. 상담을 통해 얻은 것	• 그 동안 경험해보지 않은 것도 상담기간 동안 많이 해 본 것 같고, 가치관도 조금 더 확실히 확립된 시간이었다.
3. 앞으로 생활 계획과 바람	• 부족한 점을 더 찾고 상담을 통해 배운 것들을 실제 사용해보고 자랑스러워할 것이다.
4. 상담에 대한 총 평가 및 소감	• 상담자가 편하게 대해주어 이전보다 더 나아진 기분이 든다. 배운 것을 기억만 하지 말고 실제로 사용해야겠다는 생각이 든다.

2) 가해자 개인 상담 사례

학교폭력 가해 중학생 상담 사례[3]

Ⅰ. 상담동기

내담자는 초등학교 때부터 친구들을 지속적으로 괴롭히고 때렸다. 예를 들면 화가 날 경우 눈이 뒤집힐 정도로 이성을 잃고 칼을 들기, 자신의 발을 밟거나 옷에 물이 튀기는 등의 사소한 일에도 화를 내며 싸우기, 친구들의 돈을 뺏기, 자신의 기분이 안 좋을 경우 화풀이로 이유 없이 친구를 때리거나 놀리기, 심부름을 시키기, 짓궂은 장난을 하는 등의 행동을 하였다. 그러다가 체육 시간에 새천년체조를 빙자해 친구들을 때리는 모습이 교사의 눈에 띄어 담임교사인 상담자가 학급쪽지상담을 한 결과 그동안의 학교폭력 가해행동이 드러나서 지도를 받던 중, 방과후에 초등학생의 휴대폰을 갈취한 사건으로 인해 학교폭력대책자치위원회에 정식으로 회부되었다. 회의 결과 환경 변화를 통해 마음을 다잡을 수 있도록 도서관에서 '사회봉사 5일'의 징계가 내려졌고 이를 계기로 내담자의 어머니, 아버지를 면담하게 되었으며 학생의 생각과 행동에 대하여 문제성이 있다는 생각을 공유하게 되었다. 일주일에 한 번씩 규칙적으로 상담자와 내담자가 만나기로 합의하면서 상담이 이루어졌다.

Ⅱ. 상담대상의 이해

1. 인적사항

G광역시 소재 ○○중학교 1학년, 만 14세, 남자

2. 가족관계

① 친할머니(63세): 부모의 이혼으로 혼자가 된 손자내담자를 끔찍이 사랑하여 내담자가 원하는 것을 다 들어준다. 예를 들면 밖에서 맛있는 음식을 먹어도 손자 것을 챙겨와 먹일 정도이다. 대가족큰아버지·작은아버지 가족이 함께 삶

---

3 박수진(2011.2)의 석사학위논문을 요약 정리하였다.

속에서 부모의 사랑을 받지 못해 사촌들 사이에서 외로움을 느끼며 집밖을 도는 손자를 안쓰러워하며 늘 손자의 편을 들어주었다. 손자의 방황을 보며 걱정스러운 마음에 매일 일정액의 용돈을 주는 등 나름의 통제를 하려고 하나 이미 자유에 길들여진 내담자에 대한 통제력이 거의 없는 편이다. 늘 착하고 불쌍한 우리 아기라고 하며 낙관적으로 손자를 바라보기만 한다.

② 아버지(35세): 차를 가지고 형제, 친구들과 함께 G시 근처나 섬_{해남, 완도 등}까지 가서 과일 장사를 한다. 이로 인해 1주일에 1회~2회 정도만 집에 들어온다. 내담자가 모르는 낯선 세상_{주로 섬}에 대해 재미있고 구수하게 말을 잘해주어 내담자는 아버지를 좋아한다. 그러나 초등학교 4학년 때부터 서서히 아들의 늦은 귀가 시간, 헤픈 돈 씀씀이, 여자 아이와의 어울림 등을 보면서 '양아치'라며 한 번씩 손찌검을 한다. 한번 때릴 때는 주먹, 발을 마구 때리고 짓밟는다. 이때 내담자는 죽음의 공포를 느낀다고 한다.

③ 어머니(35세): 내담자가 4살일 때 아버지와 이혼한 후 서울에서 지냈다. 그러다가 내담자가 초등학교 6학년 때 홀로 광주로 내려온 후 서서히 아들과 연락을 하며 지냈다. 처음에는 내담자도 어머니를 반가워하고 좋아했으나 본인이 생각했던 어머니상과 다른 어머니에게 실망하며 거리감을 느끼고 있어 중학교 들어서는 거의 연락을 하지 않고 멀리하고 있다. 하나뿐인 아들을 방치하다시피 한 양육 환경에 가슴 아파하며 삶의 1순위로 생각하여 잘해주고 싶어 하지만 어떻게 다가가야 할지 모르겠다며 막막해하고 있다.

3. 학교생활

학업에 대한 의지가 없다. 학습에 대한 기초가 형성되어 있지 않다. 특히 수학에 대해서는 개념 파악도 못하는 수준이며 숙제나 준비도 전혀 해오지 않고 있다. 그러나 반항적인 말과 행동을 하지 않고 겉으로는 다른 친구의 학습을 방해하지 않기에 교사와의 관계가 그리 나쁘지는 않다. 인사를 잘 하기에 일부 교사들은 공책과 학습지를 따로 챙겨주며 특별한 관심을 주기도 한다. 3월은 친한 초등학교 친구들이 다른 학교로 배정되어서 조용하게 지냈고 다소 유머러스한 모습으로 교우 관계도 자연스러웠다. 그러나 4월 들어 각 학교를 대표하는 짱급의 친구들과 자연스레 어울리며 알아가는 과정에서 자신감을 느끼게 되었으며 힘을 과시하고 싶어 했다. 학급에서는 여학생들에게 짓궂은 장난을, 남학생에게는 장난을 빙자한 폭력적인 행동을 하여 서서히 학급 내 불편함과 두려움의 대상이 되고 있다. 방과 후에 다른 중학교의 친구들과 축구를 하는데, 이 친구들과의 관계가 매우 돈독하며 간혹 비행과 일탈을 함께 저지르기도 한다. 사촌형의 친구들형·누나과 초등학교 때부터 어울려 그 나이 또래 청소년이 할 수 있는 온갖 탈선·일탈적 행동을 학습하고 있다. 같이 축구하는 친구들이 학원에 간 이후의 시간7시 이후을 이들과 함께 보내며, 본인이 또래보다 어른이라고 자부하면서 선배들의 후광을 이용하여 힘을 과시하는 등의 상황을 즐기고 있다. 주로 이 선배들과 어려운 일을 의논하면서 자연스레 잘못된 가치관을 형성하고 있다. 특히 누나들에게 인기가 많아 학교에서도 2, 3학년 선배들과 연결고리가 확장되고 있다.

4. 인상 및 행동관찰

키 155cm가량, 마르거나 뚱뚱하지 않고 적당히 날렵한 체격, 얼굴은 전체적으로 갸름하며 광대 부분이 동그랗고 붉게 상기되어 있다. 축구를 좋아해서 학급 체육부장을 하고 있으며, 최신 유행하는 비대칭 앞머리·긴 옆·뒷머리를 하고 있다. 패션과 유행에 관심이 많아 배색이나 스타일 등을 고려해 옷을 잘 입는 편이며 '넌 옷을 잘 입는다. 잘생겼다.' 등의 말을 가장 좋아한다. 친한 친구, 특히 관심 있는 여자 아이들에게는 친절하며 말을 재미있고 재치 있게 잘해 인기가 많다. 학기 초 교사들에게 정중하게 인사를 잘 하여 예의바른 학생이라는 평을 들었으나 반면에 작은 눈에서 풍기는 매섭고 강렬한 눈빛은 무표정일 경우 나이를 넘어서는 무서운 느낌을 준다며 모든 교사들이 학기 초 내담자에 대해 걱정 반 호기심 반으로 관심을 보였다.

잘못을 했을 때 긴 변명이나 설명을 하지 않으며, 두 손을 모으고 고개를 숙인다. 이로 인해 똑같은 잘못을 한 다른 아이들에 비해 꾸중을 덜 듣는 편이다. '용서하며 다시 기회를 준다, 믿는다.' 등의 말을 하면 금방 배시시 웃는다. 그런 식의 대화 분위기와 상황에 익숙한 듯 보이며 적절히 잘 이용하는 듯하다. 자존심이 강하기에 본인의 약점, 아픈 상처들에 민감하지만, 장점을 부각시켜 칭찬을 하면 교사에게 인정받기 위해 더 노력을 한다. 수업시간이나 기타 활동 시간, 조·종례 시간 등 집중력과 진지함이 필요한 시간에는 머리카락을 만지거나 엎드리기, 하품을 자주 하는 등의 모습을 보인다.

5. 내담자의 자원

① 강점: 1) 선생님과의 좋은 관계를 경험하였다. 초등학교 6학년 때 여성 담임선생님과 좋은 관계를 맺었었고 이로 인해 이전보다 확연히 온순해지고 긍정적으로 변화하였다고 한다. 교사에게 인정받고 싶은 욕구가 많다. 내담자의 마음 변화에 따라 변화 가능성이 크다. 2) 타인에게 인정받고 싶은 욕구가 강하며 이를 성취하기 위해 노력한다. 남이 나를 어떻게 보는가에 대한 의식이 강하다. 이 부분을 잘 활용하면 좋겠다. 3) 눈치가 빠르다. 같은 말이라도 센스 있고 재미있게 잘 한다. 따라서 폭력적 행동을 조금만 줄여도 친구 관계가 좋아질 것이다.

② 단점: 1) 자신을 표현하는 수단을 '힘'이라고 생각하여 힘이 있어 보이는 다른 친구나 힘이 없어 보이는 교사와의 기 싸움을 즐긴다. 2) 충동 조절력이 약한 다혈질적인 기질로 그때 그때의 기분 변화에 따라 상대방을 괴롭히거나 때리지만, 본인은 이 모든 것을 가벼운 장난쯤으로 여긴다. 도덕적 불감증을 지니고 있다. 3) 옷·신발 등의 물건을 사서 자신을 꾸미는 데에 즐거움을 느끼는데, 자율적인 초등학교와 달리 엄격하고 보수적인 중학교의 분위기 사이에서 가치관의 혼란을 느끼고 있다. 4) 학습에 대한 기초가 없어서 수업이 재미없다. 학교가 재미있는 건 오직 쉬는 시간과 체육 시간뿐이다. 그러다보니 수업시간에 잠을 자거나 친구들에게

짓궂은 장난을 한다. 이것이 같은 반 친구들에게 폭력으로 느껴진다. 5) 안정적인 가정의 기반이 형성되어 있지 않아 방과 후 내담자에 대한 관리나 보살핌이 불가능하다. 6) 불량 선배들과 지속적으로 어울리면서 부적절하고 다소 위험하기까지 한 가치관 형성이 가속화 되고 있다.

Ⅲ. 호소 문제

가수나 축구선수가 되고 싶지만 그 과정이 힘들다는 것을 알기에 내 길은 아닌 것 같다. 나에게 맞는 구체적·현실적 꿈을 만들고 싶다. 그리고 지금까지 아무 생각 없이 하루하루를 살았다. 조그만 것 하나라도 생활 계획을 세워서 실천하는 사람이 되고 싶다. 화가 나면 나 스스로도 통제가 안 된다. 그리고 나도 모르게 친구들에게 짓궂은 장난을 한다. 친구들 모두와 편안하고 좋은 사이를 만들고 싶다. 또, 책 한 줄도 눈에 안 들어올 정도로 공부에 전혀 관심이 없다. 무슨 말인지도 모르겠다. 그러다보니 수업 시간이 너무 지루하고 힘들다. 단 한 과목이라도 좋아하고 싶다.

Ⅳ. 심리검사 결과

상담을 실시하기 전에 정신보건 임상심리사에 의해 인지·기능·성격·대인관계 전반에 대한 심리검사를 실시하였다. 실시된 심리검사는 지능검사K-WISC-Ⅲ, 벤더게슈탈트검사BGT, 집·나무·사람검사HTP, 동적가족화검사KFD, 청소년용 다면적 인성검사 MMPI-A, 청소년 자기행동평가척도 K, 문장완성검사SCT, Rorschach test, 간이정신검사SCL-90-R 등이다.

1. 지능검사(K-WISC-Ⅲ)

상식	공통성	산수	어휘	이해	숫자	언어성 지능
5	7	7	8	4	9	76
빠진 곳 찾기	기호쓰기	차례맞추기	토막짜기	모양맞추기	동형찾기	동작성 지능
10	8	7	5	8	8	82

검사결과를 종합하여 보면, 내담자는 현재 습득된 지식이 부족하고 환경적인 뒷받침이 되지 못하여 본인의 인지기능을 충분히 발휘하고 있지 못하고 있으며 이러한 상황이 지속되면서 학습에 점점 흥미를 느끼지 못하고 있는 것으로 간주된다. 주의집중력 및 기억력과 관련하여 큰 문제를 보이고 있지 않으나 다소 충동적이고 좌절에 대한 인내력이 낮으며 도덕적인 가치관이 내재화되지 못하여 현재 호소하고 있는 다양한 행동문제를 나타내고 있을 가능성이 있는 것으로 보여진다. 내담자는 스트레스 대처능력이 상당히 저하되어 있어서 스트레스 상황에 처하면 어떻게 해야 할지를 몰라 어려움을 겪을 것으로 보여진다. 그러나 이러한 스트레스 상황에서 달갑지 않은 일이나 위협적인 상황을 고려하지 않음으로써 정서적 혼란감을 축소시키려 할 것으로 간주되며 잘못을 해도 이에 대해 신중하게 생각하지 않는 등 부정적인 피드백을 보일 가능성도 있다. 또한 이 학생은 다른 사람을 잘 믿지 못하고 예민하여 사회적 상황에서 이에 맞게 민감하게 반응하지 못하며 낮은 인지기능과 함께 미숙한 상황판단을 한 나머지 상황에 부적절하게 대처하여 대인관계가 신뢰롭지 못하고 피상적이며 다른 사람의 생각이나 의견에 휘둘릴 가능성이 있는 것으로 간주된다. 따라서 내담자에게는 기초적인 학습치료, 충분한 정서적인 지지를 바탕으로 한 상담적 개입을 통하여 충동조절능력, 사회적 기술 등을 향상시켜주어야 할 필요성이 있다.

V. 상담의 목표와 전략

1. 상담의 목표

① 생활 계획 세우고 실천하기

항목	상담 이전	상담 이후
지각	일주일에 3~4일	지각을 안 하거나 하더라도 미리 선생님께 연락한다.
흡연	학교 안팎에서 하루 반갑 정도	학교 밖에서만 담배를 피우거나 점차 횟수를 줄여서 1년 안에 금연을 한다.
과제물·숙제	과제물 준비와 숙제를 전혀 안함. 힘이 없는 아이들에게 숙제를 시킴.	숙제의 내용이 이해가 안 될 경우 친구 것을 옮겨 적더라도 본인 스스로가 한다.

② 충동(분노)조절 능력 함양

상담 이전에는 쉬는 시간·수업 시간 등 기분에 따라 화를 내고 장난·
폭력을 행사하며 위협적으로 친구들을 대하였으나 상담 이후에는 친구들
에게 욕을 하거나 손·발을 이용해 때리는 행동을 하지 않도록 한다.

③ 가족과의 관계 개선

상담 이전에는 가족 이야기를 할 경우 '괜찮다', '아무 문제없다', '모른다'
등의 말을 하며 상황을 회피하려고 하였으나 상담 이후에는 가족에 대한
감정을 자연스럽게 표현할 수 있도록 한다.

2. 상담의 전략

① 학교생활 부적응에 대한 경험들을 다루면서 문제를 일으킨 원인을 탐색
하고, 객관적인 시각으로 자신의 문제를 파악, 자각하도록 돕는다. 자신
의 문제를 회피하는 모습을 보일 때 가능한 정확하게 바라볼 수 있도록
직면 요법도 간헐적으로 시도하였다. 실생활에 대해 하나하나 코치해주
는 식의 태도를 취하고자 한다.

② 낮은 학업 성취의 원인을 탐색하여 자신의 진로를 결정할 수 있도록 돕
는다. 구체적으로 공부 방법, 시간 관리, 친구·선후배 관계, 스트레스
관리 등을 점검하고 효과적인 방법을 선택하도록 돕는다. 그러나 학습에
관심이 없으므로 학습 면보다는 생활 면을 집중 지도하되 스스로 목표
를 설정하도록 한다.

③ 진로 문제의 경우 자신의 적성과 좋아하는 것을 알고 있음에도 불구하
고 쉽게 결정하기 어려워하는 모습은 내담자의 문제관계 불안와 관련되어
있음을 알도록 한다.

④ 상담자는 내담자의 모든 행동에 대해 전폭적인 공감, 지지와 수용을 통
해 있는 그대로 받아들이고 단정된 관계를 형성하여 가족구조 속에서
느끼는 소외감과 외로움, 부모님으로부터의 애정과 신뢰의 결핍으로 인
하여 억압된 심리적 매듭을 풀어주면서 자기를 발견·이해·표출할 수
있도록 도와준다.

3. 접근 방법

주요 상담기법은 상담자의 자기 개방, 공감적 이해 및 수용, 지지, 해석, 안아주기, 직면, 머물러 있기, 명료화, 경청, 비언어적으로 표현하기, 적절한 침묵 사용, 빈의자 기법, 재구조화, 지금-여기 경험 다루기, 과장하기 등을 상황에 따라 자연스럽게 사용한다.

Ⅵ. 상담의 진행과정

1. 상담의 구조화

상담은 2010년 5월부터 9월까지 다섯 달 동안 회기당 30분~50분 정도로 총 10회에 걸쳐 진행되었다.

단계	회기	상담목표
도입	1	• 상담 분위기 조성, 마음의 문 열기 • 신뢰감 형성 • 상담의 필요성 이해 • 상담 관계 수립
전개	2	• 가족에 대한 감정 탐색 및 표출 • 가족역동을 파악하여 나의 내면의 생각(갈등, 불만, 스트레스 등) 직면하기 • 긍정적 가족역동을 위해 본인이 할 수 있는 일 탐색하기
전개	3	• 일상생활(가족, 학교)에서 느끼는 내적 갈등, 외로움, 심리적 상실감 -소외감 다루기
전개	4	• 자아존중감 높이기
발전	5	• '화' 다스리기 • 갈등을 순화하는 방법(말, 표정, 태도 등)알기
발전	6	• 학습에 관심 갖기 • 수업에 참여하기
발전	7	• 진정한 친구의 의미 알기 • 친구 사귀는 법, 예절 알기 • 친밀하고 깊이 있는 대인관계 만들기
발전	8	• 건강한 스트레스 해소 방안 알기 • 흡연 문제 다루기
발전	9	• 존경하고 좋아하는 사람, 닮고 싶은 멋진 사람의 특성을 알기 • 나의 꿈의 모델 설정하기

종결	10	• 그것을 위해 할 수 있는 것 찾기(진로지도) • 미래에 대한 긍정적 느낌과 확신 갖기 • 차후의 문제 발생 시 대처 전략 논의

2. 회기별 요약

1회기

- 목표: 상담 관계 수립
- 내용: 상담에 대한 기초 지식과 상담의 구조화에 대한 이야기를 하며 서로에 대한 이해와 친밀감 형성을 목표로 하였다. 그러나 이미 금품 갈취 건으로 학생부 조사, 교내 징계 등의 과정을 겪어온지라 살짝만 웃는 어색한 모습으로 상담자의 눈치를 살피며 경직된 모습을 보였다. 초등학교와 중학교의 차이점, 학교생활 적응, 내담자의 주변 환경 등에 대하여 격의 없이 다양한 화제의 대화를 나누었다. 대체로 순응적인 자세로 묻는 말에만 조심스레 답을 하였다. 그런데 우연히 여자친구 이야기가 나오면서 내담자가 좀 더 마음을 열고 자연스럽게 상담에 응했다.

2회기

- 목표: 가족에 대한 느낌 표현하기, 가족역동을 파악하여 내면의 생각갈등, 불만 등 직면하기, 긍정적 가족역동을 위해 본인이 할 수 있는 일 탐색하기
- 내용: 사회봉사 중인 내담자를 격려하고 위로하기 위해 방과 후에 봉사기관으로 직접 찾아갔다. 내담자는 다소 부끄러운 표정을 지었지만, 그다지 힘들지 않아 학교보다 재미있다며 웃었다. 함께 저녁 식사를 한 후 근처 공원 벤치에서 편안한 상담의 시간을 가졌다.

3회기

- 목표: 내적 갈등외로움, 심리적 소외감, 상실감 다루기
- 내용: 일상 생활가정, 학교에서 느끼는 내적 갈등, 외로움, 심리적 상실감, 소외감 등을 다루었다.

4회기

* 목표: 자아존중감 갖기
* 내용: 학급 쪽지 상담을 하였다. [내게 너무 고마운 너 / 내게 너무 불편한 너]라는 주제로 백지를 준 후 자연스럽게 학생들이 글을 쓰는 것이다. 학교·학급에서 공동체 생활의 의미와 배려, 존중의 생활 태도를 기르기 위함인데, 이 설문에서 내담자에 대해 불편함을 호소하는 내용들이 많았다. 큰 폭력 행위는 없었지만 이러한 행동들이 일상화되다 보니 자연스럽게 남자 아이들 사이에서는 제왕적인 존재로 군림하고 있었던 것이다. 지금까지 상담을 해오면서 교사가 공감·지지해 온 것을 나름대로 눈치를 보면서 편리한 대로 이용했다는 생각이 들어서 고민과 갈등을 하게 되었지만 한편으로는 큰 사고일탈 행위를 일으키지 않은 것에 의미를 두기로 하고 다시 상담을 진행하였다.

5회기

* 목표: '화' 다스리기
* 내용: 내담자는 쉬는 시간과 수업 시간, 복도나 외진 화장실 등에서 소소한 폭력을 더욱 일삼고 있었다. 본인이 지루하거나 심심하다고 느낄 경우, 수업 시간에 담당 교사의 지도 관리가 소홀한 경우 몸을 세게 부딪치거나 발차기, 폭언을 하였으며 학급에서 힘이 없는 세 명의 남학생들을 거의 노예처럼 부리고 있었다. 초등학교 때는 선생님이 함께 교실에서 생활을 해서인지 다소 자기행동 통제를 해서 심하지는 않았는데 중학교에 오니 더욱 심해지는 것 같다며 내담자에게 당하는 남학생들이 불쌍하다는 쪽지들이 나왔다. 피해 남학생들을 상담하였으나 모두들 대답과 시선을 피하며 두려워하였다. 그리고는 학교생활에 전혀 불편함이 없다며 대충 둘러대었다. 피해·가해 학생의 가정에도 이 사실을 알렸으며 협조와 관심을 당부하였다, 가장 피해를 많이 받은 남학생의 아버지가 많이 흥분하여 내담자를 때리겠다며 갑자기 학교를 방문하였다. 담임교사를 믿고 지켜봐줄 것과 내담자의 개인적인 상황과 아픔, 피해 아이 측면에서도 마음의 힘을 길러야 함을 말하며 겨우 안정시켰다. 내담자의

아버지를 어렵게 모셔서 심리건강연구소의 검사결과를 설명한 후, 근본
적으로 방과 후 시간 관리가 되지 않고 방치되다시피 하는 현재의 이 환
경을 변화시켜야 함을 강조하였고, 조심스레 어머니 쪽으로 양육환경을
바꿀 것을 제안하였다. 그리고 중학생인 내담자의 올바른 성장과 발달을
위해서 학교에서도 체벌보다는 꾸준한 말과 사랑으로 지도하겠다며 아버
지의 협조를 요청하였다. 고민 후 아버지는 보다 안정적인 양육환경인 어
머니 쪽으로 가서 살도록 허락하였으나 내담자가 완강하게 거부하였다.

6회기

- 목표: 학습에 관심 가지고 수업에 참여하기
- 내용: 지난 5회기 상담이 끝난 후 내담자는 친구에게 숙제를 시키지 않
  고 스스로 하였다. 그리고 큰 소리로 친구들을 윽박지르거나 짜증을 내
  는 행동을 하다가도 금방 자신의 화내는 모습을 알아차리고, 조용하고
  부드러운 말로 연극처럼 어색하게 마무리를 하는 등 변화를 위해 노력하
  는 모습이 보였다. 격하게 소리 지르다가 갑자기 친절하게 마무리하는
  말투가 반 친구들 사이에서는 재밌는 모습으로 비쳐지면서 철수의 인기
  가 더 올라갔다. 그러나 수업 시간에 친구들에게 장난을 치지 않으니 스
  스로가 지루해하면서 국어, 미술, 체육을 제외한 모든 수업 시간에 잠을
  자는 문제점이 나타났다.

7회기

- 친구 관계 맺기
- 내용: HTP검사를 할 때 '이 집에는 누가 살 것 같니?'라는 질문에 친구들
  과 가족이라고 말했으며, 1층을 제외한 2, 3층에는 친구들이 모두 모여
  함께 산다고 말하였다. 그 이유는 친구들이 있어야 집에 있어도 심심하
  지 않고 재미있기 때문이라고 말하였다. 가족은 정적이고 작은 형태로
  대충, 희미하게 표현하였으나, 친구들은 역동적·구체적으로 표현하였다.

8회기
- 목표: 건강한 스트레스 해소 방안 알기
- 내용: 내담자의 지금 여기의 경험을 감지한 후 외적인 진단이나 평가를 하지 않고 공감적 이해를 함으로써 자연스럽게, 그리고 깊이 자신을 탐색할 수 있도록 하였다.

9회기
- 목표: 나의 꿈의 모델 설정하기
- 내용: 동일시 할 대상 설정을 통해 구체적, 현실적으로 목표에 다가가는 삶을 계획하도록 하였다.

10회기
- 목표: 종결, 변화될 자신의 모습 정리하기
- 내용: 미래에 대한 긍정적 느낌과 확신을 갖게 하고, 상담에 대한 느낌, 감정, 효과에 대해 자유롭게 이야기하였다. 차후 문제 발생 시 대처할 수 있는 방법을 안내하였다.

Ⅶ. 상담 종결 및 평가

1. 내담자의 상담 평가

① 상담에 대한 의견

초등학교 때 선생님들께 혼이 나고 이야기도 많이 했는데, 이렇게 계속 이야기를 한 적은 처음이었다. 선생님이 무서우니까 아무래도 내 말을 시원하게 하지는 못했지만, 밖에서 맛있는 것도 사주고 때리지도 않으니까 점점 마음이 편해졌다. 그리고 선생님이 계속 나를 지켜보고 계신다고 생각하니까 함부로 행동해서는 안 되겠다고 생각하였다.

② 상담을 통해 얻은 것

그동안 힘이 약한 애들에게 짜증도 내고, 장난치면서 내 마음대로 학교생활을 했다. 애들이 날 무서워하면 기분이 좋았는데, 그것이 잘못됐다

는 것을 배웠고 중학교는 초등학교와 다르니까 또 다시 친구들을 괴롭히
면 잘릴 거라는 걸 알았다. 내가 뭘 잘할 수 있나, 공부를 왜 해야 하는
지 선생님께서 말씀해주셨다.

③ 앞으로의 생활 계획과 바람

 엄마랑 더 친해질 것이고, 할머니 말씀을 잘 듣겠다. 공부도 좀 잘하고
싶다. 2학기에는 꼴등을 안 하겠다. 이제 친구들에게 장난 안치고 운동
하면서 재밌게 살겠다. 절대 학생부에 안 갈 것이고, 아빠한테 혼나지 않
도록 선생님 말씀 잘 듣겠다.

④ 상담에 대한 총 평가 및 소감

 상담을 통해 선생님께 뭘 많이 들었는데 잘 기억은 안 난다. 그래도 내
가 가진 나쁜 점을 깨닫고 다시 안해야겠다고 다짐하였다. 선생님을 실
망시키지 않겠다. 지금이 중요한 시기니까 노력해야겠다. 나도 몰랐는데
처음에 선생님과 함께 세운 상담의 목표가 잘 이루어진 느낌이다. 그래
서 신기하다. 친구들에게도 상담을 하라고 권하겠다.

---

2 집단 상담 사례

집단 상담은 집단 구성원들이 공통된 주제를 가지고 개개 구성원이 가진 경험을 나누는 과정을 통해 동질성과 차별성을 이해할 수 있고 집단 활동에는 역동성이 작용하고 있어 또래 간 제기되는 문제해결에 효과적이다.

1) 피해학생 집단 상담

학교폭력 피해학생 치유 프로그램4

Ⅰ. 프로그램의 목적

학교폭력 피해학생의 치유를 위해 정서각성 및 조절기능을 회복시키고 자기에 대한 인식을 긍정적으로 변화시키며, 대인관계 능력을 회복시키는 데 초점을 두고 있다. 다음과 같은 목적을 달성하기 위해 구성되었다.

첫째, 학교폭력으로 인해 발생한 마음의 상처를 치유하고, 심리적 부적응을 초래하는 파괴적 감정들을 관리할 수 있게 된다.

둘째, 심리적 부적응을 증폭시키는 자기인식을 자기효능감과 긍정적 자아상 회복을 통해 긍정적으로 변화시킨다.

셋째, 학교폭력으로 인한 왜곡된 사회관계를 회복시켜 학생들의 학교재적응을 가능하게 하며, 나아가 심리적 성장기반을 구축한다.

Ⅱ. 프로그램의 구성

프로그램은 도입 단계와 전개 단계 그리고 종결 단계로 구성하였다.

도입 단계에서는 프로그램에 참여한 학교폭력의 피해경험이 있는 학생들이 집단치료 활동에 참여할 준비를 하는 단계이다. 참여자들의 자기소개나 학생들 간의 친밀감 형성과 신뢰로운 집단 분위기 형성을 위한 활동을 구성하

---

4 교육과학기술부가 2008년 개발한 '학교폭력 피해학생 치유프로그램 지도자용 지침서(2008)'의 내용을 발췌·요약하였다.

였다.

전개 단계는 치료의 본 단계로 폭력 피해학생들이 첫 번째로 자신들의 폭력
피해경험의 재경험을 통해 자신의 감정을 인식하고 수용하며, 폭력 피해과
정에서 발생한 역기능적이고 파괴적인 감정들을 조절할 수 있는 능력을 기
른다. 두 번째로 학생들의 긍정적인 자기효능감을 경험할 수 있도록 하기
위하여 피해학생의 자기효능감 증진을 위해서 사회적 관계에서의 성취경험
을 하도록 구성하였다.

종결 단계에서는 피해학생들이 자신을 용서하는 과정을 거쳐 마음의 상처로
부터 회복할 수 있도록 프로그램을 구성하였다. 본 프로그램의 목적과 구성
내용을 정리하면 <표 8-3>과 같다.

표 8-3 학교폭력 피해학생 치유단계별 프로그램의 목적 및 내용

단계	회기	목적		구성내용
도입	1	① 친밀감 형성 ② 참여(치유) 동기 유발		• 자기소개, 오리엔테이션 • 집단의 친밀감 형성, 신뢰로운 분위기 형성
전개	2	감정조절 능력 회복	① 감정인식 및 정화 ② 피해로 인한 상처 수용 및 치유 ③ 감정관리 능력 습득	• 학교폭력 사건 재경험하기 • 감정 구체화하기 • 이해받고 수용하기(경험 공유하고 공감 주고받기) • 감정 표현하고 관리하기
	3			
	4	긍정적 자아상 정립 및 사회능력 증진	① 사회적 기본기술 습득 ② 사회적 자기효능감 증진 ③ 성공적 또래관계 경험	• 친구 사귀기의 행동연습하기 • 성공적인 친구 사귀기 경험하기 • 기본적인 사회기술 배우기
	5			
종결	6	나를 수용하고 희망 찾기		• 자기를 용서하기 • 희망 정리하기

Ⅲ. 프로그램의 내용

1회기 '도입'

1회기는 프로그램과 집단원들에 대한 소개를 하고 집단원 간의 관계형성을
목적으로 한다. 먼저 지도자는 참가자들의 이름을 부르면서 출석을 확인한 후
돌아가면서 자기를 소개하도록 유도한다. 돌아가면서 자신의 이름을 말한 후

에는 게임을 통해 이름을 외울 수 있도록 진행한다. 예를 들면, 한 사람이 자신의 이름을 말하면, 옆 사람은 옆 사람 이름에 자신의 이름을 덧붙여 말하게 하는 것이다. 단, 프로그램의 서두에서부터 게임의 벌칙을 제공하거나 경쟁적 분위기를 형성하는 것은 참가자들을 위축시키기도 하므로 주의한다. 다음 활동으로는 두 사람씩 짝을 짓게 하여 상대방을 알 수 있는 질문을 통하여 서로 알게 하고 서로 알게 된 사실을 집단에서 발표하게 하여 집단 참가자들이 서로에 대해 관심을 갖도록 유도한다. 둘씩 짝짓는 활동은 시간이 넉넉하다면 두세 번 반복할 수 있다. 회기를 마무리하기 전에 집단에서 지켜야 하는 규칙을 화이트보드나 도화지에 정리하여 모든 집단원들이 알 수 있도록 고지한다. 1회기에서는 집단프로그램의 원활한 운영을 위하여 집단원들이 신뢰로운 분위기를 느낄 수 있도록 수용적이고 공감적인 태도를 유지한다.

2회기 '폭력의 재경험'

2회기는 학교폭력과 관련된 자기경험을 이야기하여 노출시키는 것이다. 폭력과 같은 외상적 경험에서 자신의 경험에 재노출되는 것은 매우 중요하다. 이때 어려운 부분은 자신의 외상적 경험을 다시 기억하도록 하는 것인데 이를 위하여 역할극이나 공개사례를 가지고 역할극을 구성하여 제시하도록 한다. 이를 위하여 금품갈취, 집단폭행, 따돌림, 집단 괴롭힘 등의 사례로 시나리오를 구성하여 참가자들이 역할연기를 하도록 돕는다. 역할연기를 하면서 자연스럽게 자신의 경험을 이야기하거나 재연하게 되고 이때 경험되는 수치감, 분노, 두려움, 불안 등의 감정을 공감적으로 수용하여 집단 내에서 안전하게 이해되는 경험을 제공한다. 이 프로그램은 재미 위주로 흘러가지 않도록 주의하며, 역할연기 시 정확한 사건을 보고하고, 이를 연기하면서 느껴지는 정서적 영역에 주의를 기울이도록 지시를 주어야 한다. 역할극을 구성하고 시연하는 것, 다른 사람의 극을 보는 것이 치유의 효과가 있어야 하므로 충분한 시간을 배정한다.

3회기 '감정 쏟아붓기'

3회기는 학교폭력 피해의 경험을 치유하기 위해 자신들의 정서적 영역을 다룬다. 참가자들이 학교폭력 경험에서 느꼈던 분노와 같은 강렬한 감정을 쏟아내고 이면에 깔려있는 우울, 두려움, 불안 등의 감정을 표출하게 하는 것이 중요하다. 이 회기에서는 모의재판의 역할극을 구성하여 자신들의 가해자에게 느꼈던 강렬한 정서들을 표현할 수 있는 기회를 제공한다. 감정을 극대화하여 표현할 수 있도록 가면이나 소품을 최대한 활용하는 것이 도움이 된다. 이때 강렬한 감정이 표출된 후에는 자신의 감정을 정리하고 추스르는 시간을 충분히 갖는 것이 중요하다. 감정의 표출을 위해서는 가해자의 얼굴가면 만들기, 염라대왕 게임 등 게임을 활용하는 방법 등을 이용할 수 있다. 감정을 다스리기 위해서는 이완훈련이나 명상 등을 활용하여 감정을 처리하는 방법을 알려준다.

4회기 '어우러지기'

4회기는 학교폭력 피해학생들이 사회적 기술을 훈련하도록 하기 위하여 친구와의 관계형성에 필요한 기술을 훈련하는 것이 목적이다. 이를 위하여 자신에게 필요한 사회적 기술이 무엇인가를 확인하고 친구에게 다가가는 연습을 한다. 구체적으로는 좋은 친구의 행동이 무엇인지 목록을 작성하면서 친구들이 가져야 할 덕목을 생각해본다. 이때 리더십 있는 친구, 친구가 많은 친구 등 구체적 특징을 중심으로 활동을 지시한다. 목록을 작성한 후 친구에게 도움을 요청하는 연습, 친구를 칭찬하는 연습, 친구를 도와주는 연습, 친구 이해하기 등을 통하여 자신의 행동을 점검하고 새로운 행동을 학습하도록 한다. 자신의 특성에 맞는 대인관계에서의 성취목표를 선정하게 하여 이를 수행하면서 일상생활에서 어우러지기의 학습 내용을 응용하도록 한다.

5회기 '나 세우기'

5회기는 자존감을 높이고 긍정적인 자아상을 갖게 하는 것이 목적이다. 이를 위하여 지금까지 성취한 일들 중 가장 기뻤던 일을 회상하고 이를 적게 하여 집단원들 앞에서 발표하게 한다. 이때 집단 지도자는 가장 기뻤던 일의 초점을 잘 파악하고 다시 한 번 강조하여 자신에게 긍정적 자신감을 회복할 수 있도록 유의한다. 다음 활동으로는 자신에게 하는 혼잣말을 분석하여 자기를 원망하는 자기파괴적 사고를 자기수용으로 변화하여 자기비난을 멈출 수 있도록 돕는다. 또한 이어서 다시 학교폭력이 발생할 경우 어떻게 대처할 수 있는지를 토의하여 향후 행동에 대한 전략을 찾게 한다. 이 회기에서는 개인의 효능감을 향상하여 추후 있을 수 있는 행동에서 구체적이고 분명한 목표와 대처 효능감을 갖도록 한다.

6회기 '마음털기'

6회기는 자신의 마음 속에 있는 자기비하 감정을 털어내고 자신을 용서하는 시간을 갖는다. 이때 개인들이 가지고 있는 역기능적 감정을 기능적으로 변화시켜 주고 생각을 바꾸면 상황이 어떻게 바뀌는지를 이해하도록 돕는다. 이를 위하여 2회기에 사용하였던 역할극 시나리오를 가지고 최악의 상황을 만들도록 지시하고 이때의 역할연기 속에서 생각을 바꾸면 정서가 어떻게 변화되는지를 발견하도록 돕는다. 활동이 마무리된 후에는 약속어음 발행하기 활동을 통하여 자신의 모습을 긍정적으로 그려보도록 하며, 풍선 터트리기나 감정편지 태우기 등을 통하여 자신의 변화된 모습을 인식하고 이에 대한 기억을 가지고 생활할 수 있도록 한다.

2) 가해학생 집단 상담

학교폭력 가해학생 선도 집단 프로그램[5]

I. 프로그램의 목적

학교폭력은 집단화, 흉포화, 저연령화 및 지능화되어 가고 있다. 경찰이나 학교의 단속으로 인해 더욱 음성적이며, 조직적인 양태로 변화하고 있는 실정이다. 이러한 현상은 더 이상 학교폭력이 가정이나 학교당국의 대처만으로는 부족하며, 범정부적 차원의 대응방안이 마련되어야 함을 나타낸다. 학

---

5 한국교육개발원이 개발한 '학교폭력 가해학생 선도 프로그램 매뉴얼: 또! 하나의 선택(2007.12)'의 내용을 발췌 · 요약하였다.

교폭력 대처의 효율성을 높이기 위해서는 정부차원의 지속적인 정책적 관심과 학교폭력을 사전에 예방할 수 있는 예방교육과 함께 학교폭력 피해, 가해학생에 대한 프로그램 개발을 통해 이들을 위한 적절한 조치로 치유와 상담을 위한 프로그램이 요구된다. 본 프로그램은 학교폭력 가해학생들의 치유와 폭력 재발을 방지하고 가해학생들이 정상적인 학교생활을 할 수 있는 도구로 활용될 수 있기를 기대한다.

II. 프로그램의 구성

프로그램은 총 7회기로 1회기와 7회기를 제외한 2회기부터 6회기까지는 기본프로그램과 심화프로그램으로 각각 구분된다. 진행자는 프로그램을 집단구성원의 수준에 맞추어 기본프로그램과 심화프로그램으로 탄력적으로 운영할 수 있다. 기본프로그램은 각 회기의 목적을 달성하기 위해 기본적으로 꼭 수행해야 하는 프로그램들로 구성하였고, 심화프로그램은 기본프로그램보다 좀 더 심화된 내용으로 구성함으로써 필요에 따라 회기를 늘려 사용할 수 있다. 또한 각 회기별 활동은 필수활동과 선택활동으로 세분화하여 구성하였다. 필수활동은 각 회기의 목적을 달성하기 위해 필수적으로 수행해야 하는 활동들로 구성하였으며, 선택활동은 각 회기의 진행시간이나 집단원들의 참여정도를 고려해 선택적으로 활용할 수 있도록 하였다. 각 회기별로 도입 단계, 전개 단계 중 필수활동 2개와 선택활동 중 1개 그리고 정리 단계로 회기별 프로그램을 구성하면 된다. 회기별 프로그램은 프로그램 진행시간은 90분을 기준으로 하나, 실시장소 혹은 집단참여자의 참여정도에 따라 프로그램 진행자 재량으로 융통성 있게 구성하여 적용할 수도 있다.

프로그램 실시대상은 중2~고1 학생을 기준으로 집단원을 모집하거나 구성하고자 할 때 가급적 위 기준에 해당하는 학생들을 대상으로 집단을 구성하도록 한다. 그리고 집단 구성원은 대체로 6~8명 정도로 구성하도록 하며, 학년 차이가 있는 집단보다는 동년배 집단을 대상으로 구성할 것을 권장한다. 또한 집단응집력이나 집단역동을 깨뜨릴 염려가 있는 구성원은 사전면담을 통해 제외하도록 한다.

| 표 8-4 | | 학교폭력 가해학생 선도 프로그램의 목표와 활동내용 | | | |

회기	단계	제목	목표	활동구분	활동내용
1	공통	얼음? 땡!	프로그램과 집단원들에 대한 소개를 하고 집단 구성원 간의 관계를 형성한다.	필수활동	□이렇게 불러줘! □나는 누구?
				선택활동	□나는 왜 여기에? □앞으로 나는? □나에게 말해줘!
2	기본	길 찾기 – 어디로 갈까?	폭력에 대한 올바른 인식을 갖는다.	필수활동	□큰 길로 나가기 □골목거리로 다니기
				선택활동	□잘못 들어선 길 □막다른 길에서
	심화	달라진 세상	폭력이 가해자와 주변에 미치는 영향을 인식한다.	필수활동	□서로 다른 두 세상 □세상이 달라졌어!
				선택활동	□그래도 안 돼! □나 돌아갈래!
3	기본	자기 및 문제인식 Ⅰ	다양한 활동을 통해 자기 자신과 학교 폭력에 대한 탐색의 시간을 갖는다.	필수활동	□나 돌아보기 Ⅰ □이미지 찾기
				선택활동	□나의 옆에는 Ⅰ □레오나르도 다빈치
	심화	문제인식 Ⅱ	자신 및 학교폭력에 대한 올바른 인식과 학교폭력의 원인을 탐색한다.	필수활동	□나 돌아보기 Ⅱ □학교폭력 일일기자
				선택활동	□나의 옆에는 Ⅱ □시추에이션 탐험기
4	기본	감정이와 분노의 만남 Ⅰ	다양한 감정에 대한 이해와 함께 부적 정서 조절능력을 키우는 시간을 갖는다.	필수활동	□나의 감정 알아차리기 □화가 났을 때
				선택활동	□난 뭘 느낄까? □나만의 베개(쿠션)
	심화	감정이와 분노의 만남 Ⅱ	학교폭력 발생 때의 감정변화를 이해하고, 피해자에게 미치는 영향을 알아본다.	필수활동	□내 안의 온도계 □펀치
				선택활동	□내 모습 □감정릴레이
5	기본	마음의 유리창	긍정적, 부정적 마음 표현의 영향을 이해하고, 나–전달법(I–message)과 공감기법을 적용해본다.	필수활동	□긍정적 마음의 유리창 □부정적 마음의 유리창
				선택활동	□마음의 유리창 닦기 □마음의 거울
	심화	서로 다르지만 함께 할 수 있다!	서로 간의 차이를 이해하고 받아들이며, 대화하는 방법을 습득한다.	필수활동	□다르지만 중요한 사람들 □또 다른 선택들
				선택활동	□Under Construction □문자메시지 역할극
6	기본	마음의 활주로	갈등상황의 전개방향을 이해하고 효과적으로 대처하는 방	필수활동	□마음의 유리창 포털뉴스

회기	단계	제목	목표	활동구분	활동내용
		(나라면 어떻게 할까?)	법을 습득한다.	선택활동	□뒤바뀐 뉴스입니다
					□바뀌지 못한 뉴스
					□Mission Possible!
					□갈등의 해결사
	심화	마음의 활주로	갈등상황에서 자신의 대처 행동을 알고, 다른 대처 방법들을 생각할 수 있다.	필수활동	□나 자신을 넓혀보자
					□인터폰으로 사람보기
				선택활동	□나는 나
					□나의 고백
7	공통	출발~ 앞으로! (종결)	변화된 점과 앞으로 변화시킬 점에 대해 이야기하고, 긍정적인 자아상을 가질 수 있도록 서로 격려한다.	필수활동	□기억나니?
					□변신! 짜잔~
				선택활동	□주문을 외워줘
					□이게 진짜 내 모습!

Ⅲ. 프로그램의 내용

1회기

1회기는 프로그램과 집단원들에 대한 소개 및 집단원 간의 관계형성에 목적이 있다. 필수활동인 "이렇게 불러줘!"에서는 프로그램 진행기간 동안 다른 사람들이 자신에 대해 부를 별칭을 지어보도록 하고, "나는 누구?"에서는 자신에 대한 소개를 통해 자기 자신 및 집단원에 대한 이해를 돕는 시간을 갖는다. 또한 "나는 왜 여기에?" 활동에서는 집단에 참여하게 된 이유를 알아보고 앞으로의 갈 방향에 대해 생각해 보도록 하는 시간으로 이루어져 있다. 선택활동에서 먼저 "앞으로 나는?"에서는 현재 자신의 상태를 바탕으로 앞으로 원하는 목표를 정함으로써 참여 동기를 높이도록 하는 활동으로 구성되어 있으며, "나에게 말해줘!"에서는 집단원으로부터 격려의 말을 들음으로써 참여 동기를 높이도록 하는 활동내용으로 구성하였다.

2회기

2회기는 폭력이 피해자 및 가해자 그리고 주변 사람들에게 미치는 영향과 결과에 대해 올바로 인식하도록 하는 데 목적이 있다. 먼저 기본프로그램 중 필수활동으로 "큰 길로 나가기"는 학교폭력에 대한 자신의 생각을 점검하도록 하는 활동이며, "골목거리로 다니기"에서는 폭력의 유형들을 알아보고, 유형별 사례들을 살펴보도록 하는 내용으로 구성하였다. 선택활동으로

"잘못 들어선 길"에서는 폭력이 옳지 못한 이유를 생각해 보도록 하며, "막다른 길에서"는 폭력이 피해자 및 가해자 그리고 주변 사람들에게 미치는 결과에 대해 알아보는 활동으로 구성하였다.

심화프로그램으로 먼저 "서로 다른 두 세상"에서는 폭력이 만연한 세상과 평화로운 세상 간의 차이점을 생각해보고, "세상이 달라졌어!"에서는 폭력 사용 이후 변화된 점을 살펴보는 활동으로 구성하였다. 선택활동으로 "그래도 안 돼!"에서는 폭력이 어디에서부터 시작되었으며, 폭력행사의 원인은 무엇인지 생각해 보고 그 원인이 폭력을 정당화시킬 수 있는지 이야기해 보도록 하는 활동이다. "나 돌아갈래!"는 폭력을 사용하지 않았을 경우 현재와 다를 수 있다는 점을 생각해 보는 활동이다.

3회기

3회기는 자신의 성장과정과 환경, 주요사건 등을 탐색하고, 폭력에 대한 인식도를 높이는 데 목적이 있다. 기본프로그램 중 필수활동으로 "나 돌아보기 I"는 내 인생의 큰 흐름 속에서 자신의 변화가능성을 찾도록 하는 활동이며, "이미지 찾기"는 폭력에 대한 자신의 인식을 점검해 보는 시간을 갖도록 하는 활동이다. 또한 선택활동으로 "나의 옆에는 I"에서는 주위 사람들에 대한 다양한 표현을 통해 자신과 주위 사람들에 대해 이해하도록 하는 활동이다. 마지막으로 "레오나르도 다빈치"는 폭력에 대한 느낌과 생각을 찰흙으로 표현해 봄으로써 폭력에 대한 새로운 인식을 갖도록 하는 내용으로 구성하였다. 심화프로그램으로 먼저 "나 돌아보기 II"는 최근의 학교폭력 사건을 통해 자신의 현재와 미래에 변화할 모습을 기대해 보도록 하는 활동이며, "학교폭력 일일기자"는 학교폭력에 대해 연상되는 이미지를 콜라주 작업을 통해 점검해 보는 활동이다. 그리고 "나의 옆에는 II"와 "시추에이션 탐험기"는 선택활동으로 각각 학교폭력 사건 이후 가족 및 주위 사람들과의 관계를 돌아보며, 자신에 대해 이해해 보는 시간을 갖도록 하는 활동과, 자신의 폭력 경험에 대해 어떻게 이해하고 있는지 그리고 아직 정리되지 않은 자신의 감정을 표현해 보고 검토해 보는 시간을 갖도록 하는 활동이다.

4회기

4회기는 자신의 부정적 감정을 이해하고 표현하도록 하며, 부적 감정을 조절할 수 있는 힘을 기르도록 하는 데 목적이 있다. 먼저 기본프로그램 중 필수활동으로 "나의 감정 알아차리기"는 자신의 다양한 감정을 알아보고 긍정적·부정적 감정의 차이점을 알아보도록 하는 활동이며, "화가 났을 때"는 부적 감정들을 어떻게 느끼며, 자신의 행동에 어떠한 영향을 미치는지 알아보는 활동이다. 선택활동으로는 "난 뭘 느낄까?"에서는 자신의 감정 촉발요인을 알아보는 시간을 갖도록 하며, "나만의 베개"에서는 감정을 적절히 표현하고 조절하는 방안에 대해 시연해보는 시간이다.

심화프로그램 중 필수활동으로 "내 안의 온도계"는 분노감정을 수치화 해봄으로써 감정조절의 필요성과 조절력을 기를 수 있도록 하는 활동이며, "펀치" 활동은 폭력이 타인에게 미치는 영향을 인식하게 하고, 힘 조절법을 익히는 활동이다. 선택활동으로 "내 모습"은 자신의 모습을 긍정적으로 받아들일 수 있도록 하는 활동이며, "감정릴레이"는 분노표현의 다양한 방법을 활동을 통해 자연스럽게 익힐 수 있도록 하는 활동이다.

5회기

5회기는 긍정적, 부정적 마음 표현의 영향을 이해하고, 다양한 의사소통 기술을 익히고 표현하는 기술을 배우는 데 목적이 있다. 먼저 기본프로그램 중 필수활동으로 "긍정적 마음의 유리창"과 "부정적 마음의 유리창"은 각각 타인에게 긍정적인 마음을 전달할 수 있도록 하는 내용과 타인에게 부정적인 마음을 효과적으로 전달하는 방법을 연습하는 내용으로 구성되어 있다. 선택활동으로 "마음의 유리창 닦기"에서는 실제 경험한 상황들을 이야기하고, 그 상황에서 효과적으로 부정적인 마음의 전달 방법을 연습하도록 하고, "마음의 거울"은 상대방에 대한 공감 능력을 기르는 활동이다. 심화프로그램 중 필수프로그램으로 "다르지만 중요한 사람들"에서는 서로의 차이점을 이해·수용하고 그 차이점으로 인해 소중함을 잃지 않도록 하는 활동이며, "또 다른 선택들"은 욕설을 하거나 화를 내고 싶거나, 폭력을 사용하고 싶은 욕구를 긍정적/부정적 마음의 전달I-message로 바꿀 수 있도록 하는 내용으로 구성하였다. 선택활동으로 "Under Construction"은 실제 경험한 상황들을 이야기하고, 그 상황에서 보다 효과적으로 대화하도록 연습하는 활동이며, "문자메시지 역할극"은 대본에 있는 에피소드를 바탕으로 핸드폰 문자메시지를 활용한 역할극을 실습하는 활동이다.

6회기

6회기는 갈등상황의 전개 방향을 이해하고, 갈등상황에 효과적으로 대처하는 방법을 습득하는 데 목적이 있다. 먼저 기본프로그램 중 필수활동으로 "마음의 유리창 포털뉴스"는 갈등상황 신문기사를 읽고 주인공들의 마음을 추측해보는 활동이며, "뒤바뀐 뉴스입니다"에서는 미완성된 갈등상황 장면을 완성해가면서 효과적인 갈등해결책과 긍정적, 부정적 마음을 전달하는 방법을 연습하는 활동이다. 선택활동으로 "바뀌지 못한 뉴스"에서는 적절하게 또는 부적절하게 마음의 유리창을 작동했던 경험을 나누어 보도록 하며, "Mission Possible!"은 타인에 대한 심리적 선행의 의미를 이해하고 실천함으로써 긍정적 자기개발의 태도를 높일 수 있는 활동으로 구성하였다. 마지막으로 "갈등의 해결사"에서는 갈등상황에서 효과적인 대처방법을 찾아보는 활동으로 구성하였다. 심화프로그램 중 필수활동으로 "나 자신을 넓혀보자"는 자신이 갈등을 느끼는 상황에서 다른 사람들을 수용할 수 있는 자세를 찾아 다른 태도를 생각해보도록 하는 내용이며, "인터폰으로 사람보기"에서는 선호하거나 싫어하는 사람에게 자신의 솔직한 감정을 드러내 보이는 자기개방의 태도를 다룬다. 선택활동으로 "나는 나"에서는 타인과의 갈등 장면에서 자신의 생각을 주장하고 효과적으로 대처할 수 있는 태도를 높이도록 하며, "나의 고백"에서는 자신이 가장 두려워하는 것들과 피하고 싶은 것들을 이야기함으로써, 솔직한 자기개방을 유도하도록 하는 활동이다.

7회기

7회기는 지난 활동을 기억해 보며 프로그램을 통해 변화된 모습과 미래에 대한 희망을 갖도록 하는 데 목적이 있다. 필수프로그램으로 "기억나니?"에서는 지금까지 해 왔던 활동을 돌아보고, 활동에 대한 소감을 나누어 보는 활동이다. 그리고 "변신! 짜잔~"은 변화된 점과, 앞으로 변해야 할 점을 이야기해 보는 활동이다. 선택활동으로 "주문을 외워줘"는 자신과 친구들에게 잘할 수 있다는 격려의 메시지를 나누는 활동이며, "이게 진짜 내 모습!"은 30년 후의 내 모습을 긍정적으로 그려보는 시간을 갖도록 하는 활동이다.

Chapter 09

학교폭력 관련 검사

School Violence **Prevention** &
Understanding of Student

Chapter 09

학교폭력 관련 검사

학교폭력 피·가해학생을 올바르게 이해하고 지도·상담하기 위해서는 구체적, 객관적 사실에 기반한 과학적 진단 검사 자료evidence based diagnosis program에 의해 진단이 이루어져야 한다. 과학적이고 합리적인 진단을 위해 학교폭력과 관련된 다양한 검사에 대한 이해와 활용 능력이 요구된다. 학교폭력 관련 검사로는 학교폭력의 피해와 가해 예상학생을 미리 발견하여 예방상담이나 교육 실시 목적의 따돌림 진단 척도 검사, 공격성 척도 검사가 있고, 교육부가 2013년부터 매년 전국의 초·중고등학교 학생들을 대상으로 실시하는 정서·행동특성 검사가 있다.

 심리검사의 이해

1) 심리검사의 목적

심리검사는 인간의 심리적 현상에서의 개인차를 비교하고 개인의 전체적인 인격적, 행동적 측면을 이해하기 위한 심리 측정과정이다. 심리검사는 현재 개인의 내적인 심리적 속성이나 특성을 진단하는 기능을 가지고 있으며, 이를 통해 향후 행동을 유추할 수 있는 예측의 기능이 있다. 또한 심리검사는 피검자가 자신의 능력이나 특성에 대한 정보를 제공하는 기능과 심리검사를 실시한 피검사자가 검사를 받지 않은 피검사자보다 자신의 능력이나 특성에 대해 관심을 더 많이 가지게 되는 자극 기능이 있다. 심리검사를 실시할 때 유의할 점은 심리검사의 궁극 목적은 학생 이해에 있는데 심리검사를 시행함으로써 끝나는 것이 아니라 검사 결과를 다른 자료들과 통합하여 올바르게 해석하고 학생에 대한 이해나 문제해결과 연결시켜 활용할 수 있어야 한다는 점이다. 따라서 상담자는 평가 및 측정 이론, 인간 변화의 이론에 대한 전문적 지식과 통찰력이 필요하다.

2) 심리검사의 요건

심리검사가 구비해야 할 요건은 검사로서 가져야 하는 타당도, 신뢰도, 객관도, 실용도 등이다.

(1) 타당도(validity)

검사가 측정하려는 목표를 얼마나 충실하게 측정하고 있는지를 말한다. 타당도에는 타당도를 확인하려고 하는 검사의 내용 자체를 타당성의 기준으로 보는 내용타당도content validity, 한 검사가 얼마나 예언적 능력을 가지고 있는가를 알아보는 방법으로 미래의 예측과 관계되는 예언타당도predictive validity, 검사에 의해 밝혀진 학생의 행동특성x을 제3의 어떤 행동 준거y와 비교함으로써 두 변인x, y에 동일한 행동특성이 어느 정도 있느냐를 동시에 밝혀 새로운 연구에 아이디어를 제공하는 공인타당도concurrent validity, 한 검사가 조작적으로 정의되지 아니한 어떤 특성이나 성질을 측정했을 때, 그것을 과학적 개념으로 의미를 부여하는 과정으로 구인타당도construct validity 등이 있다.

(2) 신뢰도(reliability)

검사가 측정하려는 대상을 얼마나 정확하게 측정하고 있는가의 정도를 말한다. 신뢰도는 어떻게 측정하고 있는가의 문제이다. 신뢰도에는 한 개의 검사를 같은 집단에서 두 번 실시하여 그 전후의 결과에서 얻은 점수를 기초로 해서 상관계수를 산출하는 방법인 재검사 신뢰도test-retest reliability, 미리 두 개의 동형검사를 제작하고, 그것을 피험자에게 실시해서 두 개의 동형검사에서 얻은 점수 사이의 상관계수를 산출하는 방법인 동형검사 신뢰도equivalent-form reliability, 한 개의 검사를 한 피험자집단에서 실시한 후, 그것을 적절한 방법에 의해 두 부분의 점수로 분할하고 이 분할된 두 부분을 독립된 검사로 생각하여 이들 사이의 상관계수를 내는 방법인 반분검사 신뢰도split-half reliability, 피험자가 각 문항에 반응하는 일관성, 합치성에 기초하여 측정하는 문항 내적 일관성 신뢰도inter-item reliability가 있다.

(3) 객관도(objectivity)

검사를 채점하는 사람과 평정하는 사람 간의 합의도를 말한다. 검사자 신뢰도 또는 평정자 신뢰도라고 하며 한 가지 반응에 대하여 여러 사람의 채점 및 평가의 일치 정도를 평가하는 '평가자 간 객관도', 한 평가자가 시간 간격이나 상황의 차이에 따라 같은 대상에 다른 평가결과를 나타내는 '평가자 내 객관도'가 있다. 객관도의 계산은 한 사람의 채점자가 일정한 간격을 두고 채점하여 상관계수를 내는 것과 한 검사를 여러 사람이 채점한 것의 일치도를 구하는 방법이 있다.

(4) 실용도(usability)

검사도구가 시간과 경비, 노력의 투입에 비해 기대한 바의 목적을 얼마나 효율적으로 달성할 수 있느냐를 말한다. 아무리 훌륭한 검사도구라 할지라도 시간, 경비, 노력이 많이 들거나 지나치게 복잡하면 현실에서 활용하기가 어렵다.

3) 심리검사의 유형

심리검사의 유형은 표준화 검사와 비표준화 검사로 구분된다. 표준화 검사 standardized test는 고도의 훈련을 쌓고 그 분야에 전문 지식을 가진 전문가가 이론과 선행연구의 결과에 의해서 표준화된 절차를 통해서 만든 검사이다. 표준화 검사의 대표적 특성은 규준norm에 있어서 학생들의 특성이나 능력을 학생들이 속한 집단의 전체 평균과 상대적으로 비교할 수 있는 점이다. 표준화 검사는 신뢰도와 타당도, 객관도, 실용도가 필수적으로 요구된다. 표준화 검사는 내담자를 파악하고 이해하는 데 기초 자료로 활용된다. 표준화 검사에는 지능검사, 적성검사, 흥미검사, 성격검사 등이 있다. 비표준화 검사non-standardized test는 특별한 제한 없이 개인의 특성 및 상태를 이해하기 위한 관찰자의 소견과 인상에 대한 자료를 수집하여 이를 분석하고 해석한다. 비표준화 검사에는 관찰법, 질문지법, 면접법, 평정법, 사회성 측정법, 사례연구법, 자서전법 등이 있다.

4) 심리검사의 종류

(1) 지능검사(K-WISC-Ⅲ, K-WPPSI)

지능검사는 개인의 전반적인 인지능력을 평가하여 언어성, 동작성의 강, 약점을 파악함으로써 아동이 가진 부분에 있어 약점은 보안하고, 강점의 능력을 계발하도록 돕는 검사이다. 정해진 10개의 소 검사동작성 검사 5개(빠진 곳 찾기, 가로쓰기, 차례 맞추기, 토막짜기, 모양 맞추기 등), 언어성 검사 5개(상식, 공통성, 산수, 어휘, 이해 등)를 하는데 대략 50~70분 정도가 소요되고 세 개의 보충검사동형 찾기, 숫자, 미로는 추가로 10분~15분을 필요로 한다. 아동에 따라서 혹은 검사자의 실시 기법에 따라서 검사 길이는 다를 수 있다. K-WPPSI는 K-WISC-Ⅲ를 실시할 수 없는 4세에서 6세 반 정도의 아동을 위한 지능검사이다.

(2) 심리유형검사(MBTI)

심리유형검사Myers-Briggs Type Indicator는 사람마다 각자의 인식과 판단과정에서 나타나는 근본적인 선호성을 알아내고 각자의 선호성이 개별적으로 또는 복합적으로 어떻게 작용하는지 결과를 예측하여 실생활에 도움을 주는 데 있다. 나 자신에 대한 이해와 나와 다른 사람에 대한 이해를 통해 인간관계를 개선하는 데 도움을 준다. 4개의 양극단 영역을 제공하는 8개의 척도로 구성되어 있고 자기 보고식 검사로 객관식 문항에 '예, 아니오'로 대답하는 방법으로 검사를 실시한다. 4개의 영역 중에서 첫 번째 영역은 에너지의 방향으로 외향성E과 내향성I을 나타내고, 두 번째 영역은 인식기능으로 감각S과 직관N을 나타내고, 세 번째 영역은 판단기능으로 사고T와 감각F을 나타내고 네 번째 영역은 생활양식으로 인식P과 판단J을 나타낸다. 네 개의 영역마다 두 개의 경우가 작용하므로 $2^4 = 16$가지의 유형이 만들어진다. 유형은 각 경우를 나타내는 알파벳 한 글자씩을 따서 네 글자로 표시한다.

(3) 그림검사(HTP, KFD)

그림검사는 종이와 연필, 지우개를 제공하고 피검자가 무엇인가를 종이에 표현하게 하는 심리검사 방법으로 이를 통해서 피검자의 내면 정서를 진단할 수 있다. HTP검사는 3장의 종이를 차례로 주고 거기에 순서대로 집House, 나무Tree, 사람Person을 그리는 방법으로 검사가 실시된다. 그림을 다 그린 이후에는 피검자가 표현한 독특한 의미와 문제를 알기 위해서 몇 가지 질문을 할 수 있다. 그려진 그림의 크기, 선의 강약, 그려진 그림의 위치, 원근, 대칭, 음영 등의 표현 양상에 따라 그린 사람의 심리를 알 수 있다. 사람의 경우 인물의 자세, 얼굴 표정, 복장, 액세서리, 집의 경우에는 굴뚝, 창문, 현관, 나무의 경우에는 줄기, 가지, 뿌리 등이 어떻게 그려졌는가를 살펴보면 그린 사람의 심리를 알 수 있다. KFD는 동작성 가족화 검사 Kinetic Family Drawing로서 가족이 무언가를 하는 그림을 피검자에게 그리라고 요구하며 HTP와 마찬가지로 그림을 다 그린 이후에는 피검자가 표현한 독특한 의미와 문제를 알기 위해서 몇 가지 질문을 할 수 있다.

(4) 문장완성검사(SCT)

문장완성검사Sentence Completion Test는 다른 투사검사보다는 피검자의 의식된 수준의 심리적 현상들이 반영되는 경향이 있는 검사이다. 문장완성검사는 성인용과 아동용 2가지의 종류가 있다. 일반적으로 문장완성검사는 가족관계, 교우나 대인관계, 신체인식, 학교나 직장생활, 감정, 일상생활태도, 자기 인식, 사상 등에 관한 문장을 가지고 있다. 이런 내용의 미완성 문장을 제시하면 피검자가 자신의 생각으로 문장을 완성하는 방법으로 검사가 실시된다. 문장완성검사의 경우 고집형, 감정단短반응형, 장황형, 자기 중심형, 허위 반응형, 공상 반응형, 모순형, 반문형, 은닉형, 거부형, 병적 반응형으로 나눌 수 있다.

(5) 다면적 인성검사(MMPI)

다면적 인성검사Minnesota Multi-phasic Personality Inventory는 개인 성격의 비정상성 혹은 징후를 평가하여 상담 및 치료에 기여하고 비정상적이고 불건전한 증상이 진전될 가능성을 찾아 미리 예방하기 위한 검사이다. 성격유형 검사는 아동용이 별도로 제작되어 있지 않기 때문에 12세 이상의 읽기가 가능한 중학생 이상을 대상으로 한다. 검사지 내용에 대해 '예, 아니오'로 대답하는 방식으로 검사가 실시된다. MMPI를 통하여 10개의 항목으로 검사결과를 분석할 수 있는데 10개의 항목은 건강염려증Hs, 우울증D, 히스테리Hy, 반사회성Pd, 남성성 & 여성성Mf, 편집증Pa, 강박증Pt, 정신분열증Sc, 경조증Ma, 내향성Si이다.

(6) 주제통각검사(CAT, TAT)

TATThematic Apperception Test는 31개의 흑백사진카드로 구성되어 있고 그중에 하나의 카드는 백지로 되어 있다. 30장의 카드 중에는 피검자의 성별과 연령에 따라 20장의 카드를 선택하여 제시하여 검사를 실시한다. 20매의 그림을 2회로 나누어 실시하며 경우에 따라서는 그림의 매수를 줄여 9~12매의 그림으로도 검사를 실시하기도 한다. 피검자는 각각의 그림을 보고 그림에서 현재 일어나고 있는 일, 앞으로의 일의 진행, 그림 속 사람의 감정, 이야기의 결말 등에 대한 이야기를 만들어 대답한다. 이 과정에서 개인의 과거 경험, 상상, 욕구, 갈등 등이 투사되면서 성격의 특징적인 면, 발달적 배경, 환경과의 상호작용 관계 방식 등에 대한 정보를 제공해 준다. CAT_{Children Apperception Test}는 TAT의 도판을 아동의 검사에 적합하게 개발한 검사도구이다. 도판의 그림들을 유아나 아동에게 적합한 유아기나 아동기의 심리적인 문제들이 쉽게 투사될 수 있는 그림들로 바꾸어 놓은 검사이다. 총 18개의 도판_{표준판 9개, 보충판 9개}으로 구성되어 있고, 아동의 일상생활의 문제나 심리상태를 잘 이해할 수 있게 하는 검사이다.

(7) 잉크검사(Rorschach)

로샤 검사는 종이의 한 면에 잉크를 놓고 반으로 접어 잉크 반점을 만든 것을 검사자료로 제시하고 피검자가 그 잉크 반점을 무엇이라고 생각하는지 이야기하도록 하는 방법으로 검사가 실시된다. 로샤 검사는 주로 우울이나 사고의 융통성, 생각의 특이성과 같은 인지 사고 기능의 검사, 감정조절방식, 애정욕구와 같은 정서상태, 대인관계, 자아상 등을 확인하고자 할 때 실시한다.

(8) 아동행동평가척도(K-CBCL)

아동행동평가척도_{Korea-Child Behavior Checklist} 아동·청소년기에 흔히 일어날 수 있는 문제행동을 정리하여 만든 검사도구로서 아동·청소년기에 주로 평가해야 할 사회능력과 문제행동 증후를 다양하게 포함하고 있다. 검사는 4~7세 아동을 대상으로 그 아동의 양육자가 질문지에 응답하는 방법이며, 검사 소요시간은 15~20분 정도이다. 아동행동평가척도는 크게 사회능력 척도와 문제행동 증후군 척도로 나눌 수 있고, 사회능력 척도에는 사회성, 학습수행, 총 사회능력이 포함되며 문제행동 증후군 척도에는 위축, 신체증상, 불안/우울, 사회적 미성숙, 사고의 문제, 주의집중 문제, 비행, 공격성, 내재화 문제, 외현화 문제, 총 문제행동, 성문제, 정서불안정이 포함된다.

(9) 진로탐색검사

Holland의 진로탐색검사는 전 세계적으로 진로지도와 상담에서 가장 많이 사용된다. John L. Holland의 이론에 근거하여 제작된 검사로서 6개의 직업적 성격유형, 즉 실재형R, 탐구형I, 예술형A, 사회형S, 기업형E, 관습형C을 측정한다. 세상의 직업은 하는 일이나 그 일에 종사하는 사람들의 성격에 따라 대체로 이와 같이 6개의 유형으로 분류할 수 있다. 이러한 직업적 성격유형은 어릴 때부터 기질적으로 또는 자라오는 동안 환경에 상호작용하면서 형성되는데 이러한 직업적 성격유형을 잠재적 적성으로 파악하여 진로를 선택하게 된다면 그 후의 직업에서나 개인생활을 만족스럽고 행복하게 보낼 수 있게 된다.

이외의 질적 심리검사로는 관찰법, 질문지법, 면접법, 평정법, 사회측정법sociome-try, 사례연구법 등이 있다.

(10) 관찰법(observation method)

관찰법은 조사대상에게 특별한 도구의 사용과 질문을 하지 않고 검사자의 관찰에 따라 조사대상의 행동이나 상황을 기록하여 자료나 정보를 수집하는 방법이다. 주로 인간의 감각기관에 의해 현상을 인식하는 방법이다. 자연스러운 상황에서 장기간에 걸쳐 실시되어야 한다. 장점은 피관찰자의 행동을 즉시 기록 가능하고, 유아나 응답자가 언어적으로 표현하기 어려운 상황에 적합하다는 점이다. 주로 행동을 통해 평가하므로 질문이나 설문지에서 나타나는 오차를 줄일 수 있다.

(11) 질문지법(questionnaire method)

질문지법은 연구하고자 하는 어떤 문제나 사물에 관해 필요한 사항을 알아보기 위하여 만든 여러 문항들을 체계적으로 조직하여 질문으로 만들어 질문용지에 인쇄하여 조사 대상자가 자기의 의견이나 관계되는 사실에 대답을 기술하도록 한다. 조사 연구에서 자료 수집의 방법으로 가장 많이 사용한다. 질문은 사실 발견을 위한 것으로 사실을 묻는 것과 의견, 판단, 태도, 감정과 같은 자아가 관계되는 내용을 묻는 것 등 두 가지로 구분된다. 질문지는 내용이 간단하고 명료하여야 하며, 정직하게 답변할 수 있도록 구성한다.

(12) 면접법(interview method)

면접법은 특정 상대와 직접 만나 대화를 통해 정보를 수집하는 방법이다. 면접을 통해 서로의 생각과 태도를 교환함으로써 이를 단서로 내담자의 문제 해결에 도움을 주거나 또는 행동의 변화를 가져오게 한다. 면접은 권위적이고 지시적인 방법보다는 민주적인 방법으로 실시함으로써 객관적 자료 수집을 할 수 있다. 면접자와 피면접자 간의 친밀한 관계, 라포 형성에 유의하여 피면접자가 방어적 태도를 취하지 않도록 분위기를 유지하여야 한다. 면접이 끝났을 때는 피면접자가 필요할 때 언제든지 또 만날 수 있다는 확신을 주고 단순히 기억에 의존하지 말고 학생의 누가기록부나 면접카드에 면접사항을 요약, 기록한다.

(13) 평정법(rating method)

평정법은 객관적으로 측정할 수 없는 주관적인 여러 특성을 알아보기 위해 특성을 유목이나 숫자의 연속성 위에 분류하여 측정하는 방법이다. 피검자의 정보를 얻기 위해 행동을 일정한 평가척도에 옮겨 검사한다. 각 평정의 단계는 상, 중, 하 또는 수, 우, 미, 양, 가 등 여러 단계로 나누어 실시한다. 평정법에는 유목평정척, 숫자평정척, 등위법, 체크리스트법 등이 있다. 유목평정척은 여러 개로 분류된 유목을 정하고, 평정하려는 대상의 행동이나 특성에 가장 잘 맞는다고 생각되는 유목을 표시한다. 숫자평정척은 평정하려는 특성의 단계를 숫자로 표시한다. 등위법은 평가하려는 행동의 특성에 관해 평정집단의 개인을 최고에서 최저에 이르기까지 순위를 매긴다. 체크리스트는 사전에 어떤 행동특성 일람표를 만들어 그러한 행동특성이 일어나는가, 일어나지 않는가를 체크한다.

(14) 사회측정법(sociometry)

사회성 측정법은 1934년 모레노Moreno에 의하여 인간관계 연구방법으로 고안된 것으로 교우관계 조사법이라 한다. 이 방법은 집단 내의 성원들 간의 호의, 혐오, 무관심 등의 관계를 조사하여 집단 구성원들의 상호작용 양상이나 집단 자체의 역동적 구조나 상태, 응집력을 알아보고자 할 때 이용되는 방법이다. 집단 속에서 구성원 간의 받아들임attraction, 거부repulsion, 무관심indifference의 강도나 빈도를 측정함으로써 전체 집단 안에서의 개인의 관계나 지위, 나아가서는 집단 자체의 구조와 발전의 상태를 발견하고 설명하며 평가할 수 있다. 이 방법은 특히 학생들의 사회적 적응, 대인관계, 학급의 구조, 권력관계 등을 파악하여 학생들의 생활지도와 상담에 활용한다.

(15) 사례연구법(case study method)

사례연구는 개인의 모든 가능한 정보를 수집하여 보다 나은 적응을 할 수 있는 목적으로 시행되는 개인에 대한 상세한 연구이다. 사례연구법은 아동 및 학생의 문제행동의 원인을 찾아내어 이에 대한 교육 및 치료적 대책을 강구하기 위한 연구방법의 하나이다. 특정 학생의 문제행동의 소재를 밝혀내기 위해 개인에 대한 생활사라든가 가정 사정, 신상문제에 대하여 여러 가지 수단으로 총합적으로 또는 조직적으로 자료를 수집하여 조사나 연구를 한다. 이들 자료를 총합적으로 분석하고 해석하여 문제행동 발생의 메커니즘mechanism을 파악하고 이에 대응하는 해결방법을 구안한다.

(16) 투사법(projective method)

투사법은 특정 주제에 대해 직접적으로 질문하지 않고 단어, 문장, 이야기, 그림 등 간접적인 자극을 제공해 응답자가 자신의 신념과 감정을 이러한 자극에 자유롭게 투사하게 함으로써 진솔한 반응을 표현하게 하는 방법이다. 투사법은 조사 대상자가 조사의 진정한 목적을 알지 못하는 상태에서 불확실한 자극을 제공함으로써 조사 대상자로부터 보다 자유롭고 부담 없이 그리고 즐거운 방식으로 열린 반응을 획득하게 한다. 한편으로 응답자 본인의 의견을 제시하지 않고 제3자를 통해 자신의 견해를 간접적으로 밝히게 하거나 다른 사람들의 행동을 해석하게 하는 방법으로 솔직한 응답을 유도하기도 한다. 간접적인 측정방법으로 관찰 조사와 투사법을 대표로 들 수 있다. 두 방법 모두 응답자가 의식하지 못해 표현하지 않거나 숨기고 싶은 위장된 태도의 측정에 유용하다. 단, 관찰 조사는 응답이 불가능한 조사, 투사법은 숨기고 싶은 태도에 대한 조사에 중점이 주어진다는 점에서 차이를 보인다.

(17) 기록법(records method)

기록법에는 누가기록법과 일화기록법이 있다. 누가기록법은 주로 학생 개개인에 대해 풍부한 정보를 얻기 위해 사용하는 것으로 비교적 긴 기간 동안 한 학생에 대한 조직적이고 지속적인 정보를 기록하는 방법이다. 일화기록법은 특정한 상황에서 개인의 행동을 상세하게 기록하는 것으로 교사나 관찰자가 학생의 특정한 행동을 그 행동이 있을 때마다 상세히 종단적으로 관찰하여 기록한다.

(18) 자서전법(autobiographical method)

자서전법은 학생들이 자기가 살아온 생활사를 간단하게 기록함으로써 자신의 삶의 패턴을 알고 개인행동의 개선을 위한 실마리를 알게 하는 방법이다. 한 개인의 현재 행동은 과거의 경험과 깊은 관계를 가지고 있으므로 과거에 어떤 사건이나 경험이 있었는지, 또 이에 대해 어떻게 느끼고 있는지를 아는 것은 현재의 한 개인을 이해하는 데 중요한 자료가 된다. 자서전의 내용에는 가정배경, 건강기록, 어렸을 때 주목할 만한 기억, 학교생활, 흥미와 여가활동, 친구관계, 여행 경험, 중요한 작업 경험, 교육적·직업적 계획, 결혼 및 가정에 대한 희망 등을 포함한다.

📖 2 학교폭력 관련 검사

학교폭력과 관련하여 학교에서 피해·가해학생의 상담을 위해 일반적으로 많이 활용하는 검사로는 상술한 문장완성검사, HTP집-나무-사람검사, MMPI다면적 인성검사 지능검사, 성격검사MBTI 등이 있다. 학교폭력과 관련된 직접 검사로는 학교폭력의 피해와 가해 예상학생을 미리 발견하여 예방상담이나 교육 실시 목적으로 '따돌림 진단 척도 검사', '공격성 척도 검사' 등을 실시한다.

1) 학교폭력 피해 관련 검사

따돌림 진단 척도는 한국임상심리학회가 제작한 아동 및 청소년 정신건강 진단 검사 내용의 일부로 위협, 협박, 무시, 강요, 구타, 금품갈취, 따돌림 등을 평가할 수 있는 12개 문항으로 구성되어 있다_{학교폭력 사안처리 가이드북, 238}.

표 9-1　따돌림 진단 척도

척도내용	학교 따돌림을 개략적으로 평가해 보기 위한 도구로써 총 12문항으로 구성되어 있음
실시방법	① 부모 보고 혹은 자기보고식 ② 각 문항에 대해 4가지 정도를 평정함
채점방법	① 표시된 각 정도의 합계를 기록 ② '상당히', '아주 심함'에 표시된 수를 합하여 총합계를 구함
해석지침	① '상당히', '아주 심함'에 표시된 총합계를 기준으로 다음과 같이 평가함 • 2개 이하: 일시적 따돌림일 가능성 많음 • 3개-7개: 학교에서 따돌림 받을 가능성 있음 • 8개 이상: 따돌림 받을 가능성이 매우 높음(전문가 상담 필요)

따돌림 진단척도

이름: _____   연령: ___세   성별: 남 / 녀

본 척도는 학교에서 따돌림을 당하는지 평가하기 위한 것입니다. 다음의 각 문항을 읽으시고, 자신(혹은 여러분의 자녀)에게 해당되는 란에 √표 하십시오. 다음 중 하나를 선택하시면 됩니다.

( )　　　　　( )　　　　　( )　　　　　( )

전혀 없음　　　약간 있음　　　상당히 있음　　　아주 심함

	전혀 없음	약간 있음	상당히 있음	아주 심함
1. 나는 학교에서 다른 학생들로부터 위협이나 협박을 당한 적이 있다.				
2. 나는 다른 학생들로부터 이유 없이 신체적으로 구타를 당한 적이 있다.				
3. 나는 학교에서 친한 친구가 없다.				
4. 나는 학교에서 다른 학생들과 잘 어울리지 못한다.				
5. 나는 학교에서 다른 학생들로부터 강제로 돈을 빼앗긴 적이 있다.				
6. 나는 학교에 가기가 두렵다.				
7. 나를 도와주는 친구가 없다.				
8. 나를 이유 없이 괴롭히는 친구가 있다.				
9. 친구들이 나를 일부러 따돌리고 소외시키며, 완전히 무시한 적이 있다.				
10. 나에 대해 나쁜 말을 하고 다녀서 다른 친구들이 나를 싫어하게 만든 친구가 있다.				
11. 친구들이 내가 싫어하는 별명으로 나를 부르며 비웃은 적이 있다.				
12. 내가 하기 싫어하는 일을 강제로 시키는 친구가 있다.				
합　　계				

2) 학교폭력 가해 관련 검사

공격성 척도는 A. H. Buss와 A. Durkee가 제작한 공격성 척도 중 고영인1994이 능동적인 공격성을 측정하는 하위척도만을 발췌하여 구성한 질문지이다. 총 21문항으로 구성되어 있으며, 그 내용은 ① 폭행 ② 간접적 공격성 ③ 언어적 공격성 등이다. 각 문항에 대해 '전혀 그렇지 않다'1점부터 '확실히 그렇다'4점까지 평정하며 총점을 구한다. 총점이 53~58점인 경우에는 공격적 성향이 약간 있는 것으로, 59~61점인 경우에는 공격적 성향이 상당히 있는 것으로, 그리고 62점 이상은 공격적 성향이 매우 높은 것으로 평가된다. 역채점 문항은 1, 4, 6, 13, 17, 21번이다. 역채점은 원래와 반대로 점수를 주는 것을 말한다학교폭력 사안처리 가이드북, 238.

표 9-2 공격성 척도

척도내용	공격성 척도: 총 21문항으로 구성 내용은 다음과 같음 ① 폭행척도: 육체적 폭력행위 ② 간접적 공격성: 악의 있는 험담이나 짓궂은 장난 ③ 언어적 공격성: 언어를 사용하여 위협하고 저주
실시방법	① 자기보고식 ② 각 문항에 대해 4점 척도로 평정
채점방법	① 각 문항의 점수를 합산하여 총점 구함 • 전혀 그렇지 않다 = 1점 • 약간 그렇다 = 2점 • 꽤 그렇다 = 3점 • 확실히 그렇다 = 4점 ② 역방향 채점 문항: 1, 4, 6, 13, 17, 21
해석지침	① 점수의 범위: 21점-84점 ② 다음과 같이 평가할 수 있음 • 53점-58점: 공격적 성향이 약간 있음 • 59점-61점: 공격적 성향이 상당히 있음 • 62점 이상: 공격적 성향이 매우 높음

공격성 척도(BDHI)

이름: _____   연령: ____세   성별: 남 / 녀

> 다음 질문들은 당신의 대인관계에서의 행동을 알아보려는 것입니다. 각 문장을 자세히 읽어 보고 자신의 평소 행동을 가장 잘 나타낸다고 생각되는 번호에 표시하여 주십시오. 응답방식은 다음과 같습니다.
>
> (1)   (2)   (3)   (4)
> 전혀 그렇지 않다   약간 그렇다   꽤 그렇다   확실히 그렇다

	전혀 그렇지 않다	약간 그렇다	꽤 그렇다	확실히 그렇다
1. 나는 누가 나를 때린다고 할지라도 좀처럼 맞서서 같이 때리지 않는다.				
2. 나는 때때로 싫어하는 사람 앞에서 그의 험담을 늘어놓는다.				
3. 나는 때때로 다른 사람을 해치고 싶은 충동을 억제할 수 없다.				
4. 나는 아무리 화가 나도 결코 물건을 던지지 않는다.				
5. 나는 상대방과 다른 의견이 있다면 그의 입장을 고려하지 않고 나의 입장을 말한다.				
6. 나는 무슨 일이 있던지 간에 다른 사람을 때려서는 안 된다고 생각한다.				
7. 사람들이 나에게 동의하지 않을 때에는 논쟁할 수밖에 없다.				
8. 누가 먼저 나를 때린다면 나도 때리겠다.				
9. 계속해서 나를 괴롭히는 사람은 나에게 한 대 얻어맞기를 자초하는 셈이다.				
10. 사람들이 나에게 호통을 칠 때 나도 맞서서 호통을 친다.				
11. 나는 매우 흥분했을 때 누군가를 때릴 수 있다.				
12. 나는 때때로 시비조로 행동한다.				
13. 나는 누가 괘씸해서 혼내주어야 할 때일지라도 차마 그의 자존심을 상하게 할 수 없다.				
14. 나는 누구하고나 잘 싸운다.				
15. 나는 거짓 협박을 자주 한다.				
16. 나는 내가 싫어하는 사람에게는 조금 무례한 행동을 한다.				
17. 나는 다른 사람들에 대한 나의 좋지 않은 견해를 보통 내색하지 않는다.				
18. 나의 권리를 지키기 위해 폭력을 써야 한다면 쓰겠다.				
19. 나는 논쟁할 때 언성을 높이는 경향이 있다.				
20. 나는 나를 궁지에 빠지게 한 사람을 알면 그 사람과 싸운다.				
21. 나는 어떤 일에 반박하여 논쟁하기보다는 차라리 상대편의 의견에 따른다.				
합 계				

3 **학생정서·행동특성검사**

학교폭력과 관련하여 전국적으로 실시되는 검사에는 교육부가 2013년부터 매년 전국의 초·중고등학교 학생들을 대상으로 실시하는 학생정서·행동특성검사가 있다.

1) 개요

정서·행동특성검사는 교육기본법 제27조보건 및 복지의 증진, 학교보건법 제2조의 2국가 및 지방자치단체의 의무, 정신보건법 제4조국가 등의 의무와 학교건강검사규칙 제4조의 2건강조사 항목 및 방법에 근거하여 시행된다. 학교에서 정서·행동 문제로 인해 발생할 수 있는 학교폭력이나 주요 정신건강 문제를 조기에 발견하고 예방하기 위해 실시된다.[1]

(1) 근거법률

① 「교육기본법」 제27조
② 「학교보건법」 제2조, 제7조, 제7조의2, 제9조, 제11조, 제18조의2, 제19조
③ 「학교폭력 예방 및 대책에 관한 법률」 제4조, 제11조의2, 제20조의4
④ 「초중등교육법 시행령」 제54조
⑤ 「학교건강검사규칙」 제4조의3

(2) 목적

① 학생의 성격특성 파악 및 긍정적 성장발달 지원
② 학생정서·행동특성검사 및 관리체계 구축으로 정서·행동문제 조기 발견 및 약화 방지
③ 학생정서·행동문제에 대한 적절한 개입을 통해 학습부진 문제 보정 및 학교생활 부적응 학생 예방·관리
④ 학교의 역량강화 및 예방·지원시스템 구축으로 학생정서·행동문제 예방
⑤ 학교−지역사회 및 관계부처 공조체제 구축으로 학생정서·행동문제, 학습부진, 학교생활 부적응 대응의 효율성 제고

---

1 이하 교육부의 '2017 학생정서·행동특성검사 및 관리 매뉴얼'을 참고하였다.

(3) 내용

① 정서·행동문제 대응, 학교폭력 피해 조기발견·관리, 기초학력지원 등 학생에 대한 학교 내·외 체계적 관리기반 조성
② 학교 내외 관련자 간 역할분담 및 공조체제 확립, 학생정서·행동관리 강화
③ 자살 징후 등 우선관리 학생에 대한 즉각적인 조치를 위한 지역사회 연계 지원망 구축
④ 특성검사: 초등학생 CPSQ-Ⅱ: 학부모 설문조사
　　　　　　　중·고등학생 AMPQ-Ⅲ: 학생 설문조사, 교사 설문조사
⑤ 심층평가: Wee 센터, 정신건강증진센터, 청소년상담복지센터, 의료기관 등
⑥ 학생정서·행동특성검사 및 지속관리 도움자료 수록

(4) 적용

① 대상: 초등학교 1학년, 4학년, 중학교 1학년, 고등학교 1학년 학생
② 방식: 매뉴얼의 내용을 기준으로 하되, 교육청 및 학교 여건에 따라 적정 운용

2) 정서·행동특성검사 및 관리 흐름도

그림 9-1) 검사 관리 흐름도

기반조성
· 학교 내 관리체계 구축
· 교직원 연수 및 학부모 안내
· 검사시스템 확인 및 사전준비

· 정상군: 정서행동문제 총점이 기준 점수 미만인 학생
· 관심군: 일반관리군, 우선관리군
  – 정서행동문제 총점이 기준 점수 이상으로 학교 내 지속관리 및 전문기관
    (병의원·Wee센터·정신건강증진센터 등) 의뢰 등 2차 조치가 필요한 학생
    *우선관리: 자살위험 등 긴급조치를 요하는 학생을 포함하여 문제 심각
    성이 상대적으로 높은 학생으로 전문기관 우선 의뢰가 필요한 학생
· 특성검사: 문제가 있다고 확정하는 진단검사가 아닌 성격특성 및 정서·행동
    발달 경향을 평가하는 선별검사(Screening Test)
· 심층평가: 전문기관에서 실시하는 개별상담과 검사 등 2차 조치

검사 실시 및 결과 처리
· 학생정서·행동특성검사 실시
  (온라인/서면)
· 검사현황(참여율) 확인 및 관리
· 검사결과 처리

① 정서·행동통제 총점이 기존 점수
   이상입니까?
② 학교폭력 피해 문항에 응답하였습
   니까?
③ 자살관련 문항에 응답하였습니까?

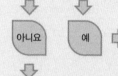

아니요   **예**   학교폭력 피해
                    문항 응답   **아니요**

결과통보 및 위험수준별 관리
· 학생 및 학부모 면담
· 특성검사 결과 가정통신문
· 자살위험 학생 즉각 조치
  (전문기관 의뢰 등)
· 전문기관 의뢰 및 학교 내 지속
  관심 관리

예

결과 통보 및 종결
· 특성검사 결과 가정통신문
· 학교 내 지속 관심·관리
· 성격특성검사 결과는 관심군
  판정에 포함하지 않음

학교폭력 담당자에게 인계
· 학교폭력업무 담당교사는 학생
  (학부모) 면담을 통해 학교폭력
  여부를 확인하고,
· 실제 학교폭력 피해사례로 확인
  될 경우 '학교폭력 전담기구'에서
  후속 조치

사후관리(follow-up)
· 관심군(우선관리군·일반관리군)
  학생 지속관리
· 전문기관 조치현황 확인 및 협조
· 사업결과 정리·보고

3) 검사 절차

그림 9-2   검사 절차

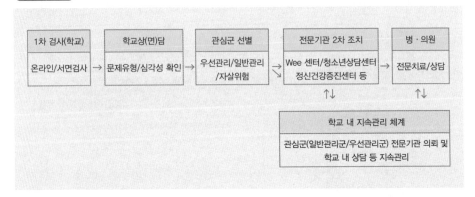

4) 검사 실시

표 9-3   검사 유형 및 내용

	유형	내용
초등학생 CPSQ-II (Child Personality and Mental Health Screening Problems Screening Questionnaire, Second version)	개인 성격특성	내적: 성실성, 자존감, 개방성 외적: 타인이해, 공동체의식, 사회적 주도성
	위험문항	학교폭력 피해
	외부요인	부모자녀관계
	정서행동 문제요인	집중력부진: 주의력결핍, 과잉행동장애(ADHD), 품행장애
		불안/우울: 불안장애, 우울증, 심리적 외상 반응, 신체화 성향, 강박 성향
		학습/사회성 부진: 언어장애 및 사회적 의사소통장애, 학습장애, 지적장애, 자폐스펙트럼장애, 강박성향 등
		과민/반항성: 우울증, 기분조절장애, 반항장애, 품행장애
	기타	전반적 삶의 질, 상담경험, 지원 선호도
황준원 등(2016), 교육부		

	유형	내용
중·고등학생 AMPQ-Ⅲ (Adolescent Personality and Mental Health Problems Screening Questionnaire, Third Version)	개인 성격특성	내적: 성실성, 자존감, 개방성 외적: 타인이해, 공동체의식, 사회적 주도성
	위험문항	학교폭력 피해
		자살관련: 자살사고, 자살계획, 자살시도력
	정서행동 문제요인	심리적 부담: 자해, 자살, 학교폭력 피해, 피해의식, 관계사고, 반항성향, 폭식
		기분문제: 우울증, 기분조절장애, 조울증 등의 기분장애, 신체화 성향, 강박성향
		불안문제: 시험 및 사회적 상황 등에 대한 공포증, 강박성향, 심리적 외상 반응, 환청, 관계사고
		자기통제부진: 학습부진, 주의력결핍 과잉행동장애, 품행장애, 인터넷 또는 스마트폰 중독
	기타	전반적 삶의 질, 상담경험, 지원 선호도
황준원 등(2016), 교육부		

5) 전문기관 심층 평가 및 사후 관리

① 심층 평가

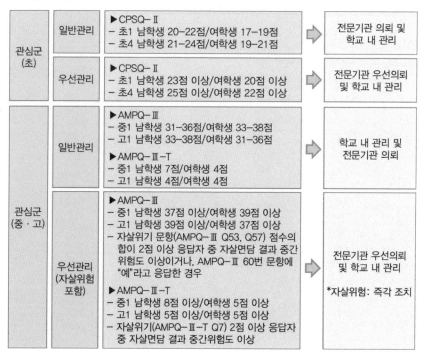

② 사후 관리: 검사결과 위험수준별 관리체계 구축

관심군	■ (학교 내 관리체계 구축) 업무 총괄(부장교사 이상) 지정 의무화, 협의체(보건·상담·담임 등) 운영 등 ■ (학교 내 지속관리) 학교상담 정례화(분기별 1회 이상), 생명존중 및 자살예방 교육 강화(학기당 2회 이상) 등 ■ (전문기관 연계) Wee 센터·정신건강증진센터 등 연계, 전문기관 2차 조치 등
우선 관리	■ (학교 내 집중관리) 학교장·교사·학부모, 전문기관·병의원 관계자 등으로 구성된 위기대응팀 운영 의무화, 학교상담 강화(월 1회 이상) 등 ■ (병의원 즉시의뢰) 검사절차와 관계없이 자살위험 학생 등 긴급을 요하는 학생 확인 즉시 전문기관·병의원 의뢰체계 구축, 운영

6) 정서 · 행동특성검사지(초등학생용)

아동 정서 · 행동특성검사지(CPSQ-Ⅱ)

학생	이름				
	학교	( ) 학교	학년	( ) 학년	
	반	( ) 반	번호	( ) 번	
	연령	만 ( ) 세	성별	☐ 남 ☐여	
작성자	*설문에 응답한 학생과의 관계를 표시해 주세요. ☐ 부 ☐ 모 ☐ 조부 ☐ 조모 ☐ 기타				

Ⅰ	다음은 초등학생 학부모 또는 주양육자 여러분께 자녀의 성격 및 정서 · 행동 특성을 묻는 설문입니다. 이 검사에는 옳거나 그른 답이 없으므로 자신의 의견을 있는 그대로 솔직하게 대답하시면 됩니다. 다음 각 문항을 읽고, 최근 자녀의 모습에 해당된다고 생각하는 곳에 O표를 해 주십시오.

지난 3개월간 우리 아이는…

문항	전혀 아니다	조금 그렇다	그렇다	매우 그렇다
1. 스스로를 좋은 점이 많은 사람이라고 생각한다.	0	1	2	3
2. 친구들과 세운 계획을 실행에 옮기기 위해 노력한다.	0	1	2	3
3. 기발한 생각을 자주 떠올린다.	0	1	2	3
4. 다른 사람의 의견을 귀 기울여 듣는다.	0	1	2	3
5. 한 번 하겠다고 마음먹은 일은 끝까지 한다.	0	1	2	3
6. 공동의 문제를 해결하기 위해 친구들과 함께 적극적으로 나선다.	0	1	2	3
7. 어떤 일을 할 때 상대방의 감정을 고려하여 행동한다.	0	1	2	3
8. 상상력이 풍부하다는 말을 듣는다.	0	1	2	3
9. 해야 할 일에 끝까지 집중한다.	0	1	2	3
10. 자신이 속한 학급을 좋아한다.	0	1	2	3
11. 다른 사람들과 친하게 지내는 것이 중요하다는 것을 안다.	0	1	2	3
12. 신중히 생각한 뒤에 말하고 행동한다.	0	1	2	3
13. 스스로를 소중한 존재라고 느낀다.	0	1	2	3
14. 새로운 것을 배우고 경험하는 것을 좋아한다.	0	1	2	3
15. 지금의 자기 자신에 대해 만족한다.	0	1	2	3
16. 스스로를 자랑스럽게 생각한다.	0	1	2	3
17. 어떤 일을 할 때 미리 계획을 세운다.	0	1	2	3
18. 친구들과 어떤 일을 함께 하는 것을 좋아한다.	0	1	2	3
19. 자기 반에 자신의 마음을 알아주는 친구가 있다.	0	1	2	3
20. 친구들 사이에서 리더 역할을 한다.	0	1	2	3
21. 친구들의 감정과 기분에 공감을 잘한다.	0	1	2	3

지난 3개월간 우리 아이는…				
문항	전혀 아니다	조금 그렇다	그렇다	매우 그렇다
22. 다른 사람의 기분을 잘 알아차린다.	0	1	2	3
23. 학교행사와 활동에 적극적으로 참여한다.	0	1	2	3
24. 호기심이 많고 탐구하는 것을 좋아한다.	0	1	2	3
25. 울거나 짜증내는 경우가 많다.	0	1	2	3
26. 어른(부모, 교사 등)에게 반항적이거나 대든다.	0	1	2	3
27. 또래보다 농담, 비유, 속담 등을 잘 이해하지 못하고 글 자 그대로 받아들인다.	0	1	2	3
28. 집을 나서거나 부모(주 양육자)와 떨어진 것을 매우 불 안해한다.	0	1	2	3
29. 이전에 겪었던 힘든 일들(사건·사고, 가까운 사람과의 이별 또는 사망 등)을 잊지 못하고 힘들어한다.	0	1	2	3
30. 매사에 의욕이 없고 피곤해 보인다.	0	1	2	3
31. 예민하고 신경질적이다.	0	1	2	3
32. 뚜렷한 이유 없이 여기저기 자주 아파한다. 　　(예: 두통, 복통, 구토, 메스꺼움, 어지러움 등)	0	1	2	3
33. 또래에 비해 읽기, 쓰기, 셈하기를 잘하지 못한다.	0	1	2	3
34. 자신만의 관심 분야에 지나치게 몰두한다.	0	1	2	3
35. 수업시간, 공부, 오랜 책읽기 등에 잘 집중하지 못한다.	0	1	2	3
36. 거짓말을 자주 한다.	0	1	2	3
37. 가만히 앉아 있지 못하거나 손발을 계속 움직인다.	0	1	2	3
38. 인터넷, 게임, 스마트폰 과다 사용으로 일상생활에 어 려움이 있다.(예: 부모와의 갈등, 학교생활에 지장 등)	0	1	2	3
지난 한 달간 우리 아이는…				
39. 다른 아이로부터 따돌림이나 무시를 당하여 힘들어한다.	0	1	2	3
40. 특정 행동을 반복하며 힘들어한다. 　　(예: 손 씻기, 확인하기, 숫자 세기)	0	1	2	3
41. 눈 맞춤이나 얼굴 표정이 자연스럽지 못하다.	0	1	2	3
42. 적응력이나 대처 능력이 또래에 비해 부족하다.	0	1	2	3
43. 언어능력과 계산능력이 또래에 비해 우수하다.	0	1	2	3
44. 기다리지 못하고 생각보다 행동이 앞선다.	0	1	2	3
45. 원치 않는 생각이나 장면이 자꾸 떠오른다며 괴로워한다.	0	1	2	3

지난 3개월간 우리 아이는…				
문항	전혀 아니다	조금 그렇다	그렇다	매우 그렇다
46. 이유 없이 갑작스럽게 눈 깜빡임, 킁킁거림, 어깨 으쓱거림 등을 반복한다.	0	1	2	3
47. 다른 아이들과 자주 다툰다.(예: 말싸움 혹은 주먹 다툼)	0	1	2	3
48. 다른 사람의 시선을 많이 의식하고 쉽게 상처받는다.	0	1	2	3
49. 한 번도 거짓말을 한 적이 없다.	0	1	2	3
50. 다른 사람의 입장을 이해하거나 배려하길 어려워한다.	0	1	2	3
51. 자신감이 부족하다.	0	1	2	3
52. 친구를 사귀거나 친밀한 관계를 유지하는 것을 어려워한다.	0	1	2	3
53. 상황에 맞지 않는 부적절한 말이나 질문을 한다.	0	1	2	3
54. 사소한 일에도 불안해하거나 겁을 낸다.	0	1	2	3
55. 흥분해서 부모에게 말대꾸를 하거나 과격하게 반항한다.	0	1	2	3
지난 한 달간 우리 아이는…				
56. 다른 아이로부터 놀림이나 괴롭힘(언어폭력, 사이버 폭력, 신체적 폭력)을 당하여 힘들어한다.	0	1	2	3
지난 3개월간 우리 아이는…				
57. 전반적으로 신체적 건강은 좋은 편이다.	□ 예 □ 아니오			
58. 전반적으로 정서적 건강은 좋은 편이다.	□ 예 □ 아니오			

II	다음은 아이와 관련된 것이 아닌 학부모 또는 주 양육자인 자신과 관련된 설문 조사입니다. 다음 각 문항을 읽고 최근 부모님(주 양육자)의 모습에 가장 해당된다고 생각하는 곳에 O표 해 주십시오.

문항	전혀 아니다	조금 그렇다	그렇다	매우 그렇다
지난 3개월간 나는…				
59. 아이한테 욕하거나 마음에 상처 주는 말을 하게 된다.	0	1	2	3
60. 아이를 양육할 때 스트레스가 많다.	0	1	2	3
61. 아이가 말을 듣지 않아서 자꾸 매를 들게 된다.	0	1	2	3
62. 내 아이의 행동으로 인해 화가 난다.	0	1	2	3
지금까지 나는…				
63. 자녀 문제로 전문가에게 상담을 받아 본 경험이 있다.	□ 예 □ 아니오			
지금 나는…				
64. 이 검사에 있는 그대로 성실히 응답하고 있다.	0	1	2	3
65. 본 설문 결과에 따라 전문 상담 등의 지원을 받아볼 의향이 있다.	□ 예 □ 아니오			

7) 초등학생용 정서 · 행동특성검사(CPSQ-Ⅱ)의 요인별 내용

(1) 집중력 부진

집중력 부족, 부주의함, 충동성, 행동문제 등으로 구성되며, 다양한 상황에서 관련 행동조절의 어려움과 관련된 항목 포함

(2) 불안/우울

분리 불안장애 등의 불안장애, 우울증, 심리적 외상 반응, 신체화 성향, 강박 성향 등에서 흔한 정서 행동문제로 구성

(3) 학습/사회성 부진

① 판단력과 적응 능력, 학습 능력, 대인관계 및 의사소통 능력과 관련된 항목 포함

② 언어장애 및 사회적 의사소통 장애, 학습 장애, 지적 장애, 자폐스펙트럼 장애, 강박 성향 등 흔히 학습과 사회성 부진을 초래하는 정서행동 문제의 경향성을 파악

(4) 과민/반항성

① 우울증 및 기분조절 장애, 적대적 반항 장애, 품행 장애에서 흔한 정서행동 문제로 구성

② 불안정한 정동, 자극 과민성, 반항적 행동, 자존감 저하가 포함

8) 초등학생용 정서 · 행동특성검사(CPSQ-Ⅱ)의 판정 기준

(1) CPSQ-Ⅱ의 요인별 문항 및 절단점

구분			점수범위	문항	절단점
성격특성	내적	성실성	0-12	5, 9, 12, 17	–
		자존감	0-12	1, 13, 15, 16	
		개방성	0-12	3, 8, 14, 24	
	외적	타인이해	0-12	4, 7, 21, 22	
		공동체의식	0-12	2, 6, 20, 23	
		사회적 주도성	0-12	10, 11, 18, 19	
위험문항		학교폭력 피해	0-6	39, 56	1점
외부요인		부모자녀 관계	0-12	59, 60, 61, 62	초1 남학생 6점 / 여학생 5점 초4 남학생 6점 / 여학생 5점
요인	정서행동특성	집중력 부진	0-21	34, 35, 36, 37, 44, 47, 53	초1 남학생 7점 / 여학생 5점 초4 남학생 8점 / 여학생 6점
		불안/우울	0-30	28, 29, 30, 31, 32, 45, 48, 51, 52, 54	초1 남학생 7점 / 여학생 8점 초4 남학생 8점 / 여학생 8점
		학습/사회성 부진	0-24	27, 33, 40, 41, 42, 51, 52, 53	초1 남학생 5점 / 여학생 5점 초4 남학생 6점 / 여학생 5점
		과민/반항성	0-12	25, 26, 31, 55	초1 남학생 4점 / 여학생 4점 초4 남학생 5점 / 여학생 5점
기타			–	57, 58, 63, 65	
정서행동 문제 총점			0-84	25-38, 40-42, 44-48, 50-55	초1 남학생 20점 / 여학생 17점 초4 남학생 21점 / 여학생 19점

※ 위 개별요인 항목으로 구분되지 않는 문항 38, 46, 50도 정서행동 문제 총점 산정에 포함

※ 개인성격특성, 학교폭력 피해, 부모자녀 관계, 기타에 해당하는 문항은 정서행동문제 총짐 산정에 포함되지 않음

※ 신뢰도 문항은 총 3개 문항(43번, 49번, 64번)이며, 총점 산정에는 포함되지 않음

(2) 결과 판정 기준

판정 기준	결과 판정			점수 범위
정서행동 문제 총점	일반관리	초1	남	20~22점
			여	17~19점
		초4	남	21~24점
			여	19~21점
	우선관리	초1	남	23점 이상
			여	20점 이상
		초4	남	25점 이상
			여	22점 이상
문항 39, 56 점수 총점	학교폭력 피해			1점 이상

9) 정서 · 행동특성검사지(중 · 고등학생용)

청소년 정서 · 행동특성검사지(AMPQ-Ⅲ)

학생	이름				
	학교	( ) 학교	학년	( ) 학년	
	반	( ) 반	번호	( ) 번	
	연령	만 ( ) 세	성별	□ 남　　□ 여	

다음은 청소년 여러분의 성격 및 정서 · 행동을 묻는 설문입니다. 이 검사에는 옳거나 그른 답이 없으므로 자신의 의견을 있는 그대로 솔직하게 대답하시면 됩니다. 다음 각 문항을 읽고, 최근 자신의 모습에 해당된다고 생각하는 곳에 O표를 해 주십시오.

지난 3개월간 나는…

문항	전혀 아니다	조금 그렇다	그렇다	매우 그렇다
1. 좋은 점이 많은 사람이다.	0	1	2	3
2. 기발한 생각이 자주 떠오른다.	0	1	2	3
3. 한 번 하겠다고 마음먹은 일은 끝까지 한다.	0	1	2	3
4. 공동의 문제를 해결하기 위해 친구들과 함께 적극적으로 나선다.	0	1	2	3
5. 어떤 일을 할 때 상대방의 감정을 고려하여 행동한다.	0	1	2	3
6. 상상력이 풍부하다는 말을 듣는다.	0	1	2	3
7. 해야 할 일에 끝까지 집중한다.	0	1	2	3
8. 우리 반이 좋다.	0	1	2	3
9. 다른 사람들과 친하게 지내는 것이 중요하다.	0	1	2	3
10. 신중히 생각한 후에 말하고 행동한다.	0	1	2	3
11. 소중한 존재다.	0	1	2	3
12. 새로운 것을 배우고 경험하는 것을 좋아한다.	0	1	2	3
13. 다른 사람의 의견을 귀 기울여 듣는다.	0	1	2	3
14. 지금의 나 자신에 대해 만족한다.	0	1	2	3
15. 내 자신이 자랑스럽다.	0	1	2	3
16. 친구들과의 모임을 잘 만든다.	0	1	2	3
17. 어떤 일을 할 때 미리 계획을 세운다.	0	1	2	3
18. 친구들과 어떤 일을 함께 하는 것을 좋아한다.	0	1	2	3
19. 우리 반에는 나의 마음을 알아주는 친구가 있다.	0	1	2	3
20. 친구들 사이에서 리더 역할을 한다.	0	1	2	3
21. 친구들의 감정과 기분에 공감을 잘한다.	0	1	2	3
22. 다른 사람의 기분을 잘 알아차린다.	0	1	2	3

지난 3개월간 나는…				
문항	전혀 아니다	조금 그렇다	그렇다	매우 그렇다
23. 학교행사나 활동에 적극적으로 참여한다.	0	1	2	3
24. 호기심이 많고, 탐구하는 것을 좋아한다.	0	1	2	3
25. 이유 없이 기분이 며칠간 들뜬 적이 있다.	0	1	2	3
26. 뚜렷한 이유 없이 여기저기 자주 아프다. (예: 두통, 복통, 구토, 메스꺼움, 어지러움 등)	0	1	2	3
지난 한 달간 나는…				
27. 다른 아이로부터 따돌림이나 무시를 당한 적이 있어 힘들다.	0	1	2	3
지난 3개월간 나는…				
28. 인터넷, 게임, 스마트폰 과다사용으로 일상생활에 어려움이 있다.(예: 부모와의 갈등, 학교생활에 지장 등)	0	1	2	3
29. 이유 없이 감정기복이 심하다.	0	1	2	3
30. 가만히 앉아 있지 못하거나 손발을 계속 움직인다.	0	1	2	3
31. 단시간에 폭식을 하고 토한 적이 있다.	0	1	2	3
32. 모든 것이 귀찮고 재미가 없다.	0	1	2	3
33. 수업시간, 공부, 오랜 책읽기 등에 잘 집중하지 못한다.	0	1	2	3
34. 심각한 규칙 위반을 하게 된다. (예: 무단결석, 약물사용, 가출, 유흥업소 출입 등)	0	1	2	3
35. 괜한 걱정을 미리 한다.	0	1	2	3
36. 긴장을 많이 해서 일을 망친다.	0	1	2	3
37. 잠들기 어렵거나 자주 깨서 힘들다.	0	1	2	3
38. 원치 않는 생각이나 장면이 자꾸 떠올라 괴롭다.	0	1	2	3
39. 남들이 듣지 못하는 말이나 소리가 들린 적이 있다.	0	1	2	3
40. 수업시간에 배우는 내용을 전반적으로 이해하기 어렵다.	0	1	2	3
41. 이전에 겪었던 힘든 일들(사건·사고, 가까운 사람과의 이 별 또는 사망 등)을 잊지 못하여 힘들다.	0	1	2	3
42. 하루도 빠짐없이 책 10권 이상 읽는다.	0	1	2	3
43. 사람들과 있을 때 긴장을 많이 한다.	0	1	2	3
44. 기다리지 못하고 생각보다 행동이 앞선다.	0	1	2	3
45. 남들이 내 생각을 다 알고 있는 것 같다.	0	1	2	3
46. 특정 행동을 반복하게 되어 힘들다. (예: 손씻기, 확인하기, 숫자세기 등)	0	1	2	3
47. 자해를 한 적이 있다.	0	1	2	3
48. 어른들이 이래라 저래라 하면 짜증이 난다.	0	1	2	3
49. 한 번도 거짓말을 한 적이 없다.	0	1	2	3
50. 화를 참지 못해 문제를 일으킨 적이 있다.	0	1	2	3

지난 한 달간 나는…				
51. 다른 아이로부터 놀림이나 괴롭힘(언어폭력, 사이버 폭력, 신체적 폭력)을 당하여 힘들다.	0	1	2	3
지난 3개월간 나는…				
52. 남들이 나에 대해 수근거리는 것 같다.	0	1	2	3
53. 죽고 싶다는 생각이 든다.	0	1	2	3
54. 이유 없이 우울하거나 짜증이 난다.	0	1	2	3
55. 부모님이나 선생님의 지시에 반항적이거나 대든다.	0	1	2	3
56. 남들이 나를 감시하거나 해칠 것 같다.	0	1	2	3
57. 구체적으로 자살계획을 세운 적이 있다.	0	1	2	3
58. 전반적으로 신체적 건강은 좋은 편이다.	0	1	2	3
59. 전반적으로 정서적 건강은 좋은 편이다.	0	1	2	3
지금까지 나는…				
60. 한 번이라도 심각하게 자살을 시도한 적이 있다.	0	1	2	3
61. 전문가에게 상담을 받아 본 경험이 있다.	0	1	2	3
지금 나는…				
62. 이 검사에 있는 그대로 성실히 응답하고 있다.	0	1	2	3
63. 본 설문 결과에 따라 전문 상담 등의 지원을 받아볼 의향이 있다.	0	1	2	3

10) 중·고등학생용 정서·행동특성검사(AMPQ-Ⅲ)의 요인별 내용

(1) 심리적 부담

자해, 자살, 학교폭력 피해, 피해의식, 관계사고, 반항성향, 폭식, 스트레스 등과 관련된 항목

(2) 기분문제

우울증, 기분조절 장애, 조울증 등의 기본 장애, 신체화 성향, 강박 성향 등에서 흔한 정서행동 문제와 관련된 항목 포함

(3) 불안문제

시험, 사회적 상황 등에 대한 공포증 또는 불안장애, 강박 성향, 심리적 외상반응, 환청·관계사고 등과 관련된 항목 포함

(4) 자기통제부진

학습부진, 주의력결핍 과잉행동장애, 품행 장애, 인터넷 또는 스마트폰 중독 등에서 흔한 정서행동 문제와 관련된 항목 포함

11) 중·고등학생용 정서·행동특성검사(AMPQ-Ⅲ)의 요인별 내용

(1) AMPQ-Ⅲ의 요인별 문항 및 절단점

구분			점수범위	문항	절단점
성격특성	내적	성실성	0-12	3, 7, 10, 17	–
		자존감	0-12	1, 11, 14, 15	
		개방성	0-12	2, 6, 12, 24	
	외적	타인이해	0-12	5, 13, 21, 22	
		공동체의식	0-12	8, 9, 18, 19	
		사회적 주도성	0-12	4, 16, 20, 23	
위험문항		학교폭력 피해	0-6	27, 51	2점
		자살	0-6	53, 57	2점
요인	정서행동특성	심리적 부담	0-30	27, 31, 34, 47, 51, 52, 53, 55, 56, 57	중1 남학생 6점 / 여학생 7점 고1 남학생 7점 / 여학생 7점
		기분문제	0-21	26, 29, 32, 35, 48, 53, 54	중1 남학생 10점 / 여학생 11점 고1 남학생 10점 / 여학생 11점
		불안문제	0-27	35, 36, 37, 38, 39, 41, 43, 44, 45	중1 남학생 13점 / 여학생 11점 고1 남학생 13점 / 여학생 11점
		자기통제 부진	0-24	28, 30, 32, 33, 34, 40, 48, 55	중1 남학생 10점 / 여학생 10점 고1 남학생 11점 / 여학생 10점
기타			–	58, 59, 61, 63	–
정서행동 문제 총점			0-93	25-41, 43-48, 50-57	중1 남학생 31점 / 여학생 33점 고1 남학생 33점 / 여학생 31점

※ 위 개별요인 항목으로 구분되지 않은 문항 25, 46, 50도 정서행동 문제 총점 산정에 포함
※ 개인성격특성, 자살, 기타에 해당하는 문항은 정서행동특성 문제 총점 산정에 포함되지 않음
※ 신뢰도 문항은 총 3개 문항(42번, 49번, 62번)이며, 총점 산정에는 포함되지 않음

(2) 결과 판정 기준

판정 기준	결과 판정			점수범위
정서행동 문제 총점	일반관리	중1	남	31~36점
			여	33~38점
		고1	남	33~38점
			여	31~36점
	우선관리	중1	남	37점 이상
			여	39점 이상
		고1	남	39점 이상
			여	37점 이상
문항 53, 57 점수 총점	우선관리(자살위기)			2점 이상 * 자살면담 결과 중간위험 이상이거나, AMPQ-Ⅲ 60번 문항에 "예"라고 응답한 경우 즉각 조치
문항 27, 51 점수 총점	학교폭력 피해			2점 이상

Chapter 10

학교폭력 네트워크

School Violence **Prevention** &
Understanding of Student

학교폭력 네트워크

학교폭력의 문제는 개인적 요소와 환경적 요소, 상황적 요소 등 다양한 요인들이 복합적·유기적으로 관련되어 있기 때문에 학교는 근원적 해결에 한계를 가진다. 즉, 학교는 자체 인력과 전문성의 부족, 물적·환경적 자원의 제약에서 오는 어려움이 있는데 이러한 제약은 지역사회의 다양한 자원과 연계·협력을 통해 많은 부분을 해결할 수 있다. 네트워크의 의미와 학교폭력과 관련된 다양한 지역사회의 인력과 전문기관을 살펴본다.

 학교폭력 네트워크의 의미

1) 네트워크의 필요성

학교폭력은 단순한 현상이 아니어서 그 발생 메커니즘을 이해하기가 매우 어렵다. 전술한 바와 같이 학교폭력에 영향을 주는 요인으로는 가해자나 피해자의 심리적·사회적 행동적 특성 요인, 가정의 빈곤, 부모의 이혼, 부모의 자녀에 대한 감독 소홀, 부모와 자녀의 유대 약화 등 가정 환경적 요인, 입시 위주 교육, 학생 간의 관계, 교사와 학생의 관계, 체벌에 대한 관대한 학교의 문화 등 교육환경적 요인, 거주 지역의 특성, 사회에 만연된 폭력문화, 대중매체의 폭력성과 선정성 등 사회환경적 요인 등 너무나 다양하다. 이처럼 학교폭력에 미치는 영향 요인들이 다양하다는 것은 학교폭력이 특정 이론에 의존하거나 특정 전문 인력이나 조직에 의해 행해지기보다는 상황에 따라 다양한 이론들을 적절히 활용하고 또한 학교폭력 해결의 주체로서 가정과 학교, 지역사회가 유기적 네트워크를 통해 해결해야 함을 의미한다권문일, 3. 학교가 아무리 학교폭력 예방과 근절 활동을 한다 하더라도 가정에서 학부모들의 협조와 지원이 안 되고, 학교 밖 환경이 열악하고 유해하다면 그 효과를 보기 어렵다. 따라서 학교폭력 문제를 해결하기 위해서는 장기적 관점에서 가정, 학교, 사회유관기관이 연계하여 추진하는 것이 필요하다이효임, 2014.

    우리나라는 1998년까지만 해도 학교폭력에 대처하기 위해 지역사회 차원의 네트워크 형성의 필요성에 대한 인식이 매우 낮았다. 일제와 중앙집권형 행정체계에 익숙해 지역사회 차원의 행정체계에 익숙하지 못했고 무지했다. 사회문화적 인프라와 경험이 일천하여 지역사회 차원의 자치제도에 익숙하지 못했다. 그러다가 지방자치제가 실시되고 2003년 참여정부가 출범하면서 자치에 대한 실험은 곳곳에서 가속도가 붙어 성공사례가 적지 않게 소개되었다이민희 외, 4. 지역사회 내 문제해결을 위한 지역사회 네트워크 형성의 필요성은 학교폭력의 예방 및 치료뿐 아니라 다른 영역에서도 강조되고 있다. 지역사회를 중심으로 한 주민자치제의 문화 형성은 이제 학교폭력의 문제 해결을 학교 내에서 해결하려는 사고에서 벗어나 학교 밖으로 나와 학교와 지역사회 전체가 함께 문제를 해결해야 그 효과가 높을 것으로 인식되었다.

    학교폭력과 관련하여 지역사회 네트워크를 활용한 외국의 사례를 소개하면, 미국의 경우, 미국 법무부 산하의 청소년법무·비행예방국Office of Juvenile Justice and Delinquency Prevention: OJJDP은 지역사회 내에서 청소년 폭력의 예방을 위해 7가지 원칙을 제시하였다. 첫째, 청소년폭력 예방을 위해 먼저 폭력의 위험요소를 알아야 한다. 둘째, 청소년폭력 예방프로그램 활동들은 확실하게 폭력위험을 감소시킬 수 있도록 서로 연계되어야 한다. 셋째, 청소년폭력 예방프로그램은 지속성, 신뢰성, 상호결속력을 가지고 있어야 한다. 넷째, 청소년폭력의 위험요소들에는 일찍 개입하여야 한다. 다섯째, 개입은 무엇보다 복합적 위험요소들에 대해 노출된 개인과 지역사회를 우선으로 한다. 여섯째, 복합적 위험요소에 대한 대응은 지역사회 내 구성원의 연합된 네트워크를 중심으로 하여야 한다. 일곱째, 폭력 예방프로그램은 지역사회 내 다양한 인적자원의 참여를 이끌어내야 한다. 또한 OJJDP는 7가지 지역사회 청소년폭력 예방전략을 제시하고 있다. 첫째, 지역사회 전체의 사회환경에 청소년폭력 예방을 위한 영향력을 행사한다. 둘째, 지역사회는 지역의 소중한 자산이라는 의식을 갖도록 한다. 셋째, 지역사회 내 청소년폭력 예방과 관련을 맺고 있는 다양한 집단과 접촉한다. 넷째, 지역사회 내 공무원들과 지도자들의 참여를 이끌어내야 한다. 다섯째, 지역사회 내 청소년폭력의 원인이 될 수 있는 가장 위험한 요소들에 집중한다. 여섯째, 지역사회 네트워크 참여자들의 장기적, 지속적 노력에 대한 약속을 확보한다. 일곱째, 전문적 지식과 경험을 가진 잘 훈련된 전문가들이 예방프로그램에 참여하여야 한다권문일, 10-11.

독일의 경우, 1997년 지역사회 차원에서 학교폭력을 예방하는 실천적 지침서를 발표하고 지역사회 차원에서 폭력을 대처하는 데 중요한 10가지 논제를 제시하였다이민희 외, 26. 첫째, 폭력대책 참여자들은 지역사회의 생활세계 전반에 대하여 잘 알고 있어야 한다. 둘째, 지역사회 내 현존하는 인적·물적 자원들을 네트워크화하고 협력하여야 한다. 셋째, 지역사회 구성원들이 모두 참여할 수 있도록 권한부여 empowerment가 있어야 한다. 넷째, 지역사회 내 폭력에 대한 자기책임 의식과 사회적 지원능력의 확대가 필요하다. 다섯째, 성性에 따른 지역사회 네트워크의 작업 수행에 차별화가 있어야 한다. 여섯째, 지역사회 내 폭력에 대한 예방은 어린 아동 때부터 실시하는 것이 바람직하다. 일곱째, 네트워크 운영을 위한 전문 정보와 지식을 확산할 수 있는 자들과 청소년들의 참여가 필요하다. 여덟째, 지역사회 내 폭력에 대한 인지 확대와 대책에 대한 이해를 촉구하여야 한다. 아홉째, 긴급 상황의 지원, 협력부재에의 대응, 시민용기 격려, 폭력대처행동의 안전보장이 있어야 한다. 열 번째, 지역사회 내 폭력대처에 대한 대중매체의 참여와 여론조성이 강화되어야 한다.

2) 학교폭력 네트워크의 실태

학교폭력 예방과 대처를 위해 가정과 학교, 지역사회가 유기적으로 참여하는 네트워크 체계를 구축하는 일은 중요하다. 정부의 학교폭력 근절 종합대책2012.2.6.에는 학교폭력 근절을 위한 정부기관 간, 정부기관과 유관기관 및 민간기관 간, 유관기관과 민간기관 간 연계와 협력을 강화하겠다는 대안을 제시하고 있으나, 구체적으로 어떤 기관을 네트워크의 중심기관으로 해서, 어떻게 네트워크를 구성하고 구

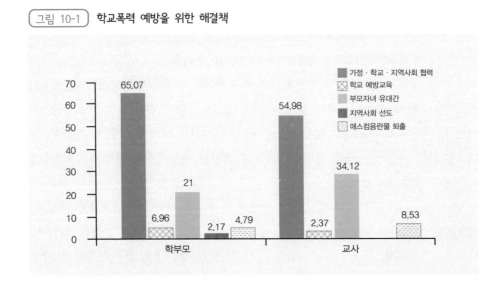

그림 10-1   학교폭력 예방을 위한 해결책

축하며, 네트워크를 구성하는 기관들 간 역할분담과 권한은 어떻게 하고, 네트워크 활성화를 위해 어떤 사업들을 추진할 것인지에 대한 세부 대안이 마련되어 있지 않다권문일 19.

2013년 조사한 또 다른 연구에서는 가정, 학교, 지역사회의 협력 정도를 분석한 결과 학부모는 지역사회의 학교폭력 예방에 대한 노력이 부족하다고 생각하여 지역사회의 학교폭력 예방에 관한 활동을 강화해야 한다고 본다. 또한 학교폭력 예방을 위한 가정, 학교, 지역사회의 협력이 모두 부족한 것으로 나타나 가정, 학교, 지역사회가 서로 협조하고 연계할 수 있는 사회적 기반 마련이 필요하다.

[그림 10-1]에서 보듯이 학교폭력 해결책으로 학부모의 65.07%, 교사의 54.98%가 가정, 학교, 지역사회의 협력을 들고 있다.

그리고 [그림 10-2]에서 보듯이 학교폭력 예방을 위한 가정, 학교, 지역사회의 협력방안으로 학부모의 43.49%, 교사의 42.18%가 가정, 학교, 지역사회의 공동프로그램을 들고 있다.

학교폭력 대응관련 지역사회 네트워크 현황조사2014에 의하면 학교폭력의 예방 및 대책이 학교 안으로 집중하고 있고, 학교폭력 예방 및 근절을 위한 지역사회의 관심과 지원이 부족하고, 이에 대한 지역사회의 역할과 책임이 불분명하다고 지적하였다조아미, 2014. 따라서 산발적으로 시행되고 있는 지역사회 내 학교폭력 관련업무

그림 10-2 학교폭력 예방을 위한 가정, 학교, 지역사회 협력방안

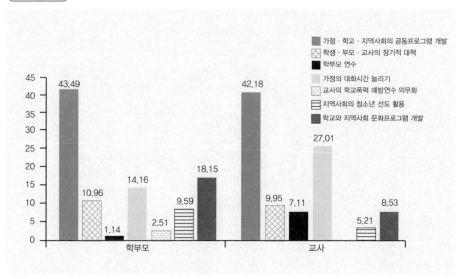

를 총괄 조정할 수 있는 역할이 필요하고 체계적인 예방 프로그램의 지속적 운영
과 가·피해학생을 종합적으로 지원할 수 있는 관련기관의 연계시스템, 안정적인
네트워크를 지원할 수 있는 방안이 필요한 것으로 나타났다.

3) 지역사회 네트워크의 구축

학교폭력 대처를 위한 지역사회 네트워크 구축은 지금까지 독자적으로 수행해
온 학교폭력에 관한 역할을 유기적으로 연계시켜 하나의 시스템을 구성함으로써
새로운 기능을 수행함과 동시에 시스템을 구성하는 각 독립적 기관들이 수행해온
기능을 더욱 향상시키도록 지원하는 체제를 구축하는 것이다박효정, 2007.

학교폭력 예방을 위한 가정, 학교, 지역사회의 협력 방안으로는 1차적으로 학교
폭력을 예방하기 위한 공조 시스템협의체 구성을 위해서는 무엇보다 먼저 해당 지역
사회의 문제를 지역사회 구성원들이 해결한다는 구성원의 의식과 인식이 필요하고
그에 대한 합의가 필요하다. 2차적으로는 가정, 학교, 지역사회의 연계와 협력을 위
한 협의체를 구성하고 운영한다. 협의체는 광역단위인 시·도보다는 시, 군, 구 단
위가 운영에 효과적이고 네트워크 형성에 유리하다. 구성원은 학부모 대표, 교원,
교육청 담당자, 경찰관, 구청 담당자, 청소년관련기관 담당자 등이다. 운영 방침은

그림 10-3 지역사회 학교폭력 대응 네트워크 모형

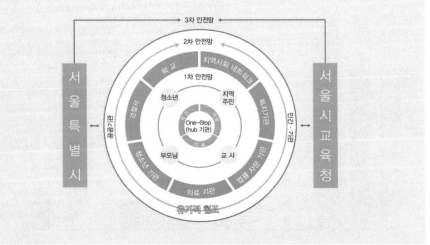

출처: 조아미(2014), 135.

그림 10-4 지역사회 학교폭력 네트워크 - 서울마포구를 중심으로

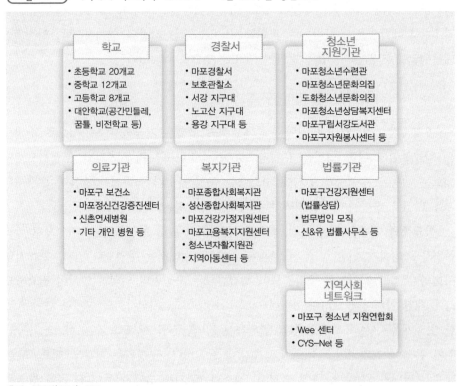

출처: 조아미(2014), 137.

협의체의 주무기관으로 행·재정적 지원이 가능한 '학교폭력대책지역협의회'를 설치 운영하는 지방자치단체에서 담당하도록 한다. 협의체는 시, 군, 구에 설치되어 있는 '학교폭력대책지역협의회' 산하의 실무 집행기관으로 성격을 규정한다. 사안이 발생 했을 때에만 해결에 급급할 것이 아니라 정기적인 협의를 통해 평상시의 예방에 힘써 학교폭력을 방지할 수 있도록 한다. 정기적 협의회를 갖고 실무자를 중심으로 실제적 활동이 되도록 한다. 각 기관의 업무 보고용인 의무적이고 형식적 협의가 아니라 실질적으로 역할을 수행하는 실행기관이 되도록 운영한다. 해당 지역사회의 학교폭력 현황에 대한 자료를 공유하고 그에 대한 대책을 함께 강구하며, 실천 결과를 공유하여 향후 계획 및 실천에 반영하도록 한다. 원활한 업무 진행을 위하여 상근 코디네이터를 두어 효율적 협의체가 운영될 수 있도록 한다.

2 학교폭력 예방 관련 연계기관

학교폭력 예방 대책과 관련하여 국가의 연계 사업은 교육부의 'Wee 프로젝트 사업'이며 여성가족부의 'CYS Net', 보건복지부의 '아동·청소년 정신보건사업', 경찰청의 "117센터"와 '학교전담경찰관제도' 그리고 민간기관인 '한국청소년폭력예방재단'이 있다.

1) 교육부의 Wee 프로젝트(Wee Project)

(1) 설립 취지

2008년부터는 단위학교에 Wee 클래스, 지역교육청에 Wee 센터, 시·도교육청에 Wee 스쿨의 조직을 통해 아동·청소년의 문제 해결에 보다 근본적, 심층적, 유기적으로 돕고자 하는 노력으로 'Wee project' 정책이 추진되었다.

(2) 설립 목적

Wee 프로젝트는 「초·중등교육법 시행령」 제54조 제1항에 따른 정서불안, 학교폭력, 학교부적응 및 일탈행동 등의 위기학생에 대하여 종합적인 진단·상담·치유 프로그램 등을 제공하는 3단계 안전망 구축사업이다.

그림 10-5 **Wee 프로젝트 체계**

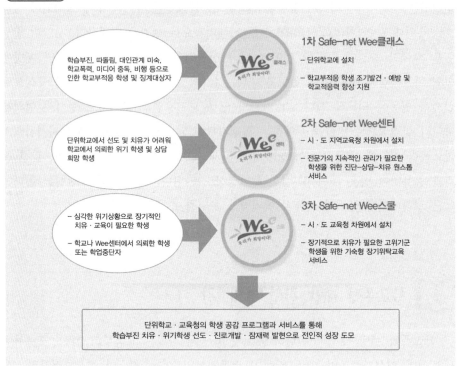

(3) 활동 내용

① Wee 클래스

1차 안전망으로 학교 내 부적응 학생 등에 대한 상담을 전문상담교사 또는 전문상담사가 일차적으로 담당하며, 부적응 학생 예방, 조기발견 및 상담 지원 등을 위하여 필요한 다음 각 호의 사항을 추진한다.

1. 부적응 학생 예방 등을 위해 필요한 계획 수립·시행, 통계관리, 평가 및 개선
2. 학부모 및 교사에 대한 상담, 자문, 교육지원
3. 학교 내·외 상담자원 및 유관 기관과의 연계·협력 활성화
4. 그 밖에 학생 진단, 상담, 치유 등을 위하여 필요한 사항

② Wee 센터

2차 안전망으로 교육지원청 단위에 설치하고 전문 인력전문상담교사, 전문상담사, 심리치료사, 임상심리사, 사회복지사 등이 위기학생에 대한 진단-상담-치유를 one-stop으로 지원하여 학교복귀 및 학교적응을 돕는데 다음 각 호의 사항을 추진한다.

1. 학교폭력 가·피해 학생 등 위기학생에 대한 진단·상담·치유 등을 위해 필요한 사업계획 수립·시행
2. 학업중단 숙련제 운영
3. 상담 내용 및 위기 수준에 따라 외부 기관 등에 배정하는 코디네이터 기능
4. 학생정서행동특성 검사 2차 심층검사 및 지원
5. 교육지원청 내·외 상담자원 및 유관 기관과의 연계·협력 활성화
6. 그 밖에 학생 진단, 상담, 치유 등을 위하여 필요한 사항

③ Wee 스쿨

3차 안전망으로 시·도교육청에 설치하여 전문인력교사, 전문상담교사, 임상심리사, 전문상담사, 사회복지사 등이 장기 대안교육프로그램을 운영함으로써 학생의 학교복귀 및 치유 등을 위하여 다음 각 호의 사항을 추진한다.

1. 「초·중등교육법시행령」 제54조 제2항에 따라 위 클래스 또는 위 센터에서 위탁받은 학생 등을 위해 필요한 계획 수립·시행
2. 지역사회 상담자원 및 유관 기관과의 연계·협력 활성화
3. 그 밖에 학생 상담, 교육, 치유 등을 위하여 필요한 사항

Wee 클래스, Wee 센터, Wee 스쿨을 비교하면 다음 [그림 10-6]과 같다.

그림 10-6 Wee 클래스, Wee 센터, Wee 스쿨의 비교

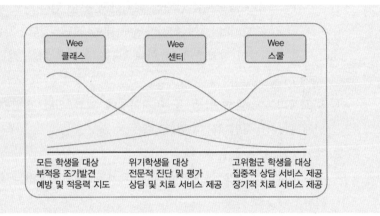

(4) Wee 프로젝트 구축현황

표 10-1 시·도별 Wee 프로젝트 구축 현황

2016년 4. 기준, 단위: 개

연번	시·도	Wee 클래스				Wee 센터	Wee스쿨
		초	중	고	합계		
1	서울	170	343	225	738	17	—
2	부산	135	169	100	404	5	—
3	대구	207	120	89	416	9	1
4	인천	118	120	100	338	7	1
5	광주	30	84	43	157	3	2
6	대전	70	86	57	213	5	—
7	울산	52	61	54	167	4	—
8	세종	19	16	8	43	2	—
9	경기	485	569	359	1,413	27	1
10	강원	114	118	82	314	17	1
11	충북	26	95	77	198	11	1
12	충남	78	124	108	310	15	2
13	전북	55	104	79	238	16	—
14	전남	130	156	76	362	23	—
15	경북	74	159	160	393	23	—
16	경남	116	201	137	454	18	1
17	제주	21	38	28	87	2	1
계		1,900	2,563	1,782	6,245	204	11

출처: 이동갑(2017), 21.

2016년 4월 기준으로 전국에는 위 클래스 6,245개, 위 센터 204개, 위 스쿨 11개가 구축되어 학교 상담을 제도적, 정책적으로 지원하고 있다. Wee 프로젝트 사업의 시·도별 구축현황은 <표 10-1>과 같다.

<표 10-1>에서 보는 바와 같이 Wee 클래스는 학교별로 초등학교 1,900개, 중학교 2,563개, 고등학교 1,782개로 전국 6,245개의 학교에 설치되어 있다.

2) 여성가족부의 CYS Net(Community Youth Safety-Net)

한국청소년상담복지개발원에서 운영하는 핵심 사업으로 2006년에 지역사회청소년통합지원체계로 구축되었다.[1]

(1) CYS-Net의 역할

지역사회에서의 청소년들의 총체적 생활을 고려한 지역사회 네트워크는 청소년의 건강한 발달을 도모하고자 구축된 지역사회 안전망이다. 위기청소년들의 심리적, 경제적, 학업적, 대인 관계적 어려움을 해결할 수 있도록 위기청소년에게 적합한 맞춤형 서비스를 원스톱으로 지원한다. 지역사회 내 청소년 관련 자원을 연계하여 위기청소년에 대한 상담·보호·교육·자립 등 맞춤형 서비스를 제공하고, 가정 및 사회로의 복귀를 지원하는 활동을 한다.

(2) CYS-Net의 운영 방향

· 위기청소년 사회안전망을 구축한다.
· 지역사회 청소년 지원기관 및 단체의 협력체계를 구축한다.
· 청소년 관련기관 및 단체의 위기청소년의 문제해결능력을 증진한다.

---

1 한국청소년상담복지개발원은 1993년에 '청소년대화의 광장'으로 설립되어 1999년 '한국청소년상담원'으로, 2012년부터 현재의 명칭으로 변경되었고 2014년 여성가족부 소관 부처로 이관되어 청소년을 대상으로 상담복지 정책 연구, 프로그램 개발 보급, 전문인력 양성 및 교육, 전문상담을 통한 청소년 문제예방 해결 육성, 전국 청소년상담복지기관 총괄, 자문, 지원 등의 사업을 실시하고 있다.

(3) CYS-Net 사례지원 과정

위기상황에 처한 청소년을 발굴하여 통합지원체계를 통해 적극 지원한다.

그림 10-7 1388 통합지원체계

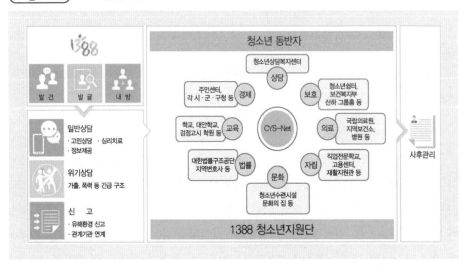

(4) CYS-Net 서비스의 종류

표 10-2 CYS-Net 서비스의 종류

서비스의 종류	서비스의 내용
1. 상담 및 정서적 지원	• 위기상황을 효과적으로 극복하도록 도우며, 청소년 내면의 잠재력을 계발할 수 있도록 상담을 통해 심리적 안정과 정서적 지지를 제공한다. • 연계 기관: 청소년상담복지센터 등
2. 사회적 보호	• 가출하여 귀가하지 않고 있거나 위험상황에 노출되어 있는 청소년에게 보호, 휴식을 제공한다. • 연계 기관: 청소년 쉼터, 보건복지부 산하의 그룹 등
3. 기초생활 및 경제지원	• 기초생활유지와 더불어 자활의 의지를 지속적으로 유지할 수 있도록 돕는다. • 연계 기관: 주민센터, 각 시·군 구청 등
4. 교육 및 학업지원	• 학업을 중단하였거나, 정규교육과정을 이수하지 못한 청소년에게 기본적인 교육 및 학업능력을 갖출 수 있도록 지원한다. • 연계 기관: 학교, 대안학교, 검정고시학원 등

5. 자활지원	• 가출, 학업중단 청소년, 보호관찰 등의 처분을 받고 자활하고자 하는 청소년에게 삶에 대한 의욕과 재활에 대한 동기를 높여줄 취업정보 및 직업훈련기회를 제공한다. • 연계 기관: 직업전문학교, 고용센터, 자활후견기관(자활지원관) 등
6. 의료지원	• 학교/가정/성폭력 등으로 심리 및 신체적 문제가 발생해 일상생활에 어려움이 있는 청소년들에게 치료를 받을 수 있도록 지원한다. • 연계 기관: 국립의료원, 지역 보건소, 병원 등
7. 법률자문 및 권리구제지원	• 학교폭력, 성폭력 피해/가해, 불법고용주로부터 착취를 당하는 등 법률관련 도움이 필요한 청소년에게 법률자문과 지원을 제공한다. • 연계 기관: 대한법률구조공단, 지역 변호사 등
8. 문화활동지원	• 위기청소년들이 건전한 일상생활을 영위할 수 있도록 다양한 여가 및 문화 활동 체험을 제공한다. • 연계 기관: 청소년 수련시설, 청소년 문화의 집 등

3) 보건복지부의 아동·청소년 정신보건사업[2]

(1) 사업 목적

지역사회 내 아동·청소년 정신보건서비스 제공체계를 구축함으로써 아동·청소년기 정신건강문제의 예방, 조기발견 및 상담·치료를 통하여 건강한 사회구성원으로의 성장 발달을 지원한다.

(2) 사업 대상

① 지역 내 만 18세 이하 아동·청소년

② 지역사회 내 취약계층 아동·청소년북한이탈주민, 다문화가정, 조손가정, 한부모가정, 청소년쉼터, 공동생활가정, 아동복지시설 아동·청소년

③ 아동·청소년 정신건강 관계자부모, 교사, 시설 종사자 등

(3) 추진체계

① 아동·청소년 정신보건사업 예산이 지원되는 정신보건증진센터또는 보건소

② 정신건강증진센터또는 보건소 중 아동·청소년 정신보건사업 예산이 미지원되는 경우

---

2 보건복지부(2015년)의 아동·청소년 대상 건강사업을 인용하였다.

(4) 사업 수행인력

정신보건전문요원, 간호사, 임상심리사, 사회복지사, 기타 아동·청소년 분야에 전문성을 가진 사람

(5) 사업 내용

① 사업 추진 체계도

 사업추진 체계도

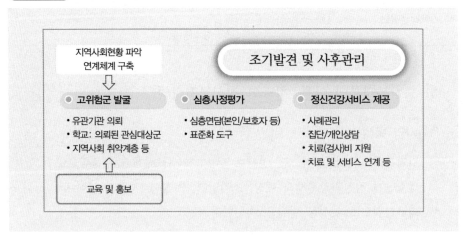

② 지역사회 현황 파악 및 연계체계 구축

지역 내 아동·청소년 정신건강 관련기관정신의료기관 소아청소년정신과 전문의, 교육청, 학교, 복지시설, 지역아동센터, 청소년상담센터, 시군구 아동·청소년 복지담당 등을 중심으로 한 아동·청소년 정신건강협의체를 구성하고 지역 내 교사, 학부모, 유관기관 대상으로 년 2회 이상 간담회를 개최한다.

③ 교육 및 홍보

아동·청소년을 대상으로 정신건강 증진 및 정신질환 예방교육을 실시한다. 교사 및 학부모 대상으로는 아동·청소년 정신건강문제의 조기발견, 예방 및 대처방법에 대한 교육으로 정신건강 문제의 이해를 돕고 아동·청소년의 정신건강 증진을 위한 파트너십을 구축한다. 지역사회 유관기관을 대상으로 교육하고 정보를 제공한다.

④ 정신건강 문제 조기 발견 및 사후관리 서비스

정신건강 문제 아동·청소년을 조기 발견한다. 지역사회 취약계층 자녀, 지역사회 유관기관이나 지역주민이 의뢰한 아동·청소년, 그리고 학교에서 선별검사를 통해 선별된 위험군관심대상군 중 보호자의 동의를 받아 정신건강센터에 의뢰된 청소년 등으로 이들에 대한 심층사정평가를 하고 정신보건

표 10-3 학교폭력 중재 프로그램

단계	회기	단원	주제	내용	분노대처 기법
문제 인식 단계	1	안녕하세요	프로그램 소개 및 동기 부여	• 지도교사 및 프로그램 소개 • 프로그램 규칙 정하기 • 프로그램 참여 동기 파악	
	2	나는 누구!	자기 인식	• 나와 너의 장점 및 강점 파악 • 자가 점검표 완성 • 폭력관련 공익광고 파악	Supporting
	3	아하! 폭력 이런 거구나!	학교폭력에 대한 자기인식	• 폭력의 개념 인식 • 폭력의 다양한 형태 파악	Decision Making
	4	내가 예상한 건 이거야!	학교폭력에 대한 이해	• 폭력관련 비디오 시청 • 갈등이나 폭력 상황에 대한 문제 파악 및 해결 방안 모색 • 해결 방법에 대한 결과 예상	Decision Making
대처 기술 습득 단계	5	열린 생각 열린 마음	타인이해 방법 습득	• 자신에게 맞추어진 시선을 타인에게 넓히기	Coping
	6	이렇게 해보면 어때?	사고전환 및 이완요법 습득	• 폭력을 통해 일어난 분노 상황에서 분노를 가중시킨 비합리적 신념을 합리적 사고로 전환하기 • 분노조절 기술 습득하기	Coping & Decision Making
	7	기분 좋은 대화	건설적인 의사소통방법 습득	• 건설적인 방법으로 분노감정 표현법 연습 • 나-전달법을 통해 타인과의 관계 개선 증진	Coping
적용 훈련 단계	8	한번 부딪혀 볼까?	효과적인 대처 기술 적용	• 상황극을 통한 분노나 폭력을 지연시킬 수 있는 효과적인 문제해결 방법을 결정하여 적용해 보기	Problem Solving
	9	변화는 나의 힘!	분노나 폭력 대처 습관 확인	• 자가 점검표 확인 • 자신의 변화된 점 공유	Supporting
	10	나는 문제없어!	대처기술 유지 및 마무리	• 타임 캡슐 묻기 • 마무리 및 시상식 • 학교지킴이 자격증 수여	Supporting

서비스가 필요하다고 확인된 대상자에 대해서는 사례관리개인 상담, 집단프로그램
등를 제공한다. 보건복지부가 개발한 중·고등학생 사례관리 프로그램은 ①
자살예방 및 우울·섭식장애 중재 프로그램 ② 온라인게임중독 중재 프로그
램 ③ 생활기술훈련 프로그램 ④ 학교폭력 중재 프로그램 <표 10-3>이
있다. 임상적 치료를 필요로 하는 경우는 지역 정신의료기관으로 연계하고
저소득층 가정의 아동·청소년은 검사 및 치료비를 1인당 40만원 이내에서
지급할 수 있다.

4) 경찰청의 117센터, 학교전담경찰관제도

(1) 117 학교폭력 신고센터

기존 부처별로 분산되어 있던 학교폭력 신고전화를 경찰청의 "117"로 일원
화하고 통합적으로 운영하여 신속한 처리로 신고를 활성화하기 위해 설치되

그림 10-9 **117센터의 운영 체계**

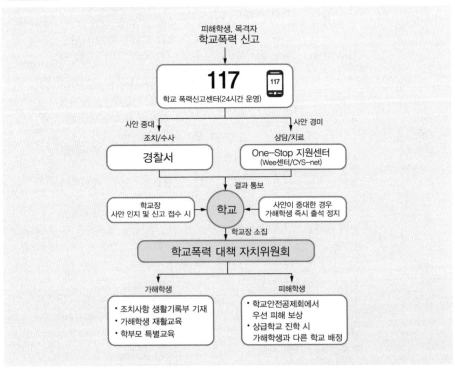

었다. 117센터는 학교폭력과 관련된 모든 신고·접수, 상담 및 수사 지원에 관해 One-Stop 서비스를 제공한다. 학교폭력에 대해 적극적, 효과적으로 대응을 위해 경찰관과 교육부와 여성가족부에서 파견된 상담사가 합동으로 근무하며 관련 부처 간에 협력적으로 운영하고 있다. 117 신고·상담 접수 후에는 수사지시, 긴급출동, 상담종결, 학교전담경찰관 연계, 전문기관Wee센터, 청소년상담복지센터 연계 등을 통해 학교폭력을 처리한다사이버경찰청 홈페이지, 2016.

(2) 학교전담경찰관 제도

학교전담경찰관은 2011년 대구의 한 중학생이 학교폭력으로 자살하여 사회문제화되면서 경찰청에서 2012년 학교폭력 근절대책의 하나로 실시하고 있다. 학교전담경찰관은 학교폭력 등으로부터 학교와 학생의 안전을 확보하기 위하여 학교에 경찰 인력을 지원하거나 학교에 안전을 담당하는 전문 인력을 배치하는 '학교경찰제도'의 한 유형이다신승민, 5. 학교전담경찰관 제도는 경찰이 학교와 지역사회의 협력을 통해 함께 학교폭력 문제에 대처해 나가려는 시도라는 점에서 의미가 있다. 전국의 각 경찰서 단위에서 1~2명 이상의 학교전담경찰관을 배치하여 학교폭력과 관련한 업무에만 종사하도록 하고 있다.

학교전담경찰관의 역할은 '폭력대응·예방'과 직·간접 관련성을 가지는 사안에 집중하고 일반 상담업무는 교육·청소년 관련 '전문상담기관'에 인계한다. 학교전담경찰관의 역할은 <표 10-4>와 같다.

표 10-4 **학교전담경찰관의 역할**

구분	업무
예방·홍보	– 예방 교육 – 필수 홍보
사안대응	– 가·피해학생 조사 – 폭력서클 – 학교폭력대책자치위원회 참석 – 117신고처리
학생·학부모 소통	– 학부모 설명회 – 고소절차 안내

경찰·학교 협력	－ 경찰·학교 간담회 － 교사 면담
청소년 선도 보호	－ 선도심사위원회 － 선도 프로그램
학교 밖 청소년	－ 아웃리치 － 가출 팸(가출＋Family)

출처: 경찰청(2016.8.1)

5) 민간기관의 청소년폭력예방재단

(1) 설립목적

청소년 폭력예방활동 및 비행청소년 선도, 청소년 유해환경 정화, 청소년 복지증진, 청소년 인권 신장활동, 청소년 수련활동 등을 전개함으로써 올바른 청소년 문화를 조성하여 청소년들을 건전하게 육성하는 데 기여함을 목적으로 하는 비영리 공익법인NGO이다.

(2) 변천

1995년 학교폭력 피해로 자녀를 잃은 아버지가 자신과 같은 불행한 아버지가 없기를 소망하는 마음에서 우리나라 최초로 학교폭력의 심각성을 제기하고, 또 다른 피해청소년 가정을 돕기 위해서 창립되었다.

(3) 역할

학교폭력 예방 및 사후대책 등에 대한 보완이 여전히 요구된다는 사실에서, 청소년폭력예방재단의 활동은 민간주도로 설립되어 운영되고 있지만, 교육부와 협력시스템을 마련하여 청소년 폭력에 대한 예방과 사후 대책 마련 등을 위해 다양한 활동을 하고 있다. 학교폭력 실태조사, 정책 연구, 학교폭력 관련 교육자 양성, 피해자 상담치료 등을 하고 있다.

(4) 사업

구체적 사업으로 전국 학교폭력 상담전화 1588－9128 운영, 학교폭력 상담치료센터, 학교폭력 종합센터, 학교폭력 화해·분쟁조정 센터를 운영한다. 전국 학교폭력 상담 전화를 통해 학교폭력 피·가해 위기 상담 및 심리·정서적 지원, 학교폭력 대처 및 해결을 위한 조언, 전문 정보 제공, 학교폭력 사안처리 고충상담을 한다. 학교폭력 상담 치료 센터를 통해 아동 및 청소년, 가족 상담 및 교육, 면접·집단·사이버 상담·찾아가는 상담, 피·가해자 및 가족 캠프 등을 운영한다. 학교폭력 종합 센터를 통해 심리, 의료, 법률, 장학 등 다각적 서비스 지원, 학교폭력 관련 전문기관 연계지원 등의 활동을 한다. 학교폭력 화해·분쟁조정 센터를 통해 신속한 회복을 위한 분쟁조정 프로그램, 또래관계 회복을 위한 화해조정 프로그램, 갈등해결을 위한 갈등관리 코칭, 공정한 사안처리를 위한 통합적인 컨설팅 서비스 지원 등의 활동을 한다.

그림 10-10 **청소년폭력예방재단 사업**

3 학교폭력 네트워크 운영의 실제[3]

1) 지역사회 네트워크 운영의 취지

지역사회 구성원의 봉사와 후원에 자발적인 참여를 촉진하여 학교폭력의 예방과 학교 상담 활성화를 위한 서비스 공급 체계를 확충한다. 그리고 지역사회가 보유하고 있는 양질의 자원 활용을 통해 학교폭력 예방과 학교 상담을 활성화한다.

2) 지역사회 네트워크 운영 진행 과정

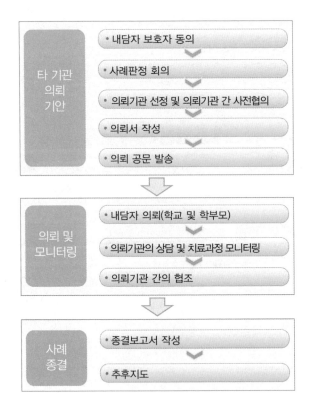

---

3 인천시광역교육청의 'Wee 클래스 매뉴얼(2013.8)'을 인용하였다.

3) 지역사회 전문기관별 네트워크 의뢰 사안

구분	의뢰기관	의뢰 사안
의료 기관	정신과	우울증, 인격장애, 과잉행동장애 등의 정신과적 약물치료 및 입원치료와 상담 필요 시 의뢰
	산부인과	성문제나 임신, 출산, 낙태 등의 문제가 있어 검사, 치료, 보호 필요 시 의뢰
	치과	치아건강 상의 문제로 섭식장애나 발육부진의 문제가 있을 시 의뢰
	소아청소년과	발달지체나 성장 및 발육부진 등의 문제가 있을 때 의뢰
	일반종합병원	경제적 어려움으로 각종 질병에 대해 적절한 치료가 지원되지 못한 학생이 발견되었을 때 의뢰
법률 기관	법률사무소	법률적 관계를 자문 받거나 법률처리 과정 중에 있는 학생의 문제와 관련되어 의뢰
	경찰서	학교폭력, 절도 등의 범죄행위와 관련되어 학생의 안전을 위한 신변보호가 필요하다고 판단될 경우 의뢰
교육 기관	대안학교	일반학교에서 적응하지 못하여 학업중단의 위기에 놓인 학생 의뢰
사회 복지 기관	종합사회복지관	각종 사회복지서비스 및 후원자 연계 등이 필요한 학생과 특별교육이나 사회봉사명령 등의 징계학생 의뢰
	일시보호시설	폭력이나 긴급상황으로 인해 가출하였거나 보호자의 보호가 불가능해 일시적으로 학생의 주거서비스 및 보호환경이 필요한 경우에 의뢰
	지역아동센터	저소득 가정의 학생 중 방과 후 혹은 야간에 학생의 보호와 교육이 필요한 경우 의뢰
	그룹홈	보호자가 부재하거나 가정이 해체된 경우 의뢰

4) 지역사회 네트워크 자원

구분	가용자원	운영 프로그램
의료·보건 영역	지역사회의사협회(병·의원, 한의원, 재활의학의원), 지역사회약사협회(약국), 지역보건(지)소, 통합보건요원, 공중보건의 등	
사회복지기관	종합사회복지관, 노인복지시설, 장애인복지시설, 사회복지협의회, 아동복지시설, 청소년복지시설, 지역자활센터, 다문화지원시설, 지역사회복지협의체 등	
교육기관	교육구청, 특수학교·학급(교사), 유치원, 어린이집, 사회교육기관(문화센터 등), 각종 학원 등	• 봉사 프로그램 • 캠프 프로그램 • 성교육 프로그램 • 금연교육 등
행정기관	시·군·구 사회(복지)과, 주민센터 사회복지전담공무원 등	
인적 자원 (민간조직, 자원봉사자 등)	동 부녀회·청년회·새마을협의회, 교회 및 성당의 봉사단체(레지오, 의료봉사단 등), 민간후원단체, 지역사회 각종단체, 각종 학부모단체 등	
물적 자원	종교단체(절, 교회, 성당 등)와 결연·후원, 기업체, 사회단체(로타리클럽, 라이온스클럽 등), 기업 복지재단 등	

5) 학교폭력 사안별 지역사회 네트워크 정보

구분	내용
학교폭력 및 가출	– 전국 학교폭력신고전화 ☎ 117 – 웽따 닷컴 ☎ 02-793-2000(http://www.wangtta.com) – 학교폭력 SOS 지원단 ☎ 1588-9128(http://www.jikim.net) – 한국청소년 쉼터 협의회 ☎ 403-9171(http://www.jikimi.or.kr) – 한국청소년 상담지원센터 ☎ 070-7568-1388(http://www.kcsa1388.or.kr) – 여성긴급전화 ☎ 1366(http://www.1366.or.kr) – 경찰청 실종 아동찾기 센터 ☎ 182(http://www.182.go.kr)
인터넷 과몰입	– 인터넷중독 예방센터 ☎ 1599-0075(http://www.iapc.or.kr) – 한국청소년 상담지원센터 ☎ 070-7568-1388(http://www.kcsa1388.or.kr) – 학부모 정보 감시단 ☎ 02-706-4452(http://www.cyberparents.or.kr) – 청소년 미디어중독예방센터 ☎ 02-793-2000(http://www.mediajoongdok.com) – 인터넷중독예방상담센터 전국 상담 대표 전화 ☎ 1599-0075 – 한국정보문화 진흥원(http://www.nia.or.kr)
성폭력	– 117학교여성폭력피해자긴급지원센터 ☎ 117(http://117.go.kr) – 여성긴급전화 ☎ 1366 – 한국성폭력상담소 ☎ 02-338-5801(http://sisters.or.kr) – 사이버성폭력상담 ☎ 02-3415-0113(http://cyberhumanrights.or.kr) – 한국청소년 상담지원센터 ☎ 070-7568-1388(http://www.kcsa1388.or.kr)
방임 및 학대, 가정폭력	– 보건복지 콜센터 ☎ 129(http://www.129.go.kr) – 중앙아동 보호 전문기관 ☎ 1577-1391(http://www.korea1391.org) – 한국가정법률상담소 ☎ 1644-7077(http://www.lawhome.or.kr)
자살	– 한국생명의 전화 ☎ 1588-9191(http://lifeline.or.kr) – 한국 자살예방 협회 ☎ 02-413-0892(http://www.suicideprevention.or.kr) – 학생고충 신고 상담전화 ☎ 1588-7179

Chapter 11

학생의 이해

School Violence **Prevention** &
Understanding of Student

Chapter 11

학생의 이해

학교폭력의 예방과 대책을 강구하기 위해서는 교사나 학부모, 정책당국의 학생에 대한 이해가 필요하다. 아동·청소년의 발달과정과 변화하는 학생의 특성을 이해하지 못하여 어려움을 겪는 교사와 학부모가 많다. 이를 위해 인간의 발달과 아동·청소년의 발달 그리고 한국의 학생과 학생 문화에 대해 살펴본다.[1]

1 인간의 발달

인간의 일생은 출생에서 시작되어 사망으로 끝난다. 이와 같은 인간의 일생은 출생하는 순간부터 성장과 발달은 물론, 변화와 쇠퇴를 거듭한다. 인간 발달은 인간이 환경에 적응해가는 과정으로, 시간이 경과함에 따라 겪게 되는 인간 자체 내의 변화 과정을 뜻한다.

인간은 유전적 소질과 태내 발달을 기반으로 하여 영아기출생~2세, 유아기3~5세, 아동기6~11세를 거쳐 12~18세까지의 청소년기를 마치면서 완전한 성장과 발달을 달성한다고 알려져 왔다. 그러나 최근에는 인간의 성장과 발달은 장기간에 걸쳐 일어나는 것으로 보고 있다. 사실상 인간은 아동기와 청소년기뿐만 아니라, 성인기인 청·장년기와 노년기를 거쳐 죽음에 이를 때까지 수많은 변화와 쇠퇴를 겪게 된다. 인간의 발달 과정을 보다 정확히 파악하기 위한 이론적 접근에는 여러 가지가 있으

---

1 김희대의 '생활지도와 상담(2015: 33~52)'을 발췌, 인용하였다.

나, 크게 네 가지 방향의 발달 이론으로 제시할 수 있다.

첫째, 인간의 무의식과 성적 발달에 초점을 둔 프로이드Freud의 '심리·성적 발달
　　　이론'

둘째, 무의식의 개념은 인정하지만 사회적 발달에 초점을 둔 에릭슨Erikson의 '심
　　　리·사회적 발달 이론'

셋째, 인간의 인지적 능력의 발달에 초점을 둔 피아제Piaget의 '인지 발달 이론'

넷째, 인간의 도덕성 발달에 초점을 둔 콜버그Kohlberg의 '도덕성 발달 이론' 등이다.

1) 심리 · 성적 발달 이론

프로이드는 인간의 성격 발달은 아동이 쾌락을 추구하고 성적 욕구를 만족시키는 신체적 부위에 따라 구별되는 몇몇 단계를 거쳐 이루어진다고 본다. 성적 에너지인 리비도Libido가 입, 항문, 성기 등 신체의 어느 부위를 통하여 만족 혹은 좌절되느냐에 따라 성인기의 성격 특성이 결정적으로 다르게 된다고 하였다. 예를 들면, 입을 통하여 성적 만족을 추구하는 구강기에 좌절을 많이 겪으면, 다음 단계로

Freud(1856~1939)

발달해 가지 못하고 그 단계에 고착이 일어나 공격적인 성격이나 의존적인 성격이 형성될 수 있다. 이 때, 공격적인 성격은 무의식적인 면에서 입으로 깨물어 보려는 욕구와 관련되고, 의존적인 성격은 입으로 더 많은 것을 받아먹거나 빨아 보려는 욕구와 관련된다고 하였다. 이러한 심리·성적 발달 단계는 신체적 부위의 이름을 따서 구강기, 항문기, 남근기, 잠복기, 그리고 생식기로 구분하였다.

구강기oral stage는 0~1세로 주된 성감대는 구강입, 혀,입술 등으로 젖을 빨며 성적 욕구를 충족하며 자신에게 만족, 쾌감을 주는 대상에 애착을 가지게 된다. 이 시기에 적절한 보살핌을 받지 못하면 구강기에 고착되어 술·흡연 등을 애호하고 남을 비꼬는 일 등을 하게 된다.

항문기anal stage는 2~3세로 배변 훈련 등을 통한 자극으로 성적 쾌감을 얻는다. 적절한 배변 훈련을 받지 못하면 대소변은 더러운 것이라는 것의 반동형성으로 결벽성이 생긴다.

남근기phallic stage는 3~5세로 성감대가 항문에서 성기로 옮아가는데 남아는 어머

니에 대해 성적으로 접근하려는 욕망과 애착을 느끼며 아버지를 경쟁자로 생각하는 '외디프스Oedipus complex'를 가지게 된다. 또한 아버지가 자신의 성기를 없앨까 두려워하는 거세불안castration anxiety을 지니게 된다. 반대로 여아는 아버지에 대해 성적 애착과 접근의 감정으로 '엘렉트라Electra complex'를 가지게 된다.

잠복기latent stage는 6~11세경으로 아동은 성적 욕구가 억압되며 주위 환경에 대한 탐색과 지적 탐색이 활발한 활동적 시기로 사회적으로 용인되는 행동에 에너지를 투여하게 된다.

생식기genital stage는 12세~15세경으로 이성에 대해 진정한 관심을 가지고 성숙한 사랑을 할 수 있게 된다. 이 시기까지 순조로운 발달을 성취한 사람은 타인에 대한 관심과 협동의 자세를 갖고 이타적이고 원숙한 성격을 갖게 된다.

프로이드의 이론은 심리 · 성적인 발달을 강조하고 있으므로, 성적 욕구와 능력이 완전히 성숙할 때 인간의 발달은 완결되는 것으로 본다. 성격 형성과 발달에 있어서 영아기, 유아기를 비롯한 초기 경험의 중요성을 강조했다는 점에서 커다란 공헌을 하였다. 그러나 인간의 성적인 욕구를 지나치게 강조하고, 인간을 능동적인 존재로 보기보다는 본능에 의해 지배되는 수동적이고 소극적인 존재로 보았다는 비판이 있다.

2) 심리 · 사회적 발달 이론

에릭슨은 인간의 성격은 자기 자신과 타인의 관계를 통하여 발달하고, 또 성격 발달은 프로이드가 주장하듯이 청소년기에 발달이 완결되는 것이 아니라, 인생 주기 전체를 통해 계속적으로 변화, 발달하는 것으로 보았다. 이 때, 개인이 일생을 통해 거쳐 가는 인생 단계를 8단계로 제시하였다.

Erikson(1902~1994)

1단계는 신뢰감 대 불신감 Trust vs. Mistrust: 출생~1세으로 부모로부터 적절한 보살핌을 받아 기본적 욕구가 충족된 아동은 자신과 주변에 대해 신뢰감을 형성하나 욕구좌절로 인한 부정적 경험이 많은 아동은 불신감을 갖게 된다.

2단계는 자율성 대 수치감Autonomy vs. Doubt: 2세까지으로 배변훈련을 통해 자기 통제가 가능한 시기로 자기 통제를 통해 기본적 자신감을 갖게 되면 자율성이 형성되며, 과도한 외부 통제로 인해 통제능력을 상실하게 되면 자신에 대한 수치와 회의에 빠져들게 된다.

3단계는 주도성 대 죄의식Initiative vs. Doubt: 3세~7세으로 아동은 자신의 활동을 계획하고 목표를 세우며 이를 달성하고자 노력한다. 자기 주도적 활동이 성공하면 주도성을 확립하게 되나, 실패의 경험이 많으면 주도성은 위축되고 자기주장에 대해 죄의식을 갖게 된다.

4단계는 근면성 대 열등감 Industry vs. Guilt: 7세~12세으로 학교의 여러 과제에 주의하고 성실히 임하는 과정에서 근면성을 획득하게 된다. 그러나 자신에게 주어진 일에 적절한 성취를 느끼지 못하면 열등감에 빠지게 된다.

5단계는 정체감 대 역할혼돈Identity vs. Confusion: 12세~18세으로 "나는 누구인가?"에 대한 답을 구하고자 노력하는데 이 과정에서 긍정적 자기평가와 부정적 자기평가 사이에서 갈등하게 된다.

6단계는 친밀감 대 고립감 Intimacy vs. Isolation: 18세~35세으로 초기 성인으로 결혼상대로 애정을 나눌 수 있는 사람 또는 사회생활에서 우정을 나눌 수 있는 사람들과 관계를 가지게 된다.

7단계는 생산성 대 침체감 Generativity vs. Stagnation: 35세~55세으로 중기 성인기로 자녀 양육과 다음 세대에 자신의 전문적 기술과 능력을 전수함으로써 생산성을 획득한다. 그렇지 못한 경우 침체감을 가지게 된다.

8단계는 자아통합 대 절망감 Integrity vs. Despair: 55세 이상으로 죽음을 앞두고 자신의 삶을 통합하고 점검하는 시기이다.

에릭슨의 이론은 인간은 삶의 과정 8단계마다 '도전과 위기'를 맞게 되고, 이러한 위기를 원만하게 극복해야만 건전하고 적응적인 양식으로 그 단계의 삶을 살아갈 수 있게 된다. 에릭슨의 이론은 인간의 발달은 출생에서부터 죽음에 이르는 전 생애에 걸쳐서 이루어지며 각 시기의 발달 기준을 어린이나 어른의 성격 결함을 설명하는 도구로 사용하여 많은 사람의 지지를 받았다. 이 이론은 건전하고 강한 자아발달을 강조하고, 제시한 발달시기와 각 시기에 달성해야 할 과제는 교육과정을 설계하는 데 적용된다. 반면 자아발달 이론을 프로이드의 발달단계와 너무 무리하게 연결지었고, 그가 제시한 많은 개념적 문제를 명확하게 설명하지 못했다는 비판이 있다.

3) 인지 발달 이론

피아제는 인간이 주위의 환경과 사물, 그리고 인간관계 등에 대해 이해하고 파악하는 능력이 어떻게 발달해 가는가에 관심을 가졌다. 인지 발달은 감각 운동기, 전조작기, 구체적 조작기, 그리고 형식적 조작기 등의 네 가지 커다란 단계로 나누어지는데, 추상적 사고 능력이 발달하는 청소년기에 인지 발달이 완결된다고 보고 있다.

Piaget(1896~1980)

감각 운동기Sensori-motor는 0~2세로 영아가 자신의 감각이나 손가락을 입에 넣고 빠는 등의 운동을 통해서 자신의 주변 세계를 탐색하는 시기에 연유한 것이다. 즉, 이 시기의 영아는 새로운 정보를 얻기 위해 자신의 감각을 사용하고 새로운 경험을 찾기 위해 운동 능력을 사용하고자 애쓰는 시기이다. 그 결과 반사 활동에서부터 제법 잘 조직된 활동을 할 수 있기까지 간단한 지각능력이나 운동능력이 이 시기에 발달한다. 영아가 물체 혹은 대상이 시야에 사라져도 그 물체는 계속 존재한다고 믿는 '대상 영속성'의 발달이 이루어진다. 부모와 같은 특정한 대상에 대한 영속성이 더 빨리 이루어지는 경향이 있다. 대상 영속성이 빨리 발달한 아기의 경우 부모와 헤어질 때 울고 낯가림 등 더 강하게 저항을 한다.

전조작기Pre-operational는 2~7세로 유아들의 개념획득에 가장 결정적인 것은 다양한 언어활동과 신체적 활동을 통한 경험이다. 유아는 아직 직관에 의존하기 때문에 유아의 사물에 대한 판단은 잘못된 것이 많다. 직관적 판단의 대표적 예가 '양의 보존 개념에 관한 실험'이다. 이 실험에서 유아에게 똑같은 높이로 물을 채운 똑같은 컵 2개를 보여주고서, 두 개의 컵에 같은 양의 물이 들었냐고 물어보면 대부분 그렇다고 대답한다. 다음에 실험자가 한 개의 컵에 물을 높이는 낮고 밑면적은 더 넓은 컵에 옮겨 붓고 나서, 물의 양이 여전히 같은지를 물어보면 전조작기 아동의 반응은 보존개념을 이해하지 못해, 양이 같다는 것을 이해하지 못한다. 다른 사람의 관점을 이해하는 능력인 사회적 조망능력이 부족한 것도 이 시기의 특징이다.

구체적 조작기Concrete operational는 7~11세로 아동들의 인지구조는 전조작기에 있는 아동들에 비하여 현저하게 발달된 형태를 띤다. 자아 중심적 사고에서 벗어나게 되며, 보존개념을 획득하게 된다. 구체적 조작기의 아동은 세 가지 논리에 의해 보존개념을 획득해 간다. 첫째, '물을 더 붓거나 부어 내버리지 않았으므로 물의 양은 같다.'라고 대답하는 '동일성의 원리'이고, 둘째, 한 변화가 다른 변화로 인하여 서로 상쇄된다는 '보상성의 논리'이다, 셋째, '이것을 전에 있던 컵에다 그대로 다시 부을 수 있기 때문에 두 컵의 양은 같다.'라는 '가역성의 논리'이다. 또한 이 시기에는 사물의 대상을 크기, 무게, 밝기 등과 같은 특성에 따라 차례로 순서를 매길 수 있는 '서열화'의 능력을 갖추게 되며, 또 대상과 대상 간의 공통점과 차이점, 관련성을 이해할 수 있는 '유목화'의 능력을 갖게 된다. 유목화의 대표적 예로는 비행기, 자동차, 배는 서로 다르지만 '운송기관'이라는 공통성으로 인해 한 범주로 묶을 수 있다는 것이다.

형식적 조작기Formal operational는 11~15세로 구체적 조작기에 있는 아동들은 현존하는 사물이나 현상에 국한하여 조작적 사고가 가능한 데 비하여 이 단계의 아동들은 현존하는 것을 초월하여 여러 가지 가능한 경우를 가정한다. 즉, 새로운 과학문제에 직면했을 때, 그들은 단지 관찰 가능한 실험 결과에만 집착하지 않고, 그 상황에서 일어날 수 있는 가능한 모든 경우를 동시에 생각하기 때문에, 실제로 나타난 현상은 가능한 여러 결과 중의 하나에 불과할 수 있다는 점을 인식한다. 형식적 조작적 사고가 가능한지 알아보는 것으로서 피아제가 고안한 유명한 실험은 고전적 물리학에 관한 문제로 '추의 진동'에 관한 것이다. 길이, 무게, 높이, 힘 등의 상대적 효과를 잘 고려해야만 대답할 수 있는 문제인데, 이 실험에서 형식적 조작의 사고가 가능한 아동은 효과적인 실험을 설계하고, 이를 잘 관찰하여 타당한 결론을 이끌어낼 수 있었다. 그러나 모든 사람들이 항상 형식적 조작을 사용하는 것은 아니다. 또, 이 시기가 되면 처음으로 도덕적, 정치적, 철학적 생각과 가치문제 등을 이해하기 시작한다. 게다가 다른 사람의 사고과정을 이해하고, 다른 사람들은 문제를 어떻게 보고, 어떻게 생각할까 등의 문제에도 관심을 갖기 시작한다.

피아제 이론의 가장 중요한 공헌은 인지를 인간발달의 중심적 역할로 강조한 점이다. 즉, 아동의 논리적 발달을 설명하는데 매우 정교하고 통찰력이 있기 때문에 아동에 대한 이해를 풍부하게 해주었다는 점이다. 반면 그의 이론이 상당한 영향력이 있음에도 불구하고 '면담의 기본규칙 위배', '표집의 크기', '자료의 통계적 분석방법의 소홀' 등 연구 방법론적 측면에서 문제가 있다는 비판이 있다.

4) 도덕성 발달 이론

콜버그는 도덕성 발날 연구에서 인간은 연령에 따라 도덕 기준이 각기 다르다는 사실을 발견하고 도덕 발달을 3수준 6단계로 제시하였다.

제1수준은 '전 인습적 도덕기Pre-Conventional'로 1, 2단계가 속하는데 이 시기는 진정한 의미의 도덕성이 없다는 것이 특징으로 단지 처벌과 복종에 의해 결정되며, 그 후 쾌락에 의해 결정되는 시기이다. 1단계는 '복종과 처벌Obedience and

Kohlberg(1927~1987)

punishment orientation'의 단계이다. 3세에서 7세에 나타나는 이 단계는 벌과 순종을 향하고 있다. 같은 나이 또래의 아이들에게 잘못한 친구를 고자질 할 것인가 말 것인가 하는 질문을 한다면, "나는 말할 거야! 그렇지 않으면 혼날 테니까"라고 대답할 것이다. 2단계는 '상대적 쾌락주의Self-interest orientation' 단계이다. 8세에서 11세의 어린이에게 나타나는 이 단계는 자신의 욕구 충족이 도덕 판단의 기준이 된다. '하인츠의 딜레마Heinz's Dilemma[2]'에서 보는 것처럼 돈이 없더라도 아픈 아내를 위해서 약을 훔쳐서 아내의 생명을 구해야 한다고 판단하는 시기이다.

제2수준은 '인습적 도덕기Conventional'로 3, 4단계가 속하는데 전통적인 법과 질서에 동조하는 도덕성이 발달하여, 자신이 속한 집단의 기대나 기준에 맞추어 행동하는 것을 이상으로 여겨 사회질서에 동조하고자 한다. 3단계는 '착한 아이 지향 Interpersonal accord and conformity'의 단계이다. 12세에서 17세의 청소년에게 나타나는 이 시기는 상호 인격적 일치가 나타난다. 아내를 위해서 약을 훔치는 것은 약사의 권리를 침해하여 남에게 해를 끼치기 때문에 옳지 못하다고 판단한다. 이 시기는 다른 사람의 관점과 의도를 이해할 수 있고 고려할 수 있다. 따라서 항상 정의는 승리한다는 정의감에 사로잡히는 시기이기도 하다. 4단계는 '사회질서와 권위 지향 Authority and social- order maintaining orientation'의 단계이다. 18세에서 25세의 시기로 법은 어떤

---

2 경제적으로 어려워 약값을 구할 수 없는 하인츠는 암으로 죽어가는 아내를 위해 약을 훔쳤다. 왜 그래야만 했을까? 또는, 왜 그래서는 안 되었을까? 그의 판단에 대해서 어떻게 생각하는가?를 통해 도덕성의 발달을 측정하는 콜버그가 만든 가설적 딜레마이다.

경우에도 지켜야 한다는 생각을 갖고 있다. 이 시기에는 법과 질서가 도덕기준을 판단하는 가장 큰 무기이다. 따라서 잘잘못을 가릴 때에는 항상 법을 어겼는가, 아닌가를 우선시한다. 그러나 아직 소수자의 권리에 대한 예리한 감각은 없다.

제3수준은 '후 인습적 도덕기Post-Conventional'로 5, 6단계가 속하는데 자신의 가치관과 도덕적 원리 원칙이 자신이 속한 집단과 별개임을 깨닫게 되면서 개인의 양심에 근거하여 행위를 하게 된다. 5단계는 '민주적 법률Social contract orientation' 단계로 25세 이상에서 나타나는데 약을 훔치는 행위는 잘못이나 인명을 구하기 위한 일이므로 용서해야 한다고 판단하는 시기이다. 이 시기의 사람들은 인간으로서 기본 권리를 중시하므로 소수자까지 포함된 모든 개인의 권리가 인정되는 것이 옳다고 판단한다. 6단계는 '보편적 원리Universal ethical principles'의 단계로 극히 소수만이 도달할 수 있는 단계로 일반적인 나이를 들 수가 없다. 이 시기는 법이나 관습 이전에 인간 생명이 관여된 문제로서 생명의 가치는 무엇보다도 우선되어야 한다고 생각한다. 따라서 보편적 도덕원리를 지향하고 스스로 선택한 도덕원리나 양심적 결단에 따른다. 7단계는 '우주적 영생 지향Morality of Cosmic Orientation' 단계로 콜버그가 말년에 추가하였다. 도덕 문제는 도덕이나 삶 자체가 문제가 아니라 우주의 질서와의 통합이라고 보는 단계이다. 위대한 사상가나 종교적 지도자, 철학자들의 목표가 곧 우주적 원리이다. 우주적 원리가 속하는 것은 '내가 대접을 받고자 하는 대로 남을 대접하라'는 황금률과 같은 곳에서 드러난다. 생명의 신성함, 최대다수를 위한 최선의 원리, 인간 성장을 조성하는 원리 등이 속한다.

콜버그의 이론은 인지적 성숙과 도덕적 성숙과의 관계를 제시한 것으로 도덕성 발달 연구에 많은 자극이 되었다. 그러나 그의 이론이 도덕적 사고를 지나치게 강조하고 도덕적 행동이나 도덕적 감정을 무시했고, 문화적 편견과 여성에 대한 편견을 나타내고 있다는 비판이 있다 정옥분, 548.

2 아동·청소년의 발달

1) 아동기의 발달

아동기는 만 6~12세로 생활의 중심이 가정에서 학교로 옮겨가고, 공식적으로 학교교육을 통해 사회가 요구하는 기본적 기술을 습득하는 발달단계이다. 이 시기는 '학령기學齡期'로 공식적으로 학습이 시작되고, '도당기徒黨期'로 사회적 이동이 현저하게 증가하면서 또래끼리 어울려 다니기 시작한다. '잠복기潛伏期'로 영·유아기나 청소년기의 역동적 변화에 비해 상대적으로 조용한 발달이 이루어지는 시기이기도 하다. 교사나 부모에 대한 동일시 과정을 통해서 또는 주위의 어른이나 또래의 강화에 의해서 성격의 발달이 이루어진다.

(1) 신체적 발달

아동기의 신체발달은 운동이나 친구와의 놀이에 중요한 영향을 미치고 자아개념과 자존감 형성의 밑바탕이 된다.

첫째, 신장과 체중이 증가한다. 아동의 키는 평균 6cm정도씩 성장한다. 11~12세경의 여아의 신체적 성숙이 남아에 비하여 우세해진다. 여아가 성장급등을 시작하는 10세기경부터 몇 년 동안은 남아보다 신장이 더 자라고 체중이 늘어난다. 이때가 일생 동안 유일하게 여자가 남자보다 더 큰 시기이다. 그러나 남아가 12~13세경에 성장급등을 하면 이러한 경향은 역전되기 시작한다.

둘째, 신체비율이 변화한다. 아동의 신체구조의 변화를 보면, 몸통보다 팔과 다리의 성장이 빠르다. 위胃의 발달은 미각이 발달하고 운동량이 증가함에 따라 식사량이 늘어나고 위의 용적도 성인의 2/3정도에 이르게 된다. 성적으로는 중성기로 성적 기관의 발달이 별로 이루어지지 않는 시기이다. 그러나 최근에 영양적 요인과 환경적 요인이 작용하여 성적으로 성숙하는 연령이 점점 낮아져 예전보다 일찍 어른의 신체 구조를 갖는다.

셋째, 사춘기가 시작된다. 사춘기는 호르몬의 변화로 인해 급격한 신체적·성적 성숙이 이루어지는 기간을 의미한다. 각각의 생식기관이 발달함에 따라 성 호르몬이 활발하게 분비되기 때문이며, 이로 인해 2차 성징의 특징이 나타난다.

넷째, 운동 기능이 발달한다. 초등학교에 입학할 무렵이며 대근육과 소근육의 기본적 운동 기능이 거의 발달하며, 이후에는 기존의 운동 능력이 더 빠르고 정교하게 발달한다 정옥분, 477.

(2) 심리적 발달

아동기의 심리적 발달은 인지 능력의 발전에 기인하는데 이 시기에 아동의 정신능력은 여러 측면에서 크게 발달한다.

첫째, 인지발달로 기본적 학습이 가능해진다. 지적 기능이 분화됨에 따라 객관적인 지각이 가능해지고, 공간지각, 시각지각이 완성된다. 문제해결 과정에서 직관보다 논리적 조작이나 규칙을 적용하기 시작한다.

둘째, 주의와 기억발달이 이루어진다. 주의집중력은 중추신경계의 성숙으로 아동기에 크게 증가한다.

셋째, 언어발달이 이루어진다. 창조적 의사소통이 가능해지는데 이는 인지적 발달로 자기중심성이 완화되고, 역할수용 기술을 획득하게 되며, 사회언어학적 이해능력이 발달한다.

넷째, 지능과 창의성의 발달이 이루어진다. 지능을 피아제Piaget는 '환경에 대한 적응능력', 터만Terman은 '추상적 사고 능력', 휘슬러Whistler는 '합리적 사고능력'으로 정의하는데 이러한 지능이 길러지며, 참신하고 색다른 방법으로 사고하고, 독특한 해결책을 생각해낼 수 있는 능력인 창의성도 발달한다.

(3) 정서적 발달

아동기에는 기본적인 정서가 거의 발달하게 되고, 개인의 기초적인 인격도 형성되며, 이전 단계를 계승해 정서의 각 부분의 분화가 이루어진다. 아동기의 정서발달은 5세경까지 분화가 이루어져서, 10~11세경이면 정리가 된다. 유아기에는 이해되지 않고 무서워하지 않았던 상상의 생물, 예를 들면 유령 등에 대하여 무서움을 느끼게 된다. 그리고 정서의 표현인 울음에 대해서도 10세 이후에는 그다지 울지 않고 어른스러워지는 것을 볼 수 있다. 죽음의 공포, 도덕적 부정에 대한 분노 등과 애정·웃음·유머 등에 대해서도 어른스러워 진다. 이 무렵부터 12~13세경을 'gang age'라 하는데 이때에는 보통 8~9명 정도의 벗을 만들어 매우 긴밀한 사이가 된다. 항상 행동을 같이하고 서로를 감싸며 은어隱語를 쓰기도 한다. 그리고 부모나 교사에 대해 8~9세까지는 절대적으로 믿고 의지하지만, 10세경부터는 지적 발달에 있어서 객관적인 견해가 생겨 어른들의 의견에 심각한 비판을 할 수 있다. 권위나 억압으로 다루기 힘들게 되므로 민주적 지도가 필요한 시기이다 정옥분, 540. 부모와의 관계에서 동성 부모와의 정서적 유대가 보다 높아지는 발달적 특성으로 인해 동성 부모의 긍정적 언행은 아동의 자기조절능력 발달에 영향을 많이 주는 것으로 나타난다.

(4) 사회성 발달

아동기는 교우관계의 사회성이 발달하는 시기로 친구와의 관계에서 우정이 미분화, 단독적, 상호 호혜적, 쌍방적, 상호의존적 단계로 발달한다.

1단계는 미분화 단계3~7세로 일시적 놀이친구의식이 행해지고 자기중심적으로 자기가 원하는 것만 생각한다. 2단계는 단독적 단계4~9세로 일방적인 원조로 아동은 자기가 원하는 것을 해주는 친구를 좋은 친구로 여긴다. 3단계는 상호 호혜적 단계6~12세로 주고받는 우정을 보이지만 여전히, 자기 이익에 따른다. 4단계는 쌍방적 단계9~15세로 서로 친밀하게 공유하는 관계이나 아동은 자신의 눈으로 우정을 보고 친구를 독점하고 싶어 한다. 5단계는 상호 의존적 단계12세 이후로 아동은 의존과 자율에 대한 친구의 요구를 모두 존중한다.

학령초기인 초등학교 1~2학년에는 '나'에 대한 의식이 강해지며 자기의 능력에 대한 자신감도 가진다. 학령중기인 초등학교 3~4학년에서는 친구들과 어울려 놀기 시작하고, 어른들과도 친하게 친구처럼 지내고 싶어 한다. 학령말기인 초등학교 5~6학년에는 자신에 대한 자긍심이 높아지고 친구를 사귀는 데 있어 개개인의 성향이 중시된다. 아동기는 가정에서 부모의 역할이 가장 중요한 시기로 부모의 양육 유형에 따라 아동의 사회적 행동이 변화한다. 버클리 대학의 바움린드Baumrind 교수는 부모의 양육방식을 크게 4가지로 분류하였는데 이렇게 나누는 두 가지 축이 '애정과 반응'과 '통제의 정도'인데 이에 따라 부모의 유형과 특성, 아동의 행동 특성을 제시하였다.

표 11-1 부모의 유형과 아동의 사회적 행동

부모 유형	특성	아동의 사회적 행동
권위적 부모	• 애정적, 반응적이다. • 자녀와 대화를 통해 소통하고 독립심을 격려한다. • 훈육 시 논리적 설명을 이용한다.	• 열성적이고 다정다감하다. • 책임감, 자신감, 사회성이 높다.
전제적 부모	• 엄격한 통제와 설정해 놓은 규칙을 따르도록 강요한다. • 체벌을 사용하고 논리적 설명을 하지 않는다.	• 두려움이 많고 화를 잘 낸다. • 비효율적 대인관계, 사회성부족, 의존적, 복종적, 반항적 성격을 가진다.
허용적 부모	• 애정적, 반응적이나 자녀에 대한 통제가 거의 없다. • 일관성 없는 훈육이다.	• 충동적이고 공격적이다. • 자신감이 있고 적응을 잘하는 편이나, 자기통제가 결여되어 규율을 무시하고 제멋대로 행동한다.
방임적 부모	• 애정이 없고, 냉담하고, 엄격하지도 않으며, 무관심하다.	• 독립심이 없고 자기 통제력이 부족하다. • 문제행동을 많이 보인다.

<표 11-1>에서 보는 것처럼 애정과 통제가 균형을 이루는 '권위적 부모Authoritative parenting'를 건강한 부모의 양육태도로 제시하고 있다 https://en.wikipedia.org/wiki/Parenting_styles

2) 청소년기의 발달

청소년기는 아동기와 성인기의 과도기로 일반적으로 중·고등학생 시기에 해당한다. 한 인간이 생물학적, 심리적, 사회적인 모든 면을 통합하여 인격을 완성해 나가고 사회인으로서 기능을 성취하기 위한 준비 단계이다. 이 시기는 개인의 삶과 사회생활의 바탕을 마련하는 중요한 시기로 성격 구조의 토대가 완성된다. 청소년기의 발달에 따른 특성은 다양하게 나타난다.

(1) 신체적 발달

청소년기는 급격하게 신체발달이 이루어지는 시기로 제2차 성징의 특성이 뚜렷하게 나타난다.

첫째, 청소년기는 영아기 이래로 가장 급속한 신체변화를 경험하는 시기로 신체적 성장이 급격하게 이루어진다. 신장과 체중이 증가하고 신체 급등 현상이 끝날 무렵 거의 성인과 같은 신체적 외모를 갖는다 박옥임 외, 17. 또한 신체적 변화로 고민하는 시기이기도 하다. 신체적 성장이 느린 아이의 행동 특성은 불안정, 긴장, 강한 자의식, 과장된 행동, 충동적이고 주의 획득적, 자기 능력에 대한 회의심, 부정적 자아개념을 가진다. 반면 신체적으로 조숙한 아이는 남의 주의를 끈다는 자기 개념을 가질 위험이 있고, 어학생들에게는 매력적이고 성적인 것이 가장 필요한 것으로 믿을 수 있다.

둘째, 성장 급등기로 제2차 성징의 특징을 나타낸다. 1차 발육 급등기는 출생 후 2년까지이나 2차 급등기사춘기는 12~14세경이다. 성장 호르몬의 분비가 왕성히 이루어져 남자는 테스토스테론testosterone의 분비로 목소리가 변하고, 발모, 골격과 근육의 발달이 이루어지는 남성다움과 생식 능력을 갖는다. 여자는 에스트로겐estrogen과 프로게스테론progesterone이 분비되어 월경, 유방과 둔부의 발달이 이루어지며 임신이 가능하다. 여자는 남자보다 성장이 2년 정도 빠르다. 최근에 좋은 영양과 개방적 환경의 영향으로 성장이 빠르게 이루어지고 있다.

셋째, 이성에 관한 관심을 가진다. 사춘기에 나타나는 생리적 변화에서 비롯된다. 이성 관계를 성인이 되어 가는 지표로 인식하며, 부모와 동료들의 이성에 대한 관심을 자극한다. 이성교제나 성 문제로 대두된다.

(2) 심리적 발달

청소년기는 심리적 이유기로 부모의존에서 벗어나 심리적으로 부모로부터 독립하고자 하는 '제2의 탄생'으로 불리는 시기이다.

첫째, 자아 정체성의 형성을 발달 과업으로 한다. 청소년기는 자기 자신과 인생에 대해서 깊은 관심을 가지기 시작하면서 다른 사람과는 다른 자기만의 독특한 모습인 지아 정체성을 형성해 나가는 시기이다. '나는 누구인가?', '어떻게 살 것인가?'에 대해 스스로 해답을 찾아 나가게 된다. 청소년기는 가치관과 생활 태도 형성에 절대적인 영향을 미치는 자아 정체감의 형성에 가장 중요한 시기이다. 자아 정체감은 자신이 누구인지를 확인하고 어떻게 행동할 것인가를 발견하는 일이고, 내적 충동과 욕구, 외적 압력과 유혹, 도덕적 요구 등을 자기다운 독특한 방식으로 해결해 가려는 의식·무의식적 노력을 통해서 이루는 자기 동결성이다. 성장과정에서 대인관계의 경험을 통해 형성되는 자기상이기도 하다.

둘째, 이상세계를 동경하는 시기이다. '이유 없는 반항'의 시기로 이상utopia에 대한 동경을 가진다. 실현 가능한 대안을 제시하지 못하며, 기존의 가치, 제도, 관습 등을 무조건적으로 부정하는 경향으로 '제2의 반항기'이다. 권위에 의한 강제 압박, 자유의 속박, 간섭, 몰이해 등의 반항이 있다.

셋째, 자기중심성의 작용 시기이다. 자기에 대한 다른 사람의 생각에 관심을 갖기 시작하고, 자신에 대해 타인이 생각한다고 믿는 것이 실제 타인의 생각이라 확신한다. 상상의 관중imaginary audience을 만들어 내어 자신은 주인공이 되어 무대에 서 있는 것처럼 행동하고, 다른 사람들은 모두 구경꾼으로 생각한다. 상상의 관중은 시선끌기 행동, 즉 다른 사람들의 눈에 띄고 싶은 욕망으로부터 나온다박옥임 외, 28. 또한 청소년기는 개인적 우화personal fable를 가지는데 자신의 감정과 사고는 너무나 독특한 것이어서 다른 사람들이 이해할 것이라 생각한다. 자신을 주인공으로 생각하고 자신에게만 통용된다는 의미에서 개인적이고 현실성이 결여되어 있다.

(3) 정서적 발달

청소년기를 일컬어 '질풍노도의 시기'라 하는데 심리적, 정서적으로 크게 불안정하여 안정됨이 요구되는 시기이다.

첫째, 정서적 기복이 심하다. 정서적 특징으로는 일관성이 없고 불안정하며 감정의 기복이 심하고 과민하다. 수줍음이 많아지기도 하고 게임이나 스포츠, 특정한 이데올로기에 열성을 보이기도 한다. 정서적으로 취약한 학생은 극단적인 슬픔이나 무기력 상태가 상당 기간 지속되거나 학교에 대한 두려움, 시험불안, 집단 따돌림, 학교 폭력 등으로 말미암아 공포와 불안감, 분노 등을 가진다. 따라서 청소년기에는 자기 뜻대로 되지 않는 상황에 대한 분노를 조절하는 방식, 즉 자신의 분노 감정을 인식하고 그 감정과 행동을 분리하는 기술을 습득하는 것이 필요하다. 정서장애로는 우울증, 불안, 섭식장애, 성 문제, 약물남용 및 의존, 정신질환, 자살 등이 있다.

둘째, 적응문제가 심각하고, 정신 병리적 성격이 있다. 적응 능력의 요구와 스트레스가 있다. 신체적, 심리적, 사회적인 변화가 심하여 적응 능력이 요구된다. 정서적 불안정, 적응문제가 발생한다. 2008년 서울의 고교생 중 상담교사의 도움을 요하는 심리적 장애를 가진 학생이 전체의 31%, 경계선 상태의 학생 23%, 정신 건강상 문제가 없는 학생은 46%로 나타났다. 성격 장애는 생의 초기에 경험한 부적절한 인간관계, 모자 관계상의 문제에 기인한다. 주로 어렸을 때 부모로부터 심한 거부를 경험한 청소년들에게서 나타난다. 특히 부모의 거부가 독단적이고 일관성이 없고 비현실적일 때 나타난다.

셋째, 학습 문제로 인해 정서적 스트레스가 심각하다. 학습 부진은 부모의 성적에 대한 과도한 기대에 따른 정신적 부담감, 반복되는 좌절 경험, 부정적 자아개념, 정신적 무기력, 심리 장애불안증, 우울증를 초래한다. 또한 음주, 흡연, 무단결석, 가출 등 비행과 범죄의 원인이 되며 악순환된다.

(4) 사회성 발달

청소년기는 인간관계의 범위가 확대되면서 특히 또래집단의 가치와 소속감을 중시하는 시기이다.

첫째, 또래 집단에 소속되어 정서적 안정감을 추구한다. 청소년기의 사회적 관계는 가족보다는 친구관계에 집중이 되며 학년이 올라갈수록 친구관계가 점점 더 중요해진다. 친한 친구와의 관계는 청소년의 생활과 발달에서 매우 중요하고 다양한 기능을 한다. 즉, 친구는 같이 다니면서 놀 수 있는 가장 중요한 사회적 자원이며, 충고를 해주기도 하고, 서로에게 비밀을 털어놓거나 마음 편히 비판할 수 있으며, 가장 충성스러운 자기 편이 되어주며, 스트레스를 받을 때 정서적 지지와 안정감을 제공해준다. 따라서 청소년기에 당면하는 가장 중요한 문제의 하나가 건전한 친구관계 형성이며, 친구관계에 문제가 있게 되면 건강한 발달과 적응에 심각한 영향을 받게 된다.

둘째, 준거 집단을 선택한다. 자신의 행동 지표를 마련하고, 집단 정체감을 형성하며 청소년 문화를 창조한다. 청소년 문화는 청소년들의 동의와 동일 집단에 대한 소속감을 가질 수 있는 가치관으로 구성된다. 가치관은 옷, 언어, 음악, 취미, 거주지 등이다.

셋째, 동조 현상을 보인다. 청소년기는 또래집단의 영향력이 커지며, 다른 사람으로부터 인정을 받으면서 자기 가치를 높게 인식하고 자아 존중감을 형성해가는 시기로 또래집단으로부터 인정받기 위해 그들과 동일한 행동을 하려는 성향을 나타낸다. 이러한 청소년의 또래로부터 인정을 받고 소속감을 가지려는 동조 욕구가 학교폭력이나 사이버 따돌림의 가해자가 되는 현상으로 나타나기도 한다. 최근 사회적으로 큰 이슈가 되고 있는 한 의류 브랜드의 점퍼가 유행하는 것 역시도, '나만 안 입으면 왕따 될까봐', '친구들은 다 입으니까'라는 '동조'가 원인이 되었다. 청소년들은 점차 부모로부터 독립하려 하고, 또래 친구들과 강한 유대감을 형성하기 시작하는데, 이로 인해서 또래 집단으로부터 소외되지 않으려는 아이들의 동조가 더욱 더 심화된다. 학교 폭력은 10대들의 또래 압력에 대한 동조가 큰 원인 중 하나이다. 아이들 스스로의 힘으로 학교폭력에 대항하는 목소리를 내고, 적극적인 행동을 취하는 것은 어려운 일이다. 학교폭력 문제를 해결하기 위해서는 교사, 학부모의 도움이 필수적이라고 하는 것도 이 때문이다.

넷째, 청소년의 독특한 문화가 존재한다. 청소년들은 기성세대와는 다른 자기들만의 독특한 행동 양식으로 청소년 문화를 가진다. 청소년 문화의 특징은 새로운 것을 추구하고, 자기주장이나 개성이 강하다. 청소년 문화는 긍정적인 측면에서 새로움을 추구하는 창의성으로 인해 전체 문화를 발전시키기도 한다.

 학생의 이해

학생은 인간발달 단계에서 아동기, 청소년기를 포함하는데 이 시기는 학령기로 학교교육을 받게 되고 대다수의 아동, 청소년은 학교에서 교과지도와 생활지도를 통해 지, 덕, 체의 조화로운 성장을 조력받게 된다.

1) 학생 이해의 관점

학생을 이해하는데 크게 법률적, 심리학적, 사회적 관점, 교육적 관점이 있다정영근, 49-56.

법률적 관점은 법과 제도 속에서 학생의 신분과 권리를 이해하는 입장이다. 학생은 필요한 지식과 기능, 태도 등을 습득하기 위해 학교수업에 참석하는 취학의 의무와 학교교육을 받을 권리를 가진다. 학생은 헌법제31조1항과 교육기본법제3조에 규정된 평등의 원칙에 의해 교육의 기회균등과 학교의 교육과정을 통해 양질의 교육제공과 객관적이며 공정한 평가 및 학년진급, 개별적 능력에 상응하는 학업지원, 교사로부터의 호의적 대우를 받을 평등한 권리가 있다. 교육기본법 제3조는 모든 국민의 학습권을 보장하고 법령이 정하는 바에 따라 학생이 학교운영에 참여할 수 있고, 학생의 기본적 인권은 학교교육에서 존중되고 보호된다.

심리적 관점은 학생의 심리적·정서적 발달에 이해하는 입장이다. 학생은 성장, 발달하는 인간 유기체로서 학습되어야 할 존재이다. 학교교육은 학생들에게 나타나는 발달상의 공통된 특성과 다양성을 이해하고 이들의 성장 발달을 지원해야 한다.

사회적 관점은 사회적 존재로서 학생의 지위와 역할에 관심을 두는 입장이다. 학생은 학교라는 특성한 사회체제에 소속된 사람으로 취학의무를 지니며, 사회가 요구하는 목표를 달성하기 위해 학교의 규칙과 교육목표에 자신을 맞추어야 한다. 즉, 학생의 사회화에 초점을 맞춘다.

교육적 관점은 학생은 교육적 존재로 교육을 통해 전인격체로서 성장을 완수할 수 있다고 보는 입장이다. 학생의 존재와 발달을 지·덕·체를 조화로이 갖춘 인격적 전체로 파악한다. 학생의 성장과 발달에 영향을 주는 교육적 요인과 환경에 주목한다.

2) 학생 존재의 특성

학생은 미성숙한 존재, 과도기적 존재, 감각적 존재, 탐구적 존재 등의 다양한 특성을 가진다정영근, 58-66

첫째, 학생은 미성숙하여 학교에서 배움을 필요로 하여 기본 보통교육에 대해서는 일정기간 동안 취학의 의무를 지게 되는 피교육자의 신분을 가진다. 성인은 이미 일정한 기간 동안 배우고 난 뒤의 상태에 있기 때문에 계속 학교에 다니지 않아도 사회에 적응하며 살아가는 데 큰 어려움이 없다. 반면에 학생은 아직 성숙한 상태에 도달하지 못했기 때문에 성인이 될 때까지 배워야 한다.

둘째, 학생은 발달과정이 진행 중인 아동·청소년에서 성인으로 성숙해 나가는 과정에 있는 과도적 존재이다. 특히 청소년기의 학생은 신체적으로는 성인에 가까우나, 정신적으로는 미성숙한 시기로 과도적 특징을 나타낸다. 부모로부터 독립하고 자율성을 획득하는 시기로 그 과정에서 부모와 자녀 사이에 갈등을 많이 겪는다. 이 시기에 부모와 교사가 어떻게 대처하느냐에 따라 학생의 사고와 행동, 가치관이 달라질 수 있는 특성을 가진다.

셋째, 학생은 감각적인 활동이 생활의 중심이 되어 성장하는 존재이다. 학생에게는 추상적, 논리적 사고를 통한 인식보다는 감각적 능력이 삶과 배움에서 차지하는 영향이 매우 크다. 감각기관이나 손, 다리 등의 신체를 통해 학생들은 다양한 일을 체험하고 이를 통해 학생들은 자신과 환경을 사고하고 인식을 확장하게 된다.

이는 이후 논리적 사고와 고차적 정신적 활동을 가능하게 하는 선행요소가 된다.

넷째, 학생은 끊임없이 주변을 관찰하고, 그것에 흥미를 느끼며, 직접 시도해보는 탐구적 존재이다. 주변의 현상에 대해 그대로 받아들이기보다는 왜?라는 질문을 많이 가지며 이러한 지적 호기심에 의해 탐색과 탐구 작업을 통해 창의성을 계발할 수 있다.

3) 한국의 학생

한국의 학생은 OECD 국가들 가운데서 학업 성취도가 가장 높은 국가군의 학생으로 인식된다. 반면 이들 국가들 가운데 행복지수는 가장 낮은 국가군의 학생으로 나타났다. 한국 학생은 긍정과 부정의 평가를 함께 받는데 어릴 때부터 학벌과 성적경쟁 위주의 문화 속에서 시험점수, 석차, 입시경쟁 등의 문화적 풍토에 매몰된다. 한 외국언론은 한국의 학생을 세계에서 가장 불행한 나라의 학생들로 묘사하고 있다.

세계에서 가장 불행한 한국 학생들
– 미래를 위해 현재의 행복을 반납하는 학생들

저녁 9시가 넘은 시간에 초등학생 아이들이 자기 몸뚱이만한 책가방들을 하나씩 매고 학원 차를 기다리는 모습은 언제부턴가 굉장히 익숙한 풍경이다. 시설은 더 좋아졌지만 텅 빈 놀이터와 줄어드는 아이들의 웃음소리. 반면, 지친 아이들로 꽉꽉 채워져 있는 수많은 학원 빌딩들과 매년 수능 이후에 뉴스에 나오는 학생들의 자살 소식들.

– 프랑스 신문 <르몽드>에서

한국의 학생들의 자살율은 세계최고 수준이다. 이들의 정신건강상의 문제는 심각하다. 청소년 4명 중 1명꼴로 자살을 생각해 본 적이 있는 것으로 나타났다. 한국청소년정책연구원이 전국 초, 중·고 학생 8745명을 설문조사한 결과 [그림 11–1]과 같이 자살을 생각한 학생이 2043명23.4%이었고, 이 가운데 294명이 실제 자살을 시도한 경험이 있다고 밝혔다중앙일보 2012.12.25. 7면. 자살을 생각한 학생 중 초등생은 533명, 고교생은 635명인 데 비해 중학생이 875명으로 월등히 많게 나타났다. 이는 "청소년기의 특성은 충동적, 즉각적인데 초등학생은 아직 이런 특성이 발현되기 이전이고, 고교생은 성장하면서 이런 것을 관리할 능력이 어느 정도 생기는데 중학생은 그렇지 못하다"는 것을 보여준다.

학업 스트레스가 중학교부터 시작되고 왕따집단따돌림가 증가하면서 자살까지 생각하게 되는데 이를 '중2병', '중3병'이라고 부르기도 한다. [그림 11 – 2]에서 보듯이 학업이나 진로문제로 자살을 생각하는 이유가 36.7%로 나타났다.

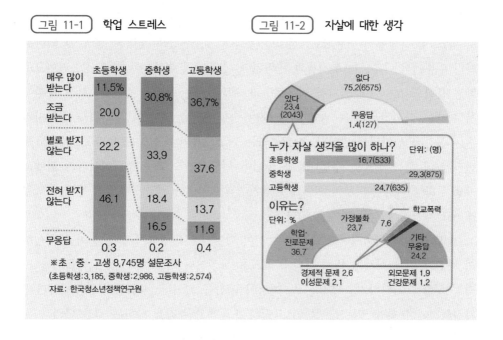

그림 11-1 학업 스트레스

그림 11-2 자살에 대한 생각

유엔아동기금UNICEF이 세계 30개국을 대싱으로 조시한 결과와 같은 지표를 한국의 학생들에게 동일하게 적용한 결과, 한국 학생의 학업 스트레스는 세계 최고이며 삶의 만족도는 꼴찌로 보도되었다허핑턴포스트 코리아 2015.3.11.

4) 학생 문화

학생 문화는 초, 중·고등학생들이 보편적으로 가지는 사고, 언어, 행동양식, 신념, 가치관 등을 포함하는데, 학생들의 학교생활에서 나타나는 구체적 현상을 통해 이해할 수 있다. 학생 문화는 학생들이 속한 사회 및 국가와 같은 준거문화[3]의 하위문화로 준거문화의 공통된 특징을 가진다.

학생 문화에 영향을 주는 요소로는 교육제도, 대중문화, 사회적 가치관, 가족문화 등이 있다김명수 외, 145. 학생들이 이러한 문화를 학습하고 공유하는 가운데 학생 문화가 발생한다. 학생 문화는 청소년 문화와 유사하지만 차이점은 학생 문화가 주로 학교 및 학업에 관련된다면, 청소년 문화는 청소년들의 심리적 특성 및 외부문화의 수용에서 나타나는 특징들과 관련된다. 청소년의 대부분이 학업 청소년이므로 학생 문화도 청소년 문화처럼 자유로움과 개방이라는 특징을 갖는다. 학생 문화에서 학생은 사회적 지위를 말하며, 학생이 속한 학교는 학생이란 지위를 강화시켜 주는 공간적 이미지를 말한다. 학교문화는 학교교육의 핵심인 교육과정을 통해 표현되는 데 한국 학교의 수업내용과 방법이 획일적이고 교사 주도적이라는 면에서 학생 문화에 다양성을 부여하는 데 한계가 있다. 이러한 관점에서 학생 문화가 획일적이고 준거적 특성을 가지고 있다.

학생 문화의 획일적이고 준거적 특성이 다양성을 인정하지 않는 문화를 형성하여 자신과 다른 학생에 대해 배타적 태도를 보이거나 심한 경우 집단 따돌림을 시키는 현상을 나타나기도 한다. 즉, 학생이 전학을 왔거나, 학업성적이 부진하거나, 가정환경에 문제가 있는 학생들이 그들의 또래에서 배척을 당하는 것은 나와 다른 문화에 대해서는 거부반응을 보이거나 온전히 수용하지 못하는 모습으로 보인다.

성적과 입시위주에 매몰된 학생 문화는 학생들의 꿈과 재능을 상실하여 주체적 인간으로 성장하는 데 어려움을 준다. 아침부터 밤늦게까지 학교, 학원, 가정이라는 제한된 공간에서 편협된 경험의 장에서 생활하고 있다. 또한 대부분의 시간을 고정된 일정표에 따라 생활하기 때문에 자신의 일과를 계획하고 반성할 필요가 없다. 학생들 자신만의 시간과 공간이 거의 전무하기 때문에 학생들 고유의 문화를 창출

---

3 준거문화(standard culture)는 보편성이 널리 인정되는 문화를 말하며, 하위문화(sub culture)는 준거문화에 뿌리를 두되 영역의 독자성이 성숙되지 못하거나 성숙과정에 있는 문화를 말한다.

하기 어렵다. 학업과 성적 경쟁에서 소외된 무력감을 가진 학생들이 학교폭력, 가출, 게임중독, 도벽 등 위기적 요소를 많이 가지는데 문제의 정도가 날로 심각해지고 그 연령이 점차 낮아지고 있다. 교사, 학부모의 과도한 교육열은 독특한 학생 문화를 형성하여 중2병, 중3병과 같은 현상도 만들고 있다.

또한 한국의 학생들은 인터넷 강국의 기반을 통해 디지털 중심의 놀이문화를 형성하였다. 학생들은 대부분의 시간을 학교와 학원, 가정에서 보내는 실내생활이 주를 이루어 놀이문화는 스마트 폰이나 컴퓨터 등을 통해 대인관계와 사회적 경험을 간접적으로 축적하고 있다. 사이버 공간에서의 놀이와 대인관계는 직접적 만남을 통한 정적 유대감이나 사회적 관계를 단절함으로써 개인주의와 합리주의를 심화시켜 타인에 대한 배려와 공감 부족, 사회적 약자에 대한 무관심 등의 문제를 가지게 한다.

주철안2013, 204은 한국의 학생 문화의 특징을 과도한 입시경쟁 문화, 유예된 성인기와 장기간 학업에 머물러 있는 청소년기로 인해 발생되는 무력감, 욕구불만, 상대적 박탈감을 가지는 소외문화, 전통적인 이성중심의 사고에 대한 반항으로 나타나는 감각지향적 문화, 컴퓨터 및 인터넷의 발달과 확산으로 인해 형성된 디지털 문화, 대중매체 편식문화, 맞춤법 무시 및 언어축약 사용과 같은 은어와 축약형 언어들의 조어문화, 과소비 또는 불필요한 지출과 같은 소비성 문화, 개별적 취향과 개성에 따른 욕구충족의 다양화, 개별화 특성을 나타내고 있는 자기표현주의 문화, 인생의 목표를 사회에 대한 기여보다는 자신의 즐거움과 만족에 두는 개인주의 문화 등을 들고 있다.

다양성을 인정하지 않는 학교문화는 학생 문화의 건강성 회복을 통해 해결할 수 있다. 건강한 학생 문화는 학생이 자신의 적성을 발견하고 이를 계발시켜 직업과 연계하여 사회에 공헌하고 자아를 실현할 수 있는 환경을 제공한다. 이러한 역할을 제대로 수행하기 위하여 학생 문화의 내연과 외연을 개선해야 한다. 학교와 지역사회는 교과중심, 학교중심의 획일적 학생 문화에서 맞춤식 교과지도, 진로지도, 생활지도, 동아리 활동, 체험 활동 등의 활성화를 통해 다양한 문화를 체험할 수 있는 환경과 여건을 조성하고, 국가는 제도와 법규의 개선을 통해 건강한 학생 문화를 지원하고 조장하는 정책을 실시하여야 하겠다.

Guidance

Chapter 12

생활지도

School Violence **Prevention** &
Understanding of Student

Chapter 12

생활지도

학교 내외에서 학생들의 다양한 유형의 생활지도상의 문제는 학교교육의 본연을 회복하자Back to the Education는 요구가 증대하면서 교과지도와 함께 생활지도의 중요성으로 인식되고 있다. 더불어 교사의 생활지도 역량이 교사가 갖추어야 할 교육의 전문성으로 평가되고 있다. 생활지도의 기초적 이해를 위해 생활지도의 개념, 내용과 주요 활동, 접근법을 소개한다.[1]

 ## 1 생활지도의 개념

생활지도는 낱말이 주는 의미 그대로 학생의 생활을 지도하는 것으로 생활의 여러 경험들을 교육적으로 지도하는 것이다. 즉, 생활 속에서 이루어지는 다양한 활동, 사건, 문제 등을 교육적으로 지도하는 것을 의미한다. 생활지도는 교육학의 개념으로 영어의 guidance를 번역하여 사용하는데, guidance는 guide에서 유래하며 '안내하다', '이끈다', '지도한다', '교도한다', '방향을 가리키다' 등의 뜻을 가지고 있다.

여러 학자들이 정의한 생활지도의 개념을 종합하면 생활지도는 "아동·학생 개개인이 자기 자신과 자신을 둘러싼 환경에 대한 정확한 이해를 바탕으로 삶의 과정에서 제기되는 문제들을 자율적으로 해결하고 나아가 자신의 잠재능력을 발휘하

---

1 김희대의 '생활지도와 상담(2014)'의 내용을 발췌 인용하고 보완하였다.

여 한 인간으로서 성장·발달할 수 있도록 체계적, 조직적으로 도와주는 과정"이라
할 수 있다.

2 생활지도의 영역

생활지도는 학생의 문제 해결과 적응 능력을 조력하기 위하여 어떤 내용과 정
보를 제공함으로써 학생이 현명한 자기 결정과 적응을 가져올 수 있도록 할 것인
가 등에 따라 그 영역을 구분할 수 있다.

1) 교육 지도(educational guidance)

교육 지도는 학생이 학교교육을 받는데 필요한 방법에 대하여 지도·조언하는
것으로, 학생에게 유용한 정보를 수집하고 제공해 주며 상담하고 적재적소에 배치
하고 계속적인 관심을 갖는다. 신입생 오리엔테이션, 전공과목, 특별활동, 동아리
활동, 학습 부진아나 우수아 지도, 진학지도 등의 영역을 포함한다. 학생이 학교에
입학하였을 때에 학교생활에 잘 적응할 수 있도록 도와주고, 교과 학습에 필요한
학습 습관이나 태도를 잡아주고, 교과목의 기초를 다질 수 있도록 도와준다. 특히
교육지도에서는 학업성적이 우수한 학생보다 학습부진아, 지진아, 가정환경으로 인
한 문제아, 그리고 학습흥미를 잃어버린 학생에 대한 지도가 더욱 강조된다.

2) 인성 지도(personal guidance)

인성 지도는 건전한 인격 함양을 통해 학생이 자신의 해결 과제에 대하여 합리
적·긍정적 태도와 가치를 가지며 보다 올바른 인격을 형성할 수 있도록 돕는다.
인성 지도는 인격 지도 또는 성격 지도라고도 하는데, 대체로 심리적, 정서적으로
문제가 되는 성격, 정서적 불안, 욕구불만, 신경과민 등 정신건강과 개인적 습관이
나 태도, 행동 등의 영역을 포함한다. 인성 지도는 올바른 인격형성에 장애가 되는
욕구의 좌절, 지나친 우월감과 열등감, 극단적인 수줍음, 공격적 태도, 이기주의,
자만심, 정서 불안 등을 개선하여 조화로운 인성 발달을 도와줌으로써 원만한 사회
생활을 할 수 있게 한다.

3) 직업 지도(vocational guidance)

직업 지도는 직업에 대한 적극적 이해와 관심을 가지고 스스로 알맞은 직업을 탐색하고 선택할 수 있도록 도움을 줌으로써 현대사회의 복잡한 직업생활에 대해 올바른 생각을 갖도록 한다. 학생들의 요구, 흥미, 적성, 소질, 능력과 사회의 필요를 잘 이해하게 하고 각종 직업에 대한 정보를 수집, 분석하여 제공해 주며, 학생들로 하여금 자기에게 적합한 직업을 선택하고 준비할 수 있도록 지도한다. 직업 지도에는 직업 적성지도, 진학지도, 직업선택과 정보제공, 추수지도 및 기타 직업에 관한 지도 등이 있다.

4) 사회성 지도(social guidance)

사회성 지도는 학생이 가정, 이웃, 학교, 사회의 일원임을 자각하고, 사회에 올바르게 적응할 수 있는 능력, 태도, 습관을 가질 수 있도록 도와준다. 인간이 직면하고 있는 문제의 대부분은 개인의 문제보다 다른 사람과의 관계에서 발생하는 문제가 더 많다. 사회성 지도는 학생 개인이 민주시민으로서 갖추어야 할 권리와 의무, 권한과 책임을 이해하고 민주적 태도, 기능, 습관, 협동정신을 함양하도록 도와준다. 인간 존중과 관용, 공동체에 대한 헌신, 타인에 대한 배려, 합리적 의사소통, 평화적 문제 해결 등을 통해 원만한 인간관계를 갖게 한다.

5) 건강 지도(health guidance)

건강 지도는 학생이 자신의 건강에 대한 중요성을 이해하여, 적절한 건강 대책을 세워 건강한 삶을 유지할 수 있도록 도와준다. 특별히 신체적 결함이나 운동 부족, 영양실조, 위생 관념의 부족에서 오는 개인문제를 지도한다. 학생이 신체적 · 정서적 · 지적으로 건강을 유지하며 자아실현을 형성하도록 돕는다. 건강 지도에는 신체적 건강 지도, 정신위생지도, 공중위생지도, 안전사고 예방지도 등이 포함된다.

6) 여가 지도(recreational guidance)

여가 지도는 학생이 가정, 학교, 사회에서 자신에게 주어진 자유로운 시간을 유용하게 사용할 수 있도록 돕는다. 직장의 주5일 근무제, 학교의 주5일 수업, 자유학기제 등으로 여가시간이 크게 증가하였다. 여가의 주된 기능은 휴식, 오락, 즐거움을 제공하고 개인적 발달을 가져오는 힘이 된다. 여가는 인간의 삶을 풍요롭게 하는데 어떻게 더 많은 자유 시간을 쓸 것인가 하는 삶의 질의 문제와 관련된다. 여가는 학업, 정신건강 등 각종 스트레스로 시달리는 학생들의 소진된 뇌를 긍정적 에너지로 재충전할 수 있는 기능을 가진다. 따라서 여가 시간에 활용하는 오락이나 취미활동은 정신건강의 증진을 위해서만 아니라 공부나 작업의 능률향상에도 도움이 되기 때문에 여가 지도의 중요성이 강조된다. 방과 후 활동, 자율학기제 운영은 학생으로 하여금 다양한 체험을 가능하게 하여 보다 풍요로운 학교생활을 경험하게 한다.

 3 생활지도의 활동

학교에서 전개되는 생활지도의 주요 활동으로는 조사활동, 정보활동, 상담활동, 정치활동, 추수활동 등이 있다.

1) 조사활동(inventory service)

조사활동은 생활지도를 실천하기 위한 것으로 과학적·체계적 조사활동을 통하여 학생을 이해하고, 학생의 특성과 잠재력을 발견하도록 돕는 활동이다. 학생에 관한 개인적·심리적·사회적 자료를 다양한 방법으로 수집·분석함으로써 학생을 잘 이해하고, 학생이 자신에 대한 이해를 증진시키는 데 조사활동의 목적이 있다. 조사활동의 방법은 각종 표준화 심리검사, 학업성취도검사, 환경조사, 질병검사, 생활사조사, 가족관계조사, 교우관계조사, 관찰 행동의 누가기록 및 기타 각종 조사방법이 활용되고 있다. 조사활동이 학생에게 보다 과학적인 자기이해와 문제해결을 제공하기 위해서는 생활지도의 목적에 합당하여야 하고, 객관적이고 신뢰도가 높은 조사로 종합적 활용도가 높고 실제 유용하게 활용할 수 있어야 한다이형행, 240.

2) 정보활동(information service)

정보활동은 학생이 바라고 필요로 하는 각종 정보와 자료를 제공하여 개인적 성장과 사회적 적응을 돕는 활동이다. 학생으로 하여금 자신의 문제를 해결하는 데 필요한 기초 지식과 자신의 문제를 자율적으로 처리할 책임감을 기르며, 나아가 자기발전을 위하여 그 장애요인을 탐색하고 인식할 수 있도록 도울 수 있다. 학생에게 제공되는 정보는 크게 개인적·사회적 정보, 교육 정보, 직업 정보 등으로 구분할 수 있다. 개인적·사회적 정보personal-social information에서 개인적 정보는 학생으로 하여금 자기 자신을 보다 잘 이해하고, 다른 사람과의 관계를 개선하는 데 도움이 된다. 사회적 정보는 대인관계에 영향을 주는 인적, 물적 환경에 관한 타당하고 유용한 정보이다. 교육 정보educational information는 현재 혹은 장래에 있을 수 있는 여러 가지 교육기회와 필요한 준비물에 관한 모든 형태의 타당하고도 유용한 자료를 말한다. 직업 정보vocational information는 직장, 직종에 관한 타당하고 유용한 정보로 입사조건, 근무조건, 보수, 승진, 직업 전망 등이 포함된다.

3) 상담활동(counseling service)

상담활동은 상담자와 내담자 간의 상호작용 관계에서 상담자인 교사가 내담자인 학생의 과제 해결 능력을 기르고, 나아가 인지적·정서적·행동적 변화를 조력함으로써 학생의 올바른 성장과 발달을 돕는 활동이다. 상담활동은 개인 상담이나 집단 상담을 통하여 학생의 자기 이해나 자기 발전을 촉진시킨다. 오늘날 상담활동은 생활지도의 핵심적 방법으로 종래 교사 중심, 학교 중심, 훈육 중심의 생활지도 방식을 학생 중심의 인권 친화적 생활지도를 가능하게 하는 생활지도 활동이라고 할 수 있다. 학교상담에서 1차 상담자의 역할을 하는 사람은 담임교사이며 교과교사이다. 학급활동과 교과활동을 통해 학생의 요구나 필요를 인식하고 도움을 줄 수 있는 1차적 조력자이다.

4) 정치활동(placement service)

정치활동은 학생들에게 직업 세계에 대한 올바른 인식과 함께 학생 개개인의 가치관이나 능력, 흥미, 적성에 맞는 진로를 선택하여 적재적소에 배치될 수 있도록 조력하는 활동이다. 정치활동은 전공 선택지도, 진학 지도, 취업 지도 등이 포함되는데 자신의 적성 및 각 진로의 특성을 정확하게 이해하여 자기 자신과 진로를 현명하게 선택하도록 도와준다. 이와 같은 정치활동은 학교, 학과, 과목 선택이나 특별 활동반의 선택, 학급 활동이나 서클 활동의 부서 선택과 같은 교육적 배치와 직장의 알선이나 직업 선택과 진로 선택, 아르바이트, 인턴 같은 직업적 배치활동이 있다.

5) 추수활동(follow-up service)

추수활동을 추후 지도라고도 하며, 추수활동은 생활지도를 받은 학생들의 추후 적응 상태를 확인하여 돌봄으로서 학생의 부적응에 대한 조력과 보다 나은 적응을 돕는 활동이다. 추수활동을 통한 학생지도는 면밀한 생활지도 계획의 일환으로 이루어진다. 재학 시의 교육도 중요하지만 학교를 떠난 다음에도 그들의 장래를 염려하고 지도하는 것이 진정한 교육이라 볼 수 있다. 따라서 졸업생, 중도 퇴학생 그리고 담임교사가 바뀌었을 경우뿐만 아니라 상담자가 상담활동을 종료한 경우도 학생의 추후의 변화 및 문제행동의 재발 등에 관한 계속적인 관심이 요구된다.

그림 12-1 생활지도의 개념, 영역, 활동

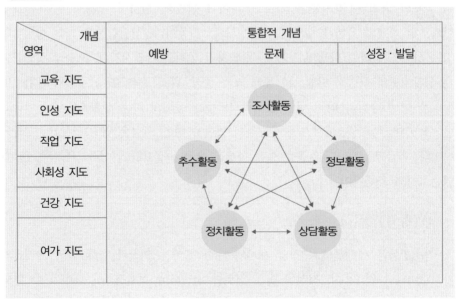

출처: 김희대(2015), 27.

이상에서 살펴본 생활지도는 생활지도의 개념, 영역, 활동들이 상호 단편적, 독립적으로 활동하는 것이 아니라, 상호 관련되어 작용하면서 종합적, 체계적, 유기적으로 이루어지는 교육적 활동이라 할 수 있다.

예를 들면 어떤 아동·청소년의 생활지도 상의 문제를 지도함에 있어 그 문제의 해결을 돕기 위해서는 예방, 문제, 성장·발달의 통합적 관점에서 학생이 가지고 있는 자원강점, 약점, 기회, 위협요인을 탐색하고 조사활동, 정보활동, 상담활동, 정치활동을 병행하며, 경우에 따라 1대 1의 개인지도와 1대 다수의 집단지도 방법을 적절하게 사용하기도 하고 추수지도를 통해 계속적 지원활동을 한다.

4 생활지도의 문제

학교에서 빈번히 일어나고 있는 학생 문제의 유형으로는 학교폭력, 집단 따돌림, 도벽, 등교거부, 가출, 자살, 인터넷 중독, 약물 사용, 품행장애 등의 문제가 있다. 예상되는 생활지도의 주요 문제로는 다문화 학생 지도가 있다.

1) 학교폭력

학교폭력의 수위가 갈수록 조직화, 흉포화, 저연령화 되어 심각한 수준에 이르고 있다. 신체적 피해의 정도뿐만 아니라 정신적 수치심과 모욕감을 일으키는 폭력들이 학교 안팎에서 일어나고 있다. 더욱 심각한 것은 학교 내에서 목격하는 학생들조차 게임처럼 인식하고 방관하는 관찰자가 되어 가고 있다는 것이다.

2) 집단 따돌림

집단 따돌림은 예전처럼 따돌림을 당한 아이와 어울리지 않는 수준을 넘어 인터넷을 통한 비방과 언어폭력 등이 동반되는 경향이 높아지고 있다. 한번 따돌림의 피해자가 되면 학교를 졸업할 때까지 따돌림에서 벗어나기 어렵고 자신의 힘으로 상황을 극복하기 어렵다. 피해학생은 이러한 현실에서 무력감과 자존감 상실이 동반되고 이는 또 다른 문제인 가출, 등교거부, 자살 등의 주요 원인 중의 하나가 된다.

3) 도벽

물질을 중시하는 사회풍조와 맞물려 고가의 도난 물품이 많아 피해의 정도가 커지고 있다. 그 범위도 교실에서 동료 학생들의 소지품을 훔치는 것을 넘어서 괴롭히는 학생 집에 들어가 집에 있는 돈과 물건을 가지고 나오는 경우도 있고, 자신보다 약한 학생 또는 후배들을 시켜 물건을 팔아오게 하여 그 책임의 범위에서 벗어나려고 하는 경우가 많아졌다. 10대 청소년의 오토바이 절도사건이 증가하고 있다.

4) 등교거부

학교에 대한 심한 불안감이나 공포감으로 인해 학교에 가기를 거부하는데, 심리, 신체적 증상으로 '몸이 아프다'는 것과 '학교에 대해 갖가지 비판'을 등교거부의 구실로 삼는 특징이 있다. 최근 공부나 진로, 학교생활에 흥미를 잃어 무기력한 학생들이 게임이나 인터넷 등에 몰입이 수반되면서 등교거부 현상이 부쩍 증가하고 있다.

5) 가출

가출로 상담하는 학생들 대부분의 경우 가출 직전의 심정을 '답답하다', '숨이 막힐 것 같았다'고 호소하는데 가족문제를 동반하는 경우가 많다. 따라서 가족문제가 해결되지 않는 경우 습관성 가출이 되기 쉽다. '친구들과 어울리는 것이 좋아서', '노는 것이 좋아서 가출했다'고 하는데, 그렇게 어울려 다닐 수밖에 없는 원인, 심정이 있다는 것에 유의해야 한다.

6) 자살

자살, 우울, 강박증 등 정신건강의 문제도 심각하다. 중고생 10명 중 7명이 자살을 생각하고, 절반 이상이 최근 1년간 우울증을, 25.7%가 정신건강의 어려움을 겪고 있다고 한다. 자살은 학교폭력, 가족문제, 진로, 학업, 성폭력 등 그 원인이 다양하고, 우울, 불안, 강박 등 개인의 정서적인 부분도 영향을 끼치는 매우 복잡하고 어려운 문제이다. 자살을 선택하는 학생들은 자신이 도움을 필요로 하고 있다는 메시지를 간접적으로 보냄에도 불구하고 주위에서 어려움 자체를 인식하지 못하거나 그 심각성의 수준을 제대로 파악하지 못하는 경우가 많다.

7) 인터넷 중독

'인터넷 게임중독을 호소하는 청소년 내담자에 관한 연구'조선미·김현수, 2007에 의하면, 인터넷 중독으로 병원 치료를 받고 있는 청소년을 분석한 결과, 치료 환자의 90% 이상이 남학생이며, 2/3 이상이 리니지, 와우 등 롤플레잉 게임RPG을 즐긴 것으로 나타났다. 또한 친구가 한 명도 없다고 대답해71.7% 인터넷 중독과 또래관계 부적응이 밀접하게 연관되어 있음이 밝혀졌다. 병원에서 치료를 받은 청소년들의 경우, 만 11세에 급증하여 14세에 최고조를 보였다. 치료 청소년의 비중이 중학생 43.3%, 고등학생 28.3%, 고졸 10.3% 순으로 나타나고 있듯이 중학생이 인터넷 중독 위험성에 가장 많이 노출된 것으로 나타났다. 또한 인터넷 중독을 호소하는 청소년들의 85%가 우울증, 충동 조절장애, 주의력 결핍 행동장애 등 공존질환을 갖고 있는 것으로 조사되었다.

8) 약물 사용

청소년 약물 사용은 다양한 형태로 이루어지는데 음주, 흡연, 각성제, 본드, 가스, 신경안정제, 환각제, 마약, 필로폰 등이 포함된다. 약물 사용의 원인을 개인적, 가족적, 사회적 요인으로 구분할 수 있으며 그 결과는 육체적, 심리적, 행동적, 발달적, 대인관계의 장애 등의 문제를 초래한다.

9) 품행장애

품행장애란 다른 사람의 기본적인 권리를 침해하고 나이에 맞는 사회 규범 및 규칙을 위반하는, 지속적이고 반복적인 행동 양상을 보이는 경우를 말한다. 증상으로는 사람과 동물에 대한 공격적 행동, 재산의 파괴, 거짓말 또는 도둑질, 가출이나 무단결석과 같은 심각한 규칙위반 등이 있다.

10) 다문화 학생 지도

최근 우리나라는 전체 학생 수가 매년 20만 명씩 감소하는 반면, 다문화 학생 수는 매년 6,000명 이상 증가하는 추세로, 다인종·다문화 사회로 급격하게 변해가고 있다시사인천, 2015.4.6. 다문화 학생들은 언어문제, 가정환경, 인종과 문화적 차이 등으로 인해 학교생활 적응에 어려움을 겪고, 이로 인해 취학률이 낮고, 중도에 학업을 중단하는 비율도 일반 학생에 비해 높은 편이다. 그리고 재학 중인 학생들 중에 일반 학생에 비해 괴롭힘 피해를 더욱 많이 경험하고 있다오인수, 2014. 이들의 학교부적응과 중도탈락의 문제에 대한 교육 지도가 이루어지지 않고 지속된다면 이들이 청소년과 성인으로 성장하였을 때 이 문제를 해결하기 위한 사회적 비용은 상당할 것이다.

 생활지도의 접근법

1) 인권친화적 생활지도 접근법

학생 개개인의 다양성을 인정하고 인권을 존중하는 접근법이다. 학생의 기본적 인권과 교육권을 존중하고 보호한다. 학생의 문제를 보는 현상 문제 중심과 훈육 중심의 획일적, 규격화된 제재에서 벗어나 학생의 내면의 정서적, 심리적 현상을 이해하고 심리적·정서적 불안정에서 벗어나 합리적 자각을 통해 자신의 문제를 바라보고 해결할 수 있도록 도와주는 상담을 통한 접근법이다.

"인권친화적 생활지도 교육"은 학생 선도 교정에서 규정한 징계 사안보다는 경미하나 행동 교정 및 학교 문화 개선을 위해 체벌이 필요한 사항에 대하여 체벌 대신 '단계형 지도'를 통하여 자율적으로 행동을 개선할 수 있는 기회를 주고, 선행에 대하여는 선행을 진작시킴으로써 자율적이고 책임지는 태도를 양성하는 교육이다. "인권친화적 생활지도 교육"의 목적은 청소년으로서의 바람직한 생활 자세와 올바른 가치관의 확립이라는 측면과 관행화 된 체벌에 대한 대안의 필요성과 규정 준수의 생활화라는 두 가지 측면을 고려하여 마련된 제도로서, 규정 위반으로 야기될 수 있는 학교 공동체 생활에서의 불미스러운 상황을 사전에 예방하고 선도 차원에서의 지속적인 교정 및 반성의 기회를 갖게 함으로써 건강하고 민주적인 새로운 학교 문화의 창출 및 정착을 도모하려는 인성교육의 일환이다.

경기도 교육청에서 제안하고 있는 인권친화적 학생생활지도방안을 소개하면 다음과 같다경기도교육청 2013.3.13.

단계별 인권친화적 학생 생활교육

○ 목적
- 학생을 절제와 자정능력을 갖춘 교육의 주체로 인식하는 생활교육의 패러다임 전환을 통한 행복한 학교문화 정착
○ 담임교사를 중심으로 전체 교사가 함께하는 학생 생활교육
- 통제와 지적의 학생지도에서 '상담과 대화'로 학생 생활교육 방법 개선
- 문제행동을 교육적으로 상담하고 대화를 통해 학생들의 행위를 올바른 방향으로 계도
- 담임교사 및 전체 교사가 학생의 문제 행동에 대한 생활교육 실천 방안

문제행동 파악	대화를 통하여 문제행동에 대한 원인 파악 및 학생 훈화교육

↓

학생상담	반복되는 문제행동에 대해 학생상담을 통하여 학생의 인식 전환 유도 - 인권친화적 생활교육 프로그램 활용

↓

가정과 연계	문제행동에 대하여 학부모가 함께 참여하는 생활교육

↓

전문적인 상담 연계	Wee클래스 상담교사, 순회상담교사, 학부모상담자원봉사자, 생활인권지원센터 등을 통한 연계교육

↓

신도조치	행동의 변화 없이 계속되는 문제행동에 대하여 교육적 선도조치 요구

↓

추수지도	추수지도

○ 단계별 인권친화적 학생 생활교육 적용

1단계　약속단계

- 학생과 교사 간 관계개선
- 같이 만들어가는 생활실천 약속
- 1교 1개 인성교육 프로그램 운영
- 교육과정과 연계한 인성교육　실시
- 학생 간 기본예절 및 수업예절 교육
- 담임중심 생활교육 책임제 운영

→

- 생활교육에 학생 참여
- 학교별·학급별 특색이 있고 실천 가능한 생활약속 실천 프로그램 개발 및 적용
- 교육과정(교과, 창의적 재량활동)에 반영
- wee클래스를 통한 진로교육 및 상담 활동 활성화
- 학생자치회 중심 약속지키기 캠페인 전개

2단계　약속준수단계

- 학교생활 약속 준수
- 학교공동체 구성원의 노력
- 학교생활인권규정에 대한 학부모 안내자료 제공
- 가정에서 밥상머리 교육 실시
- 필요 시 학부모 상담을 위한 내교 요청

→

- 가정통신문, 학교홈페이지, 문자서비스 활용
- 비폭력 대화
- 학생자치활동 활성화
- 회복적 생활교육
- 가정에서의 예절교육 강화
- 상담기관, 학생상담 자원봉사자 등 학생 이해를 위한 상담안내 및 연계지도 방법 모색
- 청소년상담복지센터, 생활인권지원센터, Wee센터 등

3단계　선도단계(교육적 선도 조치)

- 단계적 학생 선도 조치
- 교육적 방법으로 최후까지 선도

→

- 사안의 경중에 따라 단계별 선도 적용 (학교 내의 봉사, 사회봉사, 특별교육 이수, 출석정지)
- 선도 시 학생 또는 학부모의 의견 진술 기회 부여
- 사안의 경중에 따라 단계별 징계 적용 (교내봉사→사회봉사→특별교육 이수→출석정지)
- 징계 시 학생 또는 학부모의 의견진술 기회 부여

2) 생태학적 접근법

학생 문제행동의 원인은 다양하고 이를 유발하는 위험요인도 다양한데, 이 요인들은 서로 밀접하게 관련이 되어 있다. 따라서 문제행동의 원인을 각각의 단편적이고 독립적 요인에 국한하지 않고 생태학적 관점에서 종합적이고 유기적 관계에서 이해하도록 유의해야 한다. 특히 학생은 성인과 달리 외부환경의 자극에 따라 변화할 수 있는 가소성을 가진 존재로 인식하여 부모와 교사, 학교의 관심과 돌봄이 학생의 성장과 발달을 도울 수 있다는 관점을 가진다.

생태학적 관점에서 인간의 행동은 유기체와 환경의 상호작용에 대한 결과로 환경과 제도의 맥락에서 학생 행동은 부모와 가족, 친구, 이웃 등 여러 관계와 체제의 영향을 받는데 이 체제가 조화롭게 작용할 때 정상적 발달이 이루어진다고 할 수 있다. 그러나 이 체제의 균형이 어긋나게 되면 문제행동이 발생한다. 미국 심리학자인 브론펜브레너Uri Bronfenbrenner, 1997는 아동에 대한 연구에서 아동의 발달을 도모하기 위해 다수준 체계의 환경적 조화를 강조하며 아동은 직접적인 환경 내에서의 상호작용뿐만 아니라 대중 매체나 정치적 환경 등 보다 큰 범위의 환경에서도 상호작용을 하며 성장하는데 생태학적 모델은 4단계로 구성되어 있다고 주장한다.

(1) 소구조(microsystem)

미시체계로서 물리적 환경, 부모, 또래, 형제자매, 학교 교직원을 포함하여 아동과 가장 밀접한 사람과의 활동이다. 그만큼 아동이 이들과 함께 보내는 시간이 가장 많다. 부모의 양육태도는 아동의 정서적, 행동적 문제에 미치는 영향이 매우 크다. 특히 어머니의 애정과 거부, 통제와 자율의 허용이 어떻게 결합되느냐에 따라 아동의 발달이 달라질 수 있다.

(2) 중간구조(mesosystem)

중간체계로서 소구조들 사이의 관계로 구성되어 이들의 상호작용을 포함한다. 아동의 경우는 가정, 학교와 이웃, 동료집단 사이의 관계이며, 성인의 경우는 가족, 직장, 사회생활 사이의 관계이다. 예를 들어, 부모는 학교 교직원과 원만한 협력 관계를 이루고 있을 수도 있지만, 그렇지 못한 관계를 이루고 있을 수도 있다.

(3) 외부구조(exosystem)

외체계로서 사회지원기관, 부모직장, 확대가족, 이웃, 법 체계 등으로 구성되어 아동과 먼 상호작용을 하지만 그들의 발달 도모에 영향을 미치는 외부체계이다. 개인이 적극적인 참여자로 관여하지는 않으나 발달하는 개인이 속한 환경에서 일어나는 일에 영향을 주거나 영향을 받는 사건이 발생되는 하나 또는 그 이상의 환경을 의미한다. 이러한 것들은 아동에게 간접적 영향을 미칠 수 있는데 이는 직접적 영향을 받는 양육자에 의해서 그 영향이 전달되기 때문이다. 예를 들어 부모의 일과 관련된 스트레스가 가정에서 부모와 자녀의 상호작용에 영향을 미칠 수 있다.

(4) 대구조(macrosystem)

거시체계로서 기본적 신념체계가 함께 하위체계미시체계, 외체계의 형태와 내용에서 나타나는 일관성으로서 하위문화 수준이나 문화전반의 수준에 존재할 수 있다. 문화적 태도, 정치적 환경, 대중 매체, 연방 정책, 문화적 가치 등 문화적·법적인 구조에 해당한다.

3) 회복적 생활교육 접근법

현재의 획일화된 교육제도와 환경이 학생 상호간의 관계성을 단절함으로써 비롯되었다고 보고, 학생과 학생과의 관계, 부모와 자녀의 관계, 교사와 학생의 관계를 회복함으로써 교육본연의 역할인 학교 정상화를 기하고 이는 학교에서 학생들의 본분이 학교교육을 내실화 할 수 있다는 관점을 가진다경기도교육청, 평화로운 학교를 위한 회복적 생활교육 매뉴얼, 2014.5.

(1) 회복적 생활교육의 개념

회복적 생활교육Restorative Discipline은 원래 사법법정, 교정 분야에서 잘못된 행동을 변화시키는 수단으로써 비난, 강제, 처벌, 배제의 방식응보적 정의이 아닌 치유, 자비, 조정과 화해의 방식으로 문제를 해결하는 회복적 정의Restorative Justic를 학교에서 실천하는 접근방식이다.

회복적 정의는 응보적 정의와 구별되는 개념으로 다음과 같은 특징을 갖는다.

첫째, 회복적 정의는 가해자가 아닌 피해자에 주목한다. 기존의 응보적 정의가 가해자를 어떻게 처벌할 것인지에 주목했다면 회복적 정의는 피해자의 피해와 상처를 어떻게 회복할 것인가에 주목하며 피해가 회복되었을 때 정의가 이루어진다고 생각한다.

둘째, 회복적 정의는 갈등 당사자들이 자발적으로 책임을 지도록 한다. 가해자는 피해자의 물질적 피해, 마음의 상처, 공동체의 관계 훼손을 회복해야 하는 책임과 의무를 가지며 이는 갈등 당사자들이 참여하는 비폭력적 대화방법을 통해 피해를 충분히 공감하도록 하여 자발적으로 합의하고 책임을 이행하는 방식으로 이루어진다.

셋째, 회복적 정의는 공동체가 회복되도록 노력한다. 회복적 정의에서는 갈등을 법의 위반이 아닌 관계의 훼손으로 본다. 따라서 갈등을 풀어나가는 과정에 관련된 모든 사람들학부모, 학생, 교사, 지역사회 등이 참여하여 함께 문제를 풀어나가도록 함으로써 갈등으로 인해 깨어진 공동체가 회복되도록 노력한다.

표 12-1 응보적 정의와 회복적 정의

응보적 정의	vs	회복적 정의
"누가 가해자인가?" "어떤 잘못을 저질렀는가?" "어떻게 처벌할 것인가?"	주요 관심과 초점	"누가 피해자인가?" "어떤 피해가 발생했는가?" "회복을 위해 필요한 것이 무엇인가?"

"회복적 생활교육은 잘못에 대해 처벌하는 것을 넘어서 학생과 공동체의 성장과 변화를 목표로 회복적 정의의 패러다임을 학교 현장에서 실천하는 것이다."

(2) 회복적 생활교육의 접근 방식

회복적 생활교육은 3개 영역으로 구분하여 아래 영역부터 점차적으로 숙달하여 진행경험을 쌓을 수 있으나 무엇보다 학교 공동체가 회복적 가치와 회복적 문화에 젖어들 수 있도록 하는 것이 중요하다.

그림 12-2 회복적 생활교육의 영역

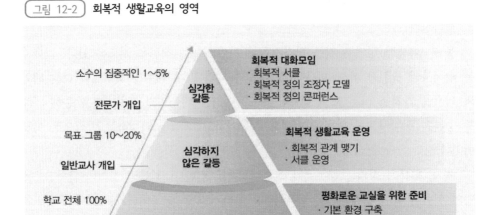

(3) 회복적 질문하기

학생들은 질문에 따라 생각하는 방향과 태도가 달라진다. 회복적 생활교육에서는 질문을 달리하여 학생들의 변화를 이끌어낼 수 있다.

① 무슨 일이 일어났나요?

② 이 일로 누가, 어떤 영향피해을 받았나요?

③ 어떻게 하면 그 피해가 회복될 수 있을까요?

④ 앞으로 이런 일이 생기지 않으려면 어떻게 하면 좋을까요?

⑤ 선생님께 부탁드리고 싶은 일은 무엇인가요?

(4) 회복적 생활교육 대화사례

① 학생이 복도에서 뛸 때

"잠깐, 천천히 걸어줄래? 그렇게 뛰어가다 다칠까 걱정돼"

② 수업시간에 친구와 이야기를 하거나 장난을 하면서 수업에 집중하지 않을 때

"○○아, 너가 △△이랑 이야기를 하니까 선생님이 계속 신경이 쓰여. 선생님은 네가 이걸 잘 배웠으면 좋겠는데 집중해 줄래?"

③ 수업 중에 사물함에 물건을 가지러 가거나, 쓰레기를 버리러 가는 경우

"○○아, 네가 수업 중에 돌아다니니까 친구들이 수업에 집중하는데 방해
될까봐 걱정돼. 선생님은 수업시간에 너희들이 잘 배웠으면 좋겠거든. 쉬는
시간에 미리 준비해 주면 좋겠다."

④ 학생에게 부탁하거나 수업 중 과제를 하라고 했는데 "싫어요"라고 할 때

"○○아, 너가 '싫어요'라고 하니까 당황스럽네. 이걸 하는데 뭔가 불편한
게 있는 거니?"

4) 다문화 가정 학생 지도법

다문화 가정 학생 교육은 각국의 문화나 가치관을 존중해 주며 한국 사회에서
잘 적응하도록 하는데 필요한 기본 능력과 기능들을 갖추도록 하는 것을 목적으로
한다. 즉, 현재와 미래의 한국 사회를 함께 살아갈 다문화 가정 학생의 가치관 인
정과 문화 이해, 비판적 사고능력을 함양함으로써 이들의 잠재력과 능력이 발현될
수 있고, 자긍심을 갖고 이 사회에 잘 적응해서 다 함께 발전하는 공동체를 이루고
자 한다.

전통적으로 가정이 가진 교육적 기능이 현대 사회에 와서 약화되면서 학교가
교과지도와 함께 생활지도의 대부분을 담당하고 있다. 다문화 가정 학생의 생활지
도는 일반 학생과 똑같이 중요하다. 생활지도는 한 학생만을 대상으로 하는 경우보
다 같은 반 전체 학생이 공동체 생활에 적응하게 하는 것이 더욱 효과적이다교육과학
기술부 외 2013, 14. 따라서 다문화 가정 학생과 일반 학생을 구분하여 분리해 지도하는
것보다 같은 급우로 서로 양보하고 도우며 잘 적응하게 하는 것이 중요하다.

다문화 가정 학생의 생활지도를 할 때 유의해야 할 점과 지도방안은 다음과 같다.

첫째, 학생의 생활 모습을 잘 관찰하여 문제점과 원인을 정확히 찾아내어 해결
방안을 모색한다. 대개의 경우 다문화 가정 학생들이 자기 자신을 인정하고 수용하
는 정도가 일반 학생에 비하여 낮고, 이들이 형성하는 또래관계 등의 사회적 관계를
통한 만족도에서도 일반 학생에 비하여 낮게 나타난다. 한국의 주류문화 속에서 다
문화가정이라는 특징으로 구분되는 자신의 모습이 이들의 자아수용과 긍정적 대인
관계 형성에 영향을 미친다. 특히 심리적 안녕감은 자아수용과 긍정적 대인관계에
초점을 두어 측정되었기 때문에 다문화 가정 학생의 자아 존중감을 향상시켜주고
이들이 긍정적 대인관계를 형성하도록 돕는 사회적 기술을 가르쳐준다오인수, 233.

둘째, 학생의 학교부적응의 유형에 따라 맞춤형 지원이 요청된다. 다문화 가정의 학생들은 인종, 언어, 문화 등에서 많은 도전을 겪는다. 언어 부적응, 학업 부적응, 교우관계 부적응놀림, 따돌림, 학교폭력 등, 학교생활의 부적응을 유발하여 학교를 포기하고 학교 밖으로 나가 위험과 범죄에 노출된다. 다문화 가정의 학생들의 부적응의 유형에 따라 언어, 학업, 교우관계, 기타 등 맞춤식 지원이 요청된다. 일반 학생과 다문화 가정 학생, 1대 1 매칭 버디 시스템, 학교 선배, 대학생, 지역사회자원인사들과 다문화 멘토링이 요구된다.

셋째, 학부모 상담을 주기적으로 실시한다. 대다수의 다문화 학생 가정의 어머니는 결혼이주자가 많다. 이 경우 학부모 상담을 통해 어머니의 한국어 능력을 파악하고, 어머니의 출신국의 자녀 교육이나 학부모의 역할은 어떤 역할인지 상담을 통해 파악한다. 그리고 교사가 어머니 나라의 생활문화 전반에 대해 이해를 바탕으로 가정과 연계한 학생의 생활지도가 이루어지도록 한다.

넷째, 지역사회 자원을 연계한다. 단위학교 차원에서 지도가 어려운 경우, 지역사회가 중심기관이 되어 다문화가정 부모들의 자녀교육에 관한 다양하고 통합된 정보 습득의 기회를 제공하고, 부모 대상 언어교육을 통해 자녀의 학교생활에 대한 이해와 교육지원역량을 강화한다. 또한 지역사회는 다문화 가정 학생 지원과 적응을 위한 각종 프로그램과 캠프 등을 개설하여 다문화 가정 학생들이 또래친구를 사귀고 실제 생활에 도움이 되는 생활지도를 하도록 한다.

Chapter 13

인성교육

School Violence **Prevention** &
Understanding of Student

Chapter 13

인성교육

입시 위주, 성적 위주의 교육이 학생들 간 지나친 경쟁을 유발하여 타인에 대한 공감과 배려보다는 자신의 경쟁력을 위해 타인에게 손해를 끼치게 하는 비인간적 형태를 양산하고 있다. 이는 타인 뿐 아니라 궁극적으로 자신의 인성까지도 해치는 폐단을 가져오게 한다. 이러한 측면에서 학교의 인성교육은 학생 개인의 인성의 회복뿐 아니라 타인과의 조화로운 삶을 위한 교육의 본질로서 회복해야 할 한국교육의 핵심과제이기도 하다.

 인성교육의 기초

1) 인성교육의 개념

학교폭력이 불거지고 청소년 자살률 증가 등 아동, 청소년을 둘러싼 문제가 다양화, 흉포화, 저 연령화 되어 국가의 최우선 해결 과제로 제시되면서 교육 반성적 차원에서 인성교육을 강화하고자 하는 노력이 '인성교육진흥법'과 인성교육 정책으로 나타나고 있다.[1] 인성의 개념은 학자들마다 인품, 인격, 기질, 개성, 성격, 인간성, 사람됨, 인간의 본성, 심성, 도덕성 등으로 다양하게 정의되고 있다. 인간은 남

---

1 학교폭력근절종합대책(2012.2.6)에서 학교폭력의 근본적 원인으로 인성교육이 형식화된 교육현실에 대한 반성을 하고, 학생들이 함께 더불어 살아갈 수 있는 능력을 갖출 수 있도록 학교–가정–사회가 협력하여 인성교육을 실천하는 방안을 제시하고 있다.

과 더불어 살아가는 존재이기에 인간의 사회성이 인성이며, 인성의 핵심은 "다른 사람들과 더불어 조화롭게 사는 능력"이라 할 수 있다.

최근 우리 사회에서 "인성이 실력이다."라는 슬로건에 대해 폭넓은 공감대가 형성되어 있다. 서로 함께 잘 살 수 있는 타인과의 관계 능력이야말로 인간이 갖추어야 할 진정한 실력이라 할 수 있다. 인성교육은 성격 교육, 예절 교육, 도덕 교육, 가치관 교육에 가까운 것으로 넓게는 전인교육, 시민교육, 인간교육 등 교육전반을 포괄하는 개념이다. 인성교육진흥법에서는 "인성교육이란 자신의 내면을 바르고 건전하게 가꾸고 타인·공동체·자연과 더불어 살아가는 데 필요한 인간다운 성품과 역량을 기르는 것을 목적으로 하는 교육을 말한다제2조의 1". 인성교육은 좁은 의미에서는 인사하기, 질서 지키기, 약속 지키기, 다른 사람에게 폐 끼치지 않기, 고운 말 사용하기, 약자 보호하기, 다른 사람 괴롭히지 않기, 폭력 사용하지 않기 등 일상의 덕목에서부터 시작되지만, 궁극적으로는 타인을 배려하고 인간의 도리를 갖추도록 돕는 인간교육이라 할 수 있다. 지금까지 인성교육에 대한 반성으로 새로운 인성교육 개념이 요구되고 있다.

2) 인성교육의 요소

인성교육이 제대로 이루어지기 위해서는 인성교육에 대한 개념 정립이 요구된다. 인성교육의 개념에는 미래 사회의 핵심역량으로 요구되고 있는 "더불어 조화롭게 사는 능력", 즉 사회성과 감성 능력을 기르는 데 초점을 맞추어야 한다. 실제 생활에서 겪게 되는 옳고 그름에 대한 윤리적 판단 능력과 책임 있는 의사결정 능력을 기르는 것을 포함한다. 종전의 지식 중심의 도덕교육과 달리 새로운 인성교육은 실천 중심, 체험 중심의 교육이 되어야 한다. 이를 구체적으로 제시하면 다음과 같다차성현, 16.

첫째, 인성교육은 머리로 알고knowing, 가슴으로 느끼고feeling, 몸으로 실천doing할 수 있어야 하는데 이는 지智, 덕德, 체體의 조화로운 발달을 추구하는 전인교육으로 한국교육의 본질 회복과 관련이 있다.

둘째, 인성교육은 학교와 가정, 지역사회, 직장, 글로벌 사회에서 성공적인 삶을 살아가는 데 필요한 핵심역량으로 가르칠 수 있고, 객관적이고 신뢰롭게 측정할 수 있어야 한다.

셋째, 인성교육은 학교폭력, 집단 따돌림, 비행 및 부적응 행동 등을 감소시켜 즐거운 학교풍토 조성에 기여하고 학업성취 향상에도 긍정적 효과가 있으며, 창의성 개발에도 도움이 되어야 한다.

이러한 방향으로 구안된 인성교육의 개념은 사회성, 감성, 도덕성의 세 가지 차원으로 구성된다. 각각의 차원은 알고, 느끼고, 실천할 수 있는 그리고 객관적으로 평가가 가능한 핵심역량으로 구성된다. 이러한 인성의 세 가지 차원 및 각각의 차원을 구성하는 핵심역량은 상호 유기적으로 관련되어 있다.

[그림 13-1] 인성교육의 개념 구조

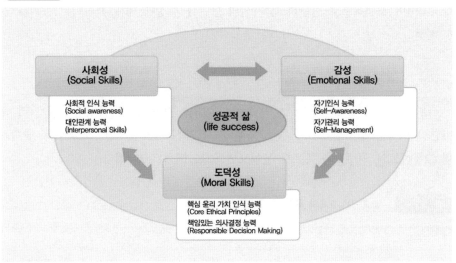

출처: 차성현. 16.

첫째, 사회성 차원은 사회적 인식 능력social awareness과 대인관계 능력interpersonal skills으로 구성되는데, 다양한 상황과 장소에서 타인의 생각, 감정, 관점을 이해·파악하고, 타인과 긍정적 관계를 형성·유지하고, 소통하는 능력을 말한다. 사회적 인식 능력은 타인의 사고, 감정, 관점에 대한 인식능력이며, 대인관계 능력은 만족스러운 대인관계를 형성·유지하기 위해 의사소통, 타협, 협력하는 능력과 타인과의 갈등이나 문제 상황을 인지하고, 원인을 진단하고 해결 방법을 탐색하고 해결할 수 있는 능력을 말한다.

둘째, 감성 차원은 자기인식 능력self-awareness과 자기관리 능력self-management으로 구성된다. 자기인식 능력은 상황에 맞게 자신의 생각과 감정을 정확하게 표현하고 이해하고, 자신의 강점, 약점, 흥미, 능력 등을 파악하는 능력이다. 자기관리 능력은 스트레스를 조절하고, 충동을 억제하며, 개인적 목표를 설정하고 목표달성을 위해 자신의 생각과 행동을 조절·실행하는 능력을 말한다.

셋째, 도덕성 차원은 다양한 윤리적 상황에서 중요한 핵심 가치가 무엇인지를 인식하고 판단하는 능력과 책임있는 의사결정 능력을 말한다. 핵심 윤리 가치 인식 능력core ethical principles은 정직, 성실, 존중 등 학급, 가정, 사회에서 요구되는 윤리적 가치와 행동 원리를 실제 상황 속에서 이해하고 느끼고, 실천하는 능력이다. 책임 있는 의사결정 능력responsible decision making은 위험한 행동, 비윤리적 행동을 하지 않고, 합리적이며 도덕적으로 판단하고, 자신의 판단과 결정에 대해 책임지는 능력을 말한다.

3) 인성교육의 목표

인성교육은 학생들로 하여금 바람직한 인성을 기를 수 있으며 이를 통하여 올바른 도덕성을 함양할 수 있다. 교육부2015가 제시하는 유치원, 초등학교, 중학교 및 고등학교의 인성교육 목표를 살펴보면 <표 13-1>과 같다.

표 13-1 **학교 인성교육의 목표**

구분	내용
유치원	- 심신의 균형적 발달과 바른 품성의 기초적 소양을 갖출 수 있도록 하는 데 중점을 둔다. - 기초적 지식과 경험을 통해 자신과 타인의 소중함을 알고 이를 지키기 위한 안전한 생활태도를 기른다. - 바른 언어를 사용하여 타인과 적절히 의사소통하는 능력을 기른다. - 나와 상대방의 의견에 차이가 있을 때 긍정적인 방법으로 해결하는 능력을 기른다.
초등학교	- 기본 생활 습관과 관련된 가치들을 올바로 이해하고 이를 일상생활에서 실천할 수 있도록 하는 데 중점을 둔다. - 기본 지식과 경험을 통해 삶에 대한 긍정적 태도를 확립하고, 더불어 살아가기 위해 필요한 규칙과 질서를 준수하는 능력을 기른다. - 경청과 공감을 바탕으로 하는 기본적 의사소통 역량을 기른다. - 생활 주변의 갈등상황에서 평화적 해결방안을 찾고 실천적 능력을 기른다.

중학교	– 자신과 타인에 대한 이해를 바탕으로 삶과 세상에 대한 긍정적 태도를 확립하여, 더불어 사는 삶을 실천하는 데 중점을 둔다. – 다양한 지식과 경험을 통해 자신과 타인을 이해하고, 바람직한 삶의 방향과 진로탐색능력을 기른다. – 타인 존중의 태도를 바탕으로 다양한 방식의 의사소통 역량을 기른다. – 다양한 갈등상황에서 합리적 의사소통을 통한 평화적 해결능력을 기른다.
고등학교	– 성숙한 자아의식을 토대로 국가 및 세계와 소통하는 공동체 의식을 갖추어 공동체 발전에 기여하는 능력을 기르는 데 중점을 둔다. – 다양한 분야의 지식과 경험을 융합하여 창의적이고 능동적인 자세로 공동체 발전에 기여하는 능력을 기른다. – 논리성과 비판성, 창의성과 윤리성에 기반한 사회적 상호의사소통 역량을 기른다. – 윤리의식과 공동체 의식을 바탕으로 사회의 다양한 갈등을 극복하기 위한 소양을 기른다.

출처: 교육부(2015). 2015년 인성교육 포럼: 인성교육 5개년 종합계획 공청회. 73.

4) 인성교육의 기본 원칙

학생이 건강한 인격체로 성장하기 위해서는 이에 맞는 새로운 방식의 인성교육 접근방식이 요구된다. 종전의 지식, 이론 중심의 인성교육에서 실천, 체험 중심의 인성교육으로 전환이 요구되고 이를 가르치고 평가할 수 있는 교육과정의 제공, 프로그램 개발과 지원이 필요하다. 또한 학생들이 인성교육을 통해 학습하고 경험한 인성 요소들이 학교에서도 반복적으로 훈련되고 습관화될 수 있도록 가정과 사회의 유기적인 협력과 참여가 요구된다. 인성을 중시하는 공동체 문화를 조성하기 위해 사회 각계각층의 노력이 필요하다. 학교에서 인성교육의 실천을 위해 기본 원칙을 제시하면 다음과 같다정창우, 201-222.

첫째, 학교교육에서 길러야 할 핵심 덕목 및 인성역량의 선정이다. 학교의 특성을 고려하고 학교 구성원들의 동의를 거쳐야 하고, 학교생활 전반에 실천적 지침을 제공한다.

둘째, 학교 교육과정에 인성교육 목표, 내용, 방법 등을 반영한다. 교육과정에 인성교육 실행을 위한 체계적 접근방법이 제시되고 특색있는 인성 프로그램이 녹아 있어야 한다.

셋째, 교과교육을 통한 인성교육의 실천이다. 수업에서 교사의 학생에 대한 모범적 태도와 교수학습방법토론학습, 협동학습, 문제해결학습 등 등이 교사의 수업과정에 반영되어야 한다.

넷째, 정의롭고 따뜻한 학교 공동체 문화 조성이다. 학생, 교사, 학부모 간 상호 배려하고 존중하는 공동체를 만들기 위해 자율과 참여를 강조하는 학교문화로 탈바꿈하여야 한다.

다섯째, 학교장의 인성교육 리더십 발휘이다. 학교장이 인성교육의 의미와 방향에 대한 비전과 인성교육을 실천하려는 확고한 열정과 의지를 가지고 리더십을 발휘하여야 한다.

여섯째, 인성교육에 모든 교과, 모든 교사가 참여한다. 교사는 학생의 인성 형성과 관련하여 가장 영향력 있는 환경으로 핵심 덕목과 인성 역량의 모델이 되어야 한다.

일곱째, 가정과 지역공동체의 협력과 지원이다. 학교는 학부모와 원활하게 소통하고 학교의 각종 의사결정, 교육활동 참여 등을 통해 인성교육을 위한 역할과 책임을 이행한다. 지역사회와 전문기관과의 네트워크를 통해 인적, 물적 자원을 인성교육에 효과적으로 활용한다.

여덟째, 학생들의 자발적 동기에 기초한 각종 활동이다. 학생들의 인격과 자율성을 존중하고, 책임감을 가지고 주도적으로 활동할 수 있는 기회를 제공한다. 학생자치활동, 학급 총회, 또래 활동, 동아리 활동, 학생자치법정, 봉사활동 등을 활성화한다.

아홉째, 인성교육의 평가이다. 인성교육이 보다 활성화되고 교육적 실천 노력의 질quality이 개선되기 위해서는 무엇보다 평가를 통한 피드백이 지속적으로 강화되어야 한다.

2 인성교육진흥법

인성교육진흥법2015.1.20 제정은 인성교육을 자신의 내면을 바르고 건전하게 가꾸고 타인·공동체·자연과 더불어 살아가는 데 필요한 인간다운 성품과 역량을 기르는 것으로 정의하였다. 학교는 물론 가정, 지역사회 등 학교 밖에서도 인성교육이 이뤄질 수 있도록 인성교육프로그램을 개발하고 보급하겠다는 것이다박혜경. 58. 이 법안에 따라 2015년 7월부터 국가와 지방자치단체, 학교에 인성교육이 의무화되었다. 주요 내용은 제1조 목적으로 시작하여 정의, 인성교육의 기본방향, 인성교육종합계획의 수립, 인성교육의 평가 등 22조로 구성되어 있다.

1) 인성교육의 정의

① "인성교육"이란 자신의 내면을 바르고 건전하게 가꾸고 타인·공동체·자연과 더불어 살아가는 데 필요한 인간다운 성품과 역량을 기르는 것을 목적으로 하는 교육을 말한다.

② "핵심 가치·덕목"이란 인성교육의 목표가 되는 것으로 예禮, 효孝, 정직, 책임, 존중, 배려, 소통, 협동 등의 마음가짐이나 사람됨과 관련되는 핵심적인 가치 또는 덕목을 말한다.

③ "핵심 역량"이란 핵심 가치·덕목을 적극적이고 능동적으로 실천 또는 실행하는 데 필요한 지식과 공감·소통하는 의사소통능력이나 갈등해결능력 등이 통합된 능력을 말한다.

2) 인성교육의 기본방향

① 인성교육은 가정 및 학교와 사회에서 모두 장려되어야 한다.

② 인성교육은 인간의 전인적 발달을 고려하면서 장기적 차원에서 계획되고 실시되어야 한다.

③ 인성교육은 학교와 가정, 지역사회의 참여와 연대 하에 다양한 사회적 기반을 활용하여 전국적으로 실시되어야 한다.

3) 기타 주요 사항

① (인성교육종합계획 수립) '인성교육종합계획'을 5년마다 수립하여야 하며, 인성교육의 추진 목표 및 계획, 인성교육의 홍보, 인성교육을 위한 재원조달 및 관리방안, 인성교육 핵심 가치·덕목 및 핵심 역량 선정에 관한 사항, 그 밖에 인성교육에 관하여 필요한 사항으로 대통령령으로 정하는 사항을 담아야 한다.

② (인성교육진흥위원회) 국가 인성교육 정책에 관한 주요 사항을 심의하기

위해 교육부 장관 소속으로 '인성교육진흥위원회'를 신설하고, 위원은 교육부차관을 포함, 문화체육관광부, 보건복지부, 여성가족부 등 관계부처 차관, 국회의장이 추천하는 자, 관련 단체 추천을 받은 인성교육 분야 전문가 등 20명 이내로 구성된다. 위원회는 인성교육 정책의 목표와 추진방향, 종합계획 수립, 인성교육 추진실적 점검 및 평가 등에 관한 중요사항을 심의한다.

③ (교원의 연수 및 전문인력 양성기관 지정) 현직 교원의 인성교육 지도 역량을 제고하기 위해 인성교육 관련 교원 연수가 강화되며, 교육관련 기관 또는 단체 등을 인성교육 전문인력 양성기관으로 지정하여 지원한다.

 인성교육의 실천

인성교육의 방식은 교사가 주입식으로 옳다고 생각하는 가치를 학생들에게 무조건 따르도록 하는 방법보다 학생들이 다양한 각도에서 넓고 깊이 있게 문제를 분석하고 종합해 얻은 이해를 바탕으로 스스로 나름대로 무엇이 옳은 가치인지 판단하고 선택하도록 하는 주도적 학습이 필요하다. 즉, 교사에게는 자신의 생각을 학생들도 갖도록 교육적 영향력을 행사하는 teaching 보다는 학생들 스스로가 자신의 생각을 발전시키도록 돕는 learning으로 학생들이 자유롭게 자신들의 생각을 펼치도록 돕는 코칭의 역할이 요구된다.

1) 교과를 통한 실천

학교교육의 대부분은 교과교육을 통해 이루어지기 때문에 인성교육이 활성화되기 위해서는 교과교육에서 인성교육이 활발하게 이루어져야 한다. 각 교과는 사회화가치전수와 비판적 탐구가치탐구 모두를 탐구하면서 인성교육을 실시할 수 있다. 학생들은 교과 수업을 통해 사회의 주요 가치와 규범을 사회화하면서 스스로 생각하여 의미있고 책임감 있는 결정을 내릴 수 있는 능력을 기를 수 있다. 탐구 수업의 분위기를 조성하기 위해 협력학습과 프로젝트형 학습 등을 할 수 있고, 협동과 상호 존중, 민주적 의사결정의 능력을 함양할 수 있다. 이 과정을 통해 학생들에게 자존감, 신뢰와 협동심, 존중과 배려, 자발적이며 주도적인 행동을 기를 수 있다.

교과별 인성교육에 적절한 평가방법으로 관찰법, 토론법, 행동평가, 실기평가, 포트폴리오 등이 있는데 이러한 평가방식을 통해 학생들이 자신 또는 집단의 인성과 발달을 체크하여 반성하고 개선할 수 있는 자료로 제시할 수 있다정창우, 295.

인성교육은 모든 교과에 공통적으로 적용할 수 있는 것과 개별 교과 차원에서 실행할 수 있는 다양한 활동들과 중점 사항이 있다. 모든 교과에 적용할 수 있는 활동은 다음과 같다정창우, 292.

① 교수·학습방법의 인성교육 활용: 스토리텔링, 협력학습, 프로젝트 학습, 토의·토론학습, 문제·갈등해결학습, 역할놀이 등을 활용하여 윤리적인 학습 공동체 조성교사 - 학생 간 긍정적인 상호작용 기회제공, 타인존중 및 배려 실천의 기회 제공 등

② 교수·학습평가의 인성교육적 활용: 관찰법, 행동평가, 포트폴리오, 연구보고서법, 토론법 등을 통해 확인된 평가 결과를 학생들의 인성발달을 위해 활용

③ 스토리텔링, 독서활동 중시, 윤리적 이슈에 대한 토의·토론 중시, 학업윤리 중시

④ 교과 지식 내용과 자신의 삶의 연결 및 성찰 추구, 인간과 사회, 자연을 올바로 볼 수 있는 안목 형성 기회 제공

2) 창의적 체험활동을 통한 실천

한국의 학교교육이 입시 위주, 성적 위주, 경쟁 위주의 교육으로 학생들의 창의성과 인성교육의 부재가 고질적 문제로 제기되면서 이를 개선하기 위해 2009 개정 교육과정에서는 학교 교육과정의 교과 외 영역인 '특별활동'과 '재량활동'을 통합하여 '창의적 체험활동'으로 편성하여 운영하도록 개정하고, 자율활동, 동아리 활동, 봉사활동, 진로활동 등 다양한 활동을 '창의적 체험활동'으로 통칭하였다. 창의적 체험활동은 전인교육의 실현, 공동체 의식의 함양, 핵심역량 강화, 단순한 지식보다 실천력 강조, 개성 신장과 여가선용 교육, 창의성 계발과 학교 특성화 교육 실현 등을 위해 도입되었다.

창의적 체험활동은 교과 이외의 활동이지만 교과와 상호보완적 관계로 교육과정이 제시한 시수 동안의 활동뿐만 아니라, 학교 내외의 다양한 장소에서 주말, 방학 등 다양한 시간을 활용하여 이루어지는 활동이다. 교과활동과 더불어 창의성과 인성함양을 위한 핵심 활동이다정창우, 300.

창의적 체험활동 목표는 총괄목표와 각 활동영역별 하위목표로 구성되어 있다.

그림 13-2　　창의적 재량활동의 목표

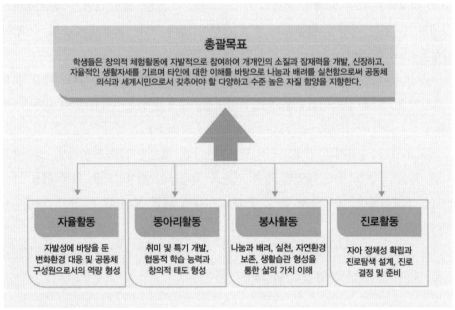

총괄목표

학생들은 창의적 체험활동에 자발적으로 참여하여 개개인의 소질과 잠재력을 개발, 신장하고, 자율적인 생활자세를 기르며 타인에 대한 이해를 바탕으로 나눔과 배려를 실천함으로써 공동체 의식과 세계시민으로서 갖추어야 할 다양하고 수준 높은 자질 함양을 지향한다.

자율활동	동아리활동	봉사활동	진로활동
자발성에 바탕을 둔 변화환경 대응 및 공동체 구성원으로서의 역량 형성	취미 및 특기 개발, 협동적 학습 능력과 창의적 태도 형성	나눔과 배려, 실천, 자연환경 보존, 생활습관 형성을 통한 삶의 가치 이해	자아 정체성 확립과 진로탐색 설계, 진로 결정 및 준비

출처: 창의인성교육넷(www.crezone.net).

창의적 재량활동은 학생들이 교과활동 이외 학교 내외에서 다양한 활동을 체험함으로써 건전한 학생 문화 창달과 조성에 크게 기여할 수 있다. 이를 활성화하기 위해 창의, 인성 및 체험활동을 중시하는 학교, 사회 문화 풍토 조성과 교원연수, 프로그램 개발, 지역사회 자원 연계 등의 노력 등이 수반되어야 하겠다.

고성혜(2000). 청소년 문제행동에 대한 이해. 서울특별시·자녀안심운동본부 서울협
    의회 연구보고서.

구본용·박제일·이은경·문경숙(2010). 학생상담 및 생활지도 매뉴얼(교사용). 한국청
    소년정책연구원 연구보고서10-R20.

국가법령정보센터(http://www.law.go.kr).

국민일보. 2014.10.6.

국회도서관(2013). 학교폭력 한눈에 보기.

국회입법조사처(2012). 학교폭력 없는 교육: 실제와 대책. 공동 정책토론회.

관계부처합동(2012). 학교폭력근절 종합대책.

권문일(2012). 학교폭력 예방 및 대처를 위한 사회복지적 개입. 보호관찰 제12권 1호.

교육부(2017). 2017 학생정서행동·특성검사 및 관리매뉴얼.

_____(2015.12.1, 2016.12.5). 교육부 보도자료-2015, 2016년 2차 학교폭력 실태조사
    결과.

_____(2015). 2015년 인성교육 포럼: 인성교육 5개년 종합계획 공청회. 73.

_____(2014.12). 학교폭력 사안처리 가이드북. 개정판.

_____(2001). 고등학교 윤리 교과서.

교육과학기술부, 국가평생교육진흥원, 중앙다문화교육센터(2013). 다문화학생을 위한
    교사용 매뉴얼, 생활지도 및 학습지도. RM 2013-11)

_____(2012.12). 학교폭력 사안처리 가이드북.

_____(2011). Wee 프로젝트 매뉴얼 1. 학교 상담 Wee 클래스. 120-121.

_____(2008). 학교폭력 피해학생 치유 프로그램 지도자용 지침서.

경기도교육청(2013.3.13). 보도자료-인권친화적 학생생활지도방안.

_____(2012). 학교폭력예방 및 대처 종합 매뉴얼.

경찰청(2016.8.1). 학교전담경찰관 제도 개선 대책.

김난주(2013.2). 학교폭력 예방에 관한 연구: 학교폭력예방 및 대책에 관한 법률을 중
    심으로. 동의대학교 박사학위논문.

김동현, 서미(2014.9), 알기 쉬운 학교폭력의 이해와 대책. 서울: 시그마프레스.

김명수·김보경·김선혜·박정환·백영균·이태상·한상훈(2014). 교직실무. 서울: 학지사.

김영진(2003). 아동·청소년 지도를 위한 상담과정과 문제행동 상담. 서울: 교육과학사.

김지영(2012). 일본의 학교폭력 대처방안-일본의 학교폭력 현황과 예방을 위한 정
　　　책, 외국의 교육 동향.

김진한·박선환·박숙희·우지향(2015). 학교폭력의 예방 및 대책. 경기: 공동체.

김효진(2012.7). 미국의 학교폭력 및 집단따돌림 실태 및 법률 현황, 국제보건복지 정
　　　책 동향 1. 보건복지포럼.

김희대(2015). 생활지도와 상담. 서울: 강현출판사.

_____(2007). 한국의 전문상담교사제도. 경기: 서현출판사.

뉴시스. 2013.3.17.

류영숙(2012). 학교폭력의 실태와 대처방안에 관한 연구, 한국교원교육연구 2012. Vol
　　　29. No4.

문용린 외(2006). 학교폭력 예방과 상담. 서울: 학지사.

박수진(2011.2). 중학교 학교폭력 가해학생 상담사례연구. 전남대학교 교육대학원 석
　　　사학위논문.

보건복지부(2015). 정신건강사업안내.

박범규(2009). 학교폭력의 심리적 원인과 그 대책, 인권복지연구, Vol.5.

박수진(2011.2). 중학교 학교폭력 가해학생 상담사례연구. 전남대학교 교육대학원 석
　　　사학위 논문.

박옥임·백사인·박준섭·박병훈·이수진·김정일(2013). 청소년 심리와 상담. 서울:
　　　창지사.

박혜경·박찬권·이덕난(2015). 인성교육진흥법의 내용과 쟁점. 한국법과 인권교육학
　　　회 제21차 학술 발표회 자료집.

박효정(2014). 학교폭력예방 표준 프로그램 개발 연구. 한국교육개발원 수탁연구.

_____(2014 WINTER). 외국의 학교폭력 예방 프로그램 운영 실태, 교육개발, Vol. 41.
　　　No 4.

_____(2012). 노르웨이 학교폭력 실태와 대책, 그리고 한국교육에의 시사점. 한국교육
　　　개발원 세계교육정책 인포메이션.

_____외(2005). "학교폭력 실태의 이해와 진단", 한국교육개발원 CR-2014-29.

법률신문 뉴스. 2015.4.20.

삼성사회정신건강연구소(2010). (학교폭력예방을 위한)시범학교 운영메뉴얼: 청소년 학교폭력 예방 매뉴얼. 18−19.

서울교육청(2004). 2004학년도 교원 전문성 함양 테마연수 보고서, 한·영 중·고등학생 생활지도 실태와 지도방법의 관찰 및 비교.

손민지(2013.3). 국내 사이버폭력 현황 및 대응방안 연구, 한국인터넷 진흥원. Internet & Security Focus.

시사인천. 2015.4.6.

신승민(2015.2). 학교전담경찰관제도의 운영 실태와 활성화방안에 관한 연구. 영산대학교 법무·경영대학원 석사학위논문.

안숙현(2006.8). 학교폭력의 실태돠 해결방안, 군산대학교 교육대학원 석사학위논문.

연문희·강진령(2002). 21세기 학생 생활지도. 서울: 양서원.

오인수(2014). 다문화가정 학생의 학교괴롭힘 피해경험과 심리문제의 관계: 심리적 안녕감의 매개효과를 중심으로. 아시아교육연구 15권 4호 Asian Journal of Education 2014, Vol. 15, No. 4, pp. 219−238.

_____(2010). 집단따돌림 해결을 위한 전문상담교사의 전학교 접근. 상담학연구, 11(1). 303−316.

옥현주(2012.8.27). "영국의 학교폭력대처방안", 한국교육개발원 해외교육동향 제190호.

이달호(2012.2). 학교폭력피해 중학생 상담사례. 전남대학교 교육대학원 석사학위논문.

이동갑(2017.2). 위(Wee) 프로젝트 정책평가연구: 정책단계별 접근을 중심으로. 한국교원대학교 박사학위 논문.

이민희 외(2006). 학교폭력 대책을 위한 지역사회 네트워크의 실천적 운영에 관한 연구, 경제·인문사회연구회 협동 연구총서 06−14−03. 연구보고 RR 2006−8−2.

EBS 다큐프라임(2008.8.11). 제1부 인간의 두 얼굴, '상황의 힘'.

이영복(2009). 학교폭력의 예방에 관한 연구. 석사학위논문. 경성대 교육대학원. 51−52.

이장호(1998). 상담심리학 입문. 서울: 박영사.

이효임(2014). 학교폭력 예방을 위한 가정·학교·지역사회 협력방안, 서울교육 통권 제214호.

인천광역시 교육청(2013.8). Wee 클래스 업무 매뉴얼. 33−36.

임재연·장맹배·이유미·강주현·이주연·최윤희(2007). 학교폭력 상담매뉴얼. 한국교육정보지원센터(안) 상담매뉴얼 5.

정미경(2008). 학교폭력예방 프로그램 적용효과 분석 연구. 연구보고 RR2008-02. 한
　　　국교육개발원.

정수정(2012.8.27). "독일의 학교폭력 대처방안". 한국교육개발원 외국교육동향 제190호.

정영근(2011). 학교교육의 핵심개념 : 학생-교사-학교. 서울: 문음사.

정옥분(2013). 아동 발달의 이해. 서울: 학지사.

정창우(2015). 인성교육의 이해와 실천. 서울: 교육과학사.

조선미, 김현수(2007.9.14). 인터넷게임중독을 호소하는 청소년 내담자에 관한 연구,
　　　청소년 인터넷 중독 상담과 치료에 관한 국제심포지움.

조아미(2014). 청소년기관 연계를 통한 지역사회 학교폭력 대응체계 구성방안 연구.
　　　한국청소년재단.

주철안·오경희·이상철·이용철·이지영·한대동·홍창남(2013). 교직실무. 서울: 학지사.

중앙일보. 2012.12.25. 7면.

차성현(2013). 초중등교육에서의 인성교육의 재구조화. 인천교육정책포럼 행사자료집
　　　2013-02.

최호성 외 5인(2015). 학교폭력의 예방 및 대책, 서울: 박영story.

푸른 꿈 청소년 상담원(http://www.greendream.or.kr). 청소년관련자료실. 한국청소년상
　　　담원「학교폭력」중에서.

학교폭력 관련 교육부 자료실(http://stopbullying.or.kr.).

한겨레신문. 2015.1.29.

한국교육개발원 교육정책네트워크 정보센터(http://edpolicy.kedi.re.kr).

한소은(2007). 학교폭력예방을 위한 상담 프로그램 비교연구: 한국, 미국, 유럽, 일본을
　　　중심으로, 석사학위논문. 경기대 교육대학원. 21-34. 재구성.

허핑턴포스트 코리아 2015.3.11.

홍경선(2014). 학교폭력의 예방과 대책. 경기: 공동체.

Carrera, M. V., DePalma, R., & Lamerias, M, (2011), Toward a more comprehensive
　　　understanding of bullying in school settings, *Educational Psychology Review*,
　　　23(4).

Cohen. A. (1955). Deliquent boys: The culture of the gang. The Free Press.

Farrington D. P. (1993). Understanding and preventing bullying. In M. Tonry & N.

Morris (Eds.), *Crime and Justice: An Annual Review of Research, 17,* Chicago: University of Chicago Press.

Grossman, D. C.., Neckerman, H. J., Koepsell, T. D., Lie, P. Y., Asher, K. N., Beland, K. et al. (1997). Effectiveness of a violence prevention program among children in elementary school: A randomized controlled trial. *Journal of American Medical Association, 277.*

Hill, C. E. & O'Brien, K.M. (1999). *Helping skills: Facilitating exploration, insight, and action.* Washingon, DC: American Psychological Association.

Kärnä, A., Voeten, M., Little, T. D., Poskiparta, E., Alanen, E., & Salmivalli, C. (2011). Going to scale: a nonrandomized natonwide trial of the Kiva antibullying program for Grades 1−9. *Journal of Consulting and Clinical Psychology, 79.*

Laner, M. R., Benin, M. H., & Ventrone, N. A. (2001). Bystander attitudes toward vic tims of violence: who's worth helping? Deviant Behavior. *An Interdisciplinary Journal, 22,*

Olweus, D. (1993). Bullying at school; What we know and what we can do. Oxford, UK: Blackwell Publishers.

Olweus, D. (1994). *Bullying at school: Long term outcomes for victims and an effective school−based intervention program.* In L. R. Huesman (Ed.), Aggressive behavior: Current perspectives. New York: Wiley.

Salmivalli, C. (2001). Group view on victimization: Empirical findings and their implications. In J. Juvonen & S. Graham. (Eds.). *Peer Harassment in School: The Plight of the Vulnerable and Victimized,* New York: The Guilford Press.

Tattum. D. P. & Lane. D. A. (1989). *Violence and aggression in School.* Bullying in Schools. Stoke−on−Trent, Trentham Books.

U.S. Department of Education(2011). Student Reports of Bullying and Cyber− Bullying: Results From the 2009 School Crime Supplement to the National Crime Victimization Survey.

부 록

본 QR코드를 스캔하시면,
'학교폭력 예방 및 학생의 이해'의 부록을 참고하실 수 있습니다.

저자 소개

김희대

- 비전상담센터 대표, POP 컨설팅 HRD 이사
- 교육학 박사, 경영지도사, 학교 컨설턴트 1급
- 학교상담전문가 수퍼바이저
- 학교상담학회 대외협력위원장

학력 및 경력

- 중앙대학교 교육학 박사
- 중앙대, 고려대, 한국체육대학교 강의(현재)
- 중앙대학교 겸임 및 초빙교수 역임
- 미국 신시내티대학교 Research scholar(2013-2014)
- 한국전문상담교사협의회회장(2005-2007)
- 중앙대부속고등학교 교사(1985-2005)
- 서울강남교육지원청 위센터 실장(2005-2012)
- 교육인적자원부 학교폭력전문연구단 연구위원(2007-2008)
- 서울교육청 학교폭력네트워크 위원(2007-2009)
- 한국교육개발원 생활지도 메타컨설턴트(2012)
- 한국교육개발원 위 특임센터 위 센터 컨설턴트(2012)

저서 및 논문

- 생활지도와 상담(강현출판사, 2015)
- 한국의 전문상담교사제도(서현사, 2007)
- 교육학 개론(서현사, 2005 공저)
- School counseling in the United States: A theory-building Case Study(TOJCE 2015, et al.)
- 미국 중등학교의 진로교육과 지역사회 연계 진로체험 활용 사례(한국교육개발원 세계교육정책 인포메이션 현안보고, 2014)
- 미국의 학업중단 위기학생 실태와 지원대책(한국교육개발원 교육정책포럼, 2013)
- 전문상담교사와 진로진학상담교사의 활용 실태 및 효율적 활용방안(한국교육개발원 이슈페이퍼, 2013)
- 전문상담교사의 전문성 증진을 위한 교육요구 분석(상담학연구, 공동연구, 한국상담학회, 2012)
- 전문상담교사 초기정착과정연구(한국심리학회지, 공동연구, 한국심리학회, 2009)
- 전문상담교사 제도의 구축과 정착방안(한국교육정책연구소, 2006)

학교폭력 예방 및 학생의 이해

초판발행	2017년 7월 24일
중판발행	2019년 3월 25일

지은이	김희대
펴낸이	노 현

편 집	배근하
기획/마케팅	이선경
표지디자인	조아라
제 작	우인도·고철민

펴낸곳	㈜ 피와이메이트
	서울특별시 금천구 가산디지털2로 53 한라시그마밸리 210호(가산동)
	등록 2014. 2. 12. 제2018-000080호
전 화	02)733-6771
f a x	02)736-4818
e-mail	pys@pybook.co.kr
homepage	www.pybook.co.kr
ISBN	979-11-88040-17-9 93370

박영스토리는 박영사와 함께하는 브랜드입니다.